Tötungsdelikte an Kindern unter 6 Jahren in Deutschland

Theresia Höynck • Mira Behnsen
Ulrike Zähringer

Tötungsdelikte an Kindern unter 6 Jahren in Deutschland

Eine kriminologische Untersuchung anhand von Strafverfahrensakten (1997–2006)

Springer VS

Theresia Höynck
Kassel, Deutschland

Ulrike Zähringer
Hannover, Deutschland

Mira Behnsen
Hannover, Deutschland

ISBN 978-3-658-07586-6
ISBN 978-3-658-07587-3 (eBook)
DOI 10.1007/978-3-658-07587-3

Die Deutsche Nationalbibliothek verzeichnet diese Publikation in der Deutschen Nationalbibliografie; detaillierte bibliografische Daten sind im Internet über http://dnb.d-nb.de abrufbar.

Springer VS

Gedruckt auf säurefreiem und chlorfrei gebleichtem Papier

Springer VS ist eine Marke von Springer DE. Springer DE ist Teil der Fachverlagsgruppe Springer Science+Business Media.
www.springer-vs.de

Inhaltsverzeichnis

Vorbemerkung

Spektakuläre Fälle haben in den letzten Jahren immer wieder die Öffentlichkeit dafür sensibilisiert, dass auch Kinder Opfer von Tötungsdelikten werden und dass insbesondere Babys und Kleinkinder gefährdet sind, Opfer gezielter Tötung, tödlicher Misshandlung oder zum Tode führender, extremer Vernachlässigung zu werden. Trotzdem lagen zu dieser Problematik bisher nur wenige aussagekräftige Befunde vor. Im Kriminologischen Forschungsinstitut Niedersachsen e.V. (KFN) wurde daher ein breit angelegtes Forschungsprojekt zu Tötungsdelikten an Kindern entwickelt und durchgeführt. Der hier vorgestellte Hauptteil des Projekts, die Aktenanalyse, wurde von der Fritz Thyssen Stiftung gefördert. Zwei weitere Projektmodule wurden von Doktorandinnen als Dissertationen bearbeitet. Frau Marlies Kroetsch führte Interviews mit 24 verurteilten TäterInnen durch[1], Frau Ulrike Zähringer interviewte 21 MitarbeiterInnen von Jugendämtern und Freien Trägern, die die Familien vor den Taten betreut hatten[2].

Zahlreichen Personen und Institutionen, ohne die diese Studie nicht hätte stattfinden können, ist an dieser Stelle zu danken. Dies gilt neben der fördernden Fritz Thyssen Stiftung insbesondere für die Staatsanwaltschaften, die Einsicht in die Akten ermöglicht haben. Das Auffinden und zur-Verfügung-stellen der Akten war teilweise mit erheblichem Aufwand verbunden. Der Zugang zu den Akten war nur möglich, weil die Landeskriminalämter zuvor die einschlägigen Aktenzeichen ermittelt haben. In einigen Bundesländern konnten aufgrund technischer Schwierigkeiten keine vollständigen Listen der Aktenzeichen über die LKAs zur Verfügung gestellt werden, hier konnten jedoch durch die Unterstützung einzelner rechtsmedizinischer Institute sowie Polizeipräsidien und Polizeidienststellen noch viele Aktenzeichen und damit Fälle identifiziert werden. Gerade hier war zum Teil ein hoher personeller und zeitlicher Aufwand nötig, für den ebenfalls zu danken ist.

Größere Projekte, wie auch dieses zu Tötungsdelikten an Kindern, sind nur im Team durchführbar. An der Entwicklung, Organisation und Durchführung der Untersuchung waren auch im KFN viele Menschen beteiligt, die entscheidend

---

[1] *Kroetsch* 2011, Laufzeit: 08/2008-02/2013, gefördert vom BMFSFJ.

[2] *Zähringer* 2013, Laufzeit 10/2008-02/2014, gefördert von der Fritz Thyssen Stiftung sowie vom Niedersächsischen Ministerium für Wissenschaft und Kultur im Rahmen des Programms „Projekt-Promotion plus".

zum Gelingen beigetragen haben: In der frühen Phase der Idee zum Projekt sind hier vor allem Christian Pfeiffer und Thomas Goergen zu nennen, in der Erhebungsphase die zahlreichen AktencodiererInnen und wissenschaftlichen Hilfskräfte, insbesondere Marco Neumann und Katja Bendig sowie, seitens der EDV-Abteilung, Eberhard Mecklenburg für die Unterstützung bei der Datenaufbereitung und allen Fragen zu den Bundes- und Landesstatistiken.

1 Einführung und Fragestellung

Die hier vorgestellte am Kriminologischen Forschungsinstitut Niedersachsen e.V. (KFN) durchgeführte Studie hatte mehrere Ziele. *Erstens* galt es, verlässliche Daten zum Erscheinungsbild von Tötungsdelikten an Kindern zu erlangen. *Zweitens* sollten darauf aufbauend Ursachen, Entstehungsbedingungen und Risikofaktoren ermittelt werden. Zu untersuchen waren – *drittens* – Entdeckung, Aufklärung und strafrechtliche Aufarbeitung von Tötungen an Kindern, um – *viertens* – zu analysieren, welche Folgerungen sich aus der Gesamtschau der genannten Erkenntnisse für die Prävention der Tötung von Kindern ergeben. Im Zentrum der explorativ angelegten Untersuchung stand damit eine möglichst genaue Deskription der Gesamtschau der untersuchten Fälle. Im Einzelnen wurden folgende Fragestellungen in den Blick genommen:

Zur Empirie des Phänomens und zu möglichen Präventionsansätzen:

1. Wie viele Kinder – differenziert nach Alter, Geschlecht, ethnischer Zugehörigkeit sowie familiärem und sozialen Merkmalen – wurden in Deutschland in den 10 Jahren des Untersuchungszeitraums (1997-2006) Opfer von (als solchen erkannten) Tötungsdelikten?

2. Gibt es in Bezug auf diese Daten regionale Unterschiede bzw. Veränderungen über die Zeit, und wie lassen sich diese gegebenenfalls erklären?

3. Lassen sich bei den Opfern spezifische wiederkehrende Merkmale und Merkmalscluster identifizieren?

4. Welche Merkmale und Merkmalskombinationen kennzeichnen die Täter? Welche Opfer-Täter-Konstellationen sind charakteristisch für diesen Deliktsbereich?

5. Gibt es typische Muster für Konflikte und Handlungsabläufe im Vorfeld solcher Taten sowie im Tatgeschehen?

6. Hat es vor der Tat Warnsignale wie z.B. psychische Auffälligkeiten, Selbstmordankündigungen der Täter/Täterinnen oder frühere Misshandlungen des Opfers bzw. seiner Geschwister gegeben? Wem sind diese gegebenenfalls bekannt geworden? Wie wurde darauf reagiert? Sind Eingriffsmöglichkeiten nicht oder nicht ausreichend genutzt worden?

7. Welche Folgerungen ergeben sich aus den Antworten zu Frage 1 bis 6 für Präventionsstrategien? In wie weit und in welcher Weise lassen sich diese staatlich steuern? Welche rechtlichen Regelungsmöglichkeiten bestehen in diesem Zusammenhang?

Zur Todesursachenfeststellung und strafrechtlichen Aufarbeitung:

1. Wie gestaltet sich die Todesursachenfeststellung bei Kindern und Jugendlichen?

2. Unter welchen Bedingungen gelangen Todesfälle von Kindern zur Kenntnis der Ermittlungsbehörden?

3. Wie erfolgen die Ermittlungen und die strafrechtliche Aufarbeitung bei Tötungsdelikten an Kindern?

4. Welche Ansatzpunkte ergeben sich für eine verstärkte Aufhellung des Dunkelfeldes von Tötungsdelikten an Kindern?

Das vom KFN hierzu entwickelte Forschungsvorhaben sah ein mehrstufiges und multimethodales Erhebungsdesign vor. Grundlage war eine Analyse der Strafakten aller in Deutschland bekannt gewordenen Fälle von vollendeten vorsätzlichen Tötungen von Kindern im Alter von 0-5 Jahren aus dem Zeitraum 1997-2006. Darauf aufbauend wurden Interviews mit TäterInnen sowie mit JugendhilfemitarbeiterInnen geführt[3].

Die Deliktsauswahl orientierte sich an den verfügbaren amtlichen Daten, Ausgangspunkt der Untersuchung war damit das strafrechtliche Hellfeld. Die Studie sollte möglichst alle intentionalen Tötungen an Kindern bis zum Alter von 6 Jahren des Untersuchungszeitraums 1997-2006 erfassen. Einbezogen wurden daher auch die mit Todeserfolg qualifizierten Delikte (Körperverletzung bzw.

[3] Hierzu *Kroetsch* 2011; *Zähringer* 2013: Die entsprechenden Dissertationsschriften sind jeweils kurz vor der Fertigstellung.

sexueller Missbrauch mit Todesfolge), da in diesen Fällen davon ausgegangen werden kann, dass die letztlich vollendete Tötung durch eine intentionale Verletzungshandlung verursacht wurde und nicht klar ist, in welcher Weise die rechtlich schwierige Abgrenzung zu einem Tötungsdelikt bei der Registrierung erfolgt. Nur versuchte und fahrlässige Delikte hingegen wurden nicht einbezogen. Dies hatte auch forschungsökonomische Gründe – beide Gruppen sind recht groß, jährlich gab es im Untersuchungszeitraum durchschnittlich 91 vorsätzliche vollendete Delikte, 127 versuchte oder fahrlässige[4]. Vor allem aber spielten sachliche Aspekte eine Rolle: Bei einem versuchten Delikt ist das Opfer letztlich nicht getötet worden. Die Bandbreite dessen, was durch die Polizei als versuchtes Tötungsdelikt eingestuft wird, ist erheblich: sie reicht von Fällen, bei denen der Tod des Opfers nur durch einen glücklichen Umstand knapp verhindert wurde, bis zu solchen, bei denen eine konkrete Gefahr für das Leben des Opfers tatsächlich nie bestand[5]. In der Gruppe der als fahrlässige Tötung erfassten Fälle dürfte es sich bei der weit überwiegenden Mehrzahl der Fälle um ein Unfallgeschehen handeln, so dass die wichtigen Fragestellungen andere sind als bei intentionalen Tötungen. Die Auswahl der Altersgruppe ist aus pragmatischen Gründen an der Erhebungsweise der PKS orientiert, hier umfasst die erste zusammengefasste Altersgruppe die 0- unter sechsjährigen Kinder.

[4] Laut Polizeilicher Kriminalstatistik (PKS) für die Jahre 1997-2006: Vollendete Delikte: 911 (§§ 211, 212, 213, 216, 217 a.F., 178, 176b, 227 StGB), versuchte und fahrlässige Delikte gesamt: 1273 (§§211, 212, 213, 216, 217 a.F., 178, 176b, 227, 23 I; 222 StGB; versuchte Delikte: 457, fahrlässige Delikte: 816).

[5] Beispielsweise kann die wahrgenommene Schwere eines Delikts in Einzelfällen zur Bewertung als versuchtes Tötungsdelikt und nicht als Körperverletzung führen.

2 Tötungsdelikte an Kindern im Spiegel amtlicher Daten

Zu Tötungsdelikten an Kindern sind, wie anderen Opfergruppen auch, in Deutschland nicht einmal Grunddaten zu den ins strafjustizielle Hellfeld gelangten Fällen systematisch erfasst. Dies überrascht angesichts der Schwere der Taten wie auch des hohen Stellenwerts, den dieser Kriminalitätsbereich in kriminalpolitischen Diskursen, im öffentlichen Bewusstsein und in der medialen Aufbereitung von Kriminalität einnimmt.

2.1 Polizeiliche Kriminalstatistik

Opfer einzelner Deliktsgruppen werden in der PKS nur in sehr grober Altersdifferenzierung erfasst (0 bis unter 6, 6 bis unter 14, 14 bis unter 18 Jahre). Die vorliegenden amtlichen Daten der deutschen Polizeilichen Kriminalstatistik (PKS) erlauben daher zu den interessierenden Fragestellungen kaum ergiebige Auswertungen[6]. Die Aggregatdaten der PKS lassen ferner – da Daten für individuelle Fälle nicht verfügbar sind – Verknüpfungen von Merkmalen über die wenigen in der PKS publizierten hinaus nicht zu, so dass auf dieser Basis z.B. keine Aussagen darüber möglich sind, ob und wie sich Opfer-Tatverdächtigen-Konstellationen je nach Alter der Opfer unterscheiden. Die in Frage kommenden Straftatbestände lassen die interessierenden Fallgruppen nicht erkennen. Das gilt insbesondere nach Abschaffung des § 217 StGB im Jahr 1998, der immerhin eine gesonderte Erfassung der Gruppe der durch die Mutter getöteten unehelichen Neugeborenen erlaubte.

Eine weitere gewichtige Einschränkung der Aussagekraft der PKS ergibt sich daraus, dass es sich um eine reine Verdachtsstatistik handelt; der in die PKS eingehende Straftatbestand ist derjenige, den die Polizei zum Abschluss ihrer Ermittlungen und Abgabe der Akte an die Staatsanwaltschaft als verwirklicht ansieht. Aus verschiedensten Gründen kann sich ein zu diesem Zeitpunkt bestehender Tatverdacht als nicht haltbar erweisen und zu einer Einstellung des Verfahrens oder einem Freispruch führen. Auch die Feststellung der Schuldunfähig-

[6] *Dörmann* 2004 für eine interessante Sonderauswertung der PKS in Bezug auf Tötungsdelikte an Kindern im Zeitraum 1968-1982.

keit führt zu diesem Ergebnis. Wenn es zu einer Verurteilung kommt, entspricht die gerichtliche Bewertung der Tat dem polizeilichen Tatverdacht häufig nicht voll (s.u.). Die in der PKS erfassten Daten stellen -wenn alle Eingaben ordnungsgemäß erfolgen- den Stand der Erkenntnis der Polizei zum Zeitpunkt des Abschlusses der polizeilichen Ermittlungen dar. Sie werden den operativen Datenbanken der Polizei entnommen und unterliegen damit allen Schwierigkeiten, die solche komplexen Datenbanken haben.

Zu beachten ist zudem, dass Delikte erst nach Abschluss der Ermittlungen, und damit frühestens im Jahr ihres Bekanntwerdens in die PKS aufgenommen werden, was nicht in jedem Fall identisch mit dem Jahr der Tatbegehung ist. In einem extremen Fall wie dem der neun tot aufgefundenen Neugeborenen in Brieskow-Finkenherd führt dies aufgrund insgesamt kleiner Fallzahlen bereits bei einer nur groben regionalen Untergliederung zu einer spürbaren Verzerrung der Statistik für das Erfassungsjahr 2006 (vgl. die Werte für Ostdeutschland in Abbildung 1).

Die im Lichte der genannten Einschränkungen ihrer Aussagekraft zu betrachtende PKS zeigt, dass bundesweit jährlich ca. 90 Kinder unter 6 Jahren Opfer von vollendeten, vorsätzlichen Tötungsdelikten (einschließlich der erfolgsqualifizierten Delikte) werden. Dabei unterliegen Opferzahl und Opferziffer gewissen Schwankungen, ein Anstieg im Untersuchungszeitraum und den folgenden Jahren ist aber eindeutig nicht zu verzeichnen, vielmehr sinken die Zahlen seit 2007 auf zuletzt etwa 60 Fälle/Jahr. Auffällig ist die fast durchgehend höhere Opferziffer in den neuen Bundesländern im Vergleich zu den alten Bundesländern. Ob, inwieweit und ggf. in welcher Weise dieser Befund auf tatsächliche Unterschiede hindeutet, ist angesichts der oben angedeuteten Schwächen der PKS allerdings nicht sicher einzuschätzen.

		1995	1996	1997	1998	1999	2000	2001	2002	2003	2004	2005	2006	2007	2008	2009	2010	2011	2012	2013
Westdeutschland mit Berlin																				
Totschlag, Tötung auf	n	48	47	49	43	38	44	40	48	43	41	29	29	32	33	25	25	31	29	19
Verlangen, Kindstötung*	OZ	1,08	1,06	1,12	1	0,89	1,05	0,96	1,16	1,06	1,04	0,75	0,77	0,87	0,92	0,7	0,71	0,89	0,83	0,55
Mord	n	21	21	9	23	14	24	24	21	21	17	17	14	8	14	12	12	6	17	14
	OZ	0,47	0,48	0,21	0,53	0,33	0,57	0,58	0,51	0,52	0,43	0,44	0,37	0,22	0,39	0,34	0,34	0,17	0,49	0,41
Vergewaltigung, sex.	n	k.A.	k.A.	k.A.	k.A.	0	1	1	0	0	0	0	0	0	0	0	0	0	0	0
Nötigung mit Todesfolge	OZ					0	0,02	0,02	0	0	0	0	0	0	0	0	0	0	0	0
Sex. Kindesmissbrauch	n	k.A.	k.A.	k.A.	k.A.	0	0	0	0	0	0	0	0	0	0	1	0	0	0	0
mit Todesfolge	OZ					0	0	0	0	0	0	0	0	0	0	0,03	0	0	0	0
Körperverletzung mit	n	14	8	10	7	11	13	7	13	10	6	11	5	4	4	6	3	7	6	4
tödlichem Ausgang	OZ	0,31	0,18	0,23	0,16	0,26	0,31	0,17	0,31	0,25	0,15	0,29	0,13	0,11	0,11	0,17	0,09	0,2	0,17	0,12
Gesamt Westdeutsch-	n	83	76	68	73	63	82	72	82	74	64	57	48	44	51	44	40	44	52	37
land und Gesamtberlin	OZ	1,86	1,72	1,56	1,69	1,48	1,95	1,73	1,99	1,83	1,63	1,48	1,28	1,2	1,41	1,24	1,14	1,26	1,49	1,07
Ostdeutschland																				
Totschlag, Tötung auf	n	17	13	19	16	26	13	19	17	6	14	11	20	23	25	16	8	10	11	12
Verlangen, Kindstötung*	OZ	2,58	2,29	3,83	3,27	5,18	2,48	3,46	3	1,04	2,41	1,87	3,39	3,93	4,26	2,7	1,34	1,67	1,82	1,98
Mord	n	9	6	2	6	2	5	3	1	2	4	3	10	1	4	2	3	3	1	0
	OZ	1,37	1,06	0,4	1,22	0,4	0,95	0,55	0,18	0,35	0,69	0,51	1,69	0,17	0,68	0,34	0,5	0,5	0,17	0
Vergewaltigung, sex.	n	k.A.	k.A.	k.A.	k.A.	0	0	0	0	0	0	0	0	0	0	0	0	0	0	0
Nötigung mit Todesfolge	OZ					0	0	0	0	0	0	0	0	0	0	0	0	0	0	0
Sex. Kindesmissbrauch	n	k.A.	k.A.	k.A.	k.A.	1	1	0	0	0	0	0	0	0	0	0	0	0	0	0
mit Todesfolge	OZ					0,2	0,19	0	0	0	0	0	0	0	0	0	0	0	0	0
Körperverletzung mit	n	2	7	2	3	2	5	0	2	2	3	4	4	1	1	0	3	2	2	1
tödlichem Ausgang	OZ	0,3	1,23	0,4	0,61	0,4	0,95	0	0,35	0,35	0,52	0,68	0,68	0,17	0,17	0	0,5	0,33	0,33	0,17
	n	28	26	23	25	31	24	22	20	10	21	18	34	25	30	18	14	15	14	13
Gesamt Ostdeutschland	OZ	4,25	4,59	4,63	5,1	6,18	4,58	4	3,53	1,74	3,61	3,06	5,76	4,27	5,11	3,04	2,35	2,5	2,31	2,15
Bund gesamt	**n**	**111**	**102**	**91**	**98**	**94**	**106**	**94**	**102**	**84**	**85**	**75**	**82**	**69**	**81**	**62**	**54**	**59**	**66**	**50**
	OZ	**2,17**	**2,05**	**1,87**	**2,04**	**1,98**	**2,24**	**1,99**	**2,17**	**1,82**	**1,88**	**1,69**	**1,89**	**1,63**	**1,93**	**1,49**	**1,31**	**1,44**	**1,61**	**1,24**

* Bis 1998: Straftatenschlüssel 0210 + 0220; ab 1999: Straftatenschlüssel 0200.

Abbildung 1: Tötungsdelikte an Kindern im Alter von 0-5 Jahren in Deutschland (1995-2013).[7]

[7] Quelle der Grunddaten: Polizeiliche Kriminalstatistik sowie Statistisches Bundesamt. Eigene Berechnungen. Wie die hier aufgeführten Opferziffern im internationalen Vergleich zu bewerten sind, kann aufgrund unterschiedlicher Datengrundlagen und Erfassungsarten nicht zuverlässig festgestellt werden. Für einen internationalen Vergleich für die Jahre 1987-2001 auf der Grundlage von Daten der WHO s. *Large/Nielssen/ Lackersteen/Smith* 2010, einige unterschiedliche Werte für den englischsprachigen Raum s. *Porter/Gavin* 2010, für Finnland und Österreich *Putkonen/Amon/Almiron [u.a.]* 2009.

2.2 Verurteiltenstatistik

Den verfügbaren amtlichen Daten lassen sich nur wenige und wenig differenzierte Daten zur Praxis der Strafverfolgung von Tötungsdelikten an Kindern entnehmen, da anders als in der Polizeilichen Kriminalstatistik im Bereich der Strafverfolgung kaum opferbezogene Daten erhoben werden. Eine Ausnahme stellt die Erfassung der Abgeurteilten und Verurteilten wegen bestimmter Delikte an Kindern dar, die allerdings in Bezug auf die Opfer wenig altersdifferenziert ist und nicht zwischen versuchten und vollendeten Taten unterscheidet.

Jahr*	**1997**	**1998**	**1999**	**2000**	**2001**	**2002**	**2003**	**2004**	**2005**	**2006**	***2007***	***2008***	***2009***	***2010***	***2011***	***2012***
PKS, Opfer unter 14 Jahren*	116	114	101	127	107	104	100	90	80	66	*88*	*100*	*76*	*77*	*73*	*91*
Zahl der Verurteilten, Fälle mit Opfern unter 14 Jahren*	43	35	28	38	36	23	28	17	26	31	*36*	*41*	*31*	*21*	*35*	*28*

Abbildung 2: Vorsätzliche, vollendete Tötungsdelikten zum Nachteil von Kindern 1997-2012 (PKS); Opfer und Verurteilte (bis 2006 jeweils nur Westdeutschland mit Gesamtberlin, danach Gesamtdeutschland)[8].

Diese Strafverfolgungsdaten lassen sich zu denen der PKS kaum in Beziehung setzen, da die PKS zwar Opfer und Täter nach Altersgruppen differenziert erfasst, nicht aber kombinierte Täter-Opfer-Daten ausweist. Auch wird in den Strafverfolgungsdaten die Altersgruppe der Opfer unter 6 Jahren nicht gesondert ausgewiesen. Es lässt sich also den amtlichen Daten nicht entnehmen, wie viele der wegen Tötungsdelikten an Kindern Verdächtigten letztlich wegen eines solchen Deliktes auch verurteilt werden. Zudem lassen sich aufgrund der unterschiedlichen Erfassungszeitpunkte in PKS und Strafverfolgungsstatistik Fallzahlen in einzelnen Jahren nicht unmittelbar aufeinander beziehen. Festzustellen ist allerdings, dass auch die verfügbaren Verurteiltenzahlen insgesamt mit Schwankungen stabil sind und eher eine sinkende Tendenz aufweisen.

[8] Quelle der Daten: Polizeiliche Kriminalstatistik und Statistisches Bundesamt (Fachserie 10 Reihe 3, Tabelle 9). In der Strafverfolgungsstatistik: Verurteilungen nach §§ 176b; 176 IV a.F.; 178; 177 III a.F.; 211; 212; 213, 227, 226 a.F. StGB. Verurteilte gemäß §§ 178, 177 III a.F. wurden für die Jahre 2002-2004 nicht separat ausgewiesen. Die Daten beziehen sich für den Zeitraum 1997-2006 nur auf Westdeutschland und Gesamtberlin, da eine einheitliche Erfassung der Verurteilten in den neuen Bundesländern für die Verurteilten noch nicht erfolgte. Zur besseren Vergleichbarkeit wurden daher für diese Jahre auch nur die Opfer nur für Westdeutschland und Gesamtberlin angegeben. Ab 2007 beziehen sich die Daten jeweils auf Gesamtdeutschland.

Dass die Tatverdächtigenzahlen regelmäßig höher sind als entsprechende Verurteiltenzahlen, ist weder neu noch überraschend[9]: Aus vielerlei Gründen kann sich im Laufe eines Strafverfahrens herausstellen, dass sich der zum Abschluss der polizeilichen Ermittlungen bestehende Tatverdacht nicht bzw. nicht ausreichend erhärten lässt, dass das Verfahren eingestellt werden kann oder auch wegen Schuldunfähigkeit des Täters eine Verurteilung nicht möglich ist. Es ist also auch dann möglich, dass keine Verurteilung vorliegt, wenn an der Tat kein Zweifel besteht. Insofern sind die Verurteiltenzahlen nicht als Korrektiv der PKS-Daten in Bezug auf die Fälle bzw. Opfer interpretierbar. In der vorliegenden Untersuchung wird der Frage der Entwicklung des strafrechtlichen Vorwurfs im Laufe des gesamten Strafverfahrens ausführlich nachgegangen.

2.3 Todesursachenstatistik

Die Todesursachenstatistik definiert als „tätlichen Angriff" die Tötung bzw. Verletzungen durch eine andere Person in Verletzungs- oder Tötungsabsicht auf jede Art und Weise und verwendet eine andere Altersdifferenzierung als die PKS (0 bis unter 1, 1 bis unter 5, 5 bis unter 10, 10 bis unter 15 Jahre).

Opferalter	**1997**	**1998**	**1999**	**2000**	**2001**	**2002**	**2003**	**2004**	**2005**	**2006**	**2007**	**2008**	**2009**	**2010**	**2011**	**2012**
Unter 1 Jahr	18	35	25	24	28	22	19	20	21	22	25	24	18	18	22	21
1 bis unter 5 Jahre	21	18	18	20	15	16	17	11	9	11	15	10	12	10	4	14
Summe 0 bis unter 5 Jahre	*39*	*53*	*43*	*44*	*43*	*38*	*36*	*31*	*30*	*33*	*40*	*34*	*30*	*28*	*26*	*35*
5 bis unter 10 Jahre	20	13	20	14	14	11	8	11	12	8	11	6	8	14	6	17
10 bis unter 15 Jahre	26	20	8	11	8	10	6	5	1	5	7	2	1	5	7	7

Abbildung 3: Todesursachenstatistik BRD 1997-2012[10].

[9] Für Tötungsdelikte in Deutschland im Allgemeinen: *Kreuzer* 2002. Für den Bereich der Tötungsdelikte an Kindern in England berichten z.B. *Brookman/Nolan* 2006, dass von 298 in den Jahren 1995-2002 vom Home Office als Tötungsdelikte an Kindern unter einem Jahr klassifizierten Fällen 48 (16%) nachträglich wieder aus der Kategorie herausgenommen wurden, weil die Beschuldigten freigesprochen, die Verfahren eingestellt oder das Delikt herabgestuft wurde und damit aus der Kategorie "infanticide" herausfiel; unter diesen 48 Fällen waren vor allem solche, in denen (biologische) Mütter verdächtigt worden waren, ihre Kinder getötet zu haben.

[10] Zahlen des Statistischen Bundesamtes. Bis 1997: ICD 9-Diagnoseschlüssel E960-E969: "Verletzungen durch Gewalteinwirkung"; ab 1998: ICD 10-Diagnoseschlüssel X85-Y09: "Tätlicher Angriff".

Grundlage der Erhebung sind die von den Ärzten ausgestellten Leichenschauscheine sowie die von den Standesämtern ausgestellten Sterbefallzählkarten, die an das Gesundheitsamt übermittelt und von dort an das jeweilige Statistische Landesamt weitergeleitet werden. Dort werden die Angaben der Ärzte entsprechend der ICD[11] ausgewertet und die aggregierten Landesergebnisse schließlich an das Statistische Bundesamt übermittelt. Zu beachten ist bei der Bewertung der Aussagekraft der Todesursachenstatistik, dass es sich um eine monokausale Darstellung der Todesursachen handelt, also diejenige Todesursache angegeben wird, die als todesursächlich angenommen wird. Zudem sind Ungenauigkeiten aufgrund ärztlicher Angaben möglich, da Ärzte die Möglichkeit haben, verschiedene Diagnosearten auf der Todesbescheinigung zu vermerken, wodurch die Genauigkeit der ursächlichen Todesursache erhöht wird. In 1-2 % der Fälle wird „Todesursache unbekannt" vermerkt.

Die Daten der Todesursachenstatistik sind Grundlage einer 2003 von UNICEF veröffentlichten Studie zu Tötungen von Kindern in wohlhabenden Staaten[12], die mangels alternativer vergleichbarer Daten gern zitiert wird. Darin werden die durch physische Gewalt und Vernachlässigung verursachten Todesfälle an Kindern im Alter von unter 15 Jahren in den 27 reichsten Nationen der Welt beleuchtet, jährlich fast 3.500 Fälle. Dabei ist in einer kleinen Gruppe von Ländern (Spanien, Griechenland, Italien, Irland und Norwegen) eine außergewöhnlich niedrige Fallzahl zu verzeichnen, Deutschland rangiert im unteren Mittelfeld, Mexiko und Portugal weisen eine besonders hohe Belastung auf (vgl. Abb. 4). Die Unterschiede sind also nach den Todesursachenstatistiken sogar innerhalb der Industrienationen sehr hoch. Inwiefern diese Unterschiede auch auf Erfassungsunterschiede zurückzuführen sein könnte, ist allerdings eine offene Frage.

---

11 *„Internationale statistische Klassifikation der Krankheiten und verwandter Gesundheitsprobleme"* (englisch *„International Statistical Classification of Diseases and Related Health Problems"*, aktuell in der 10. Auflage, der ICD 10).

12 *UNICEF* 2003.

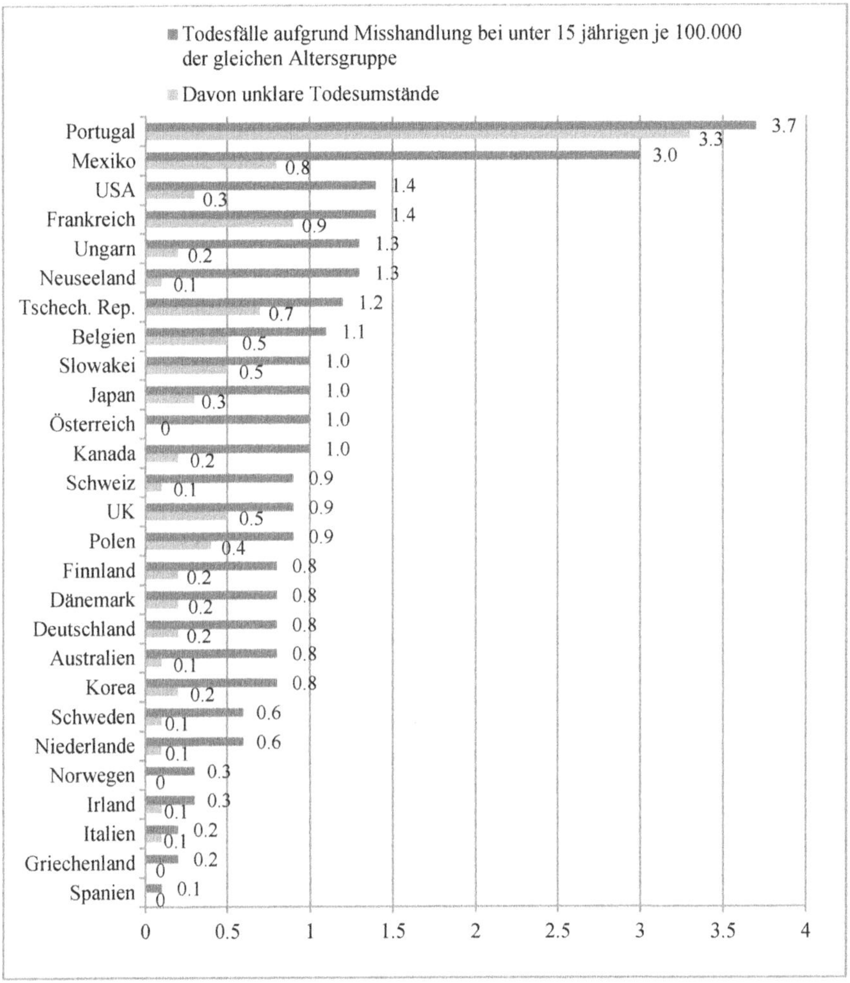

Abbildung 4: Todesfälle bei unter 15jährigen aufgrund von Misshandlung sowie „unbestimmter Umstände" für einen 5-Jahres-Zeitraum pro 100.00 Kindern der gleichen Altersgruppe[13].

[13] *UNICEF* 2003, S. 4 (Eigene Darstellung). Zeitraum: Niederlande, Deutschland, UK, Österreich, Slowakei, Tschechische Republik, Ungarn, Portugal (1995-1999); Australien, Finnland, Frankreich, Griechenland, Neuseeland, Spanien, USA (1994-1998); Kanada, Irland, Italien, Japan, Korea, Norwegen (1993-1997); Dänemark, Polen, Schweden, Schweiz (1992-1996); Belgien, Mexiko (1991-1995).

2.4 Die Dunkelfeldproblematik

Besondere Bedeutung kommt neben der Hellfeldanalyse der Frage zu, ob zeitliche oder regionale Unterschiede bei der Zahl bekannt gewordener Fälle von Tötungsdelikten an Kindern Effekt unterschiedlicher Aufhellung des Dunkelfeldes sein könnten. Es muss davon ausgegangen werden, dass Tötungen insbesondere von Kleinkindern und Säuglingen bisweilen fälschlich für natürliche Tode gehalten werden, da sie – in aller Regel im familiären Umfeld stattfindend – z.B. als plötzlicher Kindstod oder als Unfall verschleiert werden[14]. Typische Tötungsarten wie Ersticken oder Schütteln sind u. U. äußerlich gar nicht erkennbar und teilweise selbst durch eine Obduktion nicht nachweisbar[15]. Zudem dürfte die psychologische Schwelle für die mit dem Fall befassten Ärzte, einen Verdacht auf Fremdverschulden zu fassen, ggf. eine Anzeige zu erstatten und damit ein Ermittlungsverfahren in Gang zu setzen, oftmals hoch sein. Die ärztliche Einschätzung aber ist die entscheidende Weichenstellung für die Entstehung eines Anfangsverdachtes: Wenn die Todesbescheinigung nicht einen Tod durch Fremdverschulden oder eine ungeklärte Todesursache ggf. mit Anregung einer Obduktion ausweist, findet eine weitere Untersuchung des Todesfalles allenfalls noch im Rahmen der bei einer Kremation der Leiche regelhaft durchzuführenden Leichenschau statt.

Insbesondere bei Kindstötungen nach einer erfolgreich verheimlichten Schwangerschaft bleibt u. U. nicht nur die wahre Todesursache, sondern bereits der Tod als solcher unerkannt. Die jedenfalls oberflächliche Verdeckung der Tötung eines Säuglings oder Kleinkindes ist praktisch zumeist nicht besonders schwierig, sofern ein sicherer Ablageort für die Leiche gefunden wird. Bei Fehlen weiterer Anzeichen (wie z.B. Unterleibsbeschwerden, die eine ärztliche Konsultation erfordern) wird dann eine Entdeckung der Tat sehr unwahrscheinlich.

Für die Frage nach dem Dunkelfeld bei Tötungen von Kindern ist die Praxis der Ausstellung von Todesbescheinigungen und der Anordnung von Obduktionen u.a. insofern von besonderem Interesse, als nicht ganz auszuschließen ist, dass es systematische Unterschiede zwischen West- und Ostdeutschland gibt bzw. gab. Die Sektionsfrequenz in Deutschland ist insgesamt sehr gering (1999: 5,35 % aller Sterbefälle, davon gerichtliche Sektionsrate 2 %) und regional ext-

---

[14] Dazu u.a. *Byard/Krous* 1999; *Kukull/Peterson* 1977; *Sorenson/Shen/Kraus* 1997; *Stanton/Simpson* 2001.

[15] *Bajanowski/Vennemann/Bohnert [u.a.]* 2005 gehen davon aus, dass bei etwa einem Viertel unnatürlicher Tode nicht feststellbar ist, ob es sich um einen Unfall oder Fremdverschulden handelt.

rem unterschiedlich[16]. Bei Kindern dürfte die Sektionsfrequenz höher sein, genaue und aktuelle Daten hierzu liegen aber, soweit ersichtlich, nicht vor. In der DDR wurden insgesamt deutlich mehr Obduktionen vorgenommen (ca. 20 %), insbesondere wurden alle verstorbenen Kinder unter 16 Jahren obduziert[17]. Was die Gesamtzahl der Obduktionen angeht, so waren 1994 und 1999 die Raten in den neuen Bundesländern nicht mehr auffällig höher als die der alten Bundesländer[18]. Erkenntnisse dazu, ob sich unter den Obduzierten in den neuen Ländern mehr Kinder befanden als in den alten Ländern, liegen nicht vor. Es ist aber durchaus vorstellbar, dass z.B. bei Ärzten, die eine regelmäßige Obduktion bei Kindern in der DDR gewohnt waren, die Neigung, auf eine solche hinzuwirken, höher ist (bzw. in den 90er Jahren noch höher war) als in den alten Bundesländern.

Die Annahmen zur Höhe des Dunkelfeldes bei Tötungsdelikten sind sehr uneinheitlich. Konservative Schätzungen gehen davon aus, dass bezogen auf Tötungsdelikte insgesamt auf ein erkanntes mindestens ein unerkanntes Tötungsdelikt kommt[19]. Zwei Forschungsprojekte zum plötzlichen Kindstod fanden 3 % bzw. 3,5 % nachweisbare Tötungen unter den Fällen, bei denen zunächst keinerlei Verdacht auf ein Tötungsdelikt bestand[20]. Für England gehen Untersuchungen von 2-10 % aus[21]. Für den Bereich tödlich endender Kindesmisshandlungen geht Vock[22] aufgrund eines Vergleichs mit der DDR davon aus, dass auf ein entdecktes Delikt zwei unentdeckte kommen. Was Neonatizide nach verdrängter und/oder verheimlichter Schwangerschaft angeht, sind allenfalls Schätzungen möglich. Es wird aufgrund entsprechender Erhebungen in Kliniken verschiedener Städte hochgerechnet, dass in Deutschland jährlich ca. 300 Geburten nach verdrängter Schwangerschaft stattfinden[23]. Es handelt sich also bei diesem mutmaßlich wichtigen Risikofaktor für Neonatizide nicht um ein völliges Ausnahmephänomen. Es ist auch hier ein nennenswertes Dunkelfeld zu vermuten, da

[16] *Brinkmann/Du Chesne/Vennemann* 2002. Die rechtsmedizinische Sektionsfrequenz lag 1994-1999 bei 2 %, im selben Zeitraum war bei klinisch-pathologischen Sektionen eine Abnahme von 4 % auf 3 % zu verzeichnen. Auffällig sind die deutlichen Unterschiede zwischen den Bundesländern, auf Landgerichtsebene finden sich Unterschiede bis um Faktor zehn.

[17] *Wegener* 1991.

[18] *Brinkmann/Du Chesne/Vennemann* 2002.

[19] Überblick bei *Scheib* 2002, 25 ff. *Kreuzer* 2002 geht von 3-6 unentdeckten Fällen auf einen entdeckten Fall aus.

[20] *Kleemann/Vock/Bajanowski [u.a.]* 1997; *Bajanowski/Vennemann/Bohnert [u.a.]* 2005; *Bohnert/Große. Perdekamp/Pollak* 2004: 2 %, die als SIDS klassifiziert werden, sind Tötung durch Ersticken.

[21] *Craig* 2004.

[22] *Vock/Trauth* 1999.

[23] *Wessel/Platz/Schneider* 1998, S. 6.

die Verdeckungsmöglichkeiten so groß sind wie wohl bei keiner anderen Form von Tötungsdelikten an Kindern und zudem bei einer bis zur Geburt erfolgreich verheimlichten Schwangerschaft für die Mutter enorme Handlungszwänge entstehen, will sie die Täuschung aufrechterhalten.

2.5 Zusammenfassung

Im Ergebnis lässt sich den verfügbaren amtlichen Daten nicht entnehmen, wie viele Kinder welchen Alters in Deutschland im Untersuchungszeitraum 1997-2006 Opfer von vollendeten, vorsätzlichen Tötungsdelikten geworden sind. Die Statistiken erfassen unterschiedliche Sachverhalte und sind schon aus diesem Grund nicht vergleichbar. Darüber hinaus haben sie verschiedene, hier nicht zu diskutierende Erfassungsprobleme, die problematisch erscheinen lassen, sie als Grundlage für Prävalenzangaben zu verwenden. Zur groben Orientierung über das quantitative Ausmaß der als solche erkannten Tötungsdelikte an Kindern können sie mangels besserer Daten gleichwohl dienen.

		1997	1998	1999	2000	2001	2002	2003	2004	2005	2006
PKS[24]: Opfer 0-unter 6 Jahre	n	91	98	94	106	94	102	84	85	75	82
Todesursachen nach ICD-10[25], Alter 0-unter 5 Jahre	n	39	53	43	44	43	38	36	31	30	33
Verurteilte mit unter 14jährigen Opfern[26]	n	43	35	28	38	36	23	28	17	26	31

Abbildung 5: Vorsätzliche, vollendete Tötungsdelikte zum Nachteil von Kindern; Opfer nach PKS und Todesursachenstatistik; Verurteiltenstatistik.

Die Zahlen der polizeilichen Kriminalstatistik stellen dabei tendenziell eine Überschätzung dar, diejenigen der Todesursachenstatistik und der Verurteiltenstatistik eine Unterschätzung. Differenzierte Aussagen zum Fallaufkommen im Hellfeld und dessen Entwicklung sind aufgrund der zahlreichen Schwächen der verschiedenen Erhebungen nicht zu treffen.

---

[24] Jeweils Tabelle 91.

[25] ICD-10 Fassung bis 1997: Pos. E960-E969; Fassung ab 1998: Pos. X85-Y09.

[26] Statistisches Bundesamt.

3 Forschungsstand

International liegt inzwischen eine kaum überschaubare Vielzahl an Studien zu Tötungsdelikten an Kindern vor. Einschlägige Reviews gelangen dennoch zu einer eher zurückhaltenden Beurteilung des Kenntnisstandes[27]. Die Studien greifen häufig auf kleine, institutionell (z.B. bei rechtsmedizinischen Instituten oder in psychiatrischen Einrichtungen) "anfallende" Stichproben zurück und unterscheiden sich im konkreten methodischen Vorgehen so stark, dass Befunde nur schwer aufeinander bezogen werden können.

In Deutschland existieren keine umfassenden aktuellen empirischen Studien zu Tötungsdelikten an Kindern. Die meisten entstammen dem rechtsmedizinischen Kontext, davon betreffen einige alle Alters- und Fallgruppen, andere beschränken sich auf bestimmte Opfergruppen. Raic[28] führte eine retrospektive Untersuchung der Sektionsprotokolle aller Todesfälle von Personen bis zu 20 Jahren durch, die im Bonner Institut für Rechtsmedizin 1970-1993 erfasst wurden (N = 757). Hierbei zeigte sich, dass bei 60 Fällen[29] eine Elternverantwortung für den Tod im Sinne eines strafrechtlichen Tatverdachts bestand. 28 Fälle aus der Gruppe der Fälle mit Elternverantwortung, bei denen die Strafakten zugänglich waren, wurden im Hinblick auf verschiedene Merkmale der Täter, Opfer und der Tat genauer untersucht. In Fortführung dieser Untersuchung legte Hömberg[30] eine analoge Studie vor, die die entsprechenden Fälle für den Zeitraum 1994-2007 einschloss. Von den insgesamt untersuchten Fällen (N = 439) waren 19 solche mit Elternverantwortung[31], die genauer betrachtet wurden. Die Ergebnisse haben aufgrund der kleinen Fallzahl pro Fallgruppe eher explorativen Charakter. Vock&Meinel bzw. Vock&Trauth[32] konzentrierten ihre ebenfalls retrospektiven strafaktenbasierten Untersuchungen auf Fälle der tödlich verlaufenden Kindesmisshandlung (N = 58) bzw. Kindesvernachlässigung (N = 19). Grundlage war

---

[27] *Friedman/Resnick* 2009; *Friedman/Resnick* 2007; *Hatters Friedman/McCue Horwitz/Resnick* 2005; *Porter/Gavin* 2010; *Bourget/Grace/Whitehurst* 2007.

[28] *Raic* 1997.

[29] Darunter 26 Neonatizide, 11 Kindesmisshandlungen, 13 erweiterte Suizide, 10 sonstige Tötungen.

[30] *Hömberg* 2011.

[31] Darunter 5 Neonatizide, 5 Tötungen durch Misshandlung, 6 erweiterte Suizide, 2 sonstige Tötungen.

[32] *Vock/Meinel* 2000; *Vock* 1999; *Vock* 1999; *Vock/Trauth* 1999; *Schlang* 2006.

eine Abfrage aller Fälle von Tötungsdelikten an Kindern unter 18 Jahren (ausgenommen Neugeborenentötungen) im Zeitraum 1985-1990 (N = 388) bei allen rechtsmedizinischen Instituten der Bundesrepublik bzw. der ehemaligen DDR[33]. Erhoben wurden auch hier opfer-, täter- und tatbezogene Daten ebenso wie solche zu Verlauf und Ausgang des Strafverfahrens. Schlang untersuchte vor allem unter psychiatrischen Fragestellungen alle 231 Fälle von tödlich verlaufender Gewalt an Kindern unter 18 Jahren durch Eltern oder elternähnliche Bezugspersonen aus demselben Datensatz.

Ebenfalls auf der Grundlage von in den rechtsmedizinischen Instituten vorliegenden Informationen untersuchte Bauermeister[34] 213 Fälle von Neugeborenentötungen im Zeitraum 1980-1989. Aus den Beständen der rechtsmedizinischen Institute Hamburg, Jena, Leipzig und München wurden durch Hempel[35] in einer ebenfalls rechtsmedizinischen Untersuchung alle Obduktionsfälle von Neugeborenen (N = 47) der Jahre 1997 bis einschließlich 2007 recherchiert und im Hinblick auf Ausmaß und Risikofaktoren analysiert. 35 Verfahren zu Neugeborenentötungen aus dem gesamten Bundesgebiet im Zeitraum 1994-2008 waren Grundlage einer kriminologisch-rechtswissenschaftlichen Untersuchung von Bozankaya[36].

Aus dem forensisch-psychiatrischen Bereich liegen eine Reihe instruktiver Beschreibungen einzelner Fälle bzw. Fallgruppen vor. Im Vordergrund stand dabei naturgemäß die Frage nach dem Vorliegen psychischer Erkrankungen und deren Bedeutung für die Schuldfähigkeit[37]. Eine systematische Untersuchung psychiatrischer forensischer Gutachten (N = 48) zweier deutscher Regionen (München und Rostock), aus dem Zeitraum von 1980 bis 2007 zu Tötungsdelikten an Kinder bis unter 18 Jahren betrifft vor allem psychosoziale und biographische Faktoren[38].

3.1 Opfer

Im Hellfeld zeigen sich in zahlreichen westlichen Industriestaaten hinsichtlich des Viktimisierungsrisikos in verschiedenen Altersgruppen weitgehend übereinstimmende Trends. Scheinbare Unterschiede sind in aller Regel der jeweils vor-

---

33 Für eine Untersuchung entsprechender Fälle in der DDR im Zeitraum 1985-1989 s. *Meinel* 2005

34 *Bauermeister* 1994.

35 *Hempel* 2013.

36 *Bozankaya* 2010.

37 S. z.B. die Beiträge in *Häßler/Schepker/Schläfke* 2008 sowie in Heft 1/2009 der Zeitschrift Forensische Psychiatrie, Psychologie. Ausführliche Beschreibungen von 15 Fällen bei *Marneros* 2003.

38 *Bätje/Schläfke/Nedopil/Häßler* 2011.

genommenen Altersgruppierung der Opfer geschuldet. Das Tötungsrisiko von Kindern ist am höchsten im ersten Lebensjahr[39], fällt danach steil ab und nimmt etwa ab dem frühen Teenageralter wieder zu[40]. Unterschiedliche Befunde ergeben sich insbesondere je nachdem, ob die große Gruppe der Neonatizide, also Tötungen von Neugeborenen innerhalb der ersten 24 Stunden nach der Geburt, einbezogen wurde oder nicht. In Bezug auf das Geschlecht der Opfer weisen größere Studien vor allem für Kleinkinder oftmals keine nennenswerten Unterschiede auf[41]. Zahlreiche Studien zu bestimmten Alters- oder Fallgruppen zeigen allerdings eine leichte Höherbelastung bei männlichen Opfern[42].

3.2 TäterInnen, TäterInnen-Opfer-Konstellation

TäterInnen von Tötungsdelikten an kleinen Kindern sind, insoweit ist die Befundlage einheitlich, ganz überwiegend Personen aus dem nächsten sozialen Umfeld, meist handelt es sich um Eltern oder Stiefeltern[43]. Die Erkenntnisse zu den genauen Anteilen variieren, was ebenfalls den unterschiedlichen Stichprobenarten zuzuschreiben sein dürfte.

In Bezug auf das Geschlecht der TäterInnen divergieren die Befunde auf den ersten Blick, auch hier dürfte die Ursache jedoch vor allem in Stichprobeneffekten liegen. Aussagekräftige Daten liegen nur für den Bereich innerfamiliärer Tötungen vor. Eine Studie aus North Carolina ergab, dass bei Tötungen von Kindern bis zum 4. Lebenstag zu 85 % die Mutter als Täterin identifiziert wurde[44]. Eine auf Daten der US-Supplementary Homicide Reports basierende Untersuchung von insgesamt rund 94.000 Fällen aus dem Zeitraum 1976 bis 2007 von Tötungsdelikten an eigenen (auch erwachsenen) Kindern zeigte etwa eine Gleichverteilung männlicher und weiblicher TäterInnen bei Opfern von unter einem Jahr[45]. Auch in Kanada traten bei innerfamiliären Tötungen an Kindern im

---

[39] *Mariano/Chan/Myers* 2014 für die USA im Zeitraum 1976-2007. *Vock/Trauth* 1999 fanden bei Tötungen durch Misshandlung in Deutschland, dass 2/3 im ersten Lebensjahr stattfanden bzw. 93 % im Alter bis zu 4 Jahren. *Raic* 1997 konnte in einer Stichprobe von 60 Fällen von durch die Eltern verantworteten Todesfällen von Kindern feststellen, dass, Neonatizide ausgenommen, 47,1 % der Kinder vor Vollendung ihres ersten Lebensjahres getötet wurden, weitere 35,3 % der Opfer waren zwischen einem und fünf Jahre alt. Überblick auch bei *Porter/Gavin* 2010.

[40] *Strang* 1996; *Mariano/Chan/Myers* 2014.

[41] *Vogt/Block* 2005, S. 7.

[42] Z.B. für Kindesmisshandlung in der DDR *Vock* 1999; *Vanamo/Kauppi/Karkola [u.a.]* 2001. Für England und Wales s. *Brookman* 2005, für Frankreich *Makhlouf/Rambaud* 2014. Überblick auch bei *Porter/Gavin* 2010.

[43] *Flynn/Windfuhr/Shaw* 2009, S. 5f ; *Porter/Gavin* 2010.

[44] *Herman-Giddens/Smith/Mittal [u.a.]* 2003.

[45] *Mariano/Chan/Myers* 2014.

Zeitraum 1993-2002 bei Kindern unter einem Jahr Väter und Mütter zu gleichen Anteilen als TäterInnen in Erscheinung, während bei Kindern zwischen 1 und 11 Jahren mehrheitlich Väter die Täter waren. Den Befunden von Brookmann& Nolan zufolge waren bei den in den Jahren 1995 bis 2001 in England und Wales begangenen Tötungsdelikten an Kleinkindern die Täter zu 57% männlich[46]. Eine deutsche Studie zu Tötungsdelikten durch elterliche Gewalt an Kindern unter 18 Jahren ausgenommenen Neugeborenentötungen im Zeitraum 1985-1989 zeigte eine deutliche Höherbelastung männlicher Täter[47]. Auch Strang fand bei Tötungen von Kindern unter 15 Jahren im Zeitraum 1989-1993 in Australien eine deutliche Dominanz von Fällen, bei denen der (biologische oder soziale) Vater der Täter war[48]. Ähnliches zeigte sich bei 149 Fällen aus Missouri aus den Jahren 1992 bis 1999, in denen Kinder durch von Eltern oder Erziehungspersonen zugefügte Verletzungen zu Tode gekommen waren: Hier waren die Täter zu 71 % männlich; meist handelte es sich um die biologischen Väter oder die Lebenspartner der Mütter[49]. Speziell für den Bereich tödlich verlaufender Kindesmisshandlungen ergab auch die Untersuchung von Vock et al.[50] für Deutschland eine Dominanz männlicher Täter: Bei jeweils ca. einem Drittel der Fälle war der Vater bzw. die Mutter Täter/in, bei ca. 16 % war der Lebensgefährte der Mutter der Täter, etwa ein Viertel der Taten wurde von Mutter und Vater bzw. Mutter und Lebensgefährte gemeinsam verübt.

Insgesamt lässt sich feststellen, dass Mütter offenbar vor allem bei Tötungen von Neugeborenen und Kleinkindern als Täterinnen in Erscheinung treten; je höher die Altersgrenze der Opfer für die Betrachtung angesetzt wird, desto mehr gewinnen die Väter als Täter an Bedeutung. Die genannten Befunde machen damit allerdings auch deutlich, dass ein Vergleich unterschiedlicher Anteile von Männern und Frauen bzw. Vätern und Müttern unter den Tätern nur dann sinnvoll ist, wenn man im Hinblick auf das Alter der Opfer differenziert.

In Bezug auf das Alter der TäterInnen wird immer wieder betont, dass es sich bei den Täterinnen der Neonatizide um sehr junge Frauen handele[51]. Dies wurde von Friedman, McCue Horwitz&Resnick in einer Überblicksarbeit bestätigt, bei den zu Grunde liegenden Untersuchungen lag das Durchschnittsalter der Täterinnen in den früheren 20ern, bei solchen, die einen Neonatizid begangen hatten, noch etwas darunter[52]. Eine Untersuchung aus Deutschland ermittelte für

---

[46] *Brookman/Nolan* 2006.
[47] *Schlang* 2006, S. 40 f.
[48] *Strang* 1996, S. 3; *Porter/Gavin* 2010.
[49] *Schnitzer/Ewigman* 2005.
[50] *Vock/Trauth* 1999.
[51] So z.B. *Bätje/Schläfke/Nedopil/Häßler* 2011; *Bauermeister* 1994; *Porter/Gavin* 2010; *Friedman/Cavney/ Resnick* 2012; *Bourget/Grace/Whitehurst* 2007; *Makhlouf/Rambaud* 2014.
[52] *Hatters Friedman/McCue Horwitz/Resnick* 2005.

in den 80er Jahren begangene Taten ein durchschnittliches Alter der Täterinnen von 22 Jahren[53]. Das mittlere Alter der Mütter in 16 von Spinelli 2001 untersuchten Neonatiziden lag hingegen bei 24 Jahren[54]. Porter und Gavin[55] geben in einer Überblicksarbeit an, dass die Täterinnen, die ältere Kinder getötet haben, in der Regel über 25 Jahre alt waren. Festzuhalten ist damit jedenfalls, dass die Täterinnen von Neonatiziden in der Regel jünger sind als die anderen TäterInnengruppen. Zu berücksichtigen ist hierbei allerdings, dass es sich hier vermutlich auch um einen Effekt des jüngeren Alters der getöteten Kinder handelt.

Widersprüchliche Befunde finden sich zur Frage, ob Kinder in Familien mit Stiefeltern ein erhöhtes Viktimisierungsrisiko haben („cinderella effect“[56]). Einheitlich ist die Befundlage insoweit, als dass alle größeren Studien, die sich nicht auf Neugeborene als Opfer beschränken, Stiefeltern, vor allem Stiefväter als quantitativ relevante Tätergruppe identifizieren. Bereits seit den 90er Jahren wird die Bedeutung von Stiefelternschaft als Risikofaktor für Tötungsdelikte recht intensiv diskutiert. Daly&Wilson sowie Harris et al. kommen vor dem Hintergrund einer evolutionsbiologischen Perspektive auf der Basis britischer bzw. kanadischer Daten u.a. zu dem Ergebnis, dass Kinder durch Stiefeltern einem höheren Risiko tödlicher Misshandlung ausgesetzt sind, als durch biologische Eltern und dass Stiefväter und biologische Väter sich in den Tötungsmethoden unterscheiden[57]. Während Stiefväter ihre Kinder in den untersuchten Fällen häufig erschlugen, verwendeten biologische Väter die im Vergleich dazu relativ schnellen und schmerzlosen Methoden des Erschießens und Erstickens. Die Autoren brachten diese Unterschiede mit Verbitterung und Groll von Stiefvätern gegenüber ihren nicht-leiblichen Kindern in Verbindung. Analysen von Daten des Missouri Child Fatality Review Panel System aus den Jahren 1992-1994 bzw. 1992-1999 zu Fällen tödlicher Misshandlung von Kindern unter 5 Jahren ergaben ebenfalls, dass Kinder, die in einem Haushalt mit einem oder mehreren mit ihnen nicht verwandten männlichen Erwachsenen leben, ein erhöhtes Risiko tödlicher Misshandlung haben; bei allein erziehenden Eltern war das Risiko hingegen gegenüber Haushalten mit beiden biologischen Eltern nicht erhöht[58]. Brookman&Nolan fanden für England und Wales, dass Stiefväter, nicht aber Stiefmütter in bedeutsamem Maße als Täter bei Tötungen von Kleinkindern in Erscheinung traten[59]. Eine auf rund 94.000 Fällen beruhende Untersuchung zu

---

53 *Bauermeister* 1994.
54 *Spinelli* 2001, S. 811.
55 *Porter/Gavin* 2010.
56 *Daly/Wilson* 2005a; *Daly/Wilson* 2005b.
57 *Daly/Wilson* 2001; *Daly/Wilson* 2005b; *Daly/Wilson* 2005a; *Daly/Wilson* 1988; *Harris/Hilton/Rice/Eke* 2007.
58 *Stiffman/Schnitzer/Adam [u.a.]* 2002; *Schnitzer/Ewigman* 2005.
59 *Brookman/Nolan* 2006.

Tötungsdelikten an eigenen Kindern allen Alters ebenfalls aus den USA betont demgegenüber, dass Stiefkinder unter den Opfern unterrepräsentiert seien.[60] Auch schwedische Studien zu Tötungsdelikten an Kindern zwischen 1975 und 1999[61] bzw. zwischen 1965 und 1999[62] stellten keine entsprechende Risikoerhöhung fest[63].

In der Debatte um den sogenannten „cinderella effect“ erscheinen insgesamt sowohl die Fragen einer adäquaten Definition von Stiefelternschaft und der quantitativen Relevanz von Stiefeltern unter den TäterInnen als auch die der spezifischen Risikokonstellationen und deren Hintergründe nicht wirklich geklärt. Die Auswahl der Untersuchungsgruppe in Bezug auf Opferalter und Fallgruppen trägt zu den unterschiedlichen bisher vorliegenden Ergebnissen bei: Besonders Tötungen durch Misshandlung von Kleinkindern scheinen vergleichsweise hohe Anteile stiefelterlicher Täter aufzuweisen. Genaue Untersuchungen werden dadurch erschwert, dass die in der Regel als Datengrundlage zur Verfügung stehenden Datenbanken und Akten bezogen auf mögliche Stiefelternkonstellationen offenbar lückenhaft und uneinheitlich sind.

Hinsichtlich der sozioökonomischen Hintergründe von Tötungsdelikten an Kindern gibt es in der Literatur eher wenige und uneinheitliche Befunde. Friedman et al. beschrieben in ihrer Überblicksarbeit von 2005, dass nach den meisten Studien TäterInnen von Tötungsdelikten an Kindern eher einen niedrigen sozioökonomischen Status aufweisen, Ausnahmen gab es teilweise bei Studien an TäterInnen, die in psychiatrischen Einrichtungen untergebracht waren[64]. Raic fand in einer deutschen Untersuchung von 1997, dass die TäterInnen erweiterter Suizide oft der Mittel- oder Oberschicht angehören[65]. Auch für Neonatizide in den 80er Jahren in Deutschland wurde zwar eine Höherbelastung von Täterinnen mit geringerer Bildung und niedrigen beruflichen Status gefunden, aber gleichzeitig eine durchaus breite Streuung von schulischen und beruflichen Merkmalen feststellt[66]. Auch Bätje et al. bzw. Häßler, Bomke&Schläfke, die forensische Gutachten der Jahre 1980-2000 bzw. 1980-2007 auswerteten, betonen, dass die überwiegende Zahl der TäterInnen der sozialen Mittelschicht entstammte[67]. Insgesamt deutet die Befundlage damit darauf hin, dass es sich jedenfalls bei Tötungsdelikten an Kindern insgesamt um eine Deliktsgruppe handelt, die auch in

---

[60] *Mariano/Chan/Myers* 2014.
[61] *Temrin/Buchmayer/Enquist* 2000.
[62] *Temrin/Nordlund/Sterner* 2004. Ebenso für Frankreich, Region Paris s. *Makhlouf/Rambaud* 2014.
[63] *Temrin/Nordlund/Sterner* 2004, differenzierend *Alder/Polk* 2001.
[64] *Hatters Friedman/McCue Horwitz/Resnick* 2005, S. 1579.
[65] *Raic* 1997, S. 21.
[66] *Bauermeister* 1994.
[67] *Bätje/Schläfke/Nedopil/Häßler* 2011; *Häßler/Bomke/Schläfke* 2003.

nennenswerten Anteilen in sozioökonomisch nicht benachteiligten Milieus stattfindet, hierbei scheint es fallgruppenspezifische Unterschiede zu geben.

3.3 Psychische Erkrankungen der TäterInnen

Zahlreiche Studien beschäftigen sich mit der Frage, ob Hintergrund der Taten psychische Erkrankungen der TäterInnen waren. Dies dürfte einerseits damit zusammenhängen, dass nicht wenige Studien aus dem psychologischen bzw. psychiatrischen Bereich kommen andererseits damit, dass die Frage der psychischen Erkrankung von TäterInnen im Rahmen der strafrechtlichen Bewertung der Taten i.d.R. eine sehr wichtige Rolle spielt.

In ihrer Überblicksarbeit von 2005 stellten Friedman, McCue Horwitz&Resnick fest, dass insbesondere in außerhalb der USA durchgeführten Untersuchungen viele psychische Erkrankungen, Persönlichkeitsstörungen und Psychosen bei den TäterInnen festgestellt wurden[68]. Auch Bourget beschreiben in einem Überblick, dass psychische Erkrankungen in vielen Studien nachgewiesen wurden, allerdings in sehr unterschiedlichen Anteilen und mit geschlechtsspezifischen Unterschieden: Väter, die ihre Kinder getötet haben, sollen demnach im Vergleich zu Müttern, die ihre Kinder getötet haben weniger psychische Krankheiten aufweisen[69]. In einer deutschen Untersuchung von 231 Fällen von Tötungsdelikten an unter 18jährigen ermittelte Schlang ebenfalls, dass 52,7 % der Täterinnen und 29,5 % der Täter unter psychischen Störungen litten, wobei am häufigsten Persönlichkeits- und Verhaltensstörungen diagnostiziert wurden (34 %), Störungen durch psychotrope Substanzen, schizophrene Erkrankungen oder affektive Störungen lagen jeweils bei etwa 15 %, andere psychische Störungen bei 3-4 %[70].

Bei Neonatiziden sind die Erkenntnisse zu diesem Bereich widersprüchlich. Früher ging man davon aus, dass die Täterinnen dieser Fallgruppe regelmäßig unter psychischen Erkrankungen leiden, wie Oberman in einer Untersuchung von Fällen aus Chicago für die Jahre 1870-1930 betont[71]. Resnick beschrieb hingegen bereits 1970, das diese Frauen eher selten an psychotisch sind[72]. Auch Schläfke, Galleck, Höppner&Häßler beschreiben in einer Studie von 2003, dass die Täterinnen dieser Deliktsgruppe eher weniger mit psychischen Problemen

---

[68] *Hatters Friedman/McCue Horwitz/Resnick* 2005.

[69] *Bourget/Grace/Whitehurst* 2007. Für Deutschland *Bätje/Schläfke/Nedopil/Häßler* 2011 mit Hinweis auch auf unterschiedliches Vorkommen in unterschiedlichen Fallgruppen.

[70] *Schlang* 2006.

[71] *Oberman* 2003.

[72] *Resnick* 1970, S. 63.

behaftet waren[73], wohingegen Rohde der Ansicht ist, dass Neonatizide „am ehesten von Frauen begangen werden, bei denen eine erhebliche Persönlichkeitsproblematik besteht, z.B. im Sinne von fehlender Reife, mangelnden Bewältigungsmechanismen“[74].

Letztlich bleibt festzuhalten, dass nach einheitlicher Befundlage psychische Erkrankungen bei TäterInnen von Tötungsdelikten an Kindern nicht ganz selten und in einem sehr breiten Spektrum von Art und Schwere bestehen. Unterschiede bestehen offenbar geschlechts- und fallgruppenbezogen[75]. Die Bedeutung, die der Frage psychischer Erkrankung zugeschrieben wird, unterscheidet sich in den unterschiedlichen Untersuchungen stark, was mit disziplinären Schwerpunkten aber auch der Verfügbarkeit belastbarer Daten zusammenhängt. Zu beachten ist allerdings auch, dass nicht jede im Rahmen der strafrechtlichen Bearbeitung der Tat aufgefallene psychische Auffälligkeit auch zwangsläufig kausal mit dem Tatgeschehen in Verbindung zu bringen ist oder deren Tathintergrund war[76].

3.4 Tatausführungsmerkmale

Erkenntnisse zur Tötungsart liegen in vielen Untersuchungen vor. Überblicksarbeiten beschreiben zum einen Studien, nach denen psychisch kranke TäterInnen häufiger Tatwerkzeuge verwendeten als andere TäterInnen[77], zum anderen Studien, die zeigen konnten, dass Täter häufiger Waffen verwenden als Täterinnen[78]. Hargrave&Warner berichten in ihrer Untersuchung von 131 Delikten an Kindern im Alter von bis zu 16 Jahren aus dem Zeitraum 1970-1989 in England von stumpfer Gewalt mit 49 % als häufigster Todesursache, gefolgt von Ersticken (25 %), Erschießen (9 %), scharfer Gewalteinwirkung (7 %) und Verbrennen (6 %). Vergiften und Vernachlässigung waren in jeweils 1,5 % der Fälle todesursächlich[79]. Für Tötungsdelikte durch ihre Eltern an Kindern unter einem Jahr fanden Mariano, Chan&Myers in den USA eine eindeutige Dominanz von Tatausübung ohne Hilfsmittel (personal weapon), bei entsprechenden Opfern zwischen einem und 17 Jahren spielten hingegen auch Schusswaffen eine wichtige Rolle (20 %)[80].

---

73 *Schläfke/Galleck/Höppner/Häßler* 2003, S. 95 f.
74 *Rohde 2003, Gliederungspunkt 2.5.*
75 Für Deutschland *Bätje/Schläfke/Nedopil/Häßler* 2011; *Schläfke/Häßler* 2008.
76 So auch *Marneros* 2003, S. 279.
77 *Bourget/Gagné* 2005.
78 *Porter/Gavin* 2010.
79 *Hargrave/Warner* 1992.
80 *Mariano/Chan/Myers* 2014.

In einer Untersuchung von 25 Delikten an Kindern unter 3 Jahren der Jahre 1985-1994 in Köln ermittelten Schmidt, Grass&Madea ebenfalls stumpfe Gewalt als häufigste Todesursache, gefolgt von scharfer Gewalt und Vernachlässigung[81]. Trube-Becker (1982) fand bei der Analyse von insgesamt 58 Tötungsdelikten an Kindern, dass in der Fallgruppe der „vorsätzlichen Tötung“ Ersticken am häufigsten vorkam, gefolgt von Erwürgen/Erdrosseln, wohingegen die Kinder in der Gruppe der erweiterten Suizide oft an Kohlenmonoxidvergiftung oder durch Ertränken ums Leben kamen[82]. Auch nach der Untersuchung von Raic zu 33 Fällen tödlicher elterlicher Gewalt zeigte sich eine Dominanz nicht äußerlich verletzender Gewalt[83]. Bozankaya berichtet in der Analyse von 19 Neonatizid-Fällen[84], dass 13 Kinder aktiv getötet wurden, wobei zehnmal äußere Gewalt, wie Erwürgen, Erdrosseln oder Ertränken, angewandt wurde, und dreimal stumpfe Gewalt, wie z.B. aus-dem-Fenster-werfen. Sechs Kinder dieser Untersuchungsgruppe verstarben infolge von Nichtversorgen.

Insgesamt zeigen die bisherigen Untersuchungen ein breites Spektrum an Tötungsarten, die offensichtlich auch mit dem Opferalter in Zusammenhang stehen. Nichtversorgen führt beispielsweise nur bei Neugeborenen sehr schnell zum Tod, Schütteln als Todesursache kommt bei Kindern nur bis zu einem bestimmten Alter vor. Ein sehr großer Teil der Taten wird ohne Tatwerkzeuge begangen, insgesamt scheint mit höherem Alter der Kinder die Verwendung von Tatwerkzeugen zu steigen. Bei den Tatwerkzeugen spielt die Verfügbarkeit im Alltag eine Rolle: Schusswaffen kommen z.B. in Ländern, in denen sie in Privathaushalten in der Regel nicht verfügbar sind, nur in Ausnahmefällen vor.

3.5 Strafrechtliche Aufarbeitung

Nur ein Teil der Untersuchungen zu Tötungsdelikten an Kindern befasst sich auch mit der Frage nach deren strafrechtlicher Sanktionierung. Dies hängt auch damit zusammen, dass nicht alle verfügbaren Datenquellen hierzu Informationen enthalten.

Einige Studien befassen sich mit der Sanktionierung von Neonatizid-Täterinnen, die vermutlich einerseits besonders interessieren, weil zahlreiche Rechtsordnungen für diese Fälle Sonderregelungen vorsehen, andererseits wohl auch, weil die Taten relativ homogen und damit verhältnismäßig gut vergleichbar sind. Bezogen auf Neonatizide wird in der Literatur nicht selten berichtet,

---

[81] *Schmidt/Graß/Madea* 1996.
[82] *Trube-Becker* 1982.
[83] *Raic* 1997, S. 87.
[84] *Bozankaya* 2010.

dass die Frauen überwiegend eher milde bestraft würden. In einer Untersuchung von 12 Hamburger Fällen der Jahre 1977-1986[85] wurde in 10 Fällen Anklage erhoben, wovon das Verfahren sechsmal eingestellt wurde[86]. In den vier verbliebenen Fällen lag das Strafmaß zwischen 9 Monaten und 2 Jahren. In einer Studie zu 82 Neonatiziden der Jahre 1947-1974 fand Trube-Becker[87] neun Freisprüche wegen Beweismangel und 24 Verurteilungen gem. § 217 StGB. Das Strafmaß lag hier zwischen 4 Wochen und 5 Jahren. Die übrigen Verfahren wurden eingestellt. In einer amerikanischen Untersuchung von 97 Neonatizid-Täterinnen[88] zeigte sich eine große Bandbreite in Schuld- und Strafaussprüchen: 53 Täterinnen wurden wegen Mordes[89] verurteilt, 25 wegen Totschlags, sechs wegen anderer Delikte. Zwei Verfahren wurden letztlich eingestellt, in neun Fällen blieb der Ausgang unbekannt. Unter den 50 bekannten Schuldsprüchen gab es eine Bewährungsstrafe, 16 kürzere (bis zu 4 Jahre), 11 mittlere (5-14 Jahre), 14 lange (mehr als 15 Jahre) und fünf lebenslange Freiheitsstrafen. Ebenfalls in den USA untersuchten Shelton, Muirhead&Canning 45 Fälle von Neonatiziden aus dem Zeitraum 1992-2006 aus 18 Bundesstaaten[90]. Die Bandbreite der verhängten Strafen variierte hier sehr stark: Eine Täterin wurde zum Tod verurteilt, später wurde die Strafe aber in eine lebenslängliche Freiheitsstrafe umgewandelt. Eine Täterin erhielt einen Hausarrest, drei 15-16jährige Täterinnen wurden in Jugendanstalten eingewiesen. 10 Täterinnen (23 %) erhielten eine zur Bewährung ausgesetzte Strafe[91], sie waren in den allermeisten Fällen jünger als 20 Jahre. Der größte Teil, nämlich 28 der 44 Täterinnen (63 %), erhielt eine nicht zur Bewährung ausgesetzte Freiheitsstrafe[92], wobei die Bandbreite zwischen neun Monaten und 25 Jahren und die durchschnittlich verhängte Strafe bei 8,8 Jahren lag.

Für die Fallgruppe der tödlichen Vernachlässigung enthält die Untersuchung von Vock[93] (1999) Angaben zu 27 TäterInnen. Bei einem Drittel wurde das Verfahren nach § 153 StPO eingestellt, die anderen erhielten unterschiedlich lange Freiheitsstrafen; bei knapp der Hälfte der zu 15 Jahren Freiheitsstrafe verurteilten TäterInnen war die Schuldfähigkeit erheblich vermindert.

[85] *Püschel/Hasselblatt/Labes* 1988.
[86] Viermal wegen Schuldunfähigkeit.
[87] *Trube-Becker* 1975.
[88] *Schwartz/Isser* 2001.
[89] Darunter wurden Morde ersten und zweiten Grades sowie unspezifizierte Fälle von homicide subsumiert.
[90] *Shelton/Muirhead/Canning* 2010.
[91] Die bekannten Bewährungszeiten lagen zwischen einem und 11 Jahren.
[92] Ausgenommen waren andere Jugendeinrichtungen und Hausarrest („juvenile facilities and house arrest").
[93] *Vock/Trauth* 1999.

Einige Untersuchungen greifen die Frage auf, ob die Sanktionierung bei Tötungsdelikten an Kindern geschlechtsspezifische Unterschiede aufweist: Thematisiert wird einerseits eine teilweise mild erscheinende Sanktionierung der Täterinnen, andererseits -möglicherweise damit zusammenhängend- die relativ häufige gerichtliche Feststellung psychischer Erkrankungen bei den Täterinnen[94].

Insgesamt zeigt sich in den vorliegenden Studien eine sehr große Bandbreite an strafrechtlichen Sanktionen, sogar innerhalb der einzelnen Fallgruppen bestehen große Unterschiede hinsichtlich der angewandten Tatbestände und verhängten Strafen. Genauere Analysen zu den (Hinter-)Gründen dieser Praxis fehlen zumeist, sicher auch, weil in aller Regel an diesbezüglichen Daten nur Urteilsgründe zur Verfügung stehen, die zu den hier interessierenden Fragen nach möglicherweise subtilen gesellschaftlichen oder persönlichen Wertungen sehr schwierig zu untersuchen sind.

3.6 Typologien

Schon früh wurde in der Literatur zu Tötungsdelikten an Kindern die Notwendigkeit einer Differenzierung von Fallgruppen hervorgehoben – Fallgruppen, die sich in ihrem Erscheinungsbild, der Tatgenese und dementsprechend auch den Ansatzpunkten für präventive Bestrebungen deutlich voneinander unterscheiden[95].

Zentrale Ansatzpunkte für eine Differenzierung zwischen Fallgruppen sind

1. die Art der Täter-Opfer-Beziehung,
2. das Alter des Opfers zum Zeitpunkt der Tat,
3. die Intentionalität der Tötung und
4. etwaige Tötungsmotive.

Unmittelbar evident ist das Erfordernis einer Unterscheidung zwischen Tötungen durch Eltern bzw. Erziehungspersonen und Tötungen durch Personen außerhalb des sozialen Nahraums des Opfers. Die bislang vorliegenden typologischen An-

---

[94] Siehe z.B. *Oberman* 1996; *Alder/Polk* 2001; *Mariano/Chan/Myers* 2014. *Friedman/Cavney/Resnick* 2012 fordern eine Abschaffung der z.B. in den USA und England geltenden Privilegierung der Tötung von Kindern unter einem Jahr durch ihre Mutter, da dies zu einer ungerecht milderen Sanktionierung von Frauen führe. Zur Diskussion in Deutschland s. *Lammel* 2009; *Dölling* 2009; *Zabel* 2011.

[95] Für einen Überblick über wichtige Klassifikationssysteme s. *Bourget/Grace/Whitehurst* 2007; *Porter/Gavin* 2010; *McKee* 2006.

sätze identifizieren unter den Nahraumtötungen (zum Teil begrenzt auf die biologischen Eltern, manchmal auch nur auf die Mütter) Fallgruppen, die innerhalb der Gruppen ein hohes Maß an Fall-Ähnlichkeit aufweisen und sich von den jeweils anderen Gruppen deutlich unterscheiden. Weitgehende Übereinstimmung besteht in der Einschätzung, dass insbesondere der Tötung von Neugeborenen andere Dynamiken zu Grunde liegen als der Tötung älterer Kinder; vielfach wird auch die Tötung von Säuglingen und Kleinkindern vor Vollendung des ersten Lebensjahres als eigene Kategorie behandelt.

Die früheste noch heute in der Literatur einflussreiche Typologie elterlicher Tötungsdelikte an Kindern geht auf Resnick[96] zurück. Sie basiert auf einer Klassifikation von 131 in der Weltliteratur des 18. bis 20. Jahrhunderts dargestellten einschlägigen Fällen; zentrales Differenzierungskriterium ist das der Tat zu Grunde liegende Motiv.

Resnick unterscheidet fünf Typen:

- "Altruistic" (das Kind vor Leiden bewahren wollen - auch vor dem Alleinsein nach dem Tod des Elternteils),
- "Acutely psychotic" (z.B. unter Einfluss von Halluzinationen),
- "Accidental filicide" (nicht intendierte Tötung durch Misshandlung, Vernachlässigung oder "Münchhausen by proxy"),
- "Unwanted child" (Tötung nach ungewollter Schwangerschaft, bei unklarer Vaterschaft), sowie
- "Spouse revenge filicide" (Täter will sich durch Tötung des Kindes am Partner/an der Partnerin rächen – z.B. für deren sexuelle Untreue).

Darüber hinaus betrachtet Resnick die Tötung von Neugeborenen (innerhalb der ersten 24 Stunden nach der Geburt) als eine eigene Kategorie mit spezifischer Dynamik.

Wenig später stellte Scott[97] die Quelle des Tötungsimpulses in den Mittelpunkt und unterschied Fälle, in denen ein ungewolltes Kind durch physische Gewalt oder durch Vernachlässigung beseitigt wird, Fälle der Tötung aus Mitleid mit einem leidenden Kind, Fälle krankheitsbedingter Aggression, Fälle, in denen der die Tat auslösende Stimulus im Verhalten des Kindes liegt sowie Fälle, in denen ein solcher Stimulus außerhalb des Kindes zu suchen ist (z.B. Verschiebung von Aggressionen auf das leicht zu attackierende Kleinkind). D'Orban entwickelte anhand von 89 realen Fällen eine auf Mütter als Täterinnen beschränkte Typolo-

[96] *Resnick* 1970.
[97] *Scott* 1973.

gie und differenziert zwischen Tötungen im Kontext von Kindesmisshandlung, Tötungsdelikten durch psychisch kranke Mütter, Neugeborenentötungen, Rache-motivierte Tötungen, Tötungen nicht gewollter Kinder und schließlich Tötungen aus Mitleid, vor allem bei behinderten oder schwer kranken Kindern.[98] Bourget&Bradford griffen zuvor bereits genannte Fallkategorien (Tötung ungewollter Neugeborener, Tötung aus Rache, Tötung im Zuge von Misshandlungen) auf; sie beschreiben "pathologische Fälle", zu denen sie insbesondere den "erweiterten Suizid" zählen und charakterisieren Tötungen durch Väter als eigene Kategorie[99].

Auch in jüngerer Zeit wurden - teils aus empirischen Studien erwachsende - Klassifikationssysteme vorgeschlagen. So unterscheiden Guileyardo, Prahlow& Barnard insgesamt 16 Fallkategorien[100]:

1. Altruism
2. Euthanasia (True Mercy Killing)
3. Acute Psychosis
4. Postpartum Mental Disorder
5. Unwanted Child
6. Unwanted Pregnancy (Neonaticide)
7. Violent Outburst (Angry Impulse)
8. Spouse Revenge
9. Sexual Abuse
10. Munchausen's Syndrome by Proxy
11. Violent Older Child
12. Negligence and Neglect
13. Sadistic Acts of Punishment
14. Drug and Alcohol Abuse
15. Seizure Disorder
16. Innocent Bystander

Rohde, Raic, Varchim-Schultheiß&Marneros (1998) unterscheiden auf der Grundlage ihrer Studie zu 757 Todesfällen von Kindern und Jugendlichen aus dem Raum Bonn in den Jahren 1970-1993 drei Typen von Tötungsdelikten durch die Eltern: (1) Fälle des "erweiterten Suizides", d.h. der Tötung des Kindes mit anschließender Selbsttötung, vornehmlich durch psychotische und depressive Mütter, (2) Fälle der Neugeborenentötung, vor allem nach verheimlichter

[98] *d'Orbán* 1979.
[99] *Bourget/Bradford* 1990. Überblick zu weiteren nur auf Mütter bezogenen Kategorisierungen bei *McKee* 2006.
[100] *Guileyardo/Prahlow/Barnard* 1999.

Schwangerschaft durch junge, unreife Mütter und (3) Fälle der Kindesmisshandlung mit tödlichem Ausgang, dies oft auch unter Beteiligung des Vaters[101]. Blackman (2004) skizziert vier Fallkonstellationen elterlicher Tötungsdelikte: sehr junge Mütter, die ungewollte Neugeborene töten; Frauen, die in Folge einer postpartalen Psychose ihre Kinder innerhalb der ersten Lebensmonate töten; gewalttätige männliche Partner, die Kinder töten und schließlich Frauen, die als Kinder misshandelt und sexuell missbraucht wurden und nun ihre eigenen Kinder mit letalen Folgen misshandeln oder vernachlässigen[102].

Gemeinsam ist den meisten hier dargestellten und weiteren in der Literatur zu findenden typologischen Ansätzen zum einen der explizite oder implizite Rückgriff auf die oben genannten Merkmale (Täter-Opfer-Beziehung, Alter des Opfers, Intentionalität der Tötung, Tötungsmotiv), zum anderen die primär induktive Vorgehensweise, d.h. die Ableitung der Typologie aus dem jeweils verfügbaren empirischem Material und allenfalls in zweiter Linie aus konzeptuellen Überlegungen oder theoretischen Postulaten. Deutlich geworden ist zudem, dass die Typologien bei aller Unterschiedlichkeit im Detail einige Übereinstimmungen und sich wiederholende Muster aufweisen. So werden Neugeborenentötungen durchweg als spezifische Fallkategorie aufgefasst; Delikte im Kontext von Misshandlungen, von psychisch kranken Eltern begangene Taten sowie rachemotivierte Tötungen erscheinen ebenfalls als relativ eigenständige Konstellationen. Den hier dargestellten Ansätzen kommt vor allem heuristische Bedeutung zu; sie helfen, das Themenfeld zu strukturieren und machen unmittelbar deutlich, dass "Tötungsdelikte an Kindern" kein in sich homogener Bereich delinquenten Verhaltens ist, sondern sowohl unter Praxis- als auch unter Forschungsgesichtspunkten einer Differenzierung nach Fallgruppen bedarf.

[101] *Rohde/Raic/Varchim-Schultheiß/Marneros* 1998.

[102] *Blackman* 2004, S. 265.

4 Durchführung der Untersuchung

Basis der durchgeführten empirischen Untersuchung war die Analyse aller erreichbaren staatsanwaltschaftlichen Verfahrensakten zu den Fällen, die als vollendete, vorsätzliche (inkl. der erfolgsqualifizierten) Tötungsdelikte an Kindern im Altern von 0-5 Jahren für den Zeitraum 1997-2006 im gesamten Bundesgebiet erfasst waren. Der Zugang zu den Akten erforderte ein mehrschrittiges Verfahren.

4.1 Ermittlung der Aktenzeichen

Um bei den jeweiligen Staatsanwaltschaften Anträge auf Akteneinsicht stellen zu können, war es zunächst notwendig, die justiziellen Aktenzeichen zu ermitteln. Eine automatisierte Suche der Aktenzeichen über die bei den Landesjustizverwaltungen bzw. Gerichten verwendeten Datenbanken war nicht möglich. Opfermerkmale werden dort nicht erfasst, so dass die Abfrage der Opfer einer bestimmten Altersgruppe eines bestimmten Delikts nicht möglich ist. Es war daher auf die polizeilichen Datenbanken zurückzugreifen, wofür alle Landeskriminalämter gebeten wurden, eine entsprechende Abfrage durchzuführen[103]. Die Recherche erfolgte jeweils in den operativen Systemen.

Diverse erforderliche Nachfragen zeigten, dass es dabei für die verschiedenen Länder unterschiedliche Schwierigkeiten gab z.B. durch Systemwechsel im Laufe des Erhebungszeitraumes, die Datenmigrationen erforderlich machten. In einem Bundesland, das auffällig viele Aktenzeichen übermittelte, fiel später auf, dass versehentlich auch versuchte Delikte in die Abfrage einbezogen worden waren. Die Daten (Aktenzeichen und zuständige Staatsanwaltschaft) wurden uns in verschiedenen Datenformaten, meist als Excel-Listen übermittelt. Zur Identifikation der Fälle hatten wir gebeten, neben Aktenzeichen und zuständiger Staatsanwaltschaft einige Fallmerkmale zu übermitteln. Hieran sahen sich einige

[103] Es sei auch an dieser Stelle allen Beteiligten bei den verschiedenen Behörden und Gerichten ausdrücklich gedankt. Die Kooperationsbereitschaft war insgesamt sehr gut, obwohl in manchen Fällen der von uns verursachte Aufwand sicher hoch war.

Länder aus Datenschutzerwägungen gehindert[104]; soweit diese weiteren Daten jedoch vorlagen, erwiesen sie sich z.B. dann als hilfreich, wenn die Aktenzeichen nicht korrekt oder unvollständig waren. Ein Landeskriminalamt sah sich aus rechtlichen Gründen nicht in der Lage, dem KFN die Aktenzeichen zu übermitteln. Es leitete daher die Aktenzeichen an das Landesjustizministerium weiter, das seinerseits die Liste mit den nach Staatsanwaltschaften differenzierten Aktenzeichen über die Generalstaatsanwaltschaften an die jeweils zuständigen Staatsanwaltschaften weitergab. Dort konnten dann die Anträge auf Akteneinsicht mit Verweis auf die vorliegenden Listen gestellt werden.

Alle Staatsanwaltschaften, bei denen Anträge auf Akteneinsicht gestellt wurden, wurden gebeten, ihnen ggf. über die beantragten Fälle hinaus bekannten einschlägigen Akten ebenfalls zu übersenden, in einigen Fällen wurden auf diese Weise Fälle aufgefunden. Zudem gab es einzelne Fälle, in denen Staatsanwaltschaften eigenständig ihnen bekannte Fälle mitteilten. Zusätzlich zu den genannten Wegen wurde im KFN eine Internetrecherche zu möglichen weiteren Fällen durchgeführt. Auf diese Weise konnten einige weitere Fälle identifiziert werden, die nicht bereits bekannt waren.

4.2 Beschaffung der Akten

Sobald die Aktenzeichen vorlagen, wurde bei der jeweils zuständigen Staatsanwaltschaft ein Antrag auf Akteneinsicht nach §§ 476, 477 StPO i.V.m. Nrn. 182-189 RiStBV gestellt. In den meisten Fällen entschieden die Staatsanwaltschaften hierüber autonom, in einigen Bundesländern wurde das Justizministerium eingeschaltet. Letztlich wurde fast allen Anträgen auf Akteneinsicht stattgegeben. Gelegentlich teilten die Staatsanwaltschaften mit, dass die von uns genannten Aktenzeichen nicht bekannt oder die Akten nicht auffindbar waren. In einigen wenigen Fällen wurde die Ansicht vertreten, dass Fälle, bei denen sich der Tatverdacht nicht erhärten ließ, das Verfahren also nach § 170 II StPO eingestellt wurde, aus Gründen des Datenschutzes und der Unschuldsvermutung nicht eingesehen werden durften. In den meisten Fällen ließen sich die Bedenken dadurch ausräumen, dass auf die anonyme Erhebung hingewiesen wurde und die Tatsache, dass als „TäterIn“ in der Untersuchung nur solche Personen gewertet wer-

[104] Das für das Projekt erstellte Datenschutzkonzept wurde mit dem für das KFN zuständigen Landesdatenschutzbeauftragten des Landes Niedersachsen abgestimmt. Es sah u.a. vor, dass besondere Vorkehrungen für die Lagerung der Akten eingehalten wurden, alle Personen mit Zugang zu den Akten nach dem Gesetz über die förmliche Verpflichtung nichtbeamteter Personen (Verpflichtungsgesetz, Fassung vom 02.03.1974, BGBl I S. 469) verpflichtet und selbstverständlich alle Daten anonymisiert erhoben wurden.

den, die auch rechtskräftig verurteilt wurden. In einigen Fällen wurde dennoch nicht die gesamte Akte, sondern nur eine kurze Zusammenfassung des Falles übermittelt. Da es sich in diesen Fällen in der Regel ohnehin um solche handelt, die im Hinblick auf Tatmerkmale ohne Ertrag waren (z.B. im Ergebnis haltlose Anschuldigungen, die ein Ermittlungsverfahren ausgelöst haben) ergibt sich hier kein nennenswerter Erkenntnisverlust.

4.3 Kodierung: Erhebungsmodul und Aktenrealität

Die Akten wurden mit Ausnahme von vier Staatsanwaltschaften an das KFN übersandt und konnten dort kodiert werden. Bei den Staatsanwaltschaften, die einem Versand nicht zustimmten, wurden die Akten vor Ort kodiert. Der Umfang der Akten reichte pro Fall von schmalen Bänden bis zum Volumen mehrerer Umzugskartons. Der zeitliche Aufwand pro Akte variierte entsprechend, in der Regel dauerte die Bearbeitung mehrere Stunden pro Akte.

Die Strafakten wurden mittels verschiedener, weitgehend standardisierter Kodierbögen/ Module von geschulten KodiererInnen[105] ausgewertet, wobei es ein umfangreiches, 28seitiges Hauptmodul und zusätzlich fünf Eltern-/ Beschuldigtenmodule gab[106]. Die Module wurden mittels paper/pencil ausgefüllt. Die in den Kodierbögen abgefragten Punkte orientierten sich an aus der Literatur identifizierten mutmaßlich relevanten Aspekte bzw. möglichen Risikofaktoren. Das Hauptmodul umfasste beispielweise Fragen zum Opfer (Alter, Geschlecht, Gesundheitszustand etc.), zum Tatgeschehen (Ort, Uhrzeit, Tatumstände, Tatbegehung, Tathintergründe etc.), zur Tatentdeckung (durch wen, zu welchem Zeitpunkt etc.) sowie zum Verfahrensgang, der Sanktionierung und Strafzumessung. Die Eltern-/Beschuldigtenmodule enthielten u.a. Fragen zu Alter, Familienstand, weiteren Kindern, Wohnsituation, Ausbildungs- und Beschäftigungsstand, strafrechtlicher Vorbelastung, Gesundheitszustand, Substanzkonsum sowie zur eigenen Kindheit. Bei vielen Fragen waren zusätzliche offene Antwortmöglichkeiten vorhanden, so dass auch immer ergänzende Informationen oder Besonderheiten aufgenommen werden konnten. Die erhobenen Daten wurden mit Hilfe eines Eingabeprogramms (WEingabe) eingegeben, offene Items wurden nachkodiert, soweit dies lohnend erschien. Die Auswertung erfolgt mit SPSS.

[105] Studierende der Fachrichtungen Jura, Soziologie, Sozialwissenschaften bzw. JuristInnen mit 1. Staatsexamen, die sich in der Wartezeit auf den Beginn einer Referendarstelle befanden.

[106] Diese Module waren „Biologische Mutter“, „Biologischer Vater“, „Soziale Mutter“, „Sozialer Vater“, „Sonstige Person“. Ausgefüllt wurden jeweils alle Zusatzmodule, sofern entsprechende Informationen in den Akten enthalten waren.

Zusätzlich zu den Erhebungen im Kodierungsbogen wurde von den Kodierern zu jedem Fall eine Fallskizze von etwa einer Seite erstellt. Zunächst war die Erstellung von Fallskizzen nur für den kleineren Teil der Akten vorgesehen, sie wurde aber auf alle Akten ausgeweitet, da der zusätzliche Aufwand überschaubar, der Ertrag aber hoch war. Die Skizzen hielten die Fälle jeweils ausgehend von der polizeilichen Kenntniserlangung in ihrer Gesamtheit fest, sie erwiesen sich bei der Interpretation der Daten als sehr hilfreich, da sie erlaubten, die sich aus den aggregierten Daten ergebende Querschnittsperspektive immer wieder in der Individualität der Einzelfälle zu spiegeln.

In Bezug auf die Qualität der Aktendaten bestanden verschiedenen Probleme. Als das Kleinere erschien dabei die Frage der Folgen der nicht immer optimalen Qualität des Aktenmaterials. Die Akten enthielten – theoretisch – alle im Laufe des Strafverfahrens angefallene Dokumente, von der ersten polizeilichen Vernehmung bis zum rechtskräftigen Urteil. Praktisch war die Aktenführungspraxis und -qualität jedoch recht uneinheitlich, gelegentlich fehlten wichtige Unterlagen wie Gutachten oder Vernehmungsprotokolle. Wenn und soweit Akteneile erkennbar fehlten, wurden sie erbeten und in der Regel dann auch übersandt, sofern sie noch vorhanden waren. Der Informationsausfall auf dieser Ebene ist angesichts der insgesamt großen Zahl vollständiger Akten und der Tatsache, dass die meisten der erhobenen Daten an mehreren Stellen der Akten auftauchen, insgesamt als eher gering zu bewerten.

Sehr viel schwerer wiegt die Frage, in wie weit die Akten „wahre" und umfassende Informationen zu den Taten, TäterInnen und Opfern enthalten. Selbst wenn die Akten vollständig waren, bleibt zu berücksichtigten, dass jede Aktenrealität eine selektive ist, die möglicherweise Verzerrungen unterliegt: Zwar wird in Strafverfahren wegen Tötungsdelikten meist sehr umfassend ermittelt, auch was etwa die Hintergründe der Tat angeht. Gleichwohl dokumentiert eine Strafverfahrensakte nicht eine umfassende, objektive Rekonstruktion des Geschehenen, sondern die Bemühungen um die Aufklärung einer Straftat und die Findung einer angemessenen Rechtsfolge. Hiermit soll nicht in Abrede gestellt werden, dass die Verfahrensbeteiligten in der Regel lege artis und nach bestem Wissen und Gewissen handeln. Doch selbst wenn man unterstellt, dies sei ausnahmslos der Fall, ist zu berücksichtigen, dass das Strafverfahren, das in der Akte dokumentiert wird, zwingend eine spezifische Verengung der Perspektive auf das zu beurteilende Geschehen bedeutet: Es geht darum, einen für strafrechtlich relevant gehaltenen Sachverhalt zu ermitteln und strafrechtlich zu würdigen, nicht eine umfassende Fallrekonstruktion zu liefern[107].

[107] Speziell zum Prozess der polizeilichen Rekonstruktion s. *Gloor/Meier* 2009. Vgl. *Kinzig* 2004 allgemeiner zu methodischen Problemen von Aktenanalysen.

Unklar ist bereits, was aus der Abwesenheit von Informationen geschlossen werden kann. Man wird beispielsweise bei umfassenden Ermittlungen zu den Lebensverhältnissen eines/r Angeklagten wohl in der Regel davon ausgehen dürfen, dass ein problematischer Drogenkonsum zum Tatzeitpunkt Erwähnung gefunden hätte, dass das Fehlen eines Hinweises in diese Richtung also den Schluss auf Abwesenheit eines solchen Problems erlaubt. Ob bzw. in welchem Umfang allerdings z.B. eigene Kindheitserfahrungen des Angeklagten thematisiert werden, wird auch davon abhängen, ob die Ermittlungsbehörden oder das Gericht diese Frage für relevant halten. Das Interesse der Verfahrensführenden geht naturgemäß nur so weit, wie Erkenntnisse für verfahrensrelevant gehalten werden.

Besonders problematisch sind die sowohl für die juristische Entscheidungsfindung als auch für das kriminologische Verständnis eines Delikts besonders interessanten Angaben zur subjektiven Tatseite. Fraglich ist schon, inwieweit eine zutreffende Erinnerung des Täters/der Täterin an seine/ihre Motiv- und Gemütslage zum Tatzeitpunkt oder im Vorfeld der Tat überhaupt möglich ist. Die Vernehmungssituation kann durch Stress und die Art der Fragen zusätzliche Verzerrungen erzeugen. Hinzu kommt, dass alle im Strafverfahren gemachten Aussagen in einer bestimmten Verfahrensrolle (Beschuldigte/r, Zeuge) erfolgen und von daher häufig nicht ohne eigene Interessen gemacht werden. Das Spektrum dürfte hier von bewusstem Lügen zur Verhinderung eines Tatnachweises bis hin zu zur Aufrechterhaltung des Selbstbildes eher unbewusst verzerrter Erinnerung reichen. Gleichzeitig können widersprüchliche Informationen vorliegen, weil entweder Personen ihre Aussage verändern oder verschiedene Aussagen sich widersprechen. Die Darstellung der subjektiven Tatseite im Urteil suggeriert nicht selten eine Klarheit, die den Akten ansonsten nicht zu entnehmen ist. Auch dies ist kein Fehler, sondern System: Das Urteil legitimiert eine Entscheidung, die Reduktion von Ambivalenzen ist ein Ziel des Verfahrens.

Diese Überlegungen haben Folgen für die Frage, in welchem Maß welche aus den Akten gewonnenen Informationen für zutreffend gehalten werden dürfen. Die formelle Seite des Verfahrens ist in aller Regel vollständig und zutreffend dokumentiert. Wenn es um „harte Fakten" zu Tat, TäterIn und Opfer geht, die an mehreren Stellen in der Akte widerspruchslos thematisiert werden, spricht sehr viel dafür, dass die Information auch zutreffend ist. Je stärker es allerdings vom Einzelfall abhängt, ob bestimmte Aspekte überhaupt thematisiert werden und je interpretationsfähiger die jeweiligen Merkmale sind, umso stärker ist zu berücksichtigen, dass die „Aktenrealiäten" ein verzerrtes Bild zeichnen können. Die Möglichkeiten, aus Strafakten ein Delikt umfassend kriminologisch beschreiben und verstehen zu können sind daher – wie jede andere Methode auch – begrenzt.

4.4 Rücklauf

Die Untersuchungsgruppe bestand ausweislich der polizeilichen Kriminalstatistik aus 911 Opfern. Es erwies sich, wie oben bereits beschrieben, als sehr schwierig, die Aktenzeichen und Akten vollständig aufzufinden. Es ist gelungen, 627 Akten zu erhalten, von denen 120 für das Projekt nicht verwertbar waren. Bei diesen handelte es sich zum Teil um versuchte Taten, die keinen Eingang in die Studie fanden, da darin ausschließlich vollendete Tötungsdelikte untersucht wurden. In Einzelfällen gab es aber auch echte „Fehlakten", also solche, die keinerlei Zusammenhang zum Untersuchungsthema aufwiesen. Dies lag in einem Bundesland daran, dass dort in einem bestimmten Zeitraum alle Opfer mit unbekanntem Alter als „Alter = 0 Jahre" in die Systeme aufgenommen wurden, weshalb sie uns als mutmaßliche Neugeborenentötungen übersandt wurden, obwohl sie tatsächlich erwachsene Opfer betrafen. Letztlich lagen Informationen zu 535 Opfern der Untersuchungsgruppe vor, der Ausfall gegenüber der PKS ist damit mit 41 % erheblich und in den verschiedenen Bundesländern unterschiedlich.

Bundesland	Opfer gemäß PKS	AZ erhalten	Akten erhalten	Opfer der Untersuchungsgruppe	Anteil der Opfer an PKS-Opferzahl in Prozent
Baden-Württemberg	99	85	60	58	59 %
Bayern	148	133	123	79	53 %
Berlin	49	45	39	28	57 %
Brandenburg	44	27	25	23	52 %
Bremen	6	6	4	4	67 %
Hamburg	19	18	18	16	84 %
Hessen	56	38	32	32	57 %
Mecklenburg-Vorpommern	26	18	16	15	58 %
Niedersachsen	68	55	49	45	66 %
Nordrhein-Westfalen	157	137	114	89	57 %
Rheinland-Pfalz	42	34	29	31	74 %
Saarland	13	13	12	9	69 %
Sachsen	60	35	27	25	42 %

Sachsen-Anhalt	44	38	34	37	84 %
Schleswig-Holstein	26	21	20	13	50 %
Thüringen	54	28	25	30	56 %
Ausland				1	
Gesamt	**911**	**731**	**627**	**535**	**59 %**

Abbildung 6: Übersicht der nach der PKS vorhandenen Fälle sowie der erhaltenen Aktenzeichen und Akten, der tatsächlichen Fälle und des Anteils dieser an den Fallzahlen der PKS.

Betrachtet man den Rücklauf nach Jahren, so ist festzustellen, dass die Ausfälle in den weiter zurückliegenden Jahren höher sind als in den jüngeren Jahren. Ein Grund hierfür dürfte sein, dass in den Bundesländern seit Beginn des Untersuchungszeitraums teilweise mehrere große Veränderungen der elektronischen Datensysteme stattgefunden haben, im Zuge derer es vermutlich zum Verlust einiger Daten kam.

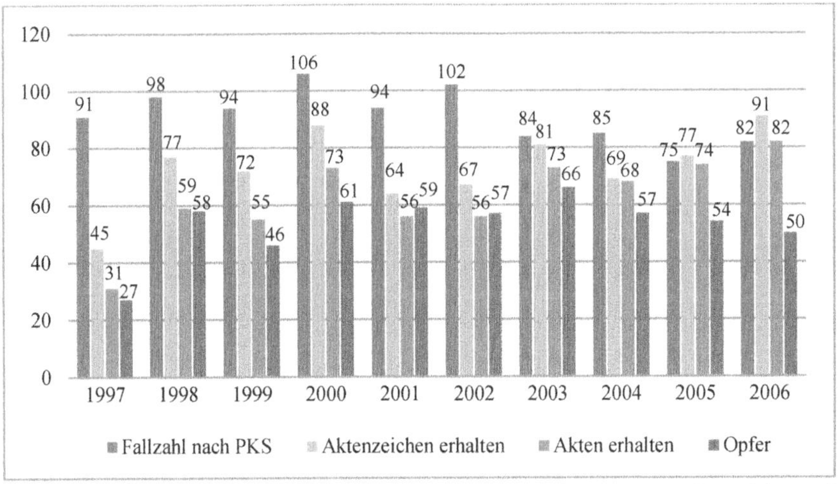

Abbildung 7: Übersicht der nach der PKS vorhandenen Opfer, der erhaltenen Aktenzeichen und Akten sowie der Anzahl der Opfer, auf die sich die Akten bezogen im Untersuchungszeitraum 1997-2006 (Angaben in absoluten Werten).

Zu berücksichtigen ist bei der Deutung des Rücklaufs jedoch auch, dass die Zahlen der PKS selbst nicht absolut fehlerfrei sind. Dies zeigt sich an der bereits erwähnten Tatsache, dass uns eine nicht ganz geringe Zahl an Fällen übersandt wurde, die, weil in den polizeilichen Datenbanken entsprechend kodiert, zwar als vollendete Tötungsdelikte in die PKS eingegangen sein dürften, bei denen die Delikte jedoch im Versuchsstadium blieben, die Kinder also nicht verstarben, oder es sich um ganz andere Delikte handelte[108], wobei es sich zum Teil um schlichte Eingabefehler handeln dürfte. Angesichts der hohen Bedeutung, die diesen Zahlen in der öffentlichen Diskussion beigemessen wird, ist dies allerdings nicht ganz unproblematisch.

Der letztlich nicht ganz befriedigende und regional unterschiedliche Rücklauf und die Tatsache, dass Art und Ausmaß der Ausfälle nur sehr begrenzt aufklärbar sind, hatte Folgen für die Beantwortbarkeit einiger Fragestellungen der Studie: Aussagen zur tatsächlichen Zahl von Tötungsdelikten an Kindern sind nicht möglich, quantitative Entwicklungen und regionale Verteilungen nicht zuverlässig feststellbar. Auf entsprechende Auswertungen wurde daher weitgehend verzichtet. Da die echte Grundgesamtheit der zu untersuchenden Fälle nicht festzustellen war und Ausfälle beim Rücklauf möglicherweise nicht zufällig waren, kann die Frage der Repräsentativität der letztlich erreichten Stichprobe der Fälle nicht zuverlässig beantwortet werden. Dennoch erlaubt die angesichts der Seltenheit des untersuchten Deliktes insgesamt hohe Zahl der untersuchten Fälle durchaus belastbare Aussagen dazu, wie die jeweiligen Fallgruppen typischerweise aussehen und strafrechtlich bearbeitet werden.

[108] Neben der erwähnten Problematik, dass in einem Bundesland ein unbekanntes Alter mit „Alter = 0 Jahre“ in die Statistik einging, erhielten wir z.B. auch einige Fälle von Diebstahl oder Verkehrsdelikten, die nach der Liste der Aktenzeichen als Tötungsdelikte in der Statistik enthalten sind.

5 Ergebnisse

5.1 Allgemeine Merkmale und Trends

Zunächst erfolgt eine Betrachtung von allgemeinen Merkmalen, bei denen eine fallgruppenübergreifende Darstellung sinnvoll ist. Eine detaillierte Beschreibung der Ergebnisse erfolgt im Anschluss in den einzelnen Fallgruppen. Es werden jeweils zunächst Merkmale der Opfer, dann Merkmale der TäterInnen und der Tat und zuletzt Verlauf und Ergebnis der strafrechtlichen Aufarbeitung beschrieben.

5.1.1 Zentrale Merkmale der Opfer

Anzahl der Opfer

Die untersuchten Fälle aus dem Zeitraum von 1997 bis 2006 bezogen sich auf 535 Kinder unter sechs Jahren, bei denen der polizeiliche Verdacht bestand, dass sie Opfer eines vollendeten, vorsätzlichen Tötungsdelikts geworden sind.

Mehrere Opfer aus der Untersuchungsgruppe

In 28 Fällen wurden, meist zeitgleich, zwei Opfer aus der Untersuchungsgruppe getötet, in drei Fällen auch drei. Bei diesen Opfern handelte es sich immer um Voll- oder Halbgeschwister.

Alter zum Tatzeitpunkt

Die geläufigste Unterscheidung bei Kategorisierungen von Tötungsdelikten an Kindern ist die nach dem Alter des Opfers. Hintergrund sind einerseits Registrierungs- und juristische Bewertungsunterschiede[109], aber auch die sich innerhalb

---

[109] In einigen Rechtsordnungen werden Neugeborenentötungen bzw. Tötungen sehr junger Kinder von besonderen Straftatbeständen erfasst, ähnlich dem in Deutschland bis 1998 geltenden § 217 StGB.

der ersten fünf Lebensjahre binnen kurzer Zeit erheblich verändernde Vulnerabilität von Kindern. In den von uns untersuchten Fällen fand sich das auch aus der internationalen Literatur erwartbare Bild, dass das Risiko, Opfer eines Tötungsdelikts zu werden, in den ersten sechs Lebensmonaten am höchsten ist. Danach unterliegt es nur noch leichten Schwankungen. Die größte Opfergruppe ist dabei diejenige, die am ersten Lebenstag getötet wurde. Diese Neugeborenentötungen machen gut ein Drittel und damit die größte Deliktsgruppe aus.

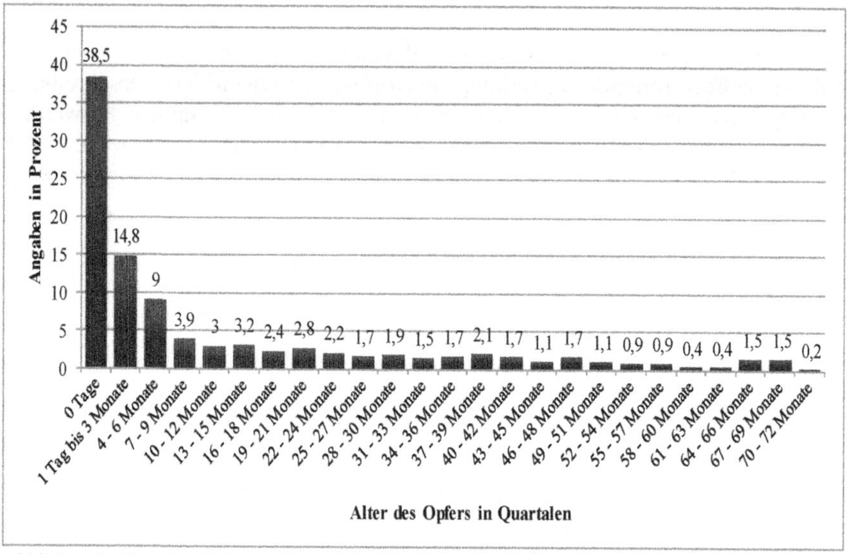

Abbildung 8: Alter des Opfers in Quartalen. Alle Opfer aller Fallgruppen (n = 535).

Geschlecht

Das Geschlecht der Opfer weist eine Höherbelastung der männlichen Kinder auf. 54,6 % der Opfer waren männlich, 44,5 % der Opfer waren weiblich. In Einzelfällen ließ sich das Geschlecht aufgrund des Zustands der Leiche nicht mehr bestimmen.

Wunschkind

Die meisten Opfer waren aus Sicht der Eltern keine Wunschinder. Als Wunschkinder wurden sowohl diejenigen bezeichnet, bei denen die Eltern ein Kind von Anfang planten als auch diejenigen, bei denen für die Eltern eine Schwangerschaft zunächst überraschend kam, diese sich dann aber auf die neue Lebenssituation einstellten und sich auf das Kind freuten. Dies zugrunde gelegt, waren nur 17,8 % der Opfer Wunschkinder. Demgegenüber war mit 47,7 % fast die Hälfte der Opfer ungewollt. Im einstelligen Prozentbereich liegt der Teil, bei dem unklar war, ob es sich um ein Wunschkind handelte. Diese Unklarheiten ergeben sich z.B. daraus, dass ein Elternteil das Kind wollte, der andere jedoch nicht. Bei 26 % ließ sich nicht bestimmen, ob es sich um ein Wunschkind handelte, da diesbezügliche Angaben in den Akten fehlten. Die Ursache für den großen Anteil fehlender Angaben liegt insbesondere in der recht hohen Zahl unbekannter toter Neugeborener (n = 54). In all diesen Fällen konnten die Eltern der Opfer nicht ermittelt werden und daher die damit verbundene Frage nach einem Wunschkind keinen Eingang in die Ermittlungsakte finden. Da es sich bei diesen Fällen in aller Regel um ungeplante Schwangerschaften handelt, spricht viel dafür, dass der o.g. Anteil von insgesamt 47,7 % ungewollter Kinder unter den Opfern eine deutliche Unterschätzung ist.

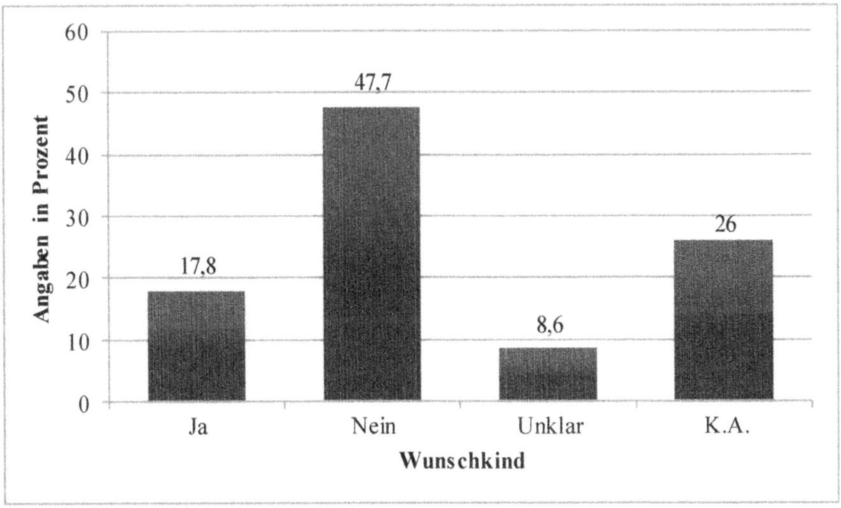

Abbildung 9: Wunschkind. Alle Opfer aller Fallgruppen (n = 535).

Staatsangehörigkeit

Die Staatsangehörigkeit[110] der Opfer war bei einem Großteil, 79,1 %, deutsch. Der Anteil der Opfer, der eine andere als die deutsche Staatsangehörigkeit besaß, liegt bei 7,7 %. In den übrigen Fällen war die Staatsangehörigkeit unklar oder nicht zu ermitteln. Verglichen mit dem Anteil Nichtdeutscher in der Gesamtbevölkerung, der im Untersuchungszeitraum konstant bei ca. 9 % lag[111] ergibt sich damit keine deutlich unterschiedliche Risikobelastung von ausländischen und deutschen Kindern. Untergliedert man die einzelnen ausländischen Staatsangehörigkeiten weiter, so hatten 3 % der Opfer eine ost-/südeuropäische Staatsangehörigkeit, 1,7 % die türkische. Die Staatsangehörigkeit eines asiatisch-/vorderasiatischen Landes hatten 1,1 % der Opfer. Bei den übrigen Opfern, deren Staatsangehörigkeit westeuropäisch, afrikanisch oder US-amerikanisch war, liegt der Opferanteil unter einem Prozent.

Lebensmittelpunkt zum Tatzeitpunkt

Gut die Hälfte der Opfer lebte zum Tatzeitpunkt bei beiden leiblichen Eltern (57,9 %, n = 187). Die zweitgrößte Gruppe (25,1 %) bilden die Opfer, die ihren Lebensmittelpunkt allein bei ihrer biologischen Mutter hatten. Seltener lebten die Opfer bei der Mutter mit neuem Lebenspartner (11,8 %). Die übrigen Konstellationen, wie z.B. ein Leben allein beim Vater, im Heim oder bei sonstigen Personen[112], bewegen sich sämtlich im niedrigen einstelligen Prozentbereich. Zu berücksichtigen ist, dass für etwa ein Drittel der Opfer ein Lebensmittelpunkt nicht erhoben werden konnte und diese Ausfallwerte (Missings) bei den beschriebenen Werten nicht berücksichtigt sind. Der hohe Ausfallwert lässt sich mit den etwa in derselben Höhe auftretenden Neonatiziden erklären, da das Opfer in diesen Fällen keinen Lebensmittelpunkt bilden konnte.

---

[110] Bei der Bewertung der Befunde zur Staatsangehörigkeit ist zu beachten: Die Staatsangehörigkeit sagt über die soziale Lage, einen möglichen Migrationshintergrund und dessen biographische Bedeutung sowie mögliche kulturelle Besonderheiten nichts aus. Ob und ggf. welche Bedeutung dieses Merkmal im konkreten Fall hat, kann mit den hier erhobenen Daten nur ansatzweise festgestellt werden. Dieser Fragestellung soll an anderer Stelle ausführlich nachgegangen werden.

[111] *Statistisches Bundesamt* 2010.

[112] Z.B. beim sozialen Vater, einer Freundin der Mutter oder seit der Geburt mit der Mutter in einem Krankenhaus.

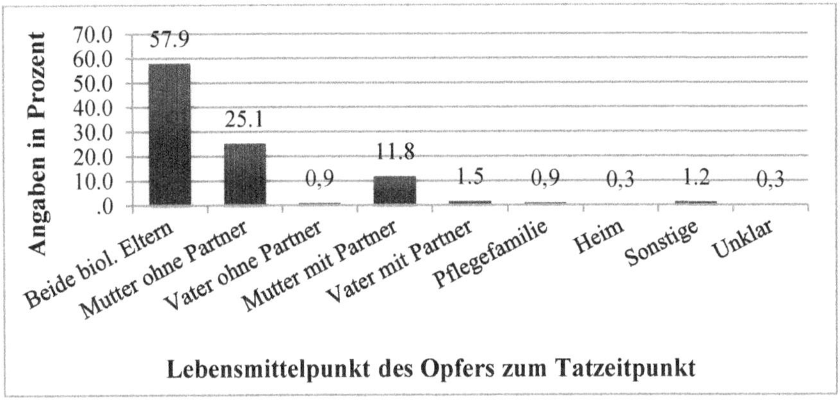

Abbildung 10: Lebensmittelpunkt des Opfers zum Tatzeitpunkt. Alle Opfer aller Fallgruppen ohne Ausfallwerte (n = 323).

Im Haushalt lebende Geschwister

40,4 % der Opfer lebte zum Tatzeitpunkt auch mit Geschwistern (Voll- und/oder Halbgeschwistern) zusammen in einem Haushalt[113]. Meist handelte es sich um ein Geschwisterkind (26,5 %), teilweise lebten die Opfer auch mit zwei (8,8 %), drei (4,7 %), in Einzelfällen auch mit vier bzw. fünf Geschwistern zusammen.

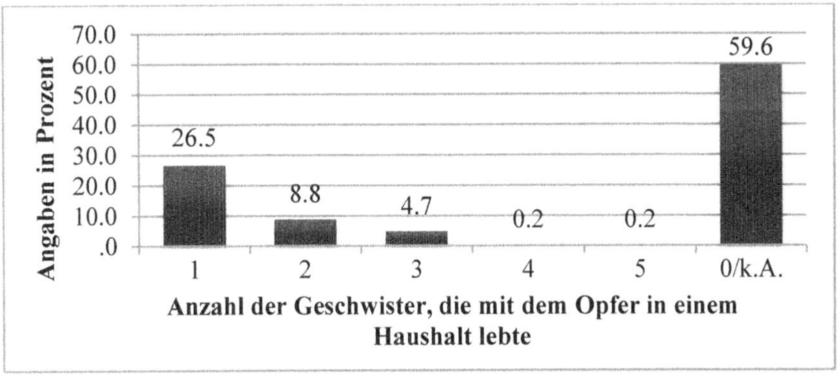

Abbildung 11: Anzahl der Geschwister, die mit dem Opfer in einem Haushalt lebte. Alle Opfer aller Fallgruppen. Die Angaben beziehen sich auf maximal jeweils 3 Voll-/Halbgeschwister (n = 535).

[113] Die Angaben bzgl. der im Haushalt lebenden Geschwister beziehen sich auf maximal jeweils 3 Voll-/Halbgeschwister.

Geschwister insgesamt

Unabhängig vom Zusammenleben in einem Haushalt hatte gut die Hälfte der getöteten Kinder (54,2 %) ein oder mehrere Voll- und/oder Halbgeschwister.

Weitere Haushaltsmitglieder zum Tatzeitpunkt

Selten (7,2 %) lebten neben den biologischen bzw. sozialen Eltern und ggf. Geschwistern weitere Personen mit im Haushalt. Bei einem Großteil dieser Fälle handelte es sich um die Großeltern des Opfers.

Weitere Opfer von Körperverletzungs- oder Tötungsdelikten außerhalb der Untersuchungsgruppe

Es gab auch Fälle, bei denen nicht nur das Opfer, sondern auch andere Personen, die dem Opfer Nahe standen, verletzt oder getötet wurden (bei 14 % aller Opfer). Die dabei auftretenden Konstellationen sind unterschiedlich. Am häufigsten handelte es sich bei der betroffenen Person um die Mutter des Opfers, meist wurde sie zusammen mit dem Opfer von dessen Vater getötet, seltener handelte es sich um tatunabhängige Misshandlungen der Mutter durch den Vater in der Vergangenheit. Bei den anderen Opfern handelt es sich in der Regel um ein- oder mehrere Geschwister des Opfer, die misshandelt oder getötet wurden. Dass diese Geschwister nicht zur Untersuchungsgruppe gehören, kann z.B. daher rühren, dass sie entweder über sechs Jahre alt waren, vor dem Untersuchungszeitraum getötet wurden, *nur* misshandelt wurden und/oder den Tötungsversuch überlebten. In wenigen Fällen waren sowohl die Geschwister als auch die Mutter des Opfers verletzt oder – dann im Rahmen einer Familientragödie – getötet worden.

Wechselnde Lebensmittelpunkte

Von einigen Opfern ist bekannt, dass sie im Laufe ihres Lebens bereits verschiedene Lebensmittelpunkte hatten (12,5 %). Meist handelte es sich dabei um wechselnde Familienkonstellationen (8 %), z.B. nach der Trennung der Eltern, seltener um einen im Vergleich zur Lebenszeit des Opfers längerfristigen Heim- oder Krankenhausaufenthalt bzw. die Unterbringung in einer Pflegefamilie oder sonstige Konstellationen[114].

[114] Z.B. längere Zeit bei Bekannten oder mit der Mutter im Frauenhaus.

Regelmäßige Betreuung des Opfers durch andere Personen

Aussagekräftige Angaben zur Frage der regelmäßigen Betreuung der Opfer durch andere Personen als den Eltern zu machen, ist nicht unproblematisch. Zum einen konnten alle Neonatizidopfer typischerweise noch nicht betreut werden, zum anderen waren auch viele der anderen Opfer jünger als ein Jahr. In dieser Altersstufe ist eine regelmäßige nicht-elterliche Betreuung auch im Vergleich mit der allgemeinen Bevölkerung eher selten der Fall. Diese Umstände erklären möglicherweise, warum nur 13,6 % der Opfer regelmäßig von anderen Personen betreut wurden. Dabei handelte es sich meist um Verwandte (5,2 %), den Kindergarten (3,2 %) oder sonstige Personen (2,8 %), z.B. Freunde der Eltern. Selten wurden auch mehrere dieser Betreuungsformen in Anspruch genommen. Nur in Einzelfällen gingen die Kinder in die Krippe oder hatten eine Tagesmutter.

Gesundheitszustand vor seinem Tod

Bei etwa zwei Drittel der Opfer gab es ausweislich der Akten vor ihrem Tod keine gesundheitlichen Probleme. Zu etwa einem Viertel fanden sich zum allgemeinen Gesundheitszustand keine Angaben in den Akten. Lag bei den Opfern vor ihrem Tod eine Erkrankung vor, so handelte es sich meist um eine akute Erkrankung (niedriger zweistelliger Prozentbereich), z.B. um Atemwegs- oder Magen-/Darmerkrankungen, aber auch um Verletzungen oder Knochenbrüche. Nur selten litten die Opfer unter einer chronischen Erkrankung wie z.B. Neurodermitis, hatten eine Behinderung (z.B. Down-Syndrom, Sichelfüße) oder wiesen eine Kombination dieser Erkrankungen auf (jeweils niedriger einstelliger Prozentbereich).

Frühgeburt

6,9 % der Opfer kamen als Frühgeburten[115] zur Welt. Davon wurden 4,5 % vor der 36. Schwangerschaftswoche geboren. Bei 2,4 % der Opfer wurde in den Akten ohne Angaben zur Schwangerschaftswoche ebenfalls von einer Frühgeburt gesprochen. Damit entspricht die Zahl der Frühgeburten in etwa der Zahl der Frühgeburten in Deutschland, welche im Jahr 2007 bei etwa 7,1 % lag und seit den 1980er Jahren eine eher steigende Tendenz aufweist[116].

---

[115] Aus medizinischer Sicht kommt es zu einer Frühgeburt, wenn ein Baby vor Vollendung der 37. Schwangerschaftswoche geboren wird.
[116] *European Foundation for the care of newborn infants* 2010

5.1.2 *Zentrale Merkmale der TäterInnen*

Anzahl der TäterInnen

Als „Täter“ bzw. „Täterin“[117] wurden im Projekt nur rechtskräftig verurteilte TäterInnen bezeichnet, sowie Personen, die allein aufgrund von Schuldunfähigkeit freigesprochen wurden[118], und solche, die die Tötung des Kindes im Rahmen eines vollendeten erweiterten Suizids begangen, sich selbst also gleichzeitig mit dem Kind getötet haben[119]. Bezugspunkt für die Verurteilung ist dabei die zum Tod des Kindes führende Handlung. Damit wurden auch Personen erfasst, bei denen wegen eines vorsätzlichen Tötungsdelikts ermittelt wurde, eine Verurteilung wegen Mordes oder Totschlags aber, meist mangels Nachweises eines Tötungsvorsatzes, nicht erfolgt ist. In diesen Fällen erfolgte in der Regel eine Verurteilung wegen Misshandlung von Schutzbefohlenen, Körperverletzung oder fahrlässiger Tötung. In dem untersuchten Zeitraum von 1997 bis 2006 gab es 354 Personen, die nach dieser Definition als „Täter“ bzw. „Täterin“ zu bezeichnen sind. Die Zahl der TäterInnen, über die Zahlen vorliegen, ist damit nicht unwesentlich geringer als die der Opfer. Dies liegt an der nennenswerten Zahl von Fällen, bei denen kein Tatverdächtiger ermittelt werden konnte, was vor allem die Gruppe der Neonatizide betrifft. Bei anderen Fällen ließ sich der Tatverdacht nicht in der Weise erhärten, dass eine ausreichende Grundlage für eine Anklage bzw. Verurteilung bestand.

---

[117] Die Reihenfolge, in der die männliche oder weibliche Form genannt wird, ist im gesamten Text ohne Bedeutung. Es werden, wenn Merkmale männlicher und weiblicher TäterInnen beschrieben werden, trotz möglicherweise schlechterer Lesbarkeit ausdrücklich beide Geschlechterformen verwendet. Grund hierfür ist, dass gerade Tötungsdelikte dazu verleiten, geschlechterspezifisch zu lesen.

[118] Dieser Kategorie ebenfalls zugeordnet wurde ein Fall, in dem die Eröffnung des Sicherungsverfahrens nur deswegen abgelehnt wurde, weil die Voraussetzungen für die Anordnung einer Maßregel ersichtlich nicht vorlagen.

[119] Aufgrund der von uns verwendeten Täterdefinition ist eine weitere, kleine Gruppe (n = 11), die inhaltlich zu den TäterInnen zählt, herausgefallen. Dabei handelt es sich hauptsächlich um Personen, gegen die das Ermittlungsverfahren nach § 170 II StPO wegen Schuldunfähigkeit und mangels Vorliegens der Voraussetzungen des § 63 StGB eingestellt wurde. Offen bleiben muss dabei die Frage nach dem Grund für die unterschiedliche Praxis, warum bei vergleichbarer Sachlage einige Ermittlungsverfahren bereits im Vorfeld eingestellt und andere bis ins Hauptverfahren gebracht wurden. In einem anderen Fall starb die Beschuldigte während des Ermittlungsverfahrens.

Biographisches

Verhältnis zum Opfer

TäterInnen waren fast ausschließlich die biologischen oder sozialen Eltern der Opfer. Als soziale Eltern wurden solche Personen gewertet, die über einen gewissen Zeitraum faktisch die Elternrolle übernommen hatten. In den wenigen anderen Fällen gehörten die TäterInnen bis auf einen Einzelfall (Geisterfahrer tötet vorsätzlich ihm unbekannte Familie mit Kind) dem unmittelbaren sozialen Nahraum der Opfer an. Insgesamt zeigte sich eine Dominanz von Täterinnen (58,7 %, n = 208), wobei die biologischen Mütter klar den höchsten Anteil ausmachten (56 %). Dies liegt vor allem an der hohen Zahl der Neonatizide. Wenn man davon ausgeht, dass bei den nicht aufgeklärten Neonatiziden ebenfalls die biologischen Mütter Täterinnen waren, so wäre der Anteil der Täterinnen sogar noch höher. Damit ist die grundlegende Annahme, dass Kinder zumeist von ihren Müttern getötet werden, richtig. Bei den männlichen Tätern fällt zunächst auf, dass der Anteil biologischer Väter deutlich geringer ist (28,8 %; n = 102), allerdings gibt es dafür eine relativ hohe Zahl sozialer Väter (8,8 %, n = 31). Soziale Mütter kamen hingegen als Täterinnen nur in sechs Fällen (1,7 %) vor. Die übrigen Täter-Opfer-Beziehungen waren demgegenüber extrem selten und lagen alle im einstelligen Prozentbereich.

Die Frage nach dem Opfer-Täter-Verhältnis klärt sich weiter auf, sobald man nach den verschiedenen Fallgruppen differenziert: Bei den Neonatiziden waren fast alle Täterinnen die biologischen Mütter der Kinder, die anderen vier verurteilten Personen wurde immer wegen Unterstützungshandlungen bei dem durch die Mutter verübten Delikt verurteilt. Bei den beiden nächstgrößeren Fallgruppen, nämlich den Misshandlungen und erweiterten Suiziden, machen die biologischen Mütter nur noch 34 % bzw. 43 % der TäterInnen aus. Bei den Misshandlungstötungen findet sich ein etwa gleich großer Anteil biologischer Väter als Täter, besonders auffallend ist der Anteil der sozialen Väter mit 21 %. Bei den erweiterten Suiziden machen die biologischen Väter rund die Hälfte der Täter aus, soziale Väter und Mütter spielen hingegen lediglich eine geringe Rolle. Bei den drei kleineren Fallgruppen sind die Verhältnisse ebenfalls unterschiedlich: Während bei den psychischen Erkrankungen und Vernachlässigungen die biologischen Mütter dominieren, sind es bei den zielgerichteten Tötungen die biologischen Väter.

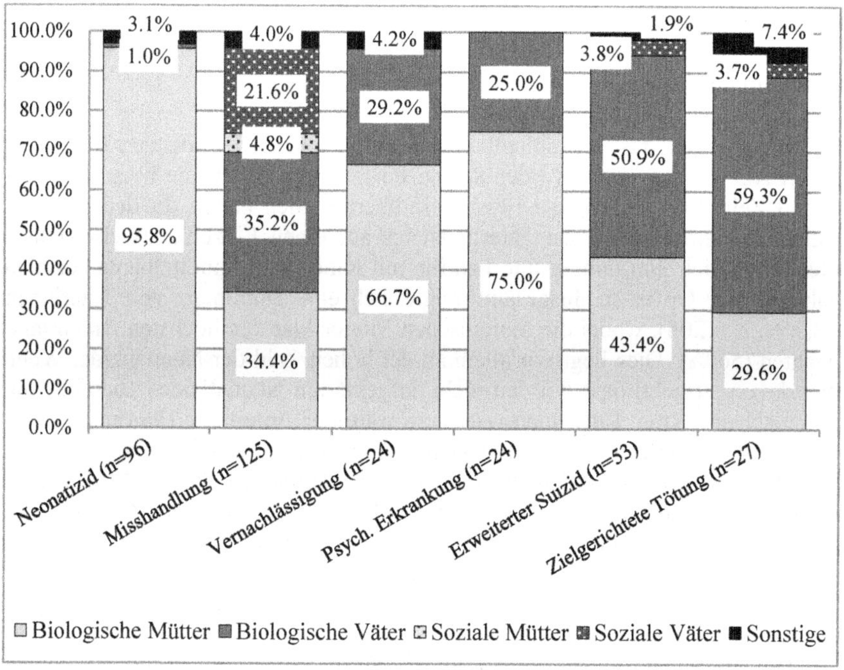

Abbildung 12: Anteil der Tätergruppen innerhalb der jeweiligen Fallgruppen. Alle TäterInnen ohne Fallgruppen "Sonstige", "Nat. Tod/Unfall" und „Plötzl. Kindstod unklar" (n=349).

Mehrere TäterInnen

In 32 Fällen wurden mehrere Personen, meist die leiblichen Eltern bzw. die Mutter und der soziale Vater, wegen der Tötung des Kindes zur Verantwortung gezogen. Fast immer handelte es sich dabei um Fälle mit zwei Verurteilten (30 Fälle), in zwei Fällen wurden auch drei Personen[120] verurteilt.

Alter zum Tatzeitpunkt

Die Altersspanne der TäterInnen reicht von 14 bis 61 Jahren. Dabei dominieren erwartbar als Eltern kleiner Kinder die mittleren Altersstufen, d.h. die 21 bis

[120] In einem Fall wurden neben der Mutter, die ihr Kind unmittelbar nach der Geburt tötete, auch deren Eltern verurteilt (wegen fahrlässiger Tötung durch Unterlassen). In einem anderen Fall wurde neben den leiblichen Eltern des Opfers auch dessen Großvater verurteilt (wegen Körperverletzung mit Todesfolge durch Unterlassen).

29jährigen, gefolgt von den 30 bis 40jährigen. Deutlich seltener waren die TäterInnen heranwachsend (18 bis 21 Jahre) oder älter als 40 Jahre. Den geringsten Täteranteil stellen die unter 18jährigen.

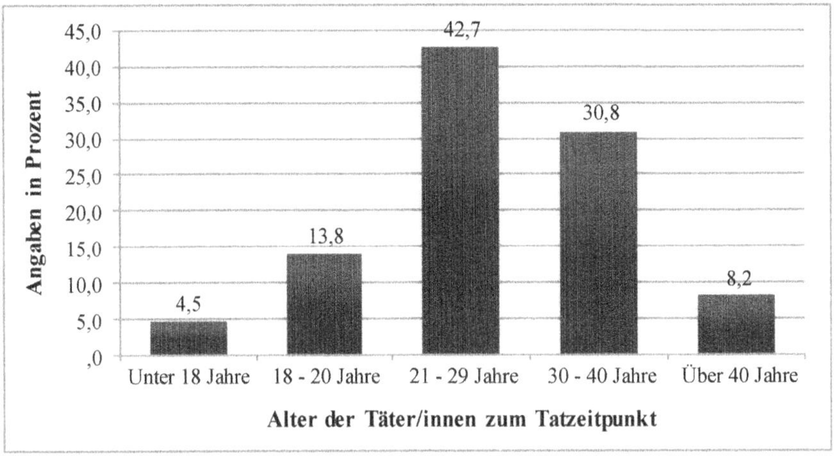

Abbildung 13: Alter der TäterInnen zum Tatzeitpunkt. Alle TäterInnen aller Fallgruppen (n = 354).

Staatsangehörigkeit

Der Anteil Nichtdeutscher lag bei den TäterInnen bei 15 %[121]. Er ist damit gegenüber dem Bevölkerungsanteil Nichtdeutscher in Deutschland während des Untersuchungszeitraums, der konstant bei etwa 9 % lag[122], erhöht.

Eigene Kindheit

Die meisten TäterInnen wuchsen bei ihren beiden leiblichen Eltern auf (49,2 %). Recht häufig (19,8 %) lebten sie auch in wechselnden Familiensituationen und/oder wuchsen bei anderen Personen auf. Dabei handelte es sich z.B. um wechselnde soziale Elternteile nach Trennungen, Adoptiv- oder Pflegeeltern, Großeltern oder sonstige Familienangehörige. Jeweils im einstelligen Prozentbe-

[121] Bei der Bewertung der Befunde zur Staatsangehörigkeit ist zu beachten: Die Staatsangehörigkeit sagt über die soziale Lage, einen möglichen Migrationshintergrund und dessen biographische Bedeutung sowie mögliche kulturelle Besonderheiten nichts aus. Ob und ggf. welche Bedeutung dieses Merkmal im konkreten Fall hat, kann mit den hier erhobenen Daten nur ansatzweise festgestellt werden. Dieser Fragestellung soll an anderer Stelle ausführlich nachgegangen werden.

[122] *Statistisches Bundesamt* 2010.

reich bewegt sich der Teil der TäterInnen, der allein bei der leiblichen Mutter oder bei der Mutter mit neuem Partner aufwuchs. 4,5 % der TäterInnen verbrachten ihre Kindheit im Heim.

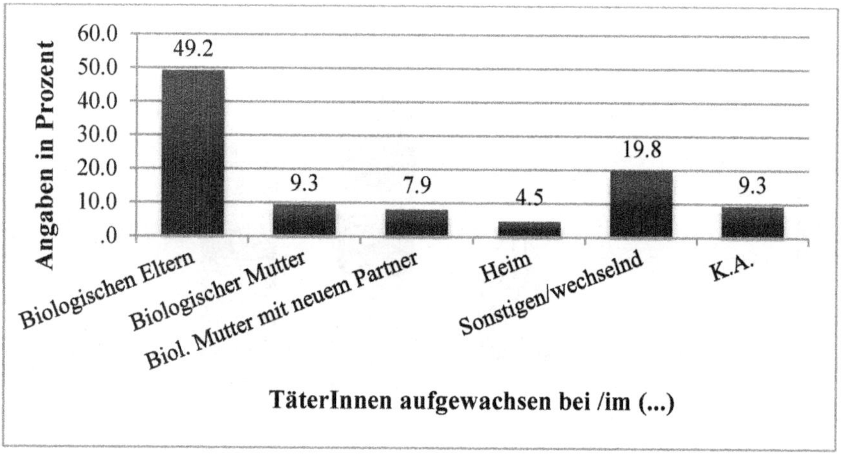

Abbildung 14: TäterInnen aufgewachsen bei/im (…). Alle Täter aller Fallgruppen (n = 354).

Misshandlungserfahrungen

18,6 % der TäterInnen haben in ihrer Kindheit Misshandlungserfahrungen gemacht. Meist handelte es sich um Schläge und Gewalt (14,7 %), deutlich seltener um reinen sexuellen Missbrauch (1,1 %) oder eine Kombination von beidem (3,1 %). Bei 3,4 % der TäterInnen ist unklar, ob sie in ihrer Kindheit Misshandlungserfahrungen gemacht haben. Es handelte sich in diesen Fällen um mehr oder weniger substantiierte Behauptungen von Gewalt/sexuellem Missbrauch in der Kindheit, die sich nicht verifizieren ließen. Bei der Betrachtung dieser Zahlen ist zu berücksichtigen, dass für 39,8 % der TäterInnen keine Informationen zu diesem Thema in den Akten enthalten waren. Aus der Abwesenheit von Informationen kann aber gerade bei zeitlich recht weit zurückliegenden Aspekten wie kindlichen Missbrauchserfahrungen nicht geschlossen werden, dass solche Taten nicht vorhanden waren. Vielmehr ist auch in Betracht zu ziehen, dass sie von den Ermittlungsbehörden als unerheblich für die Beurteilung der verwirklichten Tat angesehen und entweder gar nicht abgefragt oder nicht in die Akte aufgenommen worden sind.

Einschlägige strafrechtliche Vorbelastungen zum Tatzeitpunkt

Es waren Ausnahmefälle, in denen die TäterInnen bereits einschlägig wegen eines Körperverletzungsdelikts zum Nachteil eines Kindes strafrechtlich in Erscheinung getreten sind (0,6 %, n = 2)[123].

Nicht einschlägige strafrechtliche Vorbelastungen zum Tatzeitpunkt

Gut ein Viertel der TäterInnen war bereits anderweitig strafrechtlich in Erscheinung getreten (28,5 %). Bei 12,1 % stammten die Vorbelastungen aus unterschiedlichen Deliktsbereichen[124]. 9,6 % waren ausschließlich wegen Eigentums- oder Vermögensdelikten in Erscheinung getreten, 5,1 % wegen sonstiger Delikte. In seltenen Einzelfällen waren die TäterInnen ausschließlich wegen nicht einschlägiger Körperverletzungs- bzw. Tötungsdelikte (1,1 %, n = 4) oder wegen Drogendelikten (0,6 %) vorbelastet.

Schulabschluss

Hier wurde, sofern sich die TäterInnen zum Tatzeitpunkt noch in der schulischen Ausbildung befanden, vom höchsten auf der besuchten Schule erreichbaren Abschluss ausgegangen. Die meisten TäterInnen hatten einen niedrigen Bildungsabschluss in Form eines Hauptschulabschlusses (35,1 %). Die zweitgrößte Gruppe bilden die TäterInnen mit mittlerem Bildungsabschluss[125] (28,2 %). 14,7 % wiesen keinen, nur 10,6 % einen hohen Schulabschluss auf[126]. Im einstelligen Prozentbereich lag der Anteil der TäterInnen mit einem ausländischen Schulabschluss oder einem Abschluss der Lernbehinderten-, Sonder- oder Förderschule[127]. Um diese Zahlen vergleichbar zu machen, wurden die fehlenden Werte (n = 35, 9,9 %) nicht berücksichtigt. Für die fehlenden Werte waren insbesondere die Fälle vollendeter Mitnahmesuizide verantwortlich, da dort die TäterInnen nicht überlebten und der Schulabschluss im Rahmen der Ermittlungen grundsätz-

[123] In beiden Fällen handelte es sich um die Mutter des Opfers. Beide waren bereits wegen der Misshandlung eines älteren Geschwisterkindes zu Bewährungsstrafen verurteilt worden.

[124] Z.B. nicht einschlägige Körperverletzungs- oder Tötungsdelikte, Eigentums- oder Vermögensdelikte, Drogendelikte, sonstige Delikte wie Straßenverkehrsdelikte, Urkundendelikte u.a..

[125] Realschulabschluss, Abschluss der Polytechnischen Oberschule.

[126] Abitur, Fachhochschulreife, Abschluss der erweiterten Oberschule.

[127] Zu berücksichtigen ist, dass man an diesen Schulen zwar grundsätzlich alle Schulabschlüsse erreichen kann, insbesondere wenn es sich um Schulen für rein körperlich behinderte Kinder handelt. In unserer Studie waren es jedoch vornehmlich Sonder-/Förderschulen für lernschwache Schüler.

lich keine Rolle spielte und daher auch keinen Eingang in der Ermittlungsakten fand.

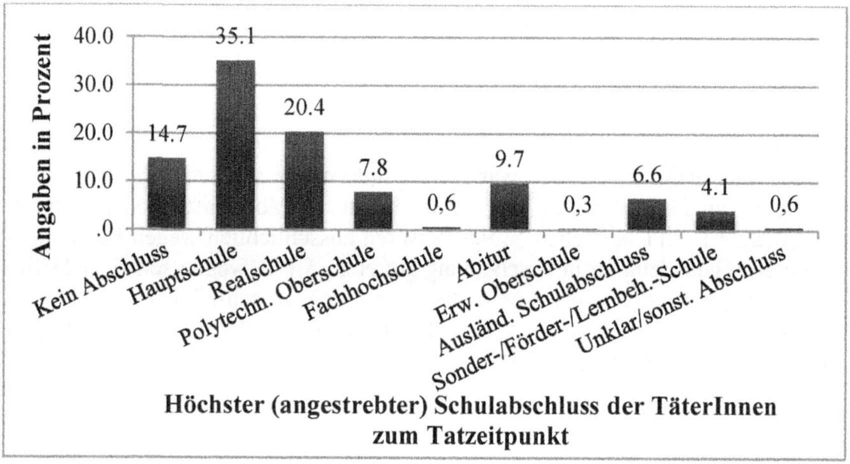

Abbildung 15: Höchster (angestrebter) Schulabschluss der TäterInnen zum Tatzeitpunkt. Alle TäterInnen aller Fallgruppen ohne Ausfallwerte (n = 319).

Diese Zahlen mit denen der Bevölkerung zu vergleichen ist schwierig, da die Schulabschlüsse der TäterInnen oft Jahre zurückliegen, genaue Bezugswerte nur mit sehr hohem Aufwand zu ermitteln wären und sich die Verteilung der Schulabschlüsse in der Bevölkerung in Deutschland in den letzten Jahrzehnten stark verändert hat, insbesondere zu Lasten der Hauptschulabschlüsse. Ein tendenzieller Unterschied zur Gesamtbevölkerung lässt sich dennoch aus einem Abgleich mit einem Vergleichsjahr etwa aus der Mitte des Untersuchungszeitraums ersehen, ausgewählt wurde 1999. Die Vergleichsdaten beziehen sich einerseits auf die Absolventen des Jahres 1999[128], andererseits auf den Durchschnitt der über 15-jährigen Bevölkerung aus dem Datenreport 1999[129]. Dabei zeigt sich, dass der Anteil der TäterInnen ohne Schulabschluss etwa doppelt so hoch ist wie der der Vergleichswerte. Demgegenüber erreichten vergleichsweise wenige TäterInnen einen hohen Bildungsabschluss. Der Anteil der TäterInnen mit niedrigem und mittlerem Bildungsabschluss entspricht hingegen in etwa den Vergleichswerten.

---

[128] *Sekreteriat der Ständigen Konferenz der Kultusminister der Länder* 2007, S. 56.

[129] Vergleichszahlen aus: *Statistisches Bundesamt/WZB/ZUMA* 2000, S. 77. Dabei ist anzumerken, dass es sich hierbei um Zahlen für alle Frauen und Männer ab 15 Jahren handelt.

	TäterInnen (n = 319)	**Absolventen 1999**	**Bevölkerung 1999**
Ohne (Haupt-) Schulabschluss	18,8 %[130]	8,9 %	7,5 %[131]
Niedriger Bildungsabschluss	35,1 %	25,7 %	48,7 %
Mittlerer Bildungsabschluss	28,2 %	40,2 %	25,7 %
Hoher Bildungsabschluss	10,6 %	25,2 %	18,1 %
Ausl. Schulabschluss/Sonstiges	7,2 %	-	-

Abbildung 16: Schulabschlüsse der TäterInnen (n = 319) im Vergleich mit den Absolventen des Jahres 1999 und der Bevölkerung im Jahr 1999.

Beruflicher Bildungsabschluss

Einen beruflichen Bildungsabschluss hatte gut die Hälfte aller TäterInnen[132]. Sehr häufig handelte es sich dabei um eine abgeschlossene (42,1 %) bzw. laufende (3,9 %) Berufsausbildung. Nur selten hatten die TäterInnen einen hohen beruflichen Abschluss in Form eines (laufenden) Hochschulabschlusses (5,1 %). In Einzelfällen lag eine sonstige[133] oder unklare[134] berufliche Qualifikation vor. Der Anteil der TäterInnen ohne berufliche Qualifikation lag bei 46,3 %, wobei allerdings zu berücksichtigen ist, dass hierunter auch Personen gefasst wurden, die zum Tatzeitpunkt noch zur Schule gingen und aus diesem Grund noch keine Ausbildung absolviert haben.

[130] Inbegriffen sind auch TäterInnen mit Förderschulabschluss, da diese bei den Absolventen 1999 ebenfalls als „ohne Hauptschulabschluss" erfasst sind. Zudem handelte es sich bei den von den TäterInnen besuchten Förderschulen insbesondere um solche für lernschwache Schüler.
[131] Einschließlich der noch in Ausbildung befindlichen Personen.
[132] Zur besseren Vergleichbarkeit wurden hier die fehlenden Werte (5,4 % bei n = 353) nicht berücksichtigt.
[133] Z.B. Abschluss von Lehrgängen, baldiger Beginn einer Berufsausbildung.
[134] In diesen Fällen legte meist der ausgeübte Beruf eine abgeschlossene Berufsausbildung nahe. Der Abschluss konnte dann aber in den Akten nicht verifiziert werden.

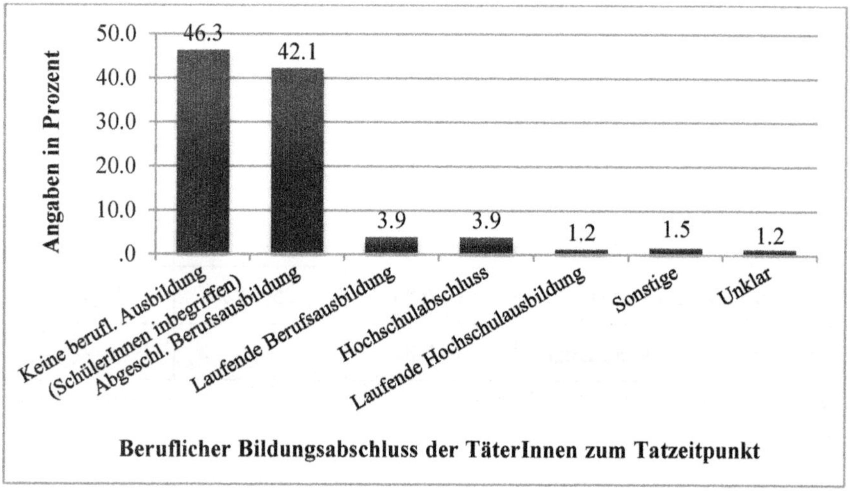

Abbildung 17: Beruflicher Ausbildungsabschluss der TäterInnen zum Tatzeitpunkt. TäterInnen aller Fallgruppen ohne Ausfallwerte (n = 335).

Ein Vergleich mit der durchschnittlichen Bevölkerung ist auch in diesem Bereich schwierig, da genaue Bezugswerte fehlen. Aus Vergleichswerten, hier aus dem Datenreport des Jahres 1999 für die Bevölkerung[135], lässt sich dennoch eine Tendenz ableiten. Dabei liegt sowohl der Anteil der TäterInnen mit abgeschlossener beruflicher Ausbildung (42,1 %) als auch derer mit (Fach-)Hochschulabschluss (3,9 %) unter den Vergleichswerten von 52,7 % bzw. 10,9 %.

Beschäftigungsstatus

Etwa die Hälfte der TäterInnen war zum Tatzeitpunkt ohne Erwerbstätigkeit (51,4 %)[136]. Nur 29,4 % gingen einer Erwerbstätigkeit in abhängiger Beschäftigung nach, 8,9 % besuchten noch die Schule. Jeweils im einstelligen Prozentbereich liegt der Anteil, der sich zum Tatzeitpunkt in Mutterschutz/Erziehungsurlaub/Elternzeit oder in Rente befand, selbstständig tätig war oder deren Beschäftigungsstatus unklar[137] blieb.

135 *Statistisches Bundesamt/WZB/ZUMA* 2000, S. 78.

136 Zur besseren Vergleichbarkeit wurden auch hier die fehlenden Werte (1,1 % bei n = 353) nicht berücksichtigt.

137 Z.B. bei Wehr(ersatz-)dienstleistenden, bei widersprüchlichen Angaben in den Akten oder nicht näher aufklärbaren Hinweisen auf eine entgeltliche Tätigkeit.

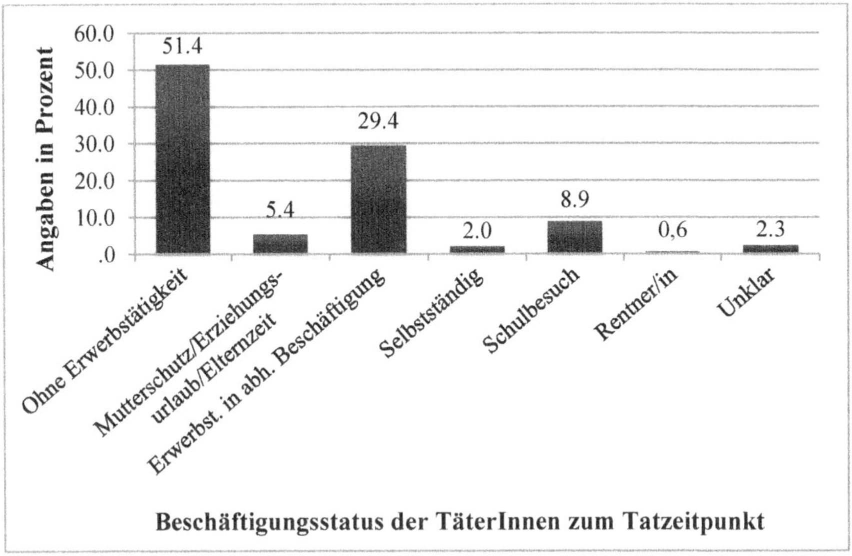

Abbildung 18: Beschäftigungsstatus der TäterInnen zum Tatzeitpunkt. TäterInnen aller Fallgruppen ohne Ausfallwerte (n = 350).

Ein Vergleich mit den Erwerbslosenzahlen in Deutschland aus dem Jahr 1999 - dort lag die Zahl der Erwerbslosen bei 10,1 %[138]- zeigt, dass der Anteil der TäterInnen ohne Erwerbstätigkeit mit 51,4 % deutlich über diesem Vergleichswert liegt. Bei Betrachtung dieser Zahlen sollte beachtet werden, dass offen ist, ob die Erwerbslosigkeit eher unfreiwillig erfolgte oder ob z.B. ein Elternteil freiwillig zur Betreuung des Kindes zu Hause blieb. Um welche Art der Erwerbslosigkeit es sich häufiger handelt, lässt sich tendenziell daran ablesen, ob es bei den TäterInnen in der jüngeren Vergangenheit Schwierigkeiten im Bereich der Erwerbstätigkeit gab. Dies wurde im Projekt für den Zeitraum bis zu fünf Jahren vor der Tat erhoben, wobei darunter nicht nur dauernde unfreiwillige Arbeitslosigkeit sondern auch ständige Arbeitsplatzwechsel oder Arbeit unter dem Qualifikationsniveau gefasst sind[139]. Danach gab es bei über der Hälfte der TäterInnen in der Vergangenheit Schwierigkeiten im Bereich der Erwerbstätigkeit, so dass davon auszugehen ist, dass die Mehrheit der TäterInnen tendenziell eher unfreiwillig erwerbslos war.

---

[138] *Statistisches Bundesamt/WZB/ZUMA* 2000, S. 84.

[139] Es sind dort also auch TäterInnen erfasst, die zum Tatzeitpunkt erwerbstätig waren, aber in der Vergangenheit Probleme in diesem Bereich hatten.

Einkommenssituation

Genaue Aussagen zur Einkommenssituation der TäterInnen zu treffen, ist schwierig. Vielfach waren die Angaben über die tatsächliche Einkommenssituation der TäterInnen in den Ermittlungsakten lückenhaft oder nicht vorhanden. Der Grund hierfür liegt auf der Hand: Bei Ermittlungen wegen des Verdachts eines vorsätzlichen Tötungsdelikts an einem Kind ist grundsätzlich nicht mit einer Geldstrafe als Sanktion zu rechnen[140]. Auch für die Ermittlung des Tatmotivs ist die finanzielle Lage in den hier vorliegenden Fällen in der Regel wenig interessant. Es besteht daher kaum Anlass, die genaue finanzielle Lage zu ermitteln. Aber auch die Angaben, die vorlagen, sind oft wenig aussagekräftig, da sich diese Werte in der Regel allein auf die TäterInnen beziehen. Die tatsächliche wirtschaftliche Situation lässt sich jedoch nur realistisch abbilden, wenn man das gesamte Haushaltseinkommen betrachtet. Allein der Bezug von Sozialleistungen lässt den Schluss auf ein niedriges/nicht vorhandenes Haushaltseinkommen zu, da die Berechnung finanzieller staatlicher Unterstützung auf dem Einkommen der Bedarfsgemeinschaft und mithin des gesamten Haushalts basiert. In den von uns untersuchten Fällen zeigt sich, dass zumindest etwa Viertel aller TäterInnen Sozialleistungen bezogen.

Lebenssituation zum Tatzeitpunkt

Familienstand zum Tatzeitpunkt

Die Hälfte der TäterInnen (49,8 %) war zum Zeitpunkt der Tat ledig[141], 32,2 % waren verheiratet, etwa 17 % waren bereits wieder geschieden oder dauerhaft getrennt lebend. Nicht erhoben wurde allerdings, wie viele der ledigen TäterInnen in einer festen Partnerschaft lebten.

[140] Die Geldstrafe wird in Tagessätzen verhängt. Die Höhe eines Tagessatzes bestimmt das Gericht unter Berücksichtigung der persönlichen und wirtschaftlichen Verhältnisse des Täters. Dabei geht es in der Regel von dem Nettoeinkommen aus, das der Täter durchschnittlich an einem Tag hat oder haben könnte, §§ 40 41 StGB.

[141] Unter ledig fallen auch TäterInnen, die zum Tatzeitpunkt verlobt waren. Wir haben beide Kategorien getrennt erhoben, hier jedoch auf eine getrennte Darstellungsweise verzichtet, da auch die ledigen TäterInnen in einer festen Partnerschaft leben können. Auch lässt eine Verlobung, verglichen mit einer „normalen" Partnerschaft, in der heutigen Zeit nicht den zwangsläufigen Schluss auf eine festere Beziehung zu. In Betracht zu ziehen ist in den hier vorliegenden Fällen auch, dass einige der Verlobungen als prozessuales Mittel zur Erlangung eines Zeugnisverweigerungsrechts nach §52 StPO genutzt wurden.

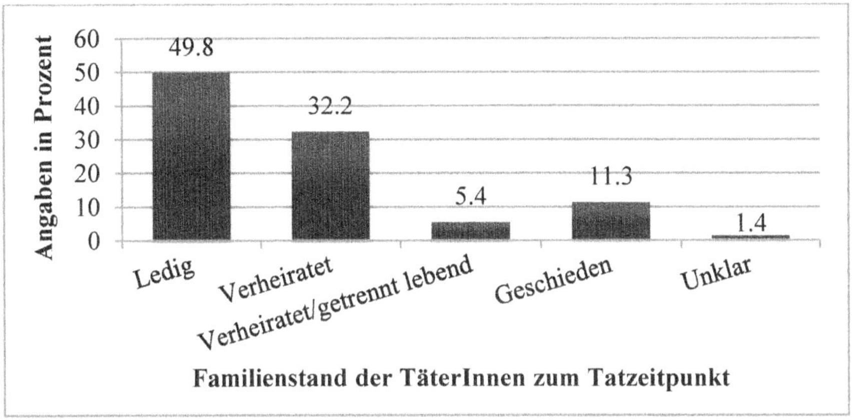

Abbildung 19: Familienstand der TäterInnen zum Tatzeitpunkt. Alle TäterInnen aller Fallgruppen (n = 354).

Weitere biologische Kinder

Etwa die Hälfte der TäterInnen, 51,7 %, hatte neben dem Opfer weitere[142] biologische Kinder. Sehr häufig handelte es sich um ein- bzw. zwei Kinder (bei gut einem Drittel aller TäterInnen), deutlich seltener um drei- bzw. vier oder mehr Kinder.

Rauschmittelkonsum

Erhoben wurde der Rauschmittelkonsum für einen Zeitraum von bis zu einem Jahr vor der Tat. Dabei wurde in der Aktenanalyse zwischen „keinem“, „gelegentlichem“, „episodenhaft starkem“ Konsum und „langzeitig regelmäßigem Missbrauch/Abhängigkeit“ unterschieden. Die Einteilung in diese Kategorien erwies sich zum Teil als schwierig, oft waren die Angaben in den Akten nicht eindeutig oder es ging aus ihnen nicht klar hervor, in welchem Umfang der Konsum erfolgte. Allerdings ist davon auszugehen, dass Substanzmissbrauch im Rahmen von Ermittlungen und Strafverfahren in der Regel thematisiert wird, so dass die Abwesenheit von Informationen dazu relativ sicher so gedeutet werden kann, dass in diesen Fällen auch kein problematischer Substanzkonsum vorlag.

142 Um „weitere“ biologische Kinder handelt es sich, wenn die TäterInnen auch die biologischen Eltern des Opfers waren, nicht dagegen, wenn es sich bei den TäterInnen um die sozialen Eltern oder Dritte handelte.

Dabei zeigt sich, dass ein problematischer Konsum eher bei den legalen/"weichen" Substanzen[143] vorlag. Alkohol konsumierten 8,8 % der TäterInnen in missbräuchlicher, 5,1 % in abhängiger Form. Cannabismissbrauch betrieben 3,7 %, eine Abhängigkeit bestand bei 4,5 %. Beim Medikamentenkonsum wurden Missbrauch und Abhängigkeit zusammen erhoben. Dort zeigt sich ein Missbrauch bzw. eine Medikamentenabhängigkeit bei 3,7 % der TäterInnen.

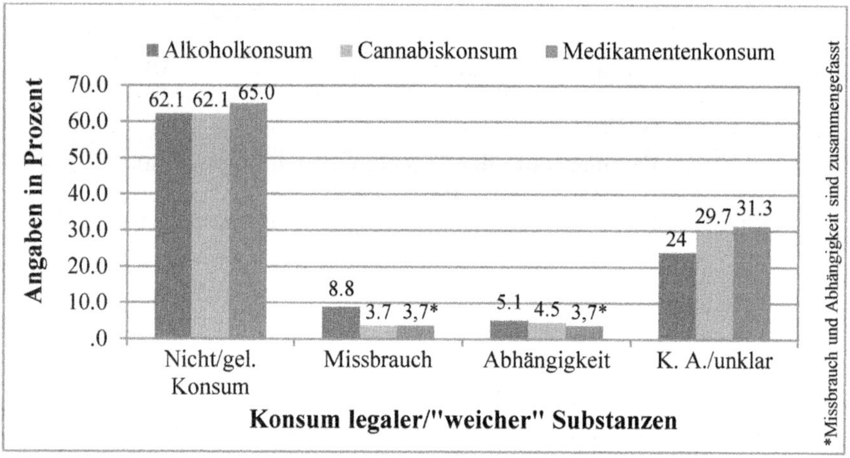

Abbildung 20: Konsum legaler/"weicher" Substanzen. Alle TäterInnen aller Fallgruppen (n = 354).

Vergleiche mit Zahlen der durchschnittlichen Bevölkerung sind mangels genauer Bezugswerte schwierig. Nach dem Drogen- und Suchtbericht der Drogenbeauftragten der Bundesregierung von Mai 2009 konsumieren 9,5 Mio. Menschen (ca. 11,6 %)[144] in Deutschland Alkohol in gesundheitlich riskanter Form. Etwa 1,3 Mio. Menschen (ca. 1,6 %)[145] gelten als alkoholabhängig.

Missbräuchlichen Cannabiskonsum betreiben ca. 380.000 (ca. 0,5 %)[146], abhängigen 220.000 (ca. 0,3 %)[147] der 18 – 64jährigen. Medikamentenabhängig sind danach zwischen 1,4 und 1,9 Mio. Menschen (ca. 2 %)[148]. Vergleicht man diese Zahlen mit den im Projekt gefundenen Werten so zeigt sich, dass der Anteil der TäterInnen mit problematischem Konsum von legalen/"weichen" Drogen jeweils über den Vergleichswerten liegt.

[143] Alkohol, Cannabis, Medikamente.
[144] Bei Zugrundelegung einer Bevölkerungszahl von 82 Mio. Menschen.
[145] Bei Zugrundelegung einer Bevölkerungszahl von 82 Mio. Menschen.
[146] Bei Zugrundelegung einer Bevölkerungszahl von 82 Mio. Menschen.
[147] Bei Zugrundelegung einer Bevölkerungszahl von 82 Mio. Menschen.
[148] Bei Zugrundelegung einer Bevölkerungszahl von 82 Mio. Menschen und 1,65 Mio. Abhängigen.

Jeweils im niedrigen einstelligen Prozentbereich liegt der Anteil der TäterInnen, der „harte“ Drogen wie Kokain, Heroin oder sonstige Rauschmittel[149] konsumierte.

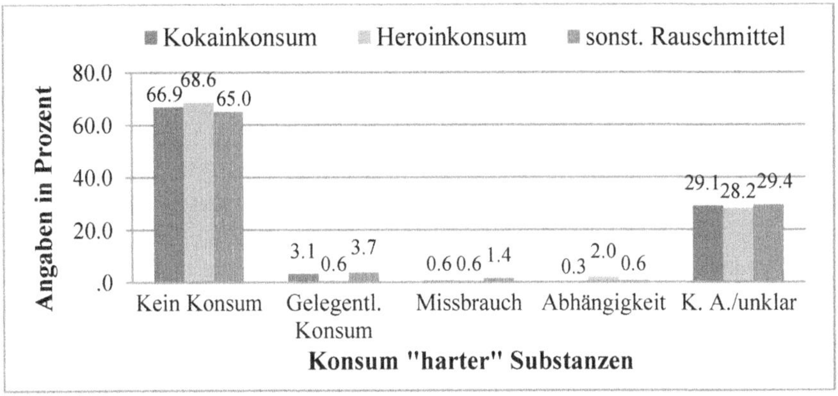

Abbildung 21: Konsum “harter” Substanzen. Alle TäterInnen aller Fallgruppen (n = 354).

Beim Konsum „harter“ Substanzen ist ein Vergleich mit der Gesamtbevölkerung mangels tauglicher Vergleichswerte noch schwieriger[150].

Nach dem Drogen- und Suchtbericht der Drogenbeauftragten der Bundesregierung von Mai 2009 konsumieren schätzungsweise rund 200.000 Menschen in Deutschland illegale Drogen, d.h. Opiate, Kokain und Amphetamine in sehr riskanter Form, d.h. injizieren. Bei einer zugrunde gelegten Bevölkerungszahl von 82 Mio. Menschen in Deutschland ergibt sich daraus ein Wert von 0,2 %. Da die von uns gefundenen Werte zur Abhängigkeit von „harten“ Drogen sowohl einzeln als auch zusammen genommen[151] über dem Vergleichswert liegen, kann vorsichtig von einer leichten Überrepräsentierung der TäterInnen in diesem Bereich gesprochen werden. Lag ein missbräuchliches oder abhängiges Konsumverhalten bei den TäterInnen vor, so bezog sich dies meist nur auf eine Substanz (15,3 %). Deutlich seltener konsumierten die TäterInnen zwei (4,8 %), in Einzel-

---

[149] Unter „sonstige Rauschmittel“ fallen grundsätzlich alle Arten von Rauschmitteln. In den von uns untersuchten Fällen handelte es sich aber ausschließlich um synthetische Drogen, meist Ecstasy, aber auch Methadon, LSD u.a..

[150] Gängig bei der Darstellung der Drogensituation sind sonst die Indikatoren Erstauffällige Konsumenten harter Drogen, Sicherstellungsfälle und -mengen, Herkunfts- und Bestimmungsstaaten sowie die Nationalität der Tatverdächtigen. Diese Indikatoren sind als Vergleichswerte hier allerdings nicht tauglich.

[151] Denn bei diesen Werten ist es möglich, dass eine Person von einer oder von mehreren dieser Substanzen abhängig ist.

fällen auch drei (0,8 %), vier (0,6 %) oder fünf Substanzen (0,3 %) in missbräuchlicher/abhängiger Form.

Psychologische/Psychiatrische Gutachten

277 TäterInnen (85,8 %)[152] sind im Rahmen des Strafverfahrens psychologisch/psychiatrisch begutachtet worden. Zentrale Frage der Sachverständigengutachten war jeweils die Beurteilung der Schuldfähigkeit der TäterInnen. Gelegentlich sollten die Sachverständigen auch zur Frage von freiheitsentziehenden Maßregeln (z.B. Unterbringung in einem psychiatrischen Krankenhaus) Stellung nehmen. In Einzelfällen hatten es die TäterInnen ausdrücklich abgelehnt, begutachtet zu werden. In den übrigen Fällen ist nicht sicher festzustellen, was die Abwesenheit dieser Gutachten bedeutet. Zwar spricht einiges dafür, dass hier keine Anzeichen für eine psychische Störung vorlagen, das Gericht aus diesem Grund auf ein Gutachten verzichtete und eine psychische Auffälligkeit daher eher zu verneinen ist. Allerdings sind auch unterschiedliche Einstellungen der Gerichte dazu denkbar, unter welchen Umständen eine psychologische/ psy-chiatrische Begutachtung zu erfolgen hat. Während man sich auf den Standpunkt stellen kann, dass bei mangelnden Anzeichen eine Begutachtung – möglicherweise auch unter Zeit- und Kostengesichtspunkten – wenig sinnvoll ist, ebenso bei bereits fehlender Einlassung der TäterInnen zur Sache, kann man demgegenüber auch die Meinung vertreten, dass bei Tötungsdelikten immer eine Begutachtung zu erfolgen hat.

Die Gutachten waren insgesamt von sehr unterschiedlichem Zuschnitt und Umfang. In einigen Fällen fehlten die ausführlichen Gutachten in den Akten, deren wesentliche Ergebnisse wurden aber häufig in den entsprechenden Urteilen wiedergegeben. Soweit keine ICD-10-Kategorien angegeben waren, wurden die in den Gutachten genannten Merkmale ICD-10-Codes zugeordnet[153].

Psychische Erkrankungen und Auffälligkeiten in der Vorgeschichte

Insbesondere durch das Vorliegen der psychologisch/psychiatrischen Sachverständigengutachten konnte auch die psychische Vorgeschichte der TäterInnen

[152] Nicht berücksichtigt wurden die TäterInnen, die sich selbst zeitgleich oder nach dem Opfer töteten und bei denen damit eine Begutachtung naturgemäß ausscheidet. Daher beträgt n = 323.

[153] Betont sei, dass im Projekt keine eigenständige Diagnosestellung im Sinne des ICD-10 vorgenommen worden ist, sondern lediglich eine begriffliche Zuordnung – d.h., dass die Diagnosen einer Kategorie zugeordnet worden sind, die den ICD-Kategorien möglichst gut entsprechen. Beispiel: In der Akte wurde „schwere Depression“ genannt, dies wurde der Kategorie „Affektive Störungen“ zugeordnet, unter der sie auch im ICD-10 zu finden wäre.

erhoben werden, soweit dazu Angaben vorhanden waren. Psychische Vorgeschichte bedeutet hier, dass (bereits) in der Zeit vor der Tat eine psychische Erkrankung oder eine psychische Auffälligkeit bei der Täterin oder dem Täter vorgelegen hat. In einigen Fällen gab es in den Akten auch andere Quellen zur Frage von früheren psychischen Erkrankungen oder Auffälligkeiten, z.B. Aussagen behandelnder Ärzte[154].

Psychische Erkrankungen wurden für die Zeit vor der Tat bei knapp der Hälfte der TäterInnen festgestellt. Grund hierfür war meist (15,3 %) eine Drogenproblematik[155]. Seltener lagen Persönlichkeitsstörungen[156] oder kombinierte psychische Störungen[157] vor oder es wurde eine psychische Störung vermutet[158]. Gelegentlich waren die TäterInnen auch vor der Tat depressiv oder bei ihnen wurde eine Psychose, Schizophrenie bzw. ein Wahn festgestellt. Andere psychische Erkrankungen oder Auffälligkeiten lagen nur vereinzelt vor. Bei den übrigen TäterInnen ohne Begutachtung ist, wie eben dargelegt, keine Bewertung möglich. Zudem ist zu berücksichtigen, dass „keine Angaben" auch dann vergeben wurde, wenn im Instrument keine Angaben im Sinne der Kategorie zur Verfügung standen. Von diesem Eintrag wurde im Zweifelsfalle immer Gebrauch gemacht, um nicht über eine zum Teil unzureichende Informationslage hinwegzutäuschen.

---

[154] Da dadurch auch bei bereits verstorbenen TäterInnen, die naturgemäß nicht von einem Sachverständigen begutachtet werden konnten, Informationen vorliegen können, wird im Unterschied zur Gutachtenanzahl im Folgenden wieder von n = 354 ausgegangen.

[155] Anzumerken ist, dass wahrscheinlich nicht alle der Aussagen im Instrument über Abhängigkeit und Missbrauch zwangsläufig den klinischen Kriterien dieser Kategorie entsprechen werden.

[156] Persönlichkeitsstörungen gelten generell als nicht unproblematisch hinsichtlich ihrer Diagnostizierbarkeit und ihres Krankheitswertes. Bei den meisten Persönlichkeitsstörungen sind die Übergänge zur Normalpersönlichkeit sicherlich fließend. Zudem wurde auch eine „organische Persönlichkeitsstörung aufgrund einer Schädigung oder Funktionsstörung des Gehirns" mit berücksichtigt, die nach ICD-10 *nicht* zu den Persönlichkeitsstörungen im Sinne der Kategorie F6 zählen.

[157] Dies bedeutet, dass mindestens zwei Störungen vorliegen, die sich nicht *einer* Kategorie zuordnen lassen.

[158] Diese Kategorie bedeutet, dass von qualifizierter Seite (z.B. behandelnder Arzt, Gutachter nach Aktenlage) die Vermutung geäußert worden ist, dass eine psychische Störung besteht und/oder dass bestimmte Anzeichen das nahelegen (Suizidversuche, Symptombeschreibungen, Hinweise auf Therapieaufenthalte etc.). Eine genaue Einordnung ist aber mangels Informationen nicht möglich.

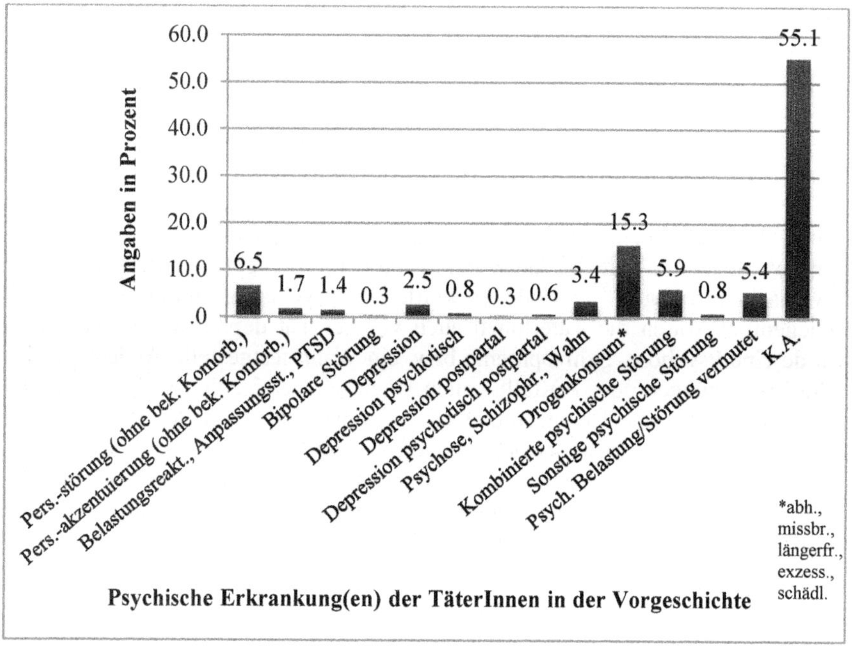

Abbildung 22: Psychische Erkrankung(en) der TäterInnen in der Vorgeschichte. Alle TäterInnen aller Fallgruppen (n = 354).

Psychische Erkrankungen und Auffälligkeiten zum Tatzeitpunkt

Bei knapp der Hälfte der TäterInnen (43,2 %) wurde eine psychische Auffälligkeit zum Tatzeitpunkt festgestellt. Sehr häufig handelte es sich dabei, allein oder komorbid, um eine Auffälligkeit der Persönlichkeit (23,4 %), meist in Form einer Persönlichkeitsstörung (17,5 %)[159], seltener in Form einer Persönlichkeitsakzentuierung (5,9 %)[160]. Diese Auffälligkeiten entstammen etwas häufiger dem dramatisch-emotionalen[161] (8,5 %) als dem ängstlich-vermeidenden[162] Bereich (6,2 %). In den anderen Fällen war eine genaue Zuordnung zu einem bestimmten Cluster nicht möglich, z.B. da Eigenschaften aus mehreren Clustern beschrieben wurden.

[159] Davon 9,6 % nicht komorbid.
[160] Davon 4,8 % nicht komorbid.
[161] Emotional instabil impulsiv/Borderline, dissozial, histrionisch, narzisstisch.
[162] Ängstlich (vermeidend), selbstunsicher, abhängig (asthenisch), dependend, anankastisch.

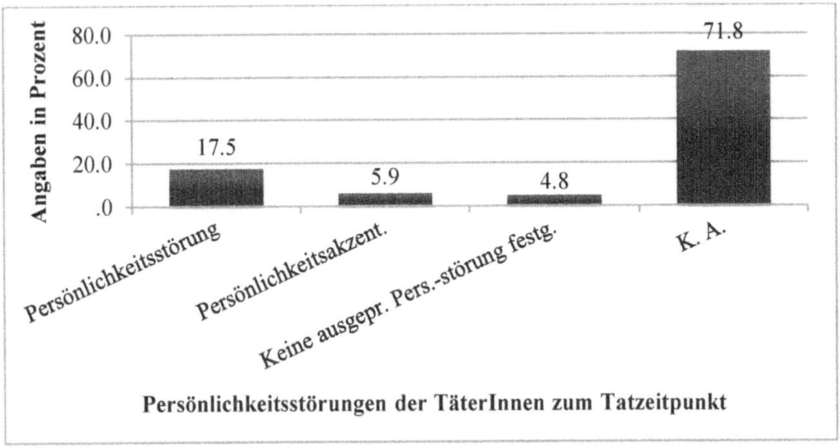

Abbildung 23: Persönlichkeitsstörungen der TäterInnen zum Tatzeitpunkt. Alle TäterInnen aller Fallgruppen (n = 354).

Im Übrigen lagen bei der Tatbegehung bei den TäterInnen sehr unterschiedliche psychische Auffälligkeiten bzw. Erkrankungen vor, wobei sich alle im einstelligen Prozentbereich bewegen. Am häufigsten lagen, ggf. neben einer Persönlichkeitsstörung[163], Belastungsreaktionen/Anpassungsstörungen/PTSD[164] (5,1 %), Depressionen bzw. unterschiedliche Formen der Depression wie psychotisch, postpartal oder psychotisch postpartal (5,7 %), Psychosen/Schizophrenie/Wahn ggf. postpartal (5,1 %)[165], Drogenkonsum (5,9 %) oder kombinierte psychische Störungen (3,4 %) bei den TäterInnen vor. Alle anderen psychischen Auffälligkeiten/Erkrankungen waren nur in Einzelfällen gegeben[166].

[163] Werden zwei oder mehr Diagnosen/Störungsbeschreibungen genannt, welche sich nicht *einer* Variablenkategorie zuordnen lassen, wird die Kategorie „kombinierte psychische Störung" vergeben. Dies gilt jedoch nicht für den Fall, dass Persönlichkeitsstörungen/-akzentuierungen und eine oder mehrere andere Störungen zusammen auftreten, da Persönlichkeitsstörungen/-akzentuierungen bereits gesondert erfasst wurden. Beispiel: Borderline Persönlichkeitsstörung und Depression fällt nicht unter „kombinierte psychische Störung", sondern wird unter „Depression" erfasst.

[164] Posttraumatische Belastungsstörung.

[165] Der Begriff postpartal wird verwendet, wenn eine Verbindung zwischen der Geburt des Kindes und dem Auftreten der Störung genannt wird.

[166] Beispiele für „sonstige psychische Störungen" sind „Münchhausen by proxy", ADHS, hirnorganische Störungen.

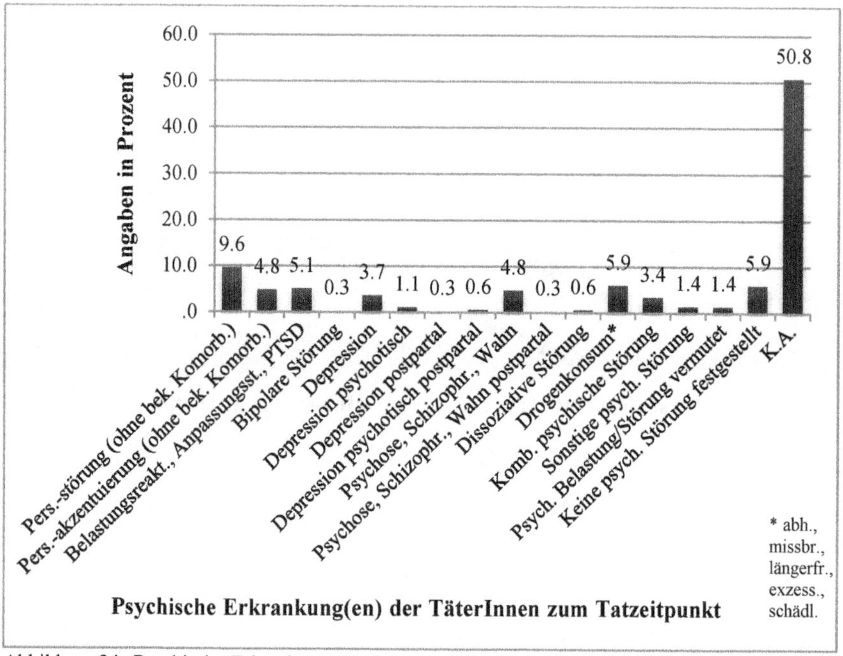

Abbildung 24: Psychische Erkrankung(en) der TäterInnen zum Tatzeitpunkt. Alle TäterInnen aller Fallgruppen (n = 354).

Kognitive Leistungsfähigkeit

Bei einigen TäterInnen (17,8 %, n = 63) wurden Tests zur kognitiven Leistungsfähigkeit durchgeführt. Danach wiesen 2,8 % der TäterInnen (n = 10) eine leichte[167], 0,6 % (n = 2) eine mittelgradige[168] Intelligenzminderung auf, bei 1,4 % (n = 5) wurde eine Intelligenzminderung vermutet (z.B. wenn ohne Angabe eines Wertes von „intellektueller Minderbegabung" gesprochen wird).

[167] IQ = 50-69, ICD-10 F70. Bei diesem IQ ist nach Metaanalysen von einer Prävalenz um 3 % auszugehen (vgl.: http://www.dgspj.de/index.php?option=com_content&view=article&id=67&Itemid=112).

[168] IQ = 35-49, ICD-10 F 71. Die Prävalenz schwerer Formen von Intelligenzminderung, d.h. mit einem IQ < 50, wird in der Literatur und im internationalen Vergleich weitgehend konstant mit 0,4 % angegeben (vgl.: http://www.dgspj.de/index.php?option=com_content&view=article&id=67&Itemid=112).

6,2 % der TäterInnen hatten eine unterdurchschnittliche[169], 5,6 % eine durchschnittliche[170] und 1,1 % (n = 4) eine überdurchschnittliche[171] Intelligenz.

Bei den zu ihren kognitiven Fähigkeiten untersuchten TäterInnen dürfte grundsätzlich bereits die Vermutung bestanden haben, dass eine Auffälligkeit in die eine oder in die andere Richtung vorliegt. Es kann daher davon ausgegangen werden, dass bei den nicht hierauf untersuchten TäterInnen kein Anlass zur Vermutung bestand, dass diese hoch- oder minderbegabt sein könnten.

5.1.3 Tathintergrund/Tatanlass

Die Gründe für die Tatbegehung waren vielgestaltig. Nicht immer gab es *den* Tatauslöser, so dass in vielen Fällen mehrere Faktoren die Tat ausgelöst oder begünstigt haben können. Die Tatmotive variierten jedoch je nach Fallgruppe stark, so dass eine allgemeine Betrachtung nicht sinnvoll erscheint. Es wird daher für diesen Bereich auf die Darstellung in den einzelnen Fallgruppen verwiesen.

5.1.4 Tat und Tatumstände

Tatörtlichkeit

Die zum Tod des Kindes führenden Handlungen oder Unterlassungen fanden sehr häufig in dessen eigenen häuslichen Umfeld statt (72,1 %). Auch in den anderen Fällen war der Tatort ein geschlossener Raum (9 %). Dabei handelte es mehrheitlich um Räume, in denen eine Sozialkontrolle wahrscheinlicher ist, wie um Wohnungen, die das Opfer kannte oder um Einrichtungen wie Krankenhäuser oder Wohnheime (6 %). Seltener waren es „anonyme Orte“ wie z.B. Hotelzimmer oder öffentliche Toiletten (3 %). Nur 5,4 % der Taten fanden unter freiem Himmel statt. Dabei handelt es sich vorwiegend um Fälle, in denen sich auch der Täter oder die Täterin selbst tötete, z.B. durch Springen von einer Brücke oder durch das Werfen vor einen Zug. In sehr wenigen Fällen fand die Tat auch im Auto der TäterInnen statt (1,5 %). Bei 12 % der Opfer ließ sich der genaue Ort der zum Tode führenden Handlung nicht ermitteln[172].

[169] IQ = 70-84.
[170] IQ = 85-115.
[171] IQ über 115.
[172] In diesen Fällen war z.B. ein Tatnachweis und damit auch ein Nachweis des Tatorts nicht möglich.

Wochentag der Tatbegehung

Betrachtet man die gesamte Opfergruppe, so zeigt sich für diese an Sonntagen ein leicht erhöhtes Risiko, Opfer eines Tötungsdelikts zu werden. Wertet man auch Feiertage als Sonntage, so ist davon auszugehen, dass diese Zahl noch weiter ansteigt, da in den von uns untersuchten Fällen auch an Feiertagen Tötungsdelikte begangen wurden. An den anderen Wochentagen unterliegt das Risiko nur leichten Schwankungen.

Dass bei knapp einem Fünftel der Opfer keine Angaben bezüglich des Tattages vorliegen, ergibt sich insbesondere aus zwei Gesichtspunkten: Zum einen erstreckten sich manche Taten über mehrere Tage, wie es bei Vernachlässigungen typischerweise der Fall ist. Zum anderen war den Ermittlungsbehörden teilweise die genaue Ermittlung des Tattages nicht mehr möglich, wie in Fällen, in denen die Leiche erst Monate oder Jahre später gefunden wurde.

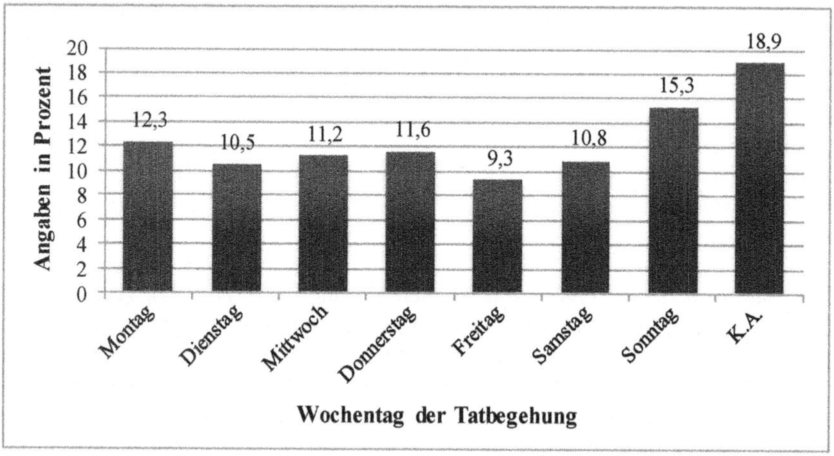

Abbildung 25: Wochentag der Tatbegehung. Alle Opfer aller Fallgruppen (n = 535).

Uhrzeit der Tatbegehung

Es ist keine klare Tendenz erkennbar, dass das Risiko für die Opfer zu einer bestimmten Tages- oder Nachtzeit besonders erhöht ist. Die Werte bewegen sich über den Tag und die Nacht verteilt grundsätzlich zwischen etwa 11 % und 16 %, wobei die Zeit zwischen 0:00 Uhr und 3:59 Uhr den höchsten Wert einnimmt. Nur in der Zeit zwischen 4:00 Uhr und 7:59 Uhr liegt die Zahl der tödlichen Übergriffe im einstelligen Prozentbereich. Dass für knapp ein Viertel der

Opfer keine Aussage zu der Tatzeit gemacht werden kann, ergibt sich wiederum daraus, dass sich manche Taten über Stunden oder Tage erstreckten bzw. daraus, dass den Ermittlungsbehörden, besonders bei länger zurückliegenden Taten, die Festlegung auf eine genaue Uhrzeit der Tatbegehung nicht mehr möglich war.

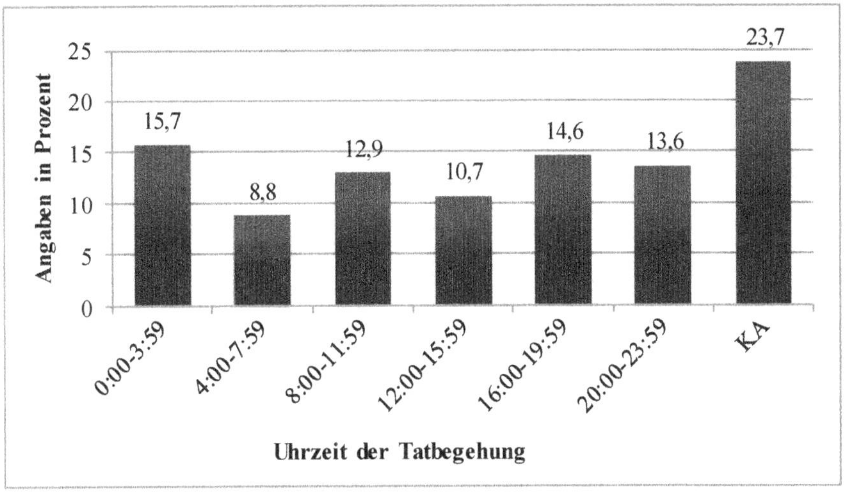

Abbildung 26: Uhrzeit der Tatbegehung, Alle Opfer aller Fallgruppen (n = 535).

Tötungsart

Die Bandbreite, wie die Kinder getötet wurden, war bei den untersuchten Fällen sehr groß. Am häufigsten wurden die Kinder erstickt (17 %)[173] oder sie sind infolge von Misshandlungen bzw. äußerer stumpfer Gewalteinwirkung gestorben (14 %). In etwa gleich viele Kinder starben entweder durch Erwürgen u.ä., ein Schütteltrauma, Ertrinken oder Messerverletzungen (6,5 % - 8 %). Jeweils unter 5 % liegt der Anteil der Opfer, der aufgrund von Vernachlässigung, Nichtversorgen von Neugeborenen, Vergiften, Brandlegung[174] oder sonstigen Einwirkungen[175] starb. War die Tötungsart unklar, so handelte es sich oft um Fälle, in denen zwei Tötungsarten alternativ in Betracht gezogen wurden.

[173] Hierbei handelt es sich grds. um Ersticken durch Verlegen der Atemwege bei Neugeborenen.

[174] Diese Kategorie besteht, um die Opfer von Bränden nicht in zwei unterschiedliche Kategorien fassen zu müssen, bei Tod durch Rauchgasvergiftung „Vergiften" und bei Tod durch Verbrennen „Sonstiges".

[175] Unter „Sonstiges" fallen z.B. Verbrühen oder Erschießen.

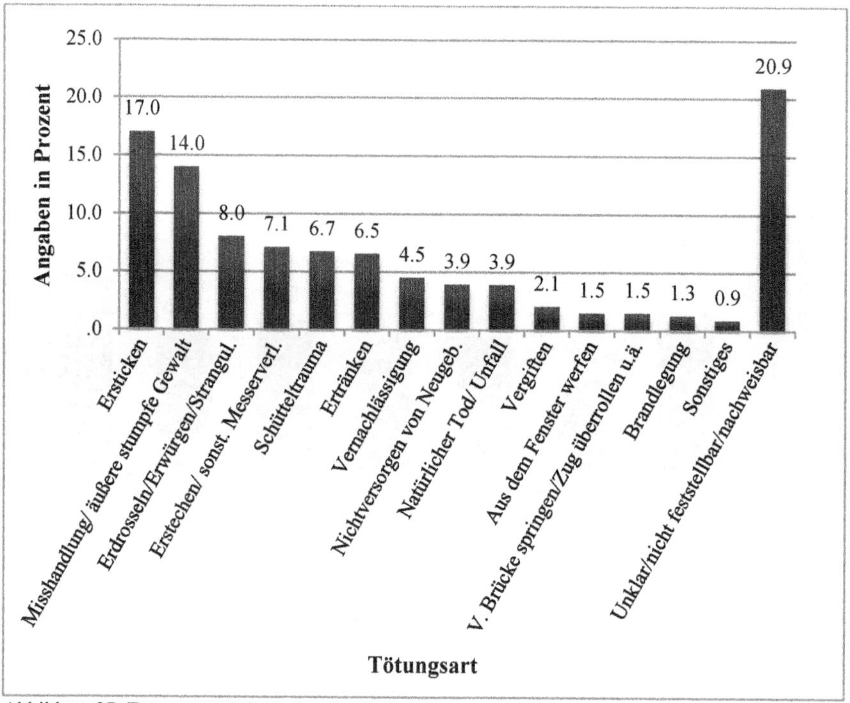

Abbildung 27: Tötungsart. Alle Opfer aller Fallgruppen (n = 535).

5.1.5 Beurteilung durch Staatsanwaltschaften und Gerichte

Ermittlungsaktivitäten

In der Regel wurden von den Ermittlungsbehörden die gängigen Ermittlungsmethoden wie z.B. Beschuldigten- und Zeugenvernehmungen, Ortstermine, fotografische Dokumentation von Tatort und Tatfolgen oder Beschlagnahme bzw. Sicherstellung von Beweismitteln angewendet. Gelegentlich kam es aber auch zu vergleichsweise selteneren Ermittlungstätigkeiten wie z.B. Telefonüberwachungen, öffentlichen Fahndungsaufrufen oder zur Einholung verschiedenster Gutachten (z.B. DNA-Gutachten, graphologische oder technische Gutachten). Eine detailliertere Darstellung erfolgt in den einzelnen Fallgruppen.

Rechtsmedizinische Gutachten

95,7 % der Opfer wurden obduziert. In den wenigen anderen Fällen (n = 21) wurde meist die Leiche des toten Kindes nicht gefunden oder es handelte es sich um vollendete erweiterte Mitnahmesuizide, bei denen aufgrund der klaren Spurenlage keine Obduktion angeordnet wurde. In Einzelfällen wurde auf eine Obduktion auch wegen der starken Leichenveränderung und des wenig wahrscheinlichen Erkenntnisgewinns (z.B. wäre Exhumierung erforderlich gewesen) verzichtet oder es fehlten entsprechende Angaben in der Akte.

Haft- und Unterbringungsbefehl

Bei etwa drei Viertel der TäterInnen wurde Untersuchungshaft angeordnet. Im einstelligen Prozentbereich lag der Anteil der TäterInnen, die nach § 126a StPO einstweilig in einem psychiatrischen Krankenhaus bzw. in Einzelfällen auch nach § 72 Abs. 4 JGG einstweilig in einem Heim der Jugendhilfe untergebracht wurden. Auf eine mögliche Außervollzugsetzung des Haft- oder Unterbringungsbefehls bzw. auf Wechsel zwischen Haft- und Unterbringungsbefehl wird in den einzelnen Fallgruppen näher eingegangen.

Strafverteidigung

Dass alle TäterInnen verteidigt wurden, verwundert nicht[176], denn bei den hier vorliegenden Fällen handelte es sich regelmäßig um Fälle notwendiger Verteidigung gemäß § 140 StPO. Nach dieser Vorschrift ist die Mitwirkung eines Verteidigers Pflicht z.B. bei Prozessen vor dem Landgericht, bei Verbrechen (Strafandrohung mindestens 1 Jahr Freiheitsstrafe), bei einer möglichen Unterbringung in einem psychiatrischen Krankenhaus oder wegen der Schwere der Tat.

Aussageverhalten / Geständnis

Auswertungen im Bereich des Aussageverhaltens sind angesichts der Vielgestaltigkeit der von den TäterInnen gemachten Angaben schwierig. Die Bandbreite allein hinsichtlich des Bestreitens der Tatvorwürfe ist groß. Während einige TäterInnen sich darauf beschränkten auszusagen, die Tat nicht begangen zu haben, beschuldigten andere konkret dritte Personen der Tatbegehung, wieder an-

[176] Einer Täterin wurde vor einem ausländischen Gericht der Prozess gemacht, so dass unklar blieb, ob sie dort verteidigt wurde.

dere äußerten im Laufe der Ermittlungen verschiedene Versionen, wie es zu dem Tod des Opfers gekommen sei.

Ähnliches gilt für Geständnisse. Diese reichten von Teilgeständnissen bezügliche einzelner Vorwürfe allein aufgrund einer erdrückenden Beweislage bis zu freiwilligen detaillierten Tatschilderungen. Auch die Grenze zwischen Teil- und Vollgeständnis ist nicht immer trennscharf. Z.B. gestanden einige TäterInnen die Tathandlung, bestritten aber den Tötungsvorsatz, so dass letztlich nur ein Teilgeständnis vorlag. Bei der Betrachtung der zum Aussageverhalten vorliegenden Zahlen sollte diese Vielgestaltigkeit der hinter den Zahlen stehenden Angaben der TäterInnen daher im Blick behalten werden.

Bereits im Rahmen der polizeilichen Vernehmung legten 45,2 % der TäterInnen ein Geständnis, weitere 15,5 % ein Teilgeständnis ab[177]. Etwa ein Viertel (28,5 %) bestritt die Vorwürfe gegenüber der Polizei, 5 % ließen sich nicht zur Sache ein[178]. Dieses Aussageverhalten setzte sich im Wesentlichen in der Hauptverhandlung fort. Dort legten 44,9 % ein Geständnis und 16,4 % ein Teilgeständnis ab. Nur noch 17,6 % bestritten die ihnen in der Anklageschrift zur Last gelegten Vorwürfe. 10,2 % der TäterInnen ließen sich nicht zur Sache ein, bei 8 % blieb das Aussageverhalten unklar[179]. Auf mögliche Wechsel im Aussageverhalten, z.B. ein Bestreiten der Vorwürfe vor Gericht trotz früheren Geständnisses bei der Polizei, wird in den einzelnen Fallgruppen näher eingegangen.

Anklage/Antrag im Sicherungsverfahren

Bei den meisten TäterInnen erhob die Staatsanwaltschaft Anklage (88,4 %)[180]. Bei 5,2 % (n = 18) erfolgte wegen Schuldunfähigkeit ein Antrag im Sicherungsverfahren. Drei Viertel der Anklagen/Anträge (75,8 %)[181] wurden beim Landgericht[182], 21,4 % bei der Jugendkammer[183] eingereicht. In wenigen Fällen (n = 9, 2,8 %) wurde auch vor dem Amtsgericht[184] Anklage erhoben.

---

177 Die TäterInnen vollendeter erweiterter Suizide werden nicht berücksichtigt.

178 Bei den übrigen TäterInnen hatte eine polizeiliche Vernehmung nicht stattgefunden bzw. es lagen keine diesbezüglichen Angaben vor.

179 Bei den übrigen TäterInnen hatte eine Hauptverhandlung nicht stattgefunden bzw. es lagen keine diesbezüglichen Angaben vor.

180 Von n = 345, da die 31 TäterInnen vollendeter Mitnahmesuizide naturgemäß nicht angeklagt werden konnten.

181 Von n = 318.

182 Anklagen wegen Mordes, Totschlags und Körperverletzung mit Todesfolge sind bei Erwachsenen nach § 74 Abs. 2 GVG immer vor dem Landgericht als Schwurgericht zu erheben. Das Landgericht ist nach § 74 Abs. 1 GVG zudem bei allen Straftaten (also auch bei fahrlässigen Tötungsdelikten) zuständig, bei denen eine höhere Strafe als vier Jahre Freiheitsstrafe oder die Unterbringung in einem psychiatrischen Krankenhaus, allein oder neben einer Strafe, oder in der Sicherungsverwahrung zu erwarten ist.

Verfahrenseinstellungen

Bei 179 Opfern (bzw. bei 173 Beschuldigten, da es sich um sechs Fälle mit zwei Opfern handelte) wurde das Ermittlungsverfahren nach § 170 Abs. 2 StPO eingestellt[185]. Der konkrete Ermittlungsstand, der diesen Einstellungen vorangegangen war, weist eine sehr große Bandbreite auf. Während es in einigen Fällen zu keinem Zeitpunkt einen Tatverdächtigen gab, also bis zuletzt gegen „unbekannt“ ermittelt wurde (wie öfter bei Neonatiziden), wurden einige wenige Ermittlungsverfahren nur eingestellt, weil bei erwiesener Täterschaft eines der beiden Elternteile letztlich keinem der beiden die Täterschaft nachgewiesen werden konnte. Zu Einstellungen nach § 170 StPO führten aber auch der Tod[186] oder die Schuldunfähigkeit des oder der Beschuldigten. In Einzelfällen erfolgten auch Einstellungen aus Opportunitätsgründen nach §§ 153ff StPO oder aus sonstigen Gründen[187].

Hauptverhandlung

Die Mehrzahl der Prozesse war im Hinblick auf die Dauer des Hauptverfahrens eher kurz. In 70,7 % der Fälle fanden nur eine bis fünf Sitzungen bis zur Urteilsfindung statt (16,4 % mit nur einem Sitzungstag, n = 48). In einigen Fällen kam es aber auch zu sogenannten „Mammutprozessen“ mit sehr langer Hauptverhandlungsdauer, wie die Anzahl der Sitzungstage zeigt. In 21 Fällen (7,2 %) wurden zwischen 11 und 20 Sitzungstage, in fünf Fällen sogar mehr als 20 (bis zu 40) Sitzungen benötigt.

---

[183] Die Jugendgerichte an sich sind zuständig bei Jugendlichen (14 bis unter 18 Jahre) und Heranwachsenden (18 bis unter 21 Jahre). Die Jugendkammer beim Landgericht ist nach § 41 JGG bei Mord, Totschlag und Körperverletzung mit Todesfolge sowie bei erwarteter Unterbringung in einem psychiatrischen Krankenhaus zuständig.

[184] Beim Amtsgericht angeklagt werden können nur fahrlässige Tötungsdelikte/andere Delikte, bei denen die Straferwartung unter 4 Jahren liegt und auch keine Unterbringung in einem psychiatrischen Krankenhaus zu erwarten ist, § 24 GVG.

[185] Diese Einstellung erfolgte in der Regel auch beim Tod des Täters bzw. der Täterin, sprich bei den Fällen vollendeter erweiterter Suizide.

[186] Was grundsätzlich in den Fällen vollendeter erweiterter Suizide der Fall war.

[187] Z.B. wegen fehlender Verantwortlichkeit nach § 3 JGG oder nach § 206a StPO wegen des Todes des/der Beschuldigten nach Eröffnung des Hauptverfahrens.

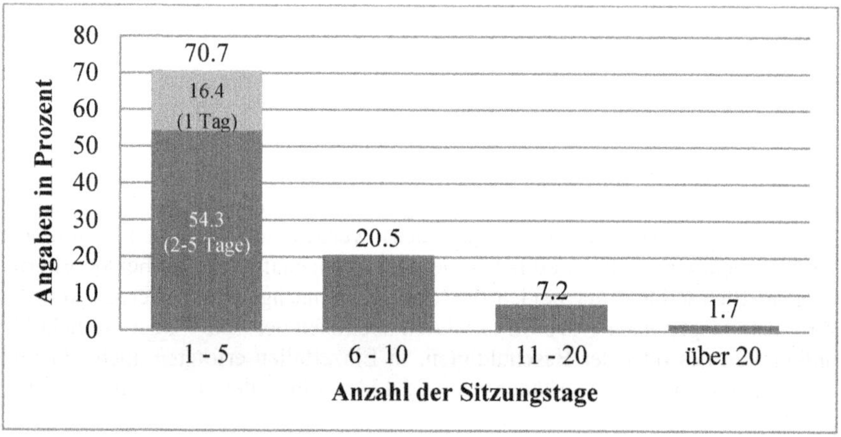

Abbildung 28: Anzahl der Sitzungstage. Alle Fallgruppen ohne Ausfallwerte (n = 293).

In den meisten Fällen stand eine Einzelperson vor Gericht (87,3 %), deutlich seltener mussten sich zwei Angeklagte zeitgleich vor Gericht verantworten (12 %), in jeweils einem Fall auch drei (0,3 %) bzw. 12 Personen (0,3 %)[188].

Die Anzahl der in der Hauptverhandlung vernommen Zeugen ist höchst unterschiedlich. Sie reicht vom gänzlichen Verzicht auf Zeugenaussagen (4,1 %, n = 12)[189] bis zu umfangreichen Beweisaufnahmen mit einer Höchstzahl von 63 Zeugen. In den meisten Fällen wurden bis zu zehn Zeugen vernommen (49,8 %), in 30,4 % der Fälle 11 bis 20. Aber auch Zeugenzahlen von 21 bis 30 (9,6 %, n = 28) und über 30 (5,7 %, n = 18) waren gelegentlich gegeben.

[188] Bei diesem Ausnahmefall handelte es sich bei den Angeklagten um die behandelnden Ärzte eines Kindes, das bereits seit seiner Geburt unter multiplen körperlichen Auffälligkeiten gelitten hatte.
[189] Von n = 293.

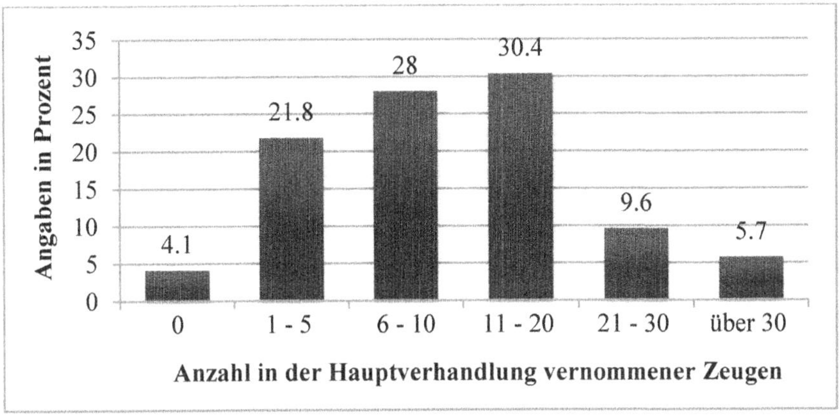

Abbildung 29: Anzahl in der Hauptverhandlung vernommener Zeugen. Alle Fallgruppen ohne Ausfallwerte (n = 293).

Auch die Anzahl der vernommenen Gutachter war sehr unterschiedlich. Während es in einzelnen Verfahren (n = 4) gar keine Aussagen von Sachverständigen gab, handelte es sich in anderen Fällen um Verfahren mit bis zu 11 Sachverständigen. Mit 44,2 % deutlich am häufigsten wurden zwei Sachverständige vernommen, in der Regel zu rechtsmedizinischen oder psychologischen/ psychiatrischen Fragen.

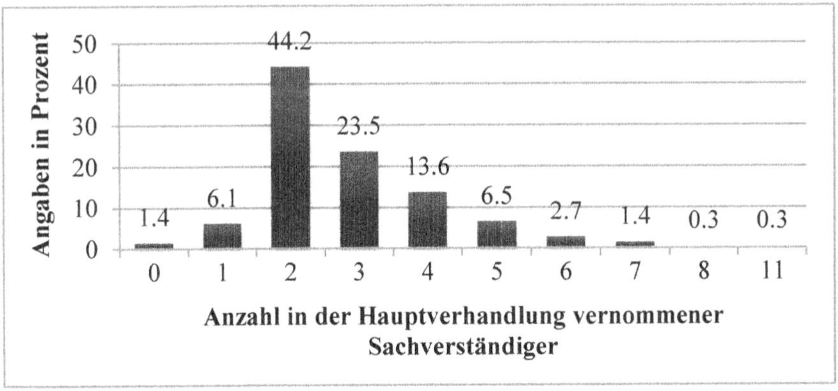

Abbildung 30: Anzahl in der Hauptverhandlung vernommener Sachverständiger. Alle Fallgruppen ohne Ausfallwerte (n = 293).

Freisprüche

In 19 Fällen (bei 19 Opfern) wurden 20 angeklagte Personen freigesprochen[190]. Alle Freisprüche erfolgten aus tatsächlichen Gründen. Sehr häufig (n = 12) war der Tatnachweis nicht mit einer für eine Verurteilung erforderlichen Sicherheit möglich. Beispielsweise konnte mehrfach nicht zweifelsfrei nachgewiesen werden, dass das tote Neugeborene nach der Geburt wirklich gelebt hat und durch eine Handlung oder Unterlassung der Mutter zu Tode kam. In vier Fällen (mit fünf Angeklagten) war eine Täterschaft nicht nachzuweisen, da die Begehung der Tat durch andere nicht ausgeschlossen werden konnte. Dabei führte das Gericht meist konkret oder beispielhaft den anderen Elternteil an, der als Täter/in nicht auszuschließen war. In einem dieser Fälle stand fest, dass nur einer der Angeklagten – die leiblichen Eltern standen vor Gericht - das Kind getötet haben konnte. Beide mussten aber im Hinblick auf die mögliche Täterschaft des anderen in dubio pro reo freigesprochen werden. Zwei Angeklagte wurden wegen Schuldunfähigkeit[191] freigesprochen. Fast alle Freisprüche erfolgten bereits in der ersten Instanz. In einem Ausnahmefall war die Revision der Mutter des Opfers erfolgreich. Die Frau war zunächst wegen Totschlags zum Nachteil ihres Neugeborenen verurteilt worden. Der BGH hob dieses Urteil auf und die Frau wurde nach Zurückverweisung freigesprochen.

Schuldfähigkeit

Die Schuldfähigkeit des Täters bzw. der Täterin wurde im Rahmen des Strafverfahrens sehr häufig thematisiert. Dabei setzte sich das Gericht in etwa gleich oft mit der Frage auseinander, ob bei dem Täter bzw. der Täterin bei Begehung der Tat eine Schuldunfähigkeit nach § 20 StGB[192] oder „nur" eine verminderte Schuldfähigkeit nach § 21 StGB[193] vorlag. Letztlich wurde bei 7,4 % der TäterInnen (n = 24) Schuldunfähigkeit rechtskräftig festgestellt, bei 33,1 % (n = 107) ging das Gericht von einer zur Tatzeit verminderten Schuldfähigkeit aus.

[190] In einem Verfahren wurde die Täterin zwar vom Vorwurf der Tötung eines Kindes freigesprochen, wegen der Tötung eines weiteren Kindes aber rechtskräftig verurteilt.

[191] Und gleichzeitigem Nichtvorliegen der Voraussetzungen des § 63 StGB zur Unterbringung in einem psychiatrischen Krankenhaus.

[192] Mit der Folge, dass die Tat nicht mit einer Strafe wie z.B. Freiheitsstrafe sanktioniert werden kann. Möglich ist allerdings die Anordnung einer Maßregel der Besserung und Sicherung wie die Unterbringung in einem psychiatrischen Krankenhaus.

[193] Mit der Folge, dass die Strafe gemildert werden kann. Auch hier ist die Anordnung einer Maßregel wie die Unterbringung in einem psychiatrischen Krankenhaus möglich.

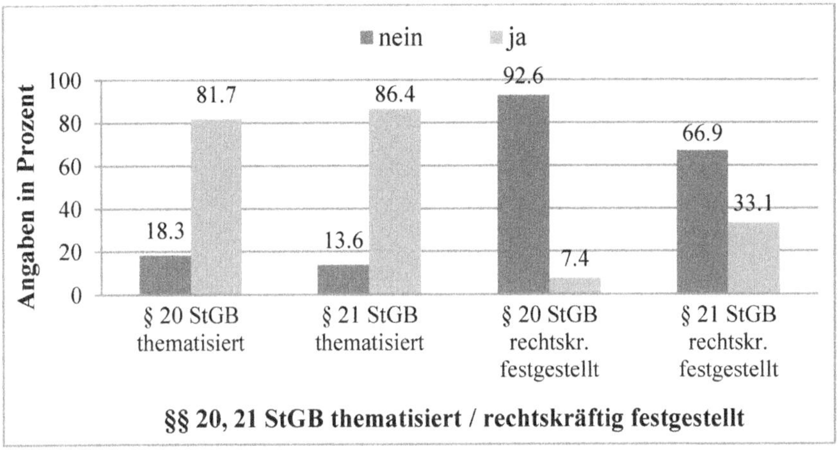

Abbildung 31: §§ 20, 21 StGB thematisiert/rechtskräftig festgestellt. TäterInnen aller Fallgruppen ohne vollendete erweiterte Mitnahmesuizide (n = 323).

Strafrechtlicher Vorwurf - Anklage[194]

Die Staatsanwaltschaft klagte die meisten TäterInnen (43,5 %) wegen Totschlags an. In etwa einem Viertel der Fälle ging die Anklagebehörde von Mord aus. Bei 15,5 % sah sie Körperverletzung mit Todesfolge als gegeben an. Andere Anklagen, z.B. wegen minder schweren Falls des Totschlags, Kindstötung nach § 217 a. F. StGB oder Aussetzung bewegen sich alle im unteren einstelligen Prozentbereich. Bei einigen TäterInnen wurde wegen Schuldunfähigkeit ein Antrag im Sicherungsverfahren gestellt, so dass es auf den strafrechtlichen Vorwurf in diesen Fällen regelmäßig nicht ankam.[195] Nur in einem Fall wurde eine Täterin vor einem ausländischen Gericht angeklagt, zum strafrechtlichen Vorwurf in der Anklage lagen in diesen Fällen daher keine Angaben vor.

[194] Nicht berücksichtigt werden die TäterInnen vollendeter erweiterter Mitnahmesuizide, da bei ihnen naturgemäß kein Straf- oder Sicherungsverfahren durchgeführt werden konnte. Bei TäterInnen, die mehrere Kinder getötet haben, wurden alle Anklagen erfasst, z.B. wenn wegen der Tötung des ersten Kindes eine Anklage wegen Totschlags, wegen des zweiten Kindes wegen Mordes erfolgt war.

[195] Es wurde regelmäßig etwas formelhaft der § 212 StGB verwendet.

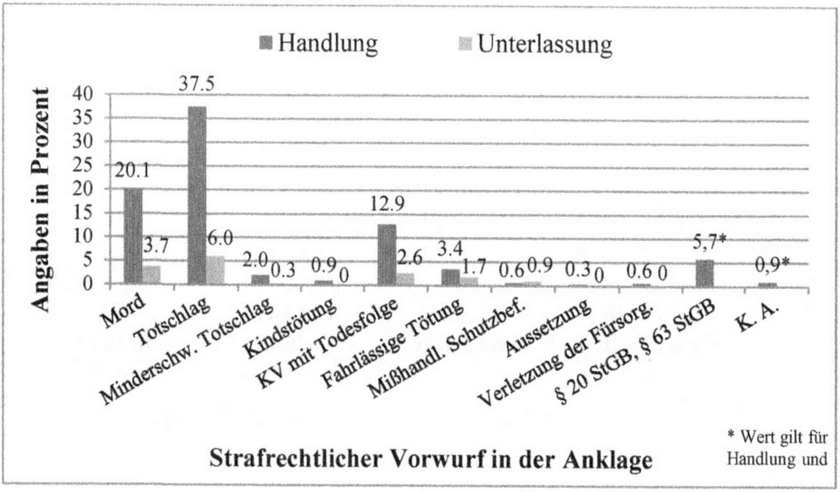

Abbildung 32: Strafrechtlicher Vorwurf in der Anklage. TäterInnen aller Fallgruppen ohne vollendete erweiterte Suizide. Bei TäterInnen, die mehrere Kinder getötet haben, wurden alle Anklagen erfasst (n = 349).

Strafrechtlicher Vorwurf – Rechtskräftige Verurteilung[196]

Es dominieren die Verurteilungen wegen Totschlags (25,5 %) bzw. wegen des minder schweren Fall des Totschlags nach § 213 StGB (17,8 %), wobei den TäterInnen deutlich häufiger aktives Handeln als Unterlassung vorgeworfen wurde. 20,6 % wurden wegen Körperverletzung mit Todesfolge, 16,6 % wegen Mordes[197] zur Verantwortung gezogen. Einige TäterInnen, gegen die wegen eines vorsätzlichen Tötungsdelikts ermittelt wurde, wurden z.B. wegen fahrlässiger Tötung oder Misshandlung von Schutzbefohlenen verurteilt, in der Regel weil ein Tötungsvorsatz nicht nachgewiesen werden konnte. Aufgrund der von uns verwendeten Täterdefinition sind auch Personen aufgeführt, bei denen gerichtlich Schuldunfähigkeit nach § 20 StGB festgestellt wurde und eine strafrechtliche Verurteilung nur aus diesem Grund nicht erfolgt ist[198].

[196] Nicht berücksichtigt werden die TäterInnen vollendeter erweiterter Mitnahmesuizide, da bei ihnen naturgemäß kein Straf- oder Sicherungsverfahren durchgeführt werden konnte. Bei TäterInnen, die mehrere Kinder getötet haben, wurden alle Verurteilungen erfasst, z.B. wenn wegen der Tötung des ersten Kindes eine Verurteilung wegen Totschlags, wegen des zweiten Kindes wegen Mordes ergangen ist.

[197] Auf die verwirklichten Mordmerkmale wird in den einzelnen Fallgruppen näher eingegangen.

[198] Diese TäterInnen wurden im Strafverfahren freigesprochen und/oder es wurde im Sicherungsverfahren die Unterbringung in einem psychiatrischen Krankenhaus nach § 63 StGB angeordnet. In einem Einzelfall wurde bereits das Sicherungsverfahren nicht eröffnet, da das Gericht die Vorausset-

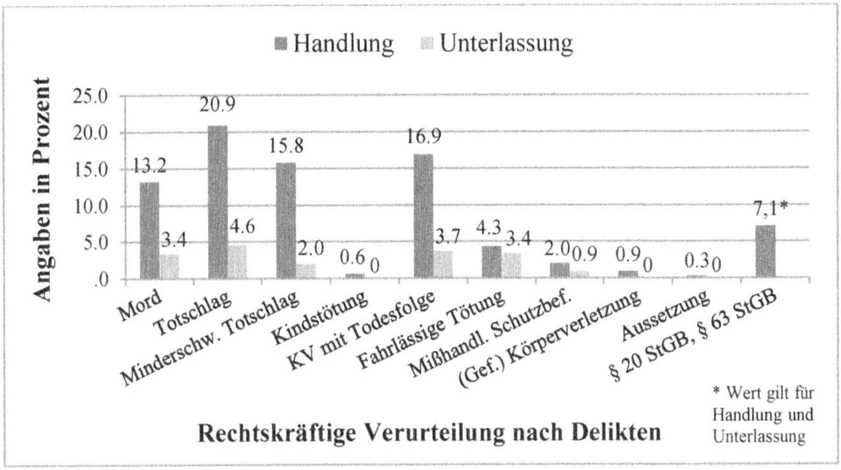

Abbildung 33: Rechtskräftige Verurteilung nach Delikten. TäterInnen aller Fallgruppen ohne vollendete erweiterte Suizide. Bei TäterInnen, die mehrere Kinder getötet haben, wurden alle Verurteilungen erfasst (n = 349).

Straf- und Maßregelausspruch – Anträge

Die Staatsanwaltschaft plädierte bei über zwei Dritteln aller TäterInnen auf Strafen ohne Bewährung, vereinzelt in Kombination mit Maßregeln wie der Unterbringung in einem psychiatrischen Krankenhaus oder in einer Entziehungsanstalt. Nur bei 13,3 % beantragte sie eine Strafaussetzung zur Bewährung. Bei 5,3 % forderte die Anklagebehörde die Unterbringung in einem psychiatrischen Krankenhaus als Rechtsfolge, in Einzelfällen auch zur Bewährung ausgesetzt. Nur bei zwei der 323 TäterInnen[199] plädierte sie auf Freispruch. In den Fällen ohne Angaben lagen regelmäßig die Hauptverhandlungsprotokolle nicht vor, in denen die Anträge dokumentiert sind.

Demgegenüber forderte die Verteidigung bei deutlich mehr TäterInnen, 28,5 %, eine Strafaussetzung zur Bewährung. Ebenfalls deutlich häufiger (16,4 %, n = 53) plädierte sie auf Freispruch. Nur bei gut einem Drittel ging auch die Verteidigung von Strafen ohne Bewährung als angemessene Sanktion aus, vereinzelt in Kombination mit Maßregeln. Selten forderte sie für ihre Mandanten bzw. Mandantinnen die Unterbringung in einem psychiatrischen Krankenhaus, in wenigen Fällen auch zur Bewährung ausgesetzt. Die Verteidigung machte zudem

zungen für die Unterbringung in einem psychiatrischen Krankenhaus nach § 63 StGB nicht als gegeben ansah.

[199] Ohne die TäterInnen vollendeter erweiterter Suizide.

öfter von der Möglichkeit Gebrauch, auf die Stellung eines konkreten Antrags zu verzichten[200].

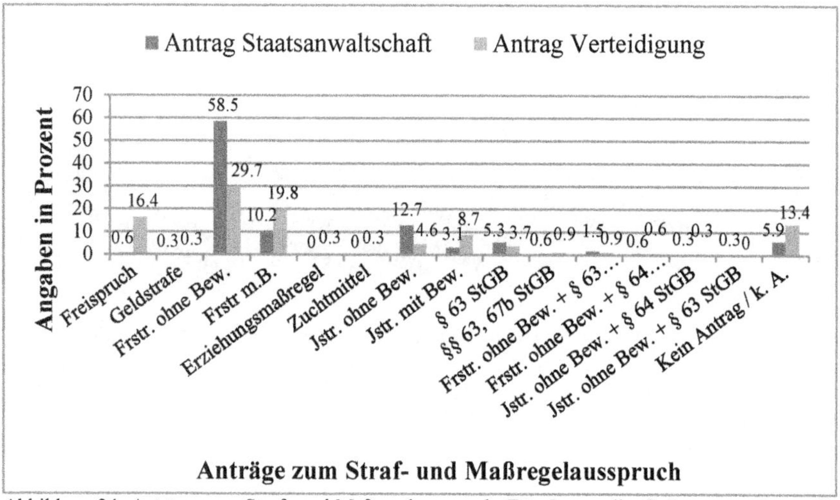

Abbildung 34: Anträge zum Straf- und Maßregelausspruch. TäterInnen aller Fallgruppen ohne vollendete erweiterte Mitnahmesuizide (n = 323).

Straf- und Maßregelausspruch - Erstinstanzliche und rechtskräftige Verurteilungen

Betrachtet man die erstinstanzliche und die rechtskräftige Verurteilung im Straf- und Maßregelausspruch, so zeigt sich, dass fast alle erstinstanzlichen Urteile ohne Änderung rechtskräftig wurden. Nur in Einzelfällen wurde der Straf- oder Maßregelausspruch nicht gehalten. Daher wird im Folgenden die nur rechtskräftig verhängte Sanktion dargestellt.

Die deutlich am häufigsten ausgeurteilte Sanktion war die Freiheitsstrafe ohne Bewährung (58,5 %). Wesentlich seltener wurde die Freiheitsstrafe zur Bewährung ausgesetzt (14,6 %). Auch im Bereich des Jugendstrafrechts wurde häufiger eine Jugendstrafe ohne als mit Bewährung (9,6 vs. 6,2 %) verhängt. Es waren absolute Ausnahmefälle, in denen die Tat im Jugendstrafrecht mit einem Zuchtmittel - in Form der Verwarnung, in einem Fall kombiniert mit Sozialstunden - geahndet wurde. Gelegentlich wurde eine Unterbringung in einem psychi-

[200] Sie plädierte dann z.B. auf eine milde Strafe oder stellte die Rechtsfolge in das Ermessen des Gerichts.

atrischen Krankenhaus nach § 63 StGB (5,3 %, n = 17) als freiheitsentziehende Maßregel[201] angeordnet. In drei Fällen wurde die Unterbringung nach § 67b StGB zur Bewährung ausgesetzt. In wenigen Fällen (n = 9) wurden Strafen und Maßregeln nebeneinander ausgeurteilt.

Bei den beiden rechtskräftigen Freisprüchen handelte es sich aufgrund der von uns verwendeten Täterdefinition um solche aufgrund von Schuldunfähigkeit. In einem Ausnahmefall lehnte das Gericht bereits die Eröffnung des Sicherungsverfahrens ab, so dass keine erstinstanzliche und rechtskräftige Anordnung einer Maßregel bzw. keine Verurteilung zu einer Strafe erfolgte[202].

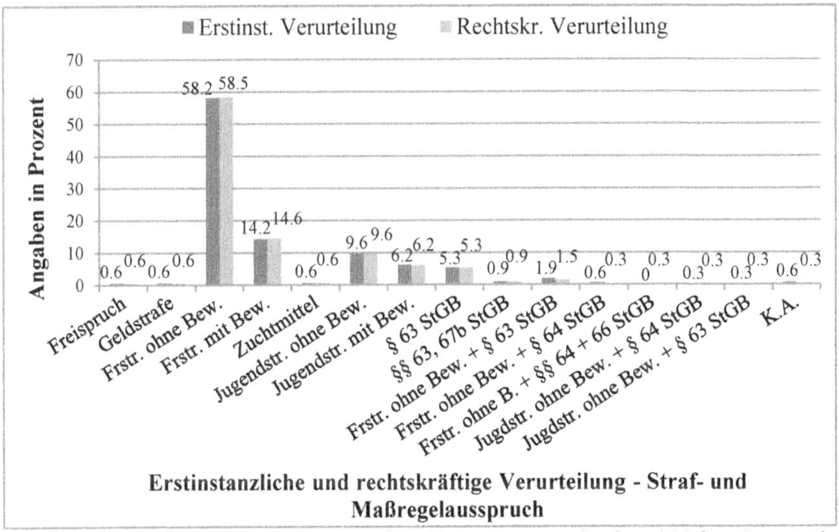

Abbildung 35: Erstinstanzliche und rechtskräftige Verurteilungen – Straf- und Maßregelausspruch. TäterInnen aller Fallgruppen ohne vollendete erweiterte Mitnahmesuizide (n = 323).

Strafhöhe – Anträge bei Freiheitsstrafen ohne Bewährung

Die Staatsanwaltschaft beantragte sehr unterschiedliche Strafhöhen, wobei alle Strafhöhen zwischen zwei Jahren und lebenslänglich in etwa gleich häufig beantragt wurden. Die Verteidigung forderte erwartungsgemäß am häufigsten niedri-

[201] Freiheitsentziehende Maßregeln sind z.B. die Unterbringung in einem psychiatrischen Krankenhaus nach § 63 StGB, die Unterbringung in einer Entziehungsanstalt nach § 64 StGB oder die Unterbringung in der Sicherungsverwahrung nach § 66 StGB.

[202] In einem weiteren Fall wurde das Verfahren von einem ausländischen Gericht entschieden und nur das rechtskräftige, nicht jedoch das erstinstanzliche Urteil mitgeteilt.

ge und am seltensten lebenslange Freiheitsstrafen. Dass zu den Verteidigeranträgen deutlich weniger Zahlen vorliegen, als zu denen der Staatsanwaltschaft, liegt hauptsächlich an zwei Umständen. Zum einen plädierte ein großer Teil der Verteidiger nicht auf Strafen ohne sondern mit Bewährung bzw. auf Freispruch. Zum anderen stellten einige der Verteidiger die konkrete Strafhöhe in das Ermessen des Gerichts.

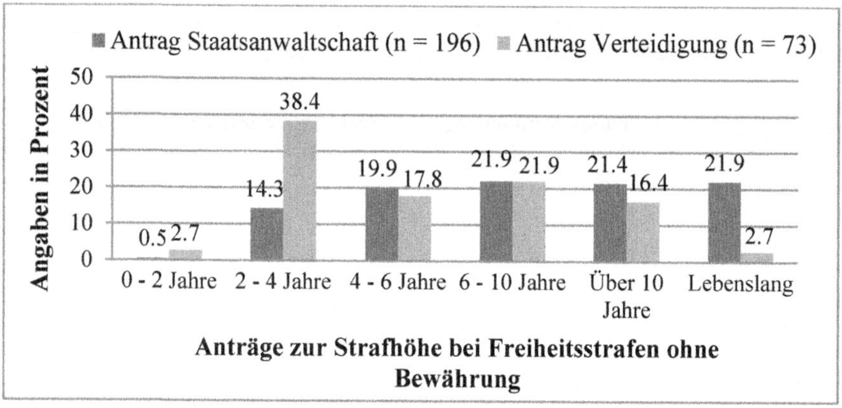

Abbildung 36: Anträge zur Strafhöhe bei Freiheitsstrafen ohne Bewährung. Alle TäterInnen aller Fallgruppen. Staatsanwaltschaft (n = 196), Verteidigung (n = 73).

Strafhöhe – Anträge bei Jugendstrafen ohne Bewährung[203]

Ein ähnliches Bild zeigte sich bei den Jugendstrafen. Auch hier wurden von der Staatsanwaltschaft gleichermaßen niedrige, mittlere und hohe Strafen beantragt. Die Verteidigung forderte eher niedrige Jugendstrafen. Die Differenz zur Anzahl der Anträge der Staatsanwaltschaft ergibt sich wiederum aus den von den Verteidigern vornehmlich beantragten Bewährungsstrafen und Freisprüchen bzw. den ins Ermessen des Gerichts gestellten Strafhöhen.

[203] Jugendstrafrecht ist bei Jugendlichen (zur Tatzeit 14 Jahre bis unter 18 Jahre) zwingend, bei Heranwachsenden (zur Tatzeit 18 Jahre bis unter 21 Jahre) bei Vorliegen von Reifeverzögerungen oder jugendtypischen Taten anzuwenden. Das Höchstmaß der Jugendstrafe beträgt 10 Jahre, §§ 18 Abs. 1, 105 III JGG.

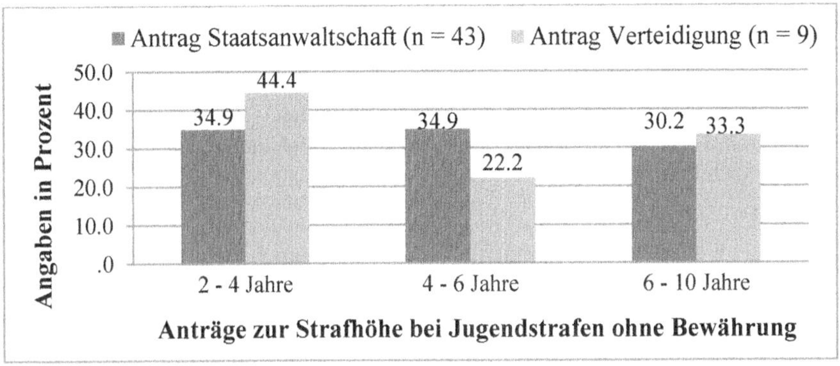

Abbildung 37: Anträge zur Strafhöhe bei Jugendstrafen zur Bewährung. Alle TäterInnen aller Fallgruppen. Staatsanwaltschaft (n = 43), Verteidigung (n = 9).

Strafhöhe – Erstinstanzliche und rechtskräftige Verurteilung bei Freiheitsstrafen

Bei der Höhe der ausgeurteilten Freiheitsstrafe ohne Bewährung zeigte sich ein sehr ausgeglichenes Bild. Die Gerichte erkannten in etwa gleich häufig auf niedrige oder mittlere Haftstrafen von zwei bis vier bzw. vier bis sechs Jahre (jeweils etwa 20 %). Auch hohe Strafen von über sechs Jahren bis zu lebenslanger Haft waren keine Seltenheit. Insgesamt wurden 59,4 % der TäterInnen rechtskräftig zu einer Freiheitsstrafe von über sechs Jahren verurteilt, davon 18,3 % (n = 36) zur Höchststrafe.

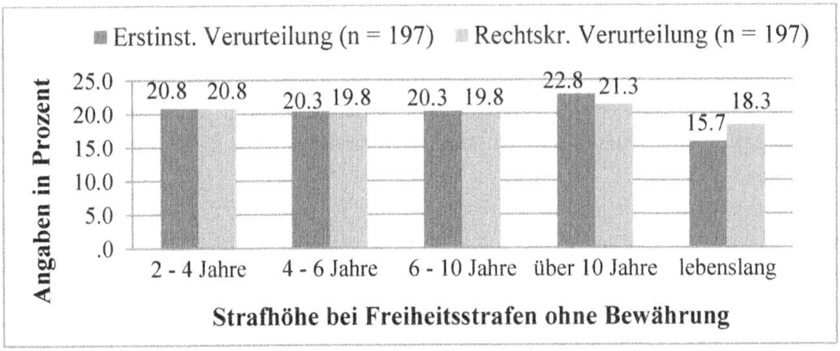

Abbildung 38: Strafhöhe bei Freiheitsstrafen ohne Bewährung. TäterInnen aller Fallgruppen ohne Ausfallwerte erstinst. Verurteilung (n = 197), rechtskr. Verurteilung (n = 197).

Strafhöhe – Erstinstanzliche und rechtskräftige Verurteilung bei Jugendstrafen

Bei den Jugendstrafen wurden häufiger niedrige Haftstrafen von zwei bis vier Jahren ausgeurteilt (42,4 %, n = 14). Zehn TäterInnen (30,3 %) wurden zu mittleren Strafen von vier bis sechs Jahren, neun (27,3 %) auch zu hohen Jugendstrafen von sechs bis zehn Jahren verurteilt.

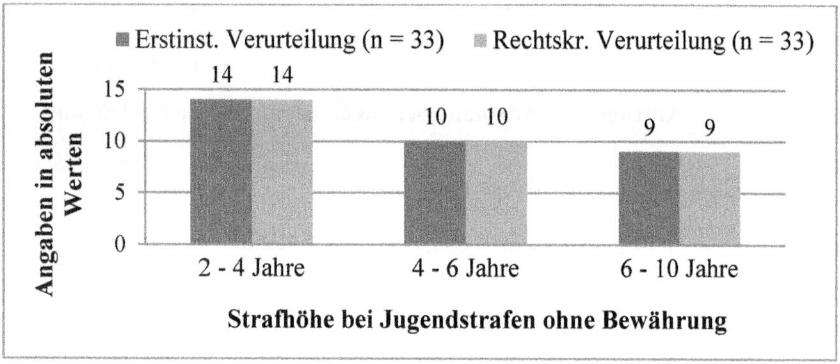

Abbildung 39: Strafhöhe bei Jugendstrafen ohne Bewährung. TäterInnen aller Fallgruppen ohne Ausfallwerte. erstinst. Verurteilung (n = 33), rechtskr. Verurteilung (n = 33).

Rechtsmittel

Gegen gut die Hälfte aller erstinstanzlichen Urteile[204] wurden Rechtsmittel eingelegt (n = 181), fast immer zumindest auch von den TäterInnen[205]. Die allermeisten erstinstanzlichen Urteile wurden vom BGH gehalten und die Revision nach § 349 Abs. 2 StPO als offensichtlich unbegründet verworfen. Nur in elf Fällen war das Rechtsmittel erfolgreich. 26mal wurde das Rechtsmittel wieder zurückgenommen. Allseitiger Rechtsmittelverzicht erfolgte in 46 Fällen (13 %).

[204] Bezogen auf die einzelnen TäterInnen.

[205] Allein durch Angeklagte/n 141 Mal, allein durch Staatsanwaltschaft 12 Mal, allein durch Nebenklage ein Mal, durch Angeklagte/n und Staatsanwaltschaft 19 Mal, Angeklagte/n und Nebenklage sowie Nebenklage und Staatsanwaltschaft je ein Mal, alle drei zusammen vier Mal.

5.1.6 *Zusammenfassung*

Bezogen auf alle Fallgruppen ist festzuhalten, dass erwartungsgemäß die weitaus meisten der insgesamt 535 Kinder in den ersten sechs Monaten und vor allem am ersten Lebenstag Opfer wurden, insgesamt wurden 38,5 % der Kinder der Untersuchungsgruppe in den ersten 24 Stunden nach der Geburt getötet. Die Geschlechterverteilung zeigt eine Höherbelastung der Jungen, bei fast der Hälfte aller Opfer gibt es klare Anzeichen dafür, dass es sich nicht um Wunschkinder handelte. Über die Hälfte der Opfer hatte Geschwister, die aber nur in einem kleineren Anteil der Fälle auch Opfer wurden.

Bis auf absolute Einzelfälle kamen die 354 Täter und Täterinnen stets aus dem unmittelbarsten sozialen Nahraum der Opfer, in aller Regel handelte es sich um die biologischen oder sozialen Eltern. Bedingt durch die große Zahl der Neonatizide überwiegen die biologischen Mütter als Täter deutlich (56,5 %), ohne diese Fallgruppe liegt ihr Anteil nur noch bei etwas mehr als 40 %, gefolgt von den biologischen Vätern mit gut 38 % und den sozialen Vätern mit etwas mehr als 12 %. Bei den meisten Fällen handelten die TäterInnen alleine, nur in 32 Fällen wurden zwei oder mehr Personen für die Tötung des Kindes zur Verantwortung gezogen. Die Täterinnen waren meistens 21-29 Jahre alt (42,7 %), gefolgt von der Altersgruppe der 30-40jährigen (30,8 %). Der Anteil Nichtdeutscher an den Täterinnen und Tätern ist gegenüber ihrem Bevölkerungsanteil etwas erhöht[206]. Die weitaus meisten Täterinnen und Täter weisen keine besonderen allgemeinen sozialen Belastungsfaktoren auf, jeweils rund ein Fünftel jedoch wuchs z.B. bei wechselnden Bezugspersonen auf und erlitt Misshandlungen in der Kindheit, etwa ein Viertel hatte strafrechtliche Vorbelastungen. Strafrechtliche Vorbelastungen mit Gewalt gegen Kinder waren der absolute Ausnahmefall. Bezogen auf die schulische Bildung überwiegt ein mittlerer Bildungsstand, Personen ohne Schulabschluss sind über-, Personen mit hoher Schulbildung sind unterrepräsentiert. Rund die Hälfte der Täterinnen und Täter war verheiratet, etwa ebenso viele hatten neben dem Opfer weitere Kinder. Substanzmissbrauch spielte nur in wenigen Fällen eine Rolle, harte Drogen nur in absoluten Ausnahmefällen.

Für 277 Täterinnen und Täter wurden im Rahmen des Strafverfahrens psychologische/psychiatrische Gutachten erstellt. Bei insgesamt 43 % der Täterinnen und Täter wurde für den Tatzeitpunkt eine psychische Auffälligkeit/Er-

---

[206] Bei der Bewertung der Befunde zur Staatsangehörigkeit ist zu beachten: die Staatsangehörigkeit sagt über die soziale Lage, einen möglichen Migrationshintergrund und dessen biographische Bedeutung sowie mögliche kulturelle Besonderheiten nichts aus. Ob und ggf. welche Bedeutung dieses Merkmal im konkreten Fall hat, kann mit den hier erhobenen Daten nur ansatzweise festgestellt werden. Dieser Fragestellung soll an anderer Stelle ausführlich nachgegangen werden.

krankung festgestellt, dabei dominierten Auffälligkeiten der Persönlichkeit, daneben wurden nicht ganz selten Belastungsstörungen, Depressionen sowie Psychosen/Schizophrenien/Wahnvorstellungen diagnostiziert.

Die Tötungen fanden mehrheitlich in der eigenen Wohnung statt, die Taten fanden etwas häufiger an Sonntagen statt als an anderen Wochentagen, die Uhrzeit der Tatbegehung zeigte kein klares Muster. Die Tötungsarten variierten erheblich, die häufigsten Formen waren Ersticken und äußere stumpfe Gewalt. Anders als in Ländern, in denen Schusswaffen auch in privaten Haushalten weit verbreitet sind und auch bei Tötungsdelikten an Kindern verwendet werden[207], spielten diese in den untersuchten Fällen keine Rolle.

Die Daten zeigen in Bezug auf die Strafverfolgung und Sanktionierung sehr unterschiedliche Verfahrensverläufe und -ergebnisse. Verlauf und Aufwand des Verfahrens hingen wesentlich davon ab, wie aufwändig der Tatnachweis war. Die Bandbreite der verhängten Sanktionen ist sehr groß. Der Schwerpunkt der Verurteilungen lag bei Freiheits- und Jugendstrafen ohne Bewährung (insgesamt 68 % der strafrechtlich Sanktionierten), immerhin rund ein Fünftel der Verurteilten erhielt aber auch Freiheits- und Jugendstrafen mit Bewährung.

5.2 Zur Notwendigkeit einer Differenzierung nach Fallgruppen

Im Rahmen des Forschungsprojekts bestätigte sich der aus der Literatur erwartbare Befund, dass sich unter den Tötungsdelikten an Kindern unter sechs Jahren sehr verschiedene Deliktsformen finden, deren gemeinsame Analyse nicht immer zu aussagekräftigen Ergebnissen führt. Ein konkretes Beispiel hierfür ist der Tatauslöser: Während in Fällen, in denen eine Mutter ihr Kind unmittelbar nach der Geburt tötete, oft eine verdeckte/verdrängte Schwangerschaft wesentlicher (Hinter)Grund für die Tatbegehung war, töteten andere TäterInnen das Kind aufgrund einer akuten psychischen Erkrankung (z.B. Wahnvorstellungen). Jede Typologie hat Schwächen, ist geprägt von einer bestimmten Perspektive auf den Gegenstand und verführt zu Vereinfachungen. Es erschien dennoch notwendig, auch mit Blick auf mögliche Ansatzpunkte für Präventionsbemühungen, das breite Feld der Tötungsdelikte an Kindern so zu strukturieren, dass man nicht über kriminologisch (mutmaßlich) völlig verschiedene Phänomene spricht.

Bei der Bildung der Fallgruppen wurde zu Beginn des Projekts und ohne Kenntnis des Materials eine anhand der aus der Literatur bekannten Typologien[208] entwickelte Einteilung verwendet. Diese war auch im Kodierbogen ent-

[207] Für die USA s. z.B. *Mariano/Chan/Myers* 2014.

[208] *Resnick* 1969; *d'Orbán* 1979; *Scott* 1973; *Bourget/Bradford* 1990.

halten und enthielt folgende Deliktsgruppen: Neonatizid, Misshandlung, Misshandlung/Vernachlässigung, Tötung im Zusammenhang mit psychischer Erkrankung, Erweiterter Suizid (versucht/vollendet), Rachetötung (ohne Suizid(versuch)), Sexualdelikt, Sonstiges.

Nach Auswertung ca. eines Drittels der Akten zeigte sich, dass die zunächst gewählten Kategorien nicht alle passgenau waren und daher verändert werden mussten, um die Fälle nach ihren speziellen Charakteristika abbilden und ordnen zu können. Insbesondere die Gruppen der Rachetötungen und Sexualdelikte erwiesen sich als überflüssig, sie kamen in den Akten entweder gar nicht, bzw. (im Fall des Rachemotivs) lediglich als ein begleitender Tatumstand vor, der aber in keinem Fall deutlich dominierend war[209]. Beibehalten wurde in der Folge jedoch eine Orientierung am äußeren Erscheinungsbild der Taten, die Tat-, TäterInnen- und Opfermerkmale vermischt.
Die letztlich verwendete Typologie enthält die folgenden Hauptkategorien: Neonatizid, Misshandlung, Erweiterter Suizid, Psychische Erkrankung, Zielgerichtete Tötung, Natürlicher Tod/Unfall, Plötzlicher Kindstod unklar und Sonstiges. Für zwei Fallgruppen wurden zusätzliche Subkategorien definiert: Neonatizide wurden in „klassische", „atypische" und „unklare" Varianten untereilt, zusätzlich wurde eine Untergruppe für „unbekannte tot aufgefundene Neugeborene" eingeführt[210]. Die Misshandlungsfälle wurden mit den Subkategorien „einmalig", „wiederholt", „unklar", „Schütteln" sowie „Schütteln unklar" unterteilt[211], um die einmaligen, eher affekthaften Taten von den längerfristigen Misshandlungen abgrenzen zu können. Denn hier zeigten sich bei der Auswertung der Akten deutliche Unterschiede zwischen den Fällen. Die separate Zählung von Fällen tödlichen verlaufenden Schüttelns wurde vorgenommen, da das sogenannte „Schütteltrauma" bzw. „shaken baby syndrom" in der Literatur sowie aus rechtsmedizinischer Sicht eine wichtige Rolle spielt[212] und auch bei der Suche nach Ansatzpunkten für mögliche Präventionsansätze immer wieder genannt wird.

Die so gebildeten Fallgruppen erwiesen sich als praktikabel und ausreichend heterogen. Eine noch differenziertere Unterteilung wäre zwar möglich gewesen, erschien aber in der Folge weder nötig noch sinnvoll, da dann in den

[209] Dies blieb auch bei der Auswertung der restlichen Akten so. Bei den untersuchten Fällen gab es keinen einzigen, der in Zusammenhang mit einem Sexualdelikt stand, und auch das Motiv der Rache blieb bei den später analysierten Fällen lediglich vereinzelt ein Begleitmotiv in Fällen, die durch Trennungsproblematiken ausgelöst wurden.
[210] *Höynck/Zähringer/Behnsen* 2012.
[211] Die genauen Definitionen finden sich unten im Text bei den Ergebnissen der Misshandlungs-Fallgruppe.
[212] *Matschke/Herrmann/Sperhake [u.a.]* 2009; *Stenger/Weinke/Phillipp [u.a.]* 2005; *Doering-Striening* 2004; *Herrmann/Sperhake* 2005; *Baeesa/Jan* 2000; *Hargrave/Warner* 1992.

jeweiligen Kategorien jeweils zu kleine Fallzahlen vorgelegen hätten, um aussagekräftige Schlüsse über die Einzelfälle hinaus zuzulassen.

5.2.1 Kurzbeschreibung der Fallgruppen

5.2.1.1 Neonatizid

Als Neonatizid kategorisiert wurden Fälle, bei denen die Mutter ihr Kind während oder unmittelbar nach der Geburt getötet hat. „Klassische Fälle" sind dabei solche, bei denen die Mutter das Kind gleich nach der ohne fremde Hilfe erfolgten Geburt unversorgt ließ oder – meist durch Ersticken – tötete, ohne dies vorher bewusst geplant zu haben. Fast immer handelte es sich um ungewollte Schwangerschaften, bei denen die Geburt überraschend begann. Sehr große Unterschiede bestanden darin, ob und wie die Schwangerschaft verdrängt und/oder verheimlicht wurde. Auch in Bezug auf die Verdeckung der Tötung reicht das Spektrum von gar keinen Bemühungen, die Tat zu verdecken über „schlechte" Verstecke der Leichen z.B. im Schrank des eigenen Schlafzimmers, bis hin zu aufwändigen Spurenbeseitigungen.

5.2.1.2 Misshandlung

In die Fallgruppe der Misshandlungstötungen wurden unterschiedliche Arten von zum Tode führender Misshandlung eingeordnet: Tötungen durch stumpfe Gewalt, mit/ohne Gegenstände, reines Schütteln sowie (selten) auch reine Substanzverabreichung. Das Spektrum umfasste verschiedene Grade von objektiver Gefährlichkeit der Misshandlung und reicht von „verunglückten Misshandlungen", die nicht zum Tod hätten führen müssen, bis zu fast als gezielte Tötung wertbaren Fällen. Eine große Bandbreite wiesen auch die Dauer der zum Tode führenden Verletzungshandlungen auf, sie reichte von einem einmaligen affekthaften Stoß des Kindes gegen die Heizung bis zu über Stunden, Tage oder Wochen andauernden Misshandlungen. Auch die Spontaneität der Verletzungshandlung unterschied sich innerhalb dieser Fallgruppe deutlich (z.B. Affektausbruch ohne Aufschaukeln unmittelbar vor der Tat oder Eskalation über einen längeren Zeitraum).

5.2.1.3 Erweiterter Suizid

Der Fallgruppe der erweiterten Suizide, auch Mitnahmesuizide genannt, wurden sowohl Fälle zugeordnet, bei denen der Suizid nur versucht wurde, als auch solche, bei denen der Suizid gelang. Bei den vollendeten erweiterten Suiziden lagen meist nur sehr wenige Informationen über die TäterInnen vor, da die Strafverfahren sofort eingestellt wurden. Nicht selten war sowohl bei den vollendeten als auch bei den nicht vollendeten Suiziden vor der Tat bekannt, dass der Täter/die Täterin erhebliche psychische Probleme der depressiven Art hatte, oft in Zusammenhang mit einer familiären Krise. Bei den nicht vollendeten Suiziden gab es große Unterschiede in Tatbegehung und motivationalem Hintergrund. In einigen Fällen wurde die eigene Tötung aufgrund einer äußeren Störung bzw. Rettung nicht vollendet, in anderen ließ der Täter nach der Tötung des Kindes von der Selbsttötung ab. Variationen gibt es auch bei dem Grad der Lebensgefährlichkeit der Suizidhandlung. Es überwogen echte Mitnahmesuizide, bei denen das vorrangige Motiv war, das Kind in den eigenen Suizid mitzunehmen, um es nicht allein zu hinterlassen. Bei den übrigen Fällen handelte es sich um Suizidversuche, bei denen das Kind eher zufällig dabei war und/oder beim Suizidversuch störte. In einigen Fällen wurden unmittelbar vor dem Suizid(versuch) weitere Personen getötet, vor allem der andere Elternteil und weitere Kinder.

5.2.1.4 Psychische Erkrankung

In diese Gruppe wurden Fälle aufgenommen, bei denen eine schwere psychische Erkrankung direkter Auslöser der Tötung war, z.B. ein schwere Wochenbettdepression, Psychose, oder ein akuter schizophrener Schub, und zwar unabhängig von allen anderen Fallmerkmalen. Innerhalb der Fallgruppe gab es wesentliche Unterschiede auf zahlreichen Ebenen: So variierte die Dauer der Erkrankung von wenigen Wochen bis hin zu vielen Jahren, manche Erkrankungen waren behandelt worden, andere bis zur Tat nicht einmal bekannt. In einigen Fällen war die Fremdgefährdung von der Familie oder behandelnden Ärzten erwogen worden, bei vielen nicht vorhersehbar bzw. dem Umfeld in keiner Weise bewusst. Wenn die Fälle eine suizidale Komponente hatten, wurden sie der entsprechenden Kategorie zugeordnet.

5.2.1.5 Zielgerichtete Tötung

Diese Gruppe umfasste alle Fälle, bei denen die TäterInnen die Tötung zielgerichtet in klarer Tötungsabsicht mittels einer relativ sicher zum Tode führenden Tötungshandlung/Tötungsart vornahmen, ohne dass eine der anderen Kategorien, insbesondere erweiterter Suizid oder psychische Erkrankung, vorlag. Die Abgrenzung zu Misshandlungsfällen war in Einzelfällen schwierig. Insgesamt handelte es sich oft um Taten, die im Kontext von Trennungsproblematiken bzw. Sorgerechtsstreitigkeiten begangen wurden.

Die Motive erscheinen dabei sehr heterogen: Oft vermischten sich Affekt, Racheelemente und Nicht-abgeben-wollen des Kindes mit altruistischen Komponenten, z.B. dem Kind eine (vermeintlich) schwere Zukunft ersparen zu wollen. Fälle, bei denen ein oder mehrere Kinder von dem (Ex-)Partner getötet werden, fanden sich ebenso wie solche, bei denen das Kind störte und gezielt getötet wurde, um es „loszuwerden". Die in der Literatur nicht selten als eigenständige Gruppe beschriebenen Tötungsdelikte aus Rache[213] ließen sich in unserem Datenmaterial in ihrer ausgeprägten Form, bei der die Rache am (Ex-)Partner das absolut dominierende Motiv ist, wie bereits beschrieben, nicht finden. Sie werden daher nicht als eigenständige Gruppe geführt.

5.2.1.6 Vernachlässigung

Als Tötung durch Vernachlässigung wurden solche Fälle eingeordnet, bei denen die Kinder starben, weil sie nicht oder nicht ausreichend mit Nahrung und/oder Flüssigkeit versorgt wurden, oder weil eine notwendige medizinische Behandlung unterblieb. Fälle, bei denen es auch zu äußerer Gewalt kam, wurden den Misshandlungsfällen zugeordnet, um *reine* Vernachlässigungen darstellen zu können. Das Zusammentreffen von tödlicher Misshandlung und schwerer lebensgefährlicher Vernachlässigung war allerdings extrem selten.

5.2.1.7 Sonstige

Eine kleine Zahl von Fällen ließ sich keiner der genannten Gruppen sinnvoll zuordnen, wies aber auch keine prägnanten Gemeinsamkeiten auf. Sie wurden als sonstige Fälle zusammengefasst.

---

[213] Vor allem *Bourget* 1990, aufgegriffen z.B. von *Liem* 2008.

5.2.1.8 Plötzlicher Kindstod unklar

Dieser Gruppe wurden Fälle zugeordnet, bei denen der konkrete Verdacht eines Tötungsdelikts bestand, dieser Verdacht sich aber wegen eines ebenfalls möglichen plötzlichen Kindstods nicht erhärten ließ. Letztlich konnte in den hier eingeordneten Fällen die genaue Todesursache, ob plötzlicher Kindstod oder Tötungsdelikt mittels Ersticken, nicht geklärt werden.

5.2.1.9 Natürlicher Tod/Unfall

Die Kinder dieser Kategorie verstarben entweder in eindeutig feststellbarer Weise eines natürlichen Todes, z.B. aufgrund einer Herzmuskelentzündung oder eines unentdeckter Diabetes, oder aufgrund eines Unfalls (Kind fiel vom Bett und zog sich dabei tödliche Verletzungen zu oder starb in selbst ausgelöstem Wohnungsbrand). Sie sind bei in der Untersuchung als Opfer aufgeführt, da bei ihnen zunächst wegen des Verdachts eines Tötungsdelikts ermittelt wurde.

5.2.2 Größe der Fallgruppen

Es zeigte sich, dass quantitativ die Fallgruppen Neonatizide und die Misshandlungstötungen dominieren. Insbesondere die Gruppe der Misshandlungstötungen vereinigte allerdings sehr unterschiedliche Fallgestaltungen. Die anderen Kategorien enthielten jeweils deutlich kleinere Fallzahlen. Entgegen dem öffentlichen Eindruck, den spektakuläre Fälle leicht erwecken, wurden nur sehr wenige Kinder Opfer von zum Tode führender Vernachlässigung. Es gab unter den untersuchten Fällen auch keinen einzigen Sexualmord oder tödlich endenden sexuellen Kindesmissbrauch. Im einstelligen Prozentbereich bewegte sich der Anteil der Fälle, bei denen zunächst der Verdacht eines vorsätzlichen Tötungsdelikts bestand, die sich aber im Laufe der Ermittlungen aber eindeutig als natürlicher Tod oder reiner Unfall erwiesen.

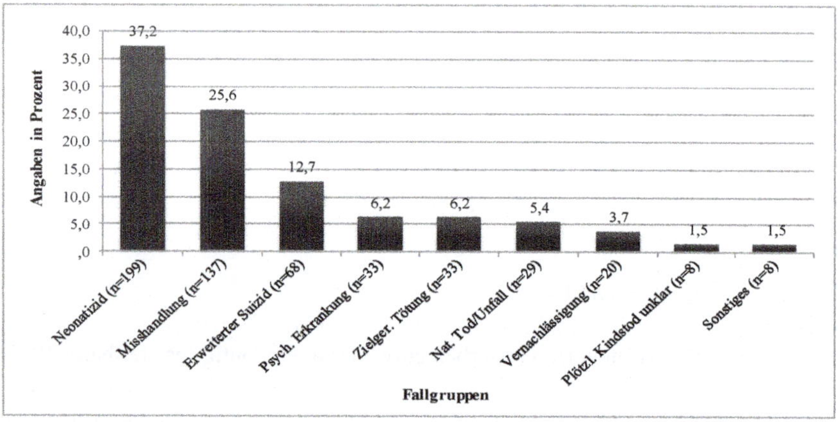

Abbildung 40: Unterscheidung nach Fallgruppen. Alle Opfer aller Fallgruppen (n = 535).

5.3 Merkmale und Trends nach Fallgruppen

5.3.1 Neonatizid

Die Fallgruppe der Neonatizide bildete mit 199 Opfern wie bereits dargestellt die größte der gefundenen Deliktsgruppen. Innerhalb der Fallgruppe ließen sich vier Subkategorien bilden, nachfolgend bezeichnet als verschiedene Arten der Neonatizide

5.3.1.1 Arten der Neonatizide

1.) „Klassischer" Neonatizid (96 Opfer): Hierunter wurden die „Normalfälle" gefasst, bei denen die Mutter ihr Kind im unmittelbaren Zusammenhang oder kurz nach der Geburt aktiv tötete oder unversorgt ließ. Die Geburt kam für die Mutter überraschend und erfolgte ohne fremde Hilfe, die Tat war ungeplant. Das Nachtatverhalten reichte vom völligen Ausbleiben von Maßnahmen zur Beseitigung bis hin zu umfangreichen Spurenbeseitigungen. Große Unterschiede zwischen den Fällen zeigten sich auch hinsichtlich Art und Ausmaß der Verdrängung/Verheimlichung der Schwangerschaft.

2.) Unbekanntes totes Neugeborenes (54 Opfer): Bei dieser Subkategorie handelt es sich Fälle, bei denen ein totes Neugeborenes aufgefunden wurde, das mit sehr großer Wahrscheinlichkeit Opfer eines Neonatizids geworden ist, zu dem jedoch keine Täterin bzw. kein Täter ermittelt werden konnte. Bei diesen unbekannten Neugeborenen ist naturgemäß nichts über die Täterin oder den Täter und die Tathintergründe sowie wenig über das Opfer bekannt. Daher werden im Rahmen der Auswertung bei Merkmalen, bei denen diese Untergruppe typischerweise zu hohen Ausfallwerten führt, diese Ausfallwerte nicht berücksichtigt und dies entsprechend kenntlich gemacht.

3.) Unklarer Neonatizid (36 Opfer): Hier konnte kein Tatnachweis gegen die Mutter geführt werden, beispielsweise weil die Todesursache nicht geklärt oder eine Tötungshandlung nicht nachgewiesen werden konnte. Allerdings rechtfertigt aus unserer Sicht die Gesamtschau des Falles aus viktimologischer Perspektive eine Wertung als Neonatizid. Bei den täterbezogenen Auswertungen wurden die Mütter der Opfer dieser Subkategorie jedoch nicht mit einbezogen. Hier werden stets nur die rechtskräftig Verurteilten berücksichtigt.

4.) Atypischer Neonatizid (13 Opfer): Einige wenige Fälle wurden als atypische Neonatizide eingeordnet. Dabei handelt es sich um sehr heterogene Fälle, bei denen der Verlauf der Tat unter einem oder mehreren Gesichtspunkten von dem „klassischen" Neonatizid abwich: z. B. begab sich die Mutter zur Geburt in ein Krankenhaus und tötete das Kind erst wenige Tage später in der eigenen Wohnung oder die Mutter versorgte das Kind zunächst kurz und tötete es dann doch aus Angst vor Entdeckung. Auch Fälle, bei denen die Tötung des Kindes während der Schwangerschaft bewusst in Erwägung gezogen wurde, werden als atypische Neonatizide gewertet.

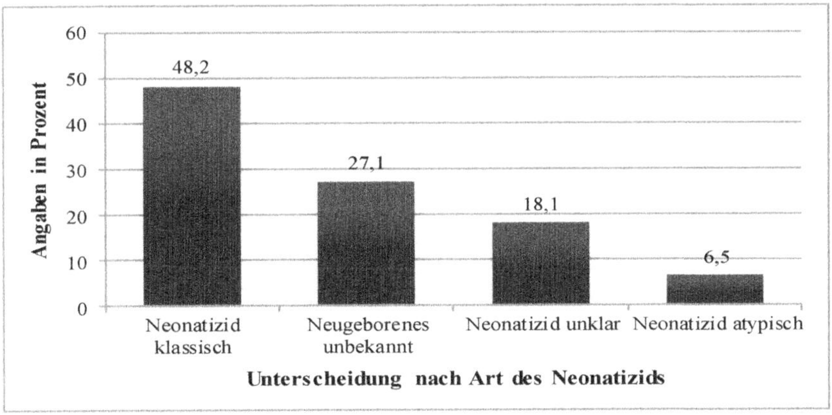

Abbildung 41: Unterscheidung nach Art des Neonatizids. Alle Opfer von Neonatiziden (n = 199).

5.3.1.2 Zentrale Merkmale der Opfer

Anzahl der Opfer

Auf diese Kategorie entfielen 199 Opfer. Über das Alter und Geschlecht der Kinder hinausgehende Aussagen können allerdings nur für die 145 Opfer getroffen werden, die nicht zur Subkategorie der unbekannt tot aufgefundenen Neugeborenen gehören.

Mehrere Opfer aus der Untersuchungsgruppe

In seltenen Fällen waren bereits frühere Kinder der Mutter Opfer eines Neonatizids geworden. Dabei gab es keinen Fall, in dem neben einem Neonatizid auch ein Tötungsdelikt an einem älteren Geschwisterkind begangen wurde. In sieben Fällen gab es zwei, in zwei Fällen drei Neonatizidopfer im Untersuchungszeitraum. In Einzelfällen war es jedoch vorgekommen, dass Mütter bereits vor dem Untersuchungszeitraum, d.h. vor dem Jahr 1997, ein oder mehrere Kinder unmittelbar nach der Geburt getötet hatten. Um Fälle, in denen eine Mutter einige ihrer Kindern innerhalb, zuvor aber bereits andere außerhalb des Untersuchungszeitraums tötete, nicht als unterschiedliche Fälle darstellen zu müssen, wird an dieser Stelle bereits vorgreiflich auch auf den Gliederungspunkt „Weitere Opfer außerhalb der Untersuchungsgruppe“ eingegangen. Im Folgenden werden alle Fälle dargestellt, in denen eine Mutter mehrere ihrer Kinder nach der Geburt tötete, unabhängig davon, ob die Tat innerhalb oder auch außerhalb des Untersuchungszeitraums geschah.

Insgesamt betrachtet gibt es zwölf Fälle, in denen eine Mutter mehrere ihrer Kinder unmittelbar nach der Geburt tötete. In sechs Fällen tötete die Mutter zwei Kinder[214], in fünf Fällen drei Kinder[215], in einem Ausnahmefall tötete sie neun ihrer Kinder gleich nach der Geburt. Die Fallgestaltungen dieser Mehrfachtötungen sind dabei heterogen. In eher seltenen Fällen tötete die Mutter alle ihre Kinder nach der Geburt. Häufiger hatte die Mutter vor den Neonatiziden bereits ein oder mehrere Kinder bekommen und behalten[216], z.T. gebar sie auch nach den

---

[214] In fünf Fällen stammen alle Opfer aus der Untersuchungsgruppe. In einem anderen Fall starb ein Kind vor dem Jahr 1997, wobei das Verfahren gegen die Mutter wegen dieses Kindes wegen der langen Liegezeit des toten Säuglings und der damit verbundenen nicht mehr nachzuweisenden Tötungshandlung eingestellt werden musste. Die Gesamtumstände rechtfertigen allerdings aus viktimologischer Sicht eine Einordnung als Neonatizid.

[215] In zwei Fällen wurden alle Kinder im Untersuchungszeitraum getötet, in drei Fällen lagen die Tötungen z.T. auch vor dem Jahr 1997.

[216] In Einzelfällen aber auch zur Adoption freigegeben.

Kindstötungen noch ein weiteres Kind, das sie bis zur Tatentdeckung ohne Auffälligkeiten großzog.

Alter zum Tatzeitpunkt

Die Opfer sind, der Fallgruppe entsprechend, fast ausnahmslos am Tag ihrer Geburt getötet worden. In einigen wenigen Fällen (4 Opfer), die zu den atypischen Neonatiziden zählen, wurden die Opfer ein bzw. zwei Tage alt.

Geschlecht

Die Geschlechterverteilung ist ausgeglichen. 50,3 % der Opfer waren weiblich, 47,7 % männlich. Bei den übrigen Opfern konnte das Geschlecht nicht mehr bestimmt werden[217].

Wunschkind

Wie zu erwarten handelte es sich, soweit dazu Informationen in den Akten enthalten waren, ausnahmslos um ungewollte Schwangerschaften.

Staatsangehörigkeit

Der Anteil der Opfer mit ausländischer Staatsangehörigkeit[218] lag bei 9,7 %[219] und entspricht damit in etwa dem durchschnittlichen Ausländeranteil in Deutschland während des Untersuchungszeitraums, der während dieser Zeit konstant bei etwa 9% lag[220].

Lebensmittelpunkt zum Tatzeitpunkt

Da das Opfer typischerweise unmittelbar nach der Geburt getötet wurde, kann zu einem Lebensmittelpunkt zum Tatzeitpunkt keine Aussage getroffen werden.

---

[217] Insbesondere aufgrund des Zustands der Leiche, die z.T. erst lange Zeit nach der Tat gefunden wurde.

[218] Bei der Bewertung der Befunde zur Staatsangehörigkeit ist zu beachten: Die Staatsangehörigkeit sagt über die soziale Lage, einen möglichen Migrationshintergrund und dessen biographische Bedeutung sowie mögliche kulturelle Besonderheiten nichts aus. Ob und ggf. welche Bedeutung dieses Merkmal im konkreten Fall hat, kann mit den hier erhobenen Daten nur ansatzweise festgestellt werden. Dieser Fragestellung soll an anderer Stelle ausführlich nachgegangen werden.

[219] Hier wurden nur Angaben zu den 145 Opfern gemacht, die nicht zur Subkategorie der unbekannt tot aufgefundenen Neugeborenen gehörten.

[220] *Statistisches Bundesamt* 2010.

Aufgrund des hohen Grades an Spekulation wurde im Projekt darauf verzichtet, einen hypothetischen Lebensmittelpunkt für die Zeit nach der Geburt festzulegen. Daher kann im Gegensatz zu den anderen Fallgruppen auch zu Punkten, die sich auf den Lebensmittelpunkt des Opfers beziehen, keine Aussage getroffen werden. Hierzu zählen Angaben zu im Haushalt lebenden Geschwistern des Opfers, weiteren Haushaltsmitgliedern oder zu wechselnden Lebensmittelpunkten.

Geschwister insgesamt

Insgesamt betrachtet hatte etwa die Hälfte der Opfer, zu denen weitere Informationen vorlagen, die also nicht zur Subkategorie der unbekannt tot aufgefundenen Neugeborenen gehören, Voll- und/oder Halbgeschwister (49 %), davon 24,8 % Vollgeschwister und 38,6 % Halbgeschwister.

Weitere Opfer von Körperverletzungs- oder Tötungsdelikten außerhalb der Untersuchungsgruppe[221]

In einem Einzelfall wurde die Mutter des Opfers von ihrem Partner, dem Vater des Opfers, geschlagen und zu sexuellen Handlungen gezwungen. In den anderen Fällen mit weiteren Opfern, in denen die Mutter bereits vor der Erhebungszeit Neonatizide begangen hat, wird auf die zusammenfassenden Ausführungen bei „mehrere Opfer aus der Untersuchungsgruppe“ verwiesen.

Gesundheitszustand vor seinem Tod

Fast alle Opfer waren vor ihrem Tod gesund, wiesen also keinerlei Behinderungen oder Erkrankungen auf. Es gab lediglich Einzelfälle mit Fehlbildungen innerer Organe, HIV-Infektion oder vorgeburtlicher Alkohol-Intoxikation.

Frühgeburt

Bei 8 % der Opfer handelte es sich um Frühgeburten[222]. Diese untergliedern sich in solche, die vor der 36. Schwangerschaftswoche zur Welt kamen (5 %) und solche, bei denen in den Akten ohne genaue Angabe der Schwangerschaftswoche von einer Frühgeburt gesprochen wurde (3 %). Damit entspricht die Frühgebo-

[221] Z.B. andere Familienmitglieder, Geschwister unter 6 Jahren, die nicht oder außerhalb des Untersuchungszeitraums getötet wurden, Geschwister über 6 Jahren.
[222] Aus medizinischer Sicht kommt es zu einer Frühgeburt, wenn ein Baby vor Vollendung der 37. Schwangerschaftswoche geboren wird.

renenrate bei den Opfern mit 8 % in etwa der Zahl der Frühgeburten in Deutschland, die im Jahr 2007 bei etwa 7,1% lag und seit den 1980er Jahren eine steigende Tendenz aufweist[223].

5.3.1.3 Merkmale der Täterinnen

Anzahl der TäterInnen

In dieser Fallgruppe gibt es 96 Personen, die wir als TäterInnen qualifizieren[224].

Biographisches

Verhältnis zum Opfer

Dem Typus dieser Fallgruppe entsprechend sind die TäterInnen fast ausnahmslos die biologischen Mütter.

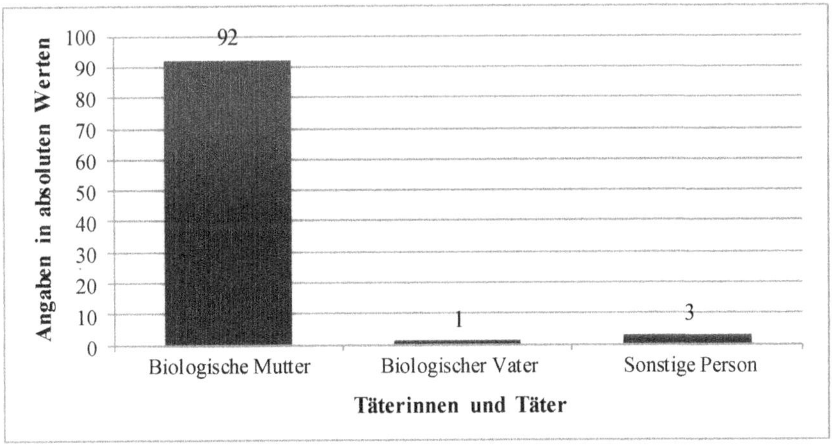

Abbildung 42: TäterInnen. Alle TäterInnen von Neonatiziden. Verhältnis zum Opfer (n = 96).

---

[223] *European Foundation for the care of newborn infants* 2010.

[224] Aufgrund der von uns verwendeten Täterdefinition ist eine Person herausgefallen, die inhaltlich ebenfalls als Täterin zu qualifizieren ist. Bei dieser Beschuldigten wurde bereits das Ermittlungsverfahren wegen nicht auszuschließender Schuldunfähigkeit zum Tatzeitpunkt und Nichtvorliegens der Voraussetzungen des § 63 StGB nach § 170 II StPO eingestellt.

Mehrere TäterInnen

Es waren absolute Einzelfälle, in denen -dann neben- der leiblichen Mutter auch andere Personen verurteilt wurden. In einem dieser Fälle hatte auch die Mutter der Täterin aktiv an der Tötung des Neugeborenen mitgewirkt. In den beiden anderen Fällen wurde dem Mann bzw. den Eltern der Täterin ein Unterlassungsdelikt vorgeworfen, da sie nichts zur Rettung des Kindes unternommen hatten. Für die folgenden täterbezogenen Angaben werden nachfolgend nur Informationen zu den 92 verurteilten Müttern verwendet, um die typischen Merkmale dieser Frauen darstellen zu können.

Alter zum Tatzeitpunkt

Die Täterinnen der Untersuchungsgruppe waren nicht überwiegend minderjährige Mädchen, wie oft suggeriert wird. Nur 16,3 % waren zum Tatzeitpunkt jünger als 18 Jahre, knapp 21 % waren zwischen 18 und 20 Jahre alt. Die größte Altersgruppe bildeten die 21-29jährigen Frauen. Das durchschnittliche Alter der Frauen lag mit knapp 24 Jahren damit nur 1–2 Jahre unter dem durchschnittlichen Alter aller Mütter in Deutschland bei ihrer ersten Geburt, das in den entsprechenden Altersjahrgängen bei 25–26 Jahren liegt[225].

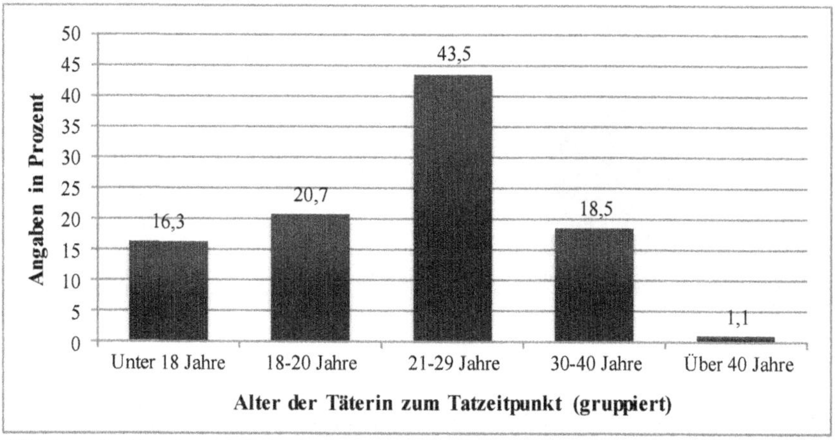

Abbildung 43: Alter der Täterin zum Tatzeitpunkt. Nur biologische Mütter bei Neonatiziden (n = 92).

[225] *Statistisches Bundesamt* 2007, 31. Dieser Wert kann nur in etwa als Vergleichswert herangezogen werden, da einerseits die einbezogenen Altersgruppen nicht vollständig übereinstimmen, und es sich andererseits bei den getöteten Kindern nicht um das erste Kind der jeweiligen Mutter handelt. Tendenziell dürfte der Unterschied daher tatsächlich etwas größer sein als die genannten 1-2 Jahre.

Staatsangehörigkeit

10,9 % der Täterinnen waren ausländische Staatsangehörige[226]. Damit liegt der Anteil ausländischer Täter in dieser Deliktsgruppe etwas über dem durchschnittlichen Ausländeranteil der Gesamtbevölkerung in Deutschland während des Untersuchungszeitraums, der bei knapp 9 % lag[227].

Eigene Kindheit

Die meisten Täterinnen (59,8 %) wuchsen bei beiden leiblichen Eltern auf, ein Viertel bei ihren biologischen Müttern, zum Teil gemeinsam mit einem neuen Partner der Mutter. Ein kleinerer Teil der Frauen (10,9 %) wuchs in wechselnden Wohnsituationen und/oder bei verschiedenen Personen auf. Nur ein sehr kleiner Teil wurde im Heim groß.

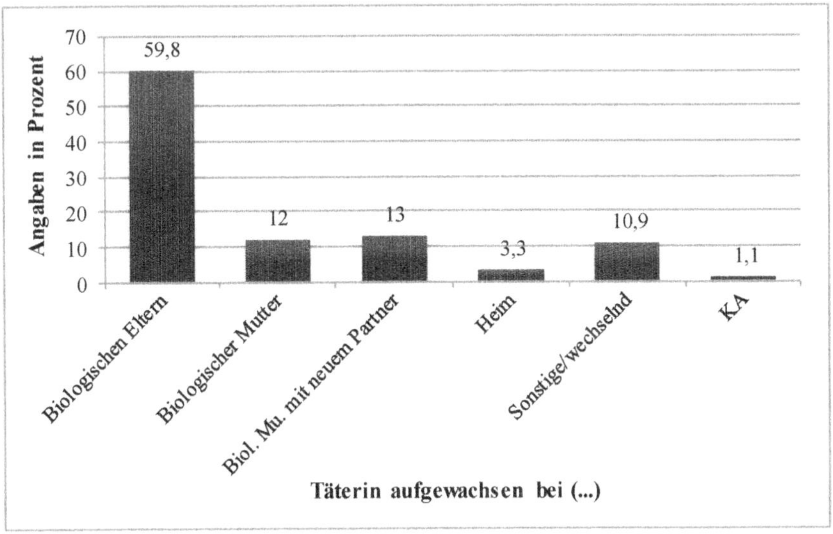

Abbildung 44: Täterin aufgewachsen bei (…). Nur biologische Mütter bei Neonatiziden (n = 92).

[226] Bei der Bewertung der Befunde zur Staatsangehörigkeit ist zu beachten: Die Staatsangehörigkeit sagt über die soziale Lage, einen möglichen Migrationshintergrund und dessen biographische Bedeutung sowie mögliche kulturelle Besonderheiten nichts aus. Ob und ggf. welche Bedeutung dieses Merkmal im konkreten Fall hat, kann mit den hier erhobenen Daten nur ansatzweise festgestellt werden. Dieser Fragestellung soll an anderer Stelle ausführlich nachgegangen werden.

[227] *Statistisches Bundesamt* 2010, S. 8.

Misshandlungserfahrungen

15,2 % der Täterinnen (n = 14) haben in ihrer eigenen Kindheit Misshandlungen erlebt, wobei es sich meist um körperliche Gewalt (10,9 %), in selteneren Fällen um sexuellen Missbrauch (3,3 %) und in einem Fall um beides handelte. In wenigen Einzelfällen blieb unklar, ob die Täterinnen in ihrer Kindheit Misshandlungserfahrungen gemacht haben[228]. Zu berücksichtigen ist bei Betrachtung dieser Zahlen, dass zu knapp einem Viertel der Täterinnen keine Angaben zu diesem Thema in den Akten enthalten waren. Aus der Abwesenheit von Informationen kann aber gerade bei zeitlich recht weit zurückliegenden Aspekten wie kindlichen Misshandlungserfahrungen nicht geschlossen werden, dass solche Taten nicht vorhanden waren. Vielmehr könnten sie von den Ermittlungsbehörden als unerheblich für die Beurteilung der verwirklichten Tat angesehen und entweder gar nicht abgefragt oder nicht in die Akte aufgenommen worden sein.

Einschlägige strafrechtliche Vorbelastungen zum Tatzeitpunkt

Keine der Frauen wies zum Tatzeitpunkt eine einschlägige strafrechtliche Vorbelastung auf, d.h. keine war bis dahin wegen eines vorsätzlichen Körperverletzungs- oder Tötungsdelikts an einem Kind verurteilt worden.

Nicht einschlägige strafrechtliche Vorbelastungen zum Tatzeitpunkt

16,3 % der Täterinnen (n = 15) waren zuvor wegen anderer Delikte strafrechtlich in Erscheinung getreten. Deutlich am häufigsten handelte es sich um Eigentums- und Vermögensdelikte (n = 11), in Einzelfällen um Körperverletzung, sonstige nicht einschlägige Delikte oder um mehrere dieser Deliktsgruppen.

Schulabschluss

Sofern sich die TäterInnen zum Tatzeitpunkt noch in der schulischen Ausbildung befanden, wurde vom höchsten auf der besuchten Schule erreichbaren Abschluss ausgegangen. In den meisten Fällen hatten die Frauen einen mittleren[229] Schulabschluss (48,9 %). Der Anteil mit einem niedrigen[230] schulischen Abschluss liegt bei 25 %. Die drittgrößte Gruppe bilden die Täterinnen mit hohem[231] Bil-

[228] Es handelte sich in diesen Fällen um mehr oder weniger substantiierte Behauptungen von Gewalt/ sexuellem Missbrauch in der Kindheit, die sich nicht verifizieren ließen.
[229] Realschulabschluss, Abschluss der Polytechnischen Oberschule.
[230] Hauptschulabschluss.
[231] Abitur, Fachhochschulreife, Abschluss der erweiterten Oberschule.

dungsabschluss (14,2 %). Ohne allgemeinen Schulabschluss blieben nur 4,3 %. Jeweils im einstelligen Prozentbereich liegt auch der Anteil der Frauen mit dem Abschluss einer Lernbehinderten-, Sonder- oder Förderschule[232] oder mit einem ausländischen Schulabschluss.

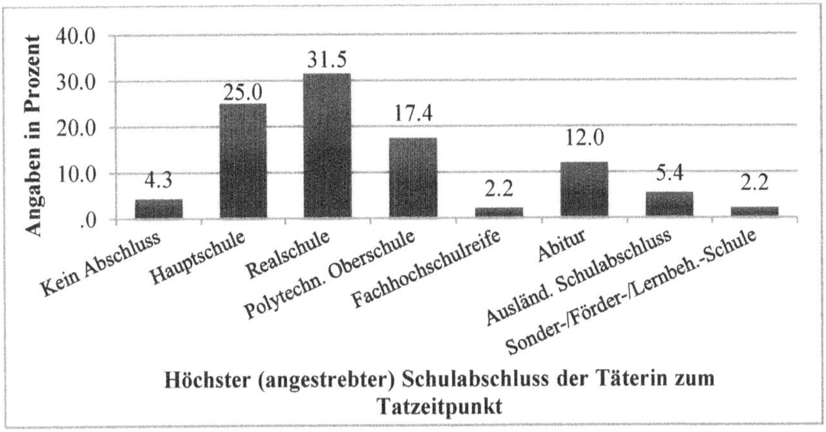

Abbildung 45: Höchster (angestrebter) Schulabschluss der Täterin zum Tatzeitpunkt. Nur biologische Mütter von Neonatiziden (n = 92).

Ein genauer Vergleich dieser Zahlen mit denen der Bevölkerung ist schwierig, da die Schulabschlüsse der Täterinnen bis auf wenige Ausnahmen viele Jahre zurückliegen, genaue Bezugswerte nur mit sehr hohem Aufwand zu ermitteln wären und sich die Verteilung der Schulabschlüsse in der Bevölkerung in Deutschland in den letzten Jahrzehnten stark insbesondere zu Lasten der Hauptschulabschlüsse verändert hat.

Eine gewisse Tendenz der Unterschiede lässt sich dennoch auch aus dem Abgleich mit einem Vergleichsjahr ersehen. Dafür wurde das Jahr 1999 gewählt. Die Vergleichsdaten beziehen sich einerseits auf die Absolventen des Jahres 1999[233], andererseits auf den Durchschnitt der über 15-jährigen Bevölkerung aus dem Datenreport 1999[234]. Demnach entsprechen die Anteile der Neonatizid-Täterinnen mit einem niedrigen Schulabschluss in etwa den entsprechenden

---

[232] Zu berücksichtigen ist, dass man an diesen Schulen zwar grundsätzlich alle Schulabschlüsse erreichen kann, insbesondere wenn es sich um Schulen für rein körperlich behinderte Kinder handelt. In unserer Studie waren es sich jedoch vornehmlich Sonder-/Förderschulen für lernschwache Schüler.

[233] *Sekreteriat der Ständigen Konferenz der Kultusminister der Länder* 2007, S. 56.

[234] Vergleichszahlen aus: *Statistisches Bundesamt/WZB/ZUMA* 2000, S. 77. Dabei ist anzumerken, dass es sich hierbei um Zahlen für alle Frauen und Männer ab 15 Jahren handelt.

Anteilen der Absolventen des Jahres 1999. Der Anteil der Täterinnen mit hohem Bildungsabschluss liegt hingegen leicht unter, der Anteil mit mittlerem Bildungsabschluss leicht über den beiden Vergleichswerten. Ebenfalls leicht unter den Vergleichswerten liegt der Anteil der Täterinnen ohne allgemeinen Bildungsabschluss.

	Täterinnen (n = 92)	**Absolventen 1999**	**Bevölkerung 1999**
Ohne (Haupt-) Schulabschluss	6,5 %[235]	8,9 %	7,5 %[236]
Niedriger Bildungsabschluss	25 %	25,7 %	48,7 %
Mittlerer Bildungsabschluss	48,9 %	40,2 %	25,7 %
Hoher Bildungsabschluss	14,2 %	25,2 %	18,1 %
Ausl. Schulabschluss	5,4 %	-	-

Abbildung 46: Schulabschlüsse der Täterinnen von Neonatiziden (n = 92) im Vergleich mit den Absolventen des Jahres 1999 und der Bevölkerung im Jahr 1999.

Beruflicher Bildungsabschluss

Fast die Hälfte der Täterinnen (48,9 %) hatte keinen beruflichen Abschluss. Zu berücksichtigen ist, dass unter die Kategorie „keine berufliche Ausbildung“ auch Personen gefasst wurden, die zum Tatzeitpunkt noch zur Schule gingen, aus diesem Grund noch keine Ausbildung absolvieren konnten und gerade dieser Anteil bei den Täterinnen von Neonatiziden zu leichten Verzerrungen führen kann. Von den Täterinnen mit beruflicher Qualifikation hatten fast alle eine abgeschlossene (39,1 %) bzw. laufende (8,7 %) Berufsausbildung. In Einzelfällen wiesen die Mütter eine sonstige berufliche Qualifikation auf[237] oder besuchten zum Tatzeitpunkt eine Hochschule.

[235] Zur besseren Vergleichbarkeit inbegriffen sind auch Täterinnen mit Förderschulabschluss, da diese bei den Absolventen 1999 als „ohne Hauptschulabschluss“ erfasst sind. Zudem handelte es sich bei den von den TäterInnen besuchten Förderschulen insbesondere um solche für lernschwache Schüler.

[236] Einschließlich der noch in Ausbildung befindlichen Personen.

[237] Besuch einer Berufsfachschule; Ausbildungsbeginn war kurz nach dem Tatzeitpunkt geplant.

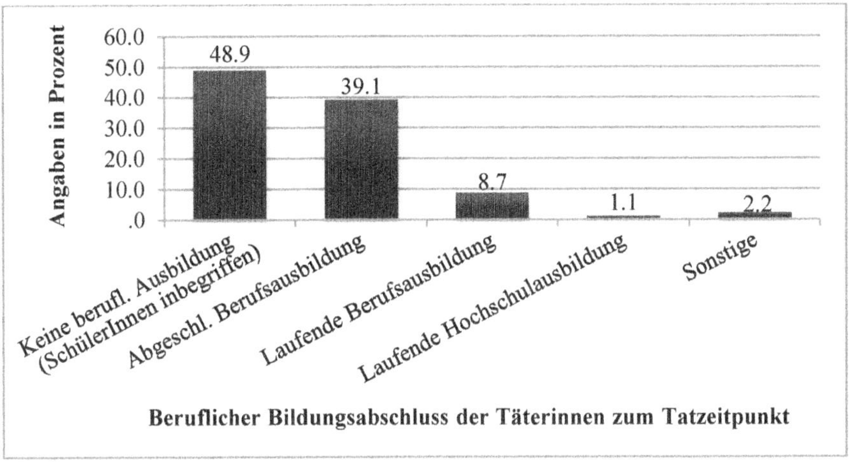

Abbildung 47: Beruflicher Bildungsabschluss der Täterinnen zum Tatzeitpunkt. Nur biologische Mütter von Neonatiziden (n = 92).

Ein Vergleich mit der durchschnittlichen Bevölkerung ist mangels genauer Bezugswerte und der hier vorgenommenen Einbeziehung der Schüler in die Kategorie „keine berufliche Ausbildung" schwierig. Aus Vergleichswerten, hier aus dem Datenreport des Jahres 1999 für die Bevölkerung[238], lässt sich dennoch folgende Tendenz ableiten. Der Anteil der Täterinnen mit abgeschlossener beruflicher Ausbildung (39,1 %) liegt eher unter dem Vergleichswert von 52,7 %. Da keine der Mütter einen (Fach-) Hochschulabschluss besaß und sich auch nur eine in der Mütter in Hochschulausbildung befand, kann auch in diesem Bereich vorsichtig von einer Unterrepräsentierung gesprochen werden (Vergleichswert 10,9 %).

Beschäftigungsstatus

Die meisten Täterinnen von Neonatiziden (37 %) gingen zum Tatzeitpunkt einer abhängigen Beschäftigung nach. Die zweitgrößte Gruppe bilden diejenigen, die arbeitslos waren (31,5 %). Ein Viertel der Mütter ging noch zur Schule. Im einstelligen Prozentbereich bewegt sich der Teil, der sich zum Tatzeitpunkt in Mutterschutz/Erziehungsurlaub/Elternzeit befand bzw. dessen Beschäftigungsstatus unklar[239] blieb.

---

[238] Vergleichszahlen aus: *Statistisches Bundesamt/WZB/ZUMA* 2000, S. 78.

[239] Wegen widersprüchlicher Angaben in den Akten bzw. nicht näher aufklärbaren Hinweisen auf eine entgeltliche Tätigkeit.

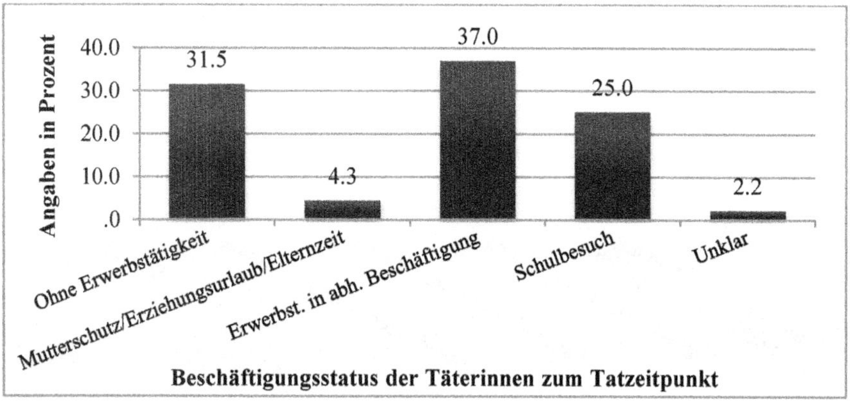

Abbildung 48: Beschäftigungsstatus der Täterinnen zum Tatzeitpunkt. Nur biologische Mütter von Neonatiziden (n = 92).

Vergleicht man die Zahl der Täterinnen ohne Erwerbstätigkeit (31,5 %) mit den Erwerbslosenzahlen in Deutschland aus dem Jahr 1999 -dort lag die Zahl der Erwerbslosen bei 10,1 %[240]- so zeigt sich eine Überrepräsentierung in diesem Bereich. Ob es sich eher um eine freiwillige, z.B. bei „klassischer" Rollenverteilung wegen Kinderbetreuung, oder unfreiwillige Erwerbslosigkeit handelt, lässt sich tendenziell daran ablesen, ob es bei den Täterinnen in der Vergangenheit Schwierigkeiten im Bereich der Erwerbstätigkeit gab. Dies wurde im Projekt für den Zeitraum bis zu fünf Jahren vor der Tat erhoben, wobei darunter nicht nur dauernde unfreiwillige Arbeitslosigkeit sondern auch ständige Arbeitsplatzwechsel oder Arbeit unter dem Qualifikationsniveau gefasst sind[241]. Danach gab es bei etwa der Hälfte der Täterinnen in der Vergangenheit Schwierigkeiten in diesem Bereich, so dass tendenziell von einer eher unfreiwilligen Arbeitslosigkeit auszugehen ist.

Einkommenssituation

Die Aussagekraft bezüglich der Einkommenssituation der Täterinnen ist, wie bereits oben dargelegt[242], begrenzt. Der Anteil der Täterinnen von Neonatiziden,

---

[240] *Statistisches Bundesamt/WZB/ZUMA* 2000, S. 84.

[241] Es sind dort also auch TäterInnen erfasst, die zum Tatzeitpunkt erwerbstätig waren, aber in der Vergangenheit Probleme in diesem Bereich hatten.

[242] Vielfach waren die Angaben über die tatsächliche Einkommenssituation der Täterinnen in den Ermittlungsakten lückenhaft oder nicht vorhanden. Der Grund hierfür liegt auf der Hand. Bei Ermittlungen wegen des Verdachts eines vorsätzlichen Tötungsdelikts an einem Kind ist grundsätzlich nicht mit einer Geldstrafe als Sanktion zu rechnen. Auch für die Ermittlung des Tatmotivs ist die

die Sozialleistungen bezogen, lag im einstelligen Bereich. Der überwiegende Teil finanzierte sich durch geregelte Erwerbstätigkeit bzw. erhielt Unterstützung durch die Eltern (auch mittelbar durch Mit-Leben im Haushalt).

Gesundheitszustand des Täters zum Tatzeitpunkt

Gesundheitliche Auffälligkeiten, d.h. akute oder chronische Erkrankungen, wurden bei den Täterinnen nicht festgestellt[243].

Lebenssituation zum Tatzeitpunkt

Familienstand zum Tatzeitpunkt

Der bei weitem größte Teil der Täterinnen (drei Viertel) war zum Zeitpunkt der Tat ledig, nur ca. 14 % waren verheiratet, knapp 10 % bereits wieder geschieden oder dauerhaft vom Ehemann getrennt lebend.

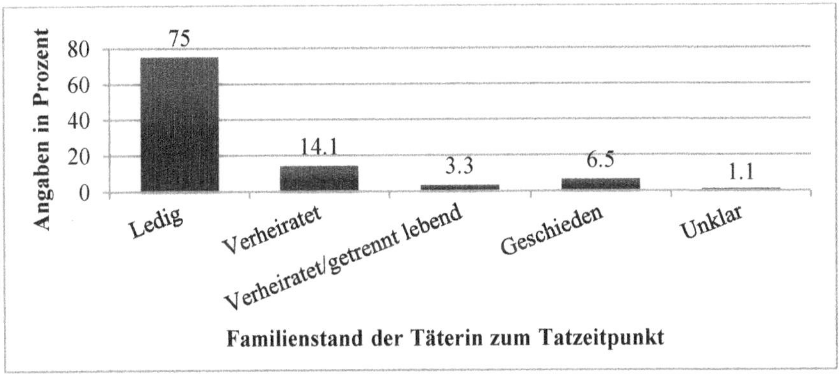

Abbildung 49: Familienstand der Täterin zum Tatzeitpunkt. Nur biologische Mütter von Neonatiziden (n = 92).

finanzielle Lage in den hier vorliegenden Fällen in der Regel wenig interessant. Es besteht daher kaum Anlass, die genaue finanzielle Lage zu ermitteln. Aber auch die Angaben, die vorlagen, sind oft wenig aussagekräftig, da sich diese Werte in der Regel allein auf die Täterinnen beziehen. Die tatsächliche wirtschaftliche Situation lässt sich jedoch nur realistisch abbilden, wenn man das gesamte Haushaltseinkommen betrachtet. Allein der Fall von Sozialleistungsbezug lässt den Schluss auf ein niedriges/nicht vorhandenes Haushaltseinkommen zu, da die Berechnung finanzieller staatlicher Unterstützung auf dem Einkommen der Bedarfsgemeinschaft und mithin des gesamten Haushalts basiert.

243 Psychische Auffälligkeiten sind nicht berücksichtigt. Diese werden gesondert aufgeführt.

Wohnsituation zum Tatzeitpunkt[244]

Die meisten Täterinnen lebten zwar zum Tatzeitpunkt in einer eigenen Wohnung (52,2 %, n = 48), ein sehr großer Teil (43,5 %, n = 40) aber auch in einer Wohnsituation, die als „fremde Wohnung“[245] gefasst wurde. Dabei handelte es sich in aller Regel um ein eigenes Zimmer in der Wohnung/im Haus der Herkunftsfamilie. Dies zeigen die Angaben zur sozialen Wohnsituation der Frauen. Danach lebten 35,9 % (n = 33) der Täterinnen noch mit der eigenen Herkunftsfamilie zusammen. Etwa zwei Drittel davon waren noch im Teenageralter[246]. Nur 13 % der Täterinnen (n = 12) lebte allein.

Weitere biologische Kinder

Gut die Hälfte der Täterinnen (51,1 %) hatte weitere biologische Kinder. 33 von ihnen (35,9 %) hatten ein bis zwei Kinder, 10 Frauen (10,9 %) hatten drei oder vier Kinder. Nur vier Täterinnen hatten bereits fünf oder mehr Kinder. Zumeist lebten diese Kinder ausweislich der Angaben in den Akten zum Tatzeitpunkt im selben Haushalt wie die Täterin. Achtmal waren ein vor der Tat geborenes Kind bzw. mehrere früher geborene Kinder (3 x 2 Kinder, 1 x 3 Kinder) zur Adoption freigegeben worden. In acht weiteren Fällen waren auch die anderen Kinder der Täterin Opfer eines Neonatizids geworden. In Einzelfällen lebten die anderen Kinder der Täterin bei ihren Vätern oder bei anderen Angehörigen.

Rauschmittelkonsum

Für die Studie wurde der Rauschmittelkonsum für einen Zeitraum von bis zu einem Jahr vor der Tat erhoben[247]. Bei den Täterinnen lag in den meisten Fällen

---

[244] Dieser Punkt existiert nur bei der Fallgruppe der Neonatizide. Grund hierfür ist, dass sich in allen anderen Fallgruppen die Angaben zu den Lebensumständen der Opfer grundsätzlich mit denen der TäterInnen decken, da diese grundsätzlich aus dem sozialen Nahfeld der Opfer stammen. Bei den Opfern von Neonatiziden haben wir wegen des hohen Grades an Spekulation darauf verzichtet, das zukünftige Lebensumfeld der Opfer zu beschreiben. Um die Lebenssituation der Täterinnen von Neonatiziden dennoch zu erfassen, war dieser gesonderte Punkt erforderlich.

[245] Als „fremde Wohnung“ wurden in der Erhebung alle Wohnsituationen erfasst, bei denen den TäterInnen kein weitgehend abgetrennter Bereich (z.B. eine Einliegerwohnung mit eigenem Zugang) zur Verfügung stand. Diese „fremde Wohnung“ umfasst also auch ein Zimmer in der Wohnung/im Haus der eigenen Herkunftsfamilie.

[246] Die unter 20jährigen Täterinnen gingen fast immer noch zur Schule oder machten eine Ausbildung, wobei beide Anteile in etwa gleich hoch sind. In Ausnahmefällen lebten -dann über 20jährige-Täterinnen auch mit leiblichen Kindern noch zu Hause.

[247] Dabei wurde in der Aktenanalyse zwischen „keinem“, „gelegentlichem“, „episodenhaft starkem“ Konsum und „langzeitig regelmäßigem Missbrauch/Abhängigkeit“ unterschieden. Die Einteilung in

kein problematischer Konsum von Alkohol, Drogen oder sonstigen Rauschmitteln[248] vor. Die Missbrauchs- oder Abhängigkeitsraten liegen jeweils im untersten einstelligen Bereich. Medikamenten- oder Heroinabhängigkeit war bei keiner der Täterinnen gegeben. Nur von einer Mutter ist bekannt, dass sie gelegentlich Kokain konsumierte. Falls ein Konsumverhalten vorlag, handelte es sich meist um eine Substanz, nur drei Frauen konsumierten zwei Substanzen.

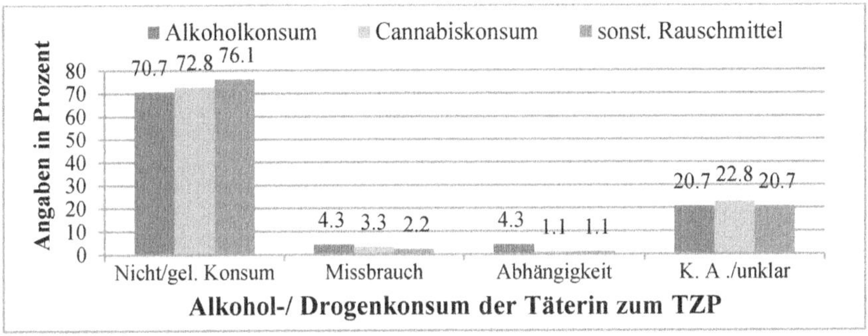

Abbildung 50: Alkohol-/Drogenkonsum der Täterin zum Tatzeitpunkt. Nur biologische Mütter von Neonatiziden (n = 92).

Psychologische/Psychiatrische Gutachten

Fast alle Täterinnen (94,6 %, n = 87) wurden im Rahmen des Strafverfahrens psychologisch/psychiatrisch begutachtet[249]. Kernfrage der Sachverständigengutachten war die Schuldfähigkeit der Täterinnen, gelegentlich auch die Frage der Unterbringung in einem psychiatrischen Krankenhaus. Warum in den wenigen anderen Fällen (n = 5) keine Sachverständigengutachten zur Frage der Schuldfähigkeit eingeholt wurden, lässt sich nicht abschließend klären[250].

diese Kategorien erwies sich zum Teil als schwierig, oft waren die Angaben in den Akten nicht eindeutig oder es ging aus ihnen nicht klar hervor, in welchem Umfang der Konsum erfolgte. Allerdings ist davon auszugehen, dass Substanzmissbrauch im Rahmen von Ermittlungen und Strafverfahren in der Regel thematisiert wird, so dass die Abwesenheit von Informationen dazu relativ sicher so gedeutet werden kann, dass in diesen Fällen auch kein problematischer Substanzkonsum vorlag.

[248] Unter „sonstige Rauschmittel" fallen grundsätzlich alle Arten von Rauschmitteln. In den von uns untersuchten Fällen handelte es sich aber ausschließlich um synthetische Drogen, meist Ecstasy, aber auch Methadon, LSD u.a..

[249] Die Gutachten waren insgesamt von sehr unterschiedlichem Zuschnitt und Umfang. In einigen Fällen fehlten die Gutachten, deren wesentliche Ergebnisse wurden aber häufig in den entsprechenden Urteilen wiedergegeben. Soweit keine ICD-10-Kategorien angegeben waren, wurden die in den Gutachten genannten Merkmale ICD-10-Codes zugeordnet.

[250] Nur in einem Fall war offensichtlicher Grund hierfür, dass die Frau selbst ihre Begutachtung ablehnte.

Psychische Erkrankungen und Auffälligkeiten in der Vorgeschichte

Insbesondere durch das Vorliegen von psychologisch/psychiatrischen Sachverständigengutachten konnte auch die psychische Vorgeschichte der Mütter erhoben werden, soweit dazu Angaben vorhanden waren. Danach waren 29 Täterinnen (31,5 %) in ihrer Vorgeschichte psychisch auffällig[251]. Dabei zeigt sich eine recht breite Streuung, so dass sich die Werte jeweils im einstelligen Prozentbereich bewegen[252]. Noch am häufigsten lag eine Persönlichkeitsstörung bzw. -akzentuierung[253] (jeweils 5,4 %, jeweils n = 5), eine Drogenproblematik[254] oder eine kombinierte psychische Störung[255] (jeweils 6,5 %, jeweils n = 6) vor.

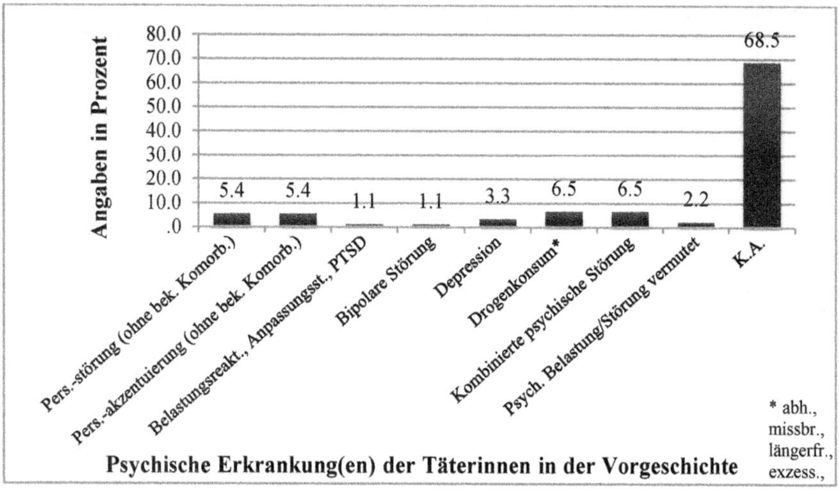

Abbildung 51: Psychische Erkrankung(en) der Täterinnen in der Vorgeschichte. Nur biologische Mütter von Neonatiziden (n = 92).

251 Zu beachten ist hierbei, dass Art und Schweregrad der diagnostizierten Auffälligkeiten in aller Regel hier keineswegs so waren, dass ohne die Tat und das Strafverfahren nahe gelegen hätte, bei den Täterinnen eine psychische Störung zu vermuten.

252 „Kombinierte psychische Störung" bedeutet, dass mindestens zwei Störungen vorliegen, die sich nicht *einer* Kategorie zuordnen lassen.

253 Persönlichkeitsstörungen gelten generell als nicht unproblematisch hinsichtlich ihrer Diagnostizierbarkeit und ihres Krankheitswertes. Bei den meisten Persönlichkeitsstörungen sind die Übergänge zur Normalpersönlichkeit sicherlich fließend. Da Persönlichkeitsstörungen in den Gutachten eine nicht unerhebliche Rolle spielen, werden sie hier mit aufgenommen.

254 Anzumerken ist, dass wahrscheinlich nicht alle der Aussagen im Instrument über Abhängigkeit und Missbrauch zwangsläufig den klinischen Kriterien dieser Kategorie entsprechen werden.

255 „Kombinierte psychische Störung" bedeutet, dass mindestens zwei Störungen vorliegen, die sich nicht *einer* Kategorie zuordnen lassen.

Psychische Erkrankungen und Auffälligkeiten zum Tatzeitpunkt

Knapp die Hälfte der Täterinnen (45,7 %, n = 42) wiesen zum Tatzeitpunkt eine psychische Erkrankung oder Auffälligkeit auf. Am häufigsten handelte es sich dabei, allein oder komorbid, um eine Auffälligkeit der Persönlichkeit (26,1 %), meist in Form einer Persönlichkeitsstörung (16,3 %)[256], seltener in Form einer Persönlichkeitsakzentuierung (9,8 %)[257]. Diese Auffälligkeiten entstammen erwartungsgemäß häufiger dem ängstlich-vermeidenden[258] (13 %, n = 12) als dem dramatisch-emotionalen[259] (3,3 %, n = 3) Bereich. In den anderen Fällen (9,8 %) war eine genaue Zuordnung zu einem bestimmten Cluster nicht möglich, z.B. da Eigenschaften aus mehreren Clustern beschrieben wurden.
Das Spektrum der übrigen Auffälligkeiten ist recht breit. Am häufigsten lag, ggf. neben einer Persönlichkeitsstörung[260], eine Belastungsreaktion/Anpassungsstörung/PTSD (10,9 %, n = 10)[261] vor.

[256] Davon 7,6 % nicht komorbid.
[257] Davon 8,7 % nicht komorbid.
[258] Ängstlich (vermeidend), selbstunsicher, abhängig (asthenisch), dependend, anankastisch.
[259] Emotional instabil impulsiv/Borderline, dissozial, histrionisch, narzisstisch.
[260] Werden zwei oder mehr Diagnosen/Störungsbeschreibungen genannt, welche sich nicht *einer* Variablenkategorie zuordnen lassen, wird die Kategorie „kombinierte psychische Störung" vergeben. Dies gilt jedoch nicht für den Fall, dass Persönlichkeitsstörungen/-akzentuierungen und eine oder mehrere andere Störungen zusammen auftreten, da Persönlichkeitsstörungen/-akzentuierungen bereits gesondert erfasst wurden. Beispiel: Borderline Persönlichkeitsstörung und Depression fällt nicht unter „kombinierte psychische Störung", sondern wird unter „Depression" erfasst.
[261] Werden zwei oder mehr Diagnosen/Störungsbeschreibungen genannt, welche sich nicht *einer* Variablenkategorie zuordnen lassen, wird die Kategorie „kombinierte psychische Störung" vergeben. Dies gilt jedoch nicht für den Fall, dass Persönlichkeitsstörungen/-akzentuierungen und eine oder mehrere andere Störungen zusammen auftreten, da Persönlichkeitsstörungen/-akzentuierungen bereits gesondert erfasst wurden. Beispiel: Borderline Persönlichkeitsstörung und Depression fällt nicht unter „kombinierte psychische Störung", sondern wird unter „Depression" erfasst.

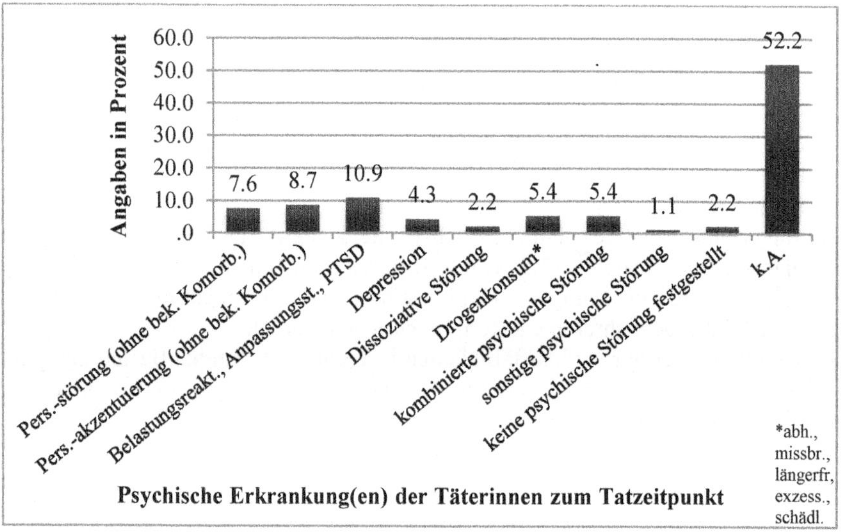

Abbildung 52: Psychische Erkrankung(en) der Täterinnen zum Tatzeitpunkt. Nur biologische Mütter von Neonatiziden (n = 92).

Kognitive Leistungsfähigkeit

In einigen Fällen (19,6 %, n = 18) wurden bei der Begutachtung auch Tests zur kognitiven Leistungsfähigkeit der Täterinnen durchgeführt. Sechs Frauen (6,5 % der Täterinnen) wiesen mindestens eine leichte Intelligenzminderung[262] auf, bei 3,3 % (n = 3) wurde eine Intelligenzminderung vermutet, z.B. wenn ohne Angabe eines Wertes von „intellektueller Minderbegabung" gesprochen wurde. Vier Täterinnen (4,3 %) hatten einen unterdurchschnittlichen IQ[263], fünf einen durchschnittlichen[264] (5,4 %) und drei Frauen (3,3 %) wiesen überdurchschnittliche kognitive Leistungsfähigkeit[265] auf. In aller Regel dürfte bei den getesteten Frauen die Vermutung bestanden haben, dass eine Auffälligkeit in die eine oder andere Richtung besteht. Man kann also davon ausgehen, dass jedenfalls in aller Re-

[262] IQ = 50-69, ICD-10 F 70. Bei drei der sechs Frauen wurde explizit ein entsprechender Wert angegeben, bei drei weiteren fanden sich Begriffe wie „geistig zurückgeblieben" oder „retardiert". Bei einem IQ von 50-69 ist nach Metaanalysen (3) von einer Prävalenz um 3 % auszugehen (vgl.: http://www.dgspj.de/index.php?option=com_content&view=article&id=67&Itemid=112).
[263] IQ = 70-84.
[264] IQ = 85-115.
[265] IQ von über 115.

gel bei den übrigen 74 Frauen kein erkennbarer Anlass zur Vermutung bestand, dass diese Frauen hoch- oder minderbegabt sein könnten.

5.3.1.4 Tathintergrund/Tatanlass

Tatauslöser (n = 145)

Fast alle der 145 Frauen[266] der Untersuchungsgruppe hatten die Schwangerschaft mit dem späteren Opfer verdrängt und/oder verheimlicht, wobei es große Unterschiede bei Art und Weise der Verdrängung/Verheimlichung gab. So kam es in einigen Fällen vor, dass den Frauen ihre Schwangerschaft selbst gar nicht bewusst wurde[267], wenngleich diese Fälle totaler Unkenntnis eher selten waren. Denn selbst wenn die Schwangerschaft verdrängt wurde, gab es zumeist einen kurzen Moment, in dem den Frauen klar war, dass sie schwanger sind, oder in dem sie es zumindest stark vermuteten. Allerdings unternahmen sie dann nichts, um diesen Verdacht zu verifizieren und verdrängten ihren Zustand in der Folgezeit. Die Erkenntnisse des Projekts zeigen damit, dass die Übergänge zwischen den Phänomenen „Verdrängung" und „Verleugnung" so fließend sind, dass eine klare Differenzierung nur sehr selten möglich ist, zumal sich grundsätzlich die Frage stellt, wie zuverlässig retrospektive Selbstauskünfte in diesem Bereich überhaupt sein können. Dies gilt umso mehr, wenn man bedenkt, dass sich die Frage, inwieweit sich die Täterin vor der Geburt über ihren Zustand bewusst war und ob sie sich mit der bevorstehenden Geburt auseinandergesetzt hat, Auswirkungen auf die strafrechtliche Beurteilung der Täterin haben kann.

Die Motive für eine Verheimlichung der Schwangerschaft bleiben weitgehend unklar. Die Frauen konnten sich ihr Verhalten in aller Regel nach der Tat selbst nicht wirklich erklären. Konkret benannte Gründe, wie z.B. die Angst, vom Partner verlassen zu werden, spielten ebenso wie die Begünstigung der Tat durch Drogen und/oder Alkohol nur in Einzelfällen eine Rolle. Ein nicht zu vernachlässigender Teil der Frauen hatte durchaus Erfahrung im Umgang mit ungewollten Schwangerschaften und konnte (sich) nicht erklären, warum sie im Fall des getöteten Kindes nicht auf diese Möglichkeiten zurückgegriffen hatten. In 20 Fällen hatten die Mütter ausweislich der Akten bereits eine oder mehrere Abtreibungen hinter sich. In acht Fällen hatten sie ein früher geborenes Kind oder sogar mehrere frühere Kind(er) (3 x 2 Kinder, 1 x 3 Kinder) zur Adoption freigegeben.

---

[266] Hier werden nicht nur Aussagen über die abgeurteilten Täterinnen gemacht, sondern über alle biologischen Mütter der als Opfer eines Neonatizids kategorisierten Kinder.

[267] Im Sinne einer „echten" verdrängten Schwangerschaft, wie sie z.B. *Wessel [u.a.]* 2003 beschreibt.

5.3.1.5 Tat und Tatumstände

Tatörtlichkeit

Fast alle Geburten fanden allein und ohne fremde Hilfe statt. Die Taten wurden in 82,1 % der Fälle in der Wohnung der Täterin begangen, dort in den meisten Fällen im Badezimmer. Dies verdeutlicht den Zusammenhang mit der Verdrängung/Verheimlichung der Schwangerschaft: Die Täterinnen wurden zumeist von der Geburt überrascht, deuteten die Wehen z.B. als Magenbeschwerden und begaben sich deshalb ins Bad. Die anderen Opfer kamen z.B. am Arbeitsplatz der Mutter zur Welt oder einem anderen Ort, an dem die Täterin sich häufiger aufhielt (6,9 %), zum Teil auch an zufälligen Orten (5,5 %) wie öffentlichen Toiletten. Nur in 4,8 % der Fälle lag der Geburtsort des Kindes nicht in einer geschlossenen Räumlichkeit, sondern z.B. auf einem unbelebten öffentlichen Parkplatz.

Wochentag der Tatbegehung

Hinsichtlich des Tattages gab es bei den untersuchten Fällen keine wesentlichen Häufungen an bestimmten Wochentagen. Dies lässt sich insbesondere damit erklären, dass sich die Taten fast immer unmittelbar an eine spontane Geburt anschlossen. Der hohe Anteil an Ausfallwerten erklärt sich hauptsächlich mit den unbekannten Neugeborenen, bei denen vielfach die Liegezeit und damit der Tag der Tat nicht mehr tag-genau festgestellt werden konnten. Aber auch bei anderen Opfern, die erst lange nach der Tat gefunden werden, kann der genaue Tag der Tatbegehung, z. T. auch wegen Erinnerungslücken der Mutter, oft nicht mehr ermittelt werden.

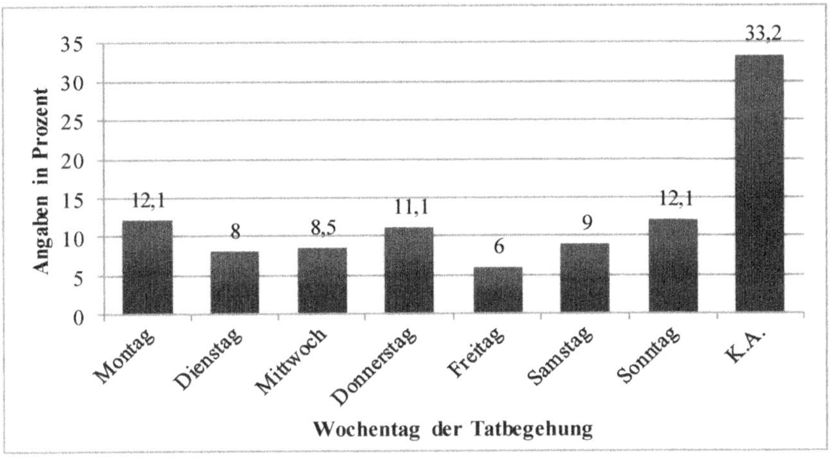

Abbildung 53: Wochentag der Tatbegehung. Alle Opfer von Neonatiziden (n = 199).

Uhrzeit der Tatbegehung

Auch bei der Uhrzeit traten keine wesentlichen Häufungen auf. Eine leichte Erhöhung des Risikos zeigte sich nur in den Nachtstunden zwischen 0:00 Uhr bis 03:59 Uhr. Diesbezügliche Angaben haben aber nur eingeschränkte Aussagekraft, da viele Frauen nur sehr ungefähr angeben konnten, wann es zur Geburt und Tat gekommen war. Die Ausfallwerte ergeben sich insbesondere daraus, dass sich bei länger zurückliegenden Taten und dabei insbesondere bei unbekannten Neugeborenen die genaue Uhrzeit der Tatbegehung nicht mehr feststellen ließ.

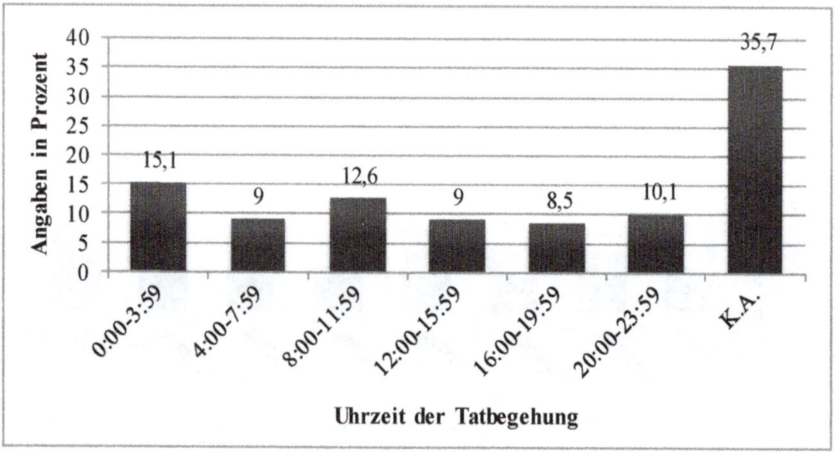

Abbildung 54: Uhrzeit der Tatbegehung. Alle Opfer von Neonatiziden (n = 199).

Tötungsart

Die Kinder starben in knapp einem Viertel der Fälle, bei denen die Tötungsart festgestellt werden konnte, an Ersticken durch Verlegen der Atemwege, oft nachdem sie in Handtücher oder Plastiktüten verpackt worden waren. Zu etwa gleichen Anteilen (jeweils rund 11 %) kamen sie durch Nichtversorgen und Einwirkungen auf den Hals (Erdrosseln/Erwürgen/Strangulieren) zu Tode. Die hohe Opferzahl, bei der die Tötungsart unklar oder nicht feststellbar war (gut ein Drittel) erklärt sich damit, dass die Rechtsmediziner oft keine der Tötungsarten eindeutig feststellen konnten. Meist handelte es sich um den Fall, dass nicht mehr zweifelsfrei nachzuweisen war, ob das Neugeborene erstickt wurde oder an reinem Nichtversorgen bzw. deren Kombination starb.

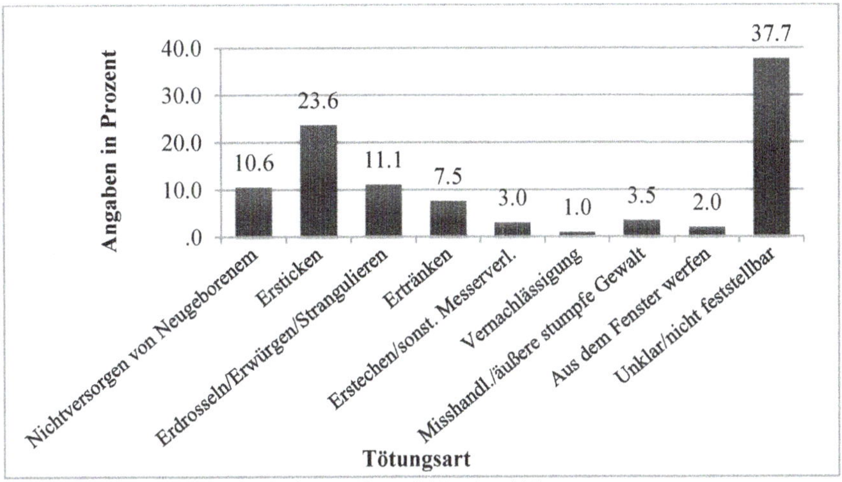

Abbildung 55: Tötungsart. Alle Opfer von Neonatiziden (n = 199).

Die Fälle, in denen die Frauen aktiv durch eine Gewalthandlung den Tod des Kindes herbeiführten, machen zusammengenommen nur 17,6 % aus[268]. In nahezu allen Fällen der anderen Tatbegehungsalternativen handelte es sich eher um Versuche, die Situation möglichst schnell zu beenden. Die Kinder wurden entweder ignoriert und starben an der reinen Nichtversorgung, oder sie kamen durch eine Handlung zu Tode, die das Kind aus dem Blickfeld der Mutter bringen sollte, z.B. durch aus dem Fenster werfen oder Verpacken in Tüten/Taschen und Verstecken des Kindes. Häufig erfolgte das „Verstecken" im eigenen Zimmer bzw. anderen Orten, an denen damit gerechnet werden musste, dass das tote Kind sehr bald gefunden wird. Daraus wird deutlich, dass die Tathandlungen dominieren, in denen sich die Verdrängung der Schwangerschaft in gewisser Weise im und nach dem Geburtsvorgang fortsetzt. Die Täterinnen bemühen sich häufig nicht[269] um ein sicheres Versteck für die Leichen, auch wenn sie dadurch objektiv betrachtet eine Entdeckung sehr wahrscheinlich machen; sie ignorieren das tote Kind wie zuvor die Schwangerschaft.

---

[268] Zusammengefasst wurden dabei Erdrosseln/Erwürgen/Strangulieren, Erstechen/sonstige Messerverletzung sowie Misshandlung/äußere stumpfe Gewalt. Lediglich sehr vereinzelt gab es auch andere Fälle z.B. von aktivem Ertränken.

[269] Hier ist darauf hinzuweisen, dass Fälle, bei denen die Leichen „sicher" versteckt werden, in den aufgeklärten Fällen naturgemäß unterrepräsentiert sind. Allerdings unterscheiden sich die Fälle, bei denen das tote Kind so versteckt war, dass eine Entdeckung eher zufällig war, in den anderen Merkmalen nicht von den Fällen, bei denen die Entdeckung so gut wie sicher war.

5.3.1.6 Rolle der Kindsväter

Angaben über die Väter der Neonatizid-Opfer waren in den Akten unterschiedlich umfangreich vorhanden. Sie reichten von bloßen Einzelangaben, z.B. zur Staatsangehörigkeit oder dem Geburtsjahr, bis hin zu umfassenden Angaben, ähnlich denen über die Täterinnen. Es gab insgesamt Angaben zu 139 biologischen Vätern, wobei aufgrund der unterschiedlichen Informationslage in den Akten nicht für alle Väter Angaben zu allen Bereichen vorhanden waren. Lebensbereiche, für die es nur für eine Minderheit der Väter Informationen gab, werden nachfolgend nicht berücksichtigt.

Alter

Die meisten Väter (n = 96) waren bei der Geburt des Kindes zwischen 18 und 40 Jahre alt, nur vier (2,9 %) der Väter waren jünger als 18 und lediglich 11 älter als 40 Jahre. Damit waren die biologischen Mütter insgesamt jünger als die biologischen Väter, insbesondere waren bei den Müttern gut 16 % unter 18 Jahre alt. Genauere Vergleichsdaten fehlen um festzustellen, ob diese Altersverteilung derjenigen in der allgemeinen Bevölkerung entspricht. Die Tendenz dürfte allerdings der generellen entsprechen.

Staatsangehörigkeit

Bei den Kindsvätern ist, ebenso wie bei den Müttern, der Anteil an deutschen Staatsangehörigen[270] deutlich überwiegend. Allerdings lagen dazu nur für 110 Männer gesicherte Angaben in den Akten vor. Demnach hatten 12,2 % eine andere Staatsangehörigkeit. Damit liegt der Anteil ausländischer Täter in dieser Deliktsgruppe etwas über dem durchschnittlichen Ausländeranteil der Gesamtbevölkerung in Deutschland während des Untersuchungszeitraums, der bei knapp 9 % lag[271].

---

[270] Bei der Bewertung der Befunde zur Staatsangehörigkeit ist zu beachten: Die Staatsangehörigkeit sagt über die soziale Lage, einen möglichen Migrationshintergrund und dessen biographische Bedeutung sowie mögliche kulturelle Besonderheiten nichts aus. Ob und ggf. welche Bedeutung dieses Merkmal im konkreten Fall hat, kann mit den hier erhobenen Daten nur ansatzweise festgestellt werden. Dieser Fragestellung soll an anderer Stelle ausführlich nachgegangen werden.

[271] *Statistisches Bundesamt* 2010, S. 8.

Familienstand

Auch die Kindsväter waren zumeist ledig. Nur 14,4 % waren zum Tatzeitpunkt verheiratet.

Weitere Kinder

Für 98 Väter gab es Informationen darüber, ob sie neben dem Opfer weitere biologische Kinder hatten, was bei 44 Männern (31,7 %) der Fall war.

Wohnsituation

Angaben dazu, mit wem die Väter der Opfer zum Tatzeitpunkt zusammenlebten, lagen nur zu etwas mehr als der Hälfte der Väter vor. Wie auch bei den Müttern lebte ein nicht geringer Anteil noch in ihrer eigenen Herkunftsfamilie (n = 35). Mit der Mutter des Opfers lebten nach den Angaben in den Akten 31 Kindsväter zusammen[272]. Nur ein kleiner Teil der Väter lebte allein. Lediglich in Einzelfällen wohnten die Kindsväter mit anderen Kindern, einer anderen Partnerin oder weiteren Personen zusammen.

Beruflicher Status

Soweit hierzu Angaben vorlagen[273] ist festzustellen, dass ein Großteil (36 %) der Kindsväter zum Tatzeitpunkt in abhängiger Tätigkeit oder selbständig tätig war. 20 Männer (14,4 %) befanden sich noch in der Ausbildung, genauso viele waren ohne Erwerbstätigkeit. Die Erwerbslosenquote der Kindsväter liegt damit nicht dimensional über der allgemeinen Arbeitslosenquote bei Männern, die im Untersuchungszeitraum etwa zwischen 9 und 12 % schwankte[274].

Einschlägige strafrechtliche Vorbelastungen zum Tatzeitpunkt

Wie bei den Täterinnen gab es auch für keinen der Kindsväter in den Akten Angaben über einschlägige strafrechtliche Vorbelastungen.

---

[272] Der Unterschied zu den oben genannten Daten bezogen auf die Mütter (22 Täterinnen lebten mit dem Vater des Opfers zusammen) erklärt sich vor allem daraus, dass bei den Daten zu den Vätern alle Väter, also auch diejenigen, deren Partnerinnen nicht verurteilt wurden, einbezogen wurden.

[273] n = 139.

[274] Bundesagentur für Arbeit: „Registrierte Arbeitslose, Arbeitslosenquote nach Geschlecht", online abrufbar unter: http://www.destatis.de/jetspeed/portal/cms/Sites/destatis/Internet/DE/Content/Statistiken/Zeitreihen/LangeReihen/Arbeitsmarkt/Content100/lrarb002ga,templateId=renderPrint.pml.

Nicht einschlägige strafrechtliche Vorbelastungen zum Tatzeitpunkt

Lediglich drei Männer wiesen ausweislich der in den Akten enthaltenen Informationen eine nicht einschlägige Vorbelastung auf.

Kenntnis/Umgang bzgl. des zur Tat führenden Verhaltens

Die allermeisten Kindsväter hatten, soweit hierzu Angaben vorlagen, keine Kenntnis von den Schwangerschaften, die in den Neonatizid mündeten. Dies allerdings aus verschiedenen Gründen. Zumeist vermuteten sie schlichtweg keine Schwangerschaft, da sie die körperlichen Veränderungen der Frauen entweder gar nicht bemerkten (in Einzelfällen fielen diese so gering aus, dass sie nach außen nicht auffielen) oder den Erklärungen, die ihnen ihre Partnerinnen auf Nachfrage dafür lieferten, glaubten. In einigen Fällen waren die Kindsväter nicht die aktuellen Partner der späteren Täterinnen, oft weil die Kinder durch Affären entstanden und diese bereits beendet waren, als die Frauen die Schwangerschaft bemerkten. Nur in neun Fällen teilten die Frauen den Kindsvätern ihre Schwangerschaft laut Aktenlage mit, allerdings gaben drei dieser Männer in der polizeilichen Befragung an, es hätte eine solche Mitteilung nie gegeben. Welche dieser widersprüchlichen Angaben wahr ist, ob der Widerspruch verzerrter Erinnerung oder gezielten Schutzbehauptungen geschuldet ist, bleibt letztlich Spekulation. Zwei Männer trennten sich nach Mitteilung der Schwangerschaft von den Frauen und erkundigten sich wohl auch nicht nach dem Verlauf von Schwangerschaft oder Geburt. Eine Frau teilte dem Kindsvater während der Schwangerschaft mit, sie hätte eine Fehlgeburt erlitten. In einem anderen Fall ging der Vater davon aus, die Frau hätte das Kind zur Adoption freigegeben, wie sie es zuvor einmal überlegt hatte. Bei den übrigen Fällen wurde nach der Mitteilung über die Schwangerschaft scheinbar einfach nicht mehr darüber gesprochen.

Zusammenfassende Betrachtung

Insgesamt ergibt sich in Bezug auf die Väter der getöteten Neugeborenen ein nur lückenhaftes Bild. Der Mangel an Informationen ist dabei vor allem der Tatsache geschuldet, dass die meisten Untersuchungen auf der Grundlage von Strafakten erfolgen und nur in Ausnahmefällen Strafverfahren gegen die Väter durchgeführt werden. Soweit soziodemographische Angaben zu den Vätern vorliegen, zeigen diese keine auffälligen Merkmale. Die meisten Fragen wirft der Befund auf, dass es offenbar nicht ganz selten vorkommt, dass Frauen eine Schwangerschaft erfolgreich auch vor einem mit ihnen zusammenlebenden und geschlechtlich verkehrenden Partner verheimlichen können. Wie genau dieses nach den Eindrücken aus den Akten oft durchaus glaubwürdige Ergebnis entsteht – Ignoranz, Verdrängung, Naivität oder andere Faktoren – bleibt eine weitere offene, soweit ersichtlich bisher unerforschte Frage.

5.3.1.7 Eventuelle Interventionsmöglichkeiten

Tatankündigung

Die Taten erfolgten fast ausnahmslos ohne Ankündigung. Nur in einem Ausnahmefall äußerte die Mutter bereits während der Schwangerschaft gegenüber einer Freundin den Gedanken, den Säugling nach der Geburt zu töten[275].

Kontakt des Jugendamts zur Familie des Opfers

In sehr wenigen Fällen (n = 6) bestand im Vorfeld der Tat bereits intensiverer Kontakt des Jugendamtes zur Familie des Opfers. Fast ausnahmslos ging es dabei um Geschwister der Opfer. Teilweise war bei diesen eine Adoption geplant oder bereits erfolgt. In Einzelfällen war während der Zeit der Schwangerschaft mit dem Opfer bzw. zur Zeit der Tat eine Familienhilfe eingerichtet, die zumindest wöchentlich in die Familien kam, wobei von Seiten der Mitarbeiter der Familienhilfe nach einer Schwangerschaft gefragt, diese aber vehement verneint bzw. die Schwangerschaft ohne Ansprache der Mutter vermutet wurde. In einem Fall bestand der Kontakt zum Jugendamt nicht aufgrund von Geschwistern, sondern weil die Mutter des Opfers selbst noch minderjährig in einem Kinderheim untergebracht war.

Sonstige Interventionsmöglichkeiten

Ein knappes Drittel der Frauen wurde im Laufe der Schwangerschaft von ihrem Umfeld nach einer Schwangerschaft gefragt, zum Teil auch mehrmals und massiv. Sie erklärten eine offensichtliche Gewichtszunahme dann mit einer Erkrankung (z.B. Diabetes, Tumore), Wassereinlagerungen oder auch einfach durch ihr Essverhalten. Neben diesen eher ausgefeilten Geschichten bestand die Negierung der Schwangerschaft bei anderen Frauen auf Nachfrage in schlichtem Leugnen, ohne dass weitere Erklärungen dazu abgegeben wurden. Letztlich akzeptierten die Nachfragenden diese Erklärungen oder unternahmen zumindest nichts weiter.

---

[275] Die angesprochene Freundin zeigte der Mutter andere Möglichkeiten, z.B. Adoption auf. Die Mutter befasste sich aber nicht weiter damit.

In nicht wenigen Fällen vermutete jedoch auch im Umfeld niemand eine Schwangerschaft, da die Gewichtszunahme entweder nicht auffiel (wenn die Frau bereits zuvor korpulent gewesen war) oder es während der Schwangerschaft gar nicht zu einer deutlichen Zunahme kam. Keine der Frauen unterzog sich während der Schwangerschaft den üblichen Schwangerschaftsvorsorgeuntersuchungen. In wenigen Einzelfällen hatten die Frauen während der Schwangerschaft einmal einen Gynäkologen aufgesucht. In einigen wenigen Fällen hatten die Frauen Dritten (dem Partner oder einer Freundin) von der Schwangerschaft berichtet, diese unternahmen jedoch dann nichts oder gingen einfach davon aus, dass die Frauen schon eine Lösung finden würden. Teilweise gaben die Frauen auf spätere Nachfragen auch an, dass sie eine Fehlgeburt erlitten oder das Kind zur Adoption freigegeben hätten.

Bei 12 Frauen gab es in den Akten Hinweise darauf, dass über die Möglichkeit der Abgabe des Kindes in einer Babyklappe nachgedacht wurde[276], wobei diese Überlegungen zumeist nur sehr kurz und in einem frühen Stadium der Schwangerschaft angestellt wurden. Zum Teil wirkten diesbezügliche Äußerungen allerdings auch eher wie Schutzbehauptungen. In keinem der Fälle gab es Anhaltspunkte dafür, dass die Nutzung der Babyklappe ernsthaft in Erwägung gezogen wurde und sich die Frauen z.B. mit der konkreten Umsetzung auseinandergesetzt hatten. Genauere Informationen darüber, warum die Frauen über die Möglichkeit der Babyklappe nachdachten und sie dann später wieder verwarfen, waren den Akten allerdings nicht zu entnehmen. Letztlich wurden jedenfalls auch diese Frauen von der Geburt überrascht. Es ist nicht bekannt, dass eine von ihnen Vorkehrungen für einen Transport des Kindes zu einer Babyklappe getroffen hätte. 14 Frauen gaben im Laufe des Strafverfahrens an, über eine Freigabe zur Adoption nachgedacht zu haben[277], dabei waren auch hier die Überlegungen eher abstrakt und eine Abgabe wurde nicht wirklich konkret in Erwägung gezogen oder gar geplant. Zwei Frauen gaben an, mit einer Fachärztin über diese Möglichkeit gesprochen zu haben. Allerdings ist unklar, ob es sich hierbei wiederum nur um eine Schutzbehauptung handelt oder wie konkret die Frauen ihren Zustand wirklich geschildert hatten.

Sowohl über die Babyklappe als auch über eine Adoption hatten einzelne Frauen mit Dritten, z.B. einer Freundin oder der Mutter gesprochen. Allerdings blieben diese Gespräche fast immer sehr vage und abstrakt, so dass man davon ausgehen kann, dass die Personen vermutlich nicht gemerkt haben dürften, dass

[276] Davon hatten drei Frauen sowohl die Abgabe des Kindes in einer Babyklappe als auch die Freigabe zur Adoption in Erwägung gezogen.

[277] Davon hatten drei Frauen sowohl die Abgabe des Kindes in einer Babyklappe als auch die Freigabe zur Adoption in Erwägung gezogen.

sich ihr Gegenüber in einer Situation befand, in dem diese Fragen aus ganz realen Gründen gestellt wurden.

5.3.1.8 Kenntniserlangung der Tat und Ermittlungsaktivitäten

Kenntniserlangung der Tat durch die Strafverfolgungsbehörden

Es gab im Wesentlichen zwei Konstellationen, wie die Strafverfolgungsbehörden von den Taten Kenntnis erhielten. In gut der Hälfte der Fälle fanden unbeteiligte Dritte wie Passanten zufällig die Babyleiche und informierten daraufhin die Polizei. Bei der zweiten Konstellation fanden Personen aus dem näheren Umfeld des Opfers/der Mutter entweder die Babyleiche oder brachten die Mutter kurz nach der Geburt – meist ohne von der Geburt selbst zu wissen - u.a. wegen Blutungen in ein Krankenhaus, woraufhin der Arzt nach Feststellung einer Geburt die Behörden alarmierte.

Kenntnis Tat-Unbeteiligter vom Tötungsdelikt vor den Strafverfolgungsbehörden

Selten hatten tat-unbeteiligte Personen längere Zeit vor den Strafverfolgungsbehörden Kenntnis von der Tat. In Einzelfällen wollten die Eltern der Kindsmutter, die den toten Säugling während der Abwesenheit der Tochter im elterlichen Haushalt fanden, zunächst mit ihrer Tochter sprechen und informierten erst nach Stunden oder am nächsten Tag die Polizei. Die Fälle mit deutlich längerer Kenntnis sind eher heterogen. In Ausnahmefällen versteckte eine Freundin bzw. der Vater des Kindes den toten Säugling und beide wandten sich nicht an die Ermittlungsbehörden. In anderen Fällen glaubten Bekannte oder Freunde nach einem Geständnis die Geschichte von dem toten Kind einfach nicht oder informierten aus unbekannten Gründen erst Wochen oder Monate später die Ermittlungsbehörden.

Ermittlungsaktivitäten

Auffällig ist zunächst, dass der Aufwand, mit dem die Ermittlungen bei dieser Deliktsgruppe betrieben wurden, von sehr unterschiedlicher Intensität war. Besonders bei unbekannt tot aufgefundenen Neugeborenen wurde oft mit großem Aufwand ermittelt, um die Mutter des Kindes ausfindig zu machen und den Tatverlauf zu klären. So wurden bei tot aufgefundenen Neugeborenen in der Regel umfangreiche Befragungen durchgeführt, häufig auch im Umfeld des Fundorts allen als Mutter in Frage kommenden Frauen Speichelproben entnommen. In vielen Fällen wurde mit einem öffentlichen Aufruf nach der Kindsmutter gefahndet und/oder eine Belohnung ausgesetzt. Vierzehnmal wurden im Rahmen der Ermittlungen Spürhunde eingesetzt, zehnmal wurden die Beerdigung und/oder das Grab des Kindes überwacht. In Einzelfällen wurde eine Telefonüberwachung angeordnet oder eine Rekonstruktion der Tatumstände veranlasst. Bei 69,3 % der Kinder wurde eine DNA-Analyse durchgeführt; in den übrigen Fällen wurde oft wegen eindeutiger Tatumstände darauf verzichtet. Häufig gelang die Aufklärung der Fälle dennoch nicht.

Rechtsmedizinische Gutachten

In 98 % der Fälle ist ein rechtsmedizinisches Gutachten erstellt worden. Bei den wenigen anderen Opfern (n = 4) wurde die Leiche nicht gefunden, war bereits zu stark verändert oder es fehlten Angaben in der Akte.

5.3.1.9 Beurteilung durch Staatsanwaltschaften und Gerichte

Haft- und Unterbringungsbefehl

Gegen 74 der 92 Täterinnen (80,4 %) wurde Untersuchungshaft angeordnet. Bei 29 dieser Frauen wurde der Haftbefehl allerdings gleichzeitig mit dem Erlass oder später außer Vollzug gesetzt[278]. Zwei junge Frauen wurden nach § 72 Abs. 4 JGG einstweilig in einem Heim der Jugendhilfe untergebracht. Deutlich am häufigsten wurde als Haftgrund die Schwere der Tat (§ 112 Abs. 3 StPO), meist in Verbindung mit Fluchtgefahr (§ 112 Abs. 2 Nr. 2 StPO), angenommen, in Einzelfällen in Verbindung mit Verdunklungsgefahr oder § 112a StPO[279]. Gelegentlich war Fluchtgefahr der alleinige Haftgrund.

---

[278] Bei zehn Frauen wurde der Haftbefehl bereits zeitgleich mit dem Erlass außer Vollzug gesetzt. Im Übrigen handelte es sich meist um Untersuchungshaftzeiten von wenigen Wochen bis maximal sieben Monaten.

[279] Eine verfassungskonforme Auslegung des § 112 Abs. 3 StPO gebietet das Vorliegen eines weiteren Haftgrunds. An diesen weiteren Haftgrund werden aber hinsichtlich der Gefahrprognose geringere Anforderungen gestellt. Dennoch wurde in einigen Haftbefehlen allein der § 112 Abs. 3 StPO als Haftgrund genannt.

Strafverteidigung

Alle Täterinnen wurden vor Gericht von einem Rechtsanwalt verteidigt[280].

Aussageverhalten/Geständnis

Über die Hälfte der Täterinnen legte während der polizeilichen Vernehmungen ein Geständnis ab, weitere 15,2 % zumindest ein Teilgeständnis. Knapp ein Fünftel (n = 17) bestritt die Tat bei der Polizei. 5,4 % der Mütter ließ sich nicht zur Sache ein. Ähnlich war das Aussageverhalten während der Hauptverhandlung, 58,7 % waren geständig, weitere 13 % legten ein Teilgeständnis ab. Zehn der 92 Täterinnen (10,8 %) leugneten die Tat auch vor Gericht. Drei Mütter (3,3 %) ließen sich nicht zur Sache ein.

Hinsichtlich des Aussageverlaufs ließ sich feststellen, dass sieben Täterinnen, die die Tat zunächst bei der Polizei bestritten hatten, in der Hauptverhandlung ein Geständnis oder zumindest ein Teilgeständnis ablegten. Sieben Mütter leugneten die Tat während des gesamten Verfahrens. Zwei Frauen, die die Tat polizeilich zumindest teilweise gestanden hatten, bestritten die Vorwürfe in der Hauptverhandlung. Von den wenigen, die sich zunächst nicht bei der Polizei zur Sache eingelassen hatten, änderte sich zum Teil das Aussageverhalten in der Hauptverhandlung, mal Richtung Geständnis (n = 2), mal Richtung Bestreiten (n = 1).

Anklageerhebung/Antrag im Sicherungsverfahren

Bei allen 92 Frauen wurde Anklage erhoben. Anträge im Sicherungsverfahren wegen Schuldunfähigkeit wurden somit nicht gestellt. In 58,7 % der Fälle wurde die Anklage vor dem Landgericht[281] erhoben, in 39,1 % vor der Jugendkammer[282]. Zwei Fälle wurden vor dem Amtsgericht[283] zur Anklage gebracht.

---

[280] Eine anwaltliche Vertretung ist Pflicht u.a. bei Prozessen vor dem Landgericht, bei Verbrechen (Strafandrohung mindestens 1 Jahr Freiheitsstrafe), bei einer möglichen Unterbringung in einem psychiatrischen Krankenhaus oder schlicht wegen der Schwere der Tat.

[281] Anklagen wegen Mordes, Totschlags und Körperverletzung mit Todesfolge sind bei Erwachsenen nach § 74 Abs. 2 GVG immer vor dem Landgericht als Schwurgericht zu erheben. Das Landgericht ist nach § 74 Abs. 1 GVG zudem bei allen Straftaten (also auch bei fahrlässigen Tötungsdelikten) zuständig, bei denen eine höhere Strafe als vier Jahre Freiheitsstrafe oder die Unterbringung in einem psychiatrischen Krankenhaus, allein oder neben einer Strafe, oder in der Sicherungsverwahrung zu erwarten ist.

[282] Die Jugendgerichte an sich sind zuständig bei Jugendlichen (14 bis unter 18 Jahre) und Heranwachsenden (18 bis unter 21 Jahre). Die Jugendkammer beim Landgericht ist nach § 41 JGG bei Mord, Totschlag und Körperverletzung mit Todesfolge sowie bei erwarteter Unterbringung in einem psychiatrischen Krankenhaus zuständig.

Verfahrenseinstellungen

Bei 80 Opfern wurde das Verfahren nach § 170 Abs. 2 StPO eingestellt. Der konkrete Ermittlungsstand, der diesen Einstellungen vorangegangen war, weist eine sehr große Bandbreite auf. Während es in einigen Fällen zu keinem Zeitpunkt einen Tatverdächtigen gab, also bis zuletzt gegen „unbekannt“ ermittelt wurde, wurden demgegenüber auch konkrete gegen die Mutter des Neugeborenen gerichtete Ermittlungsverfahren nach § 170 Abs. 2 StPO eingestellt, meist weil ein natürlicher Tod des Opfers nicht sicher ausgeschlossen werden konnten. In einem Fall wurde das Verfahren auch wegen einer „in dubio pro reo“ nicht auszuschließenden Schuldunfähigkeit der Mutter zum Tatzeitpunkt (bei Nichtvorliegen der Voraussetzungen des § 63 StGB) eingestellt. Zwei gegen die Kindsmütter gerichtete Verfahren wurden vom Gericht mit Zustimmung der Staatsanwaltschaft nach § 47 I Nr. 1 JGG i.V.m. § 153 StPO eingestellt[284]. Gegen eine weitere Mutter wurde das Verfahren nach § 153b StPO eingestellt.
In Einzelfällen wurde zunächst auch gegen den Kindsvater (in einem Fall auch gegen die Mutter der Täterin) ermittelt. Diese Verfahren wurden aber in der Regel bereits kurze Zeit später nach § 170 Abs. 2 StPO eingestellt. Zu berücksichtigen ist auch, dass es bei den Ermittlungsbehörden z. T. sehr unterschiedlich gehandhabt wurde, ab wann eine Person in einem Ermittlungsverfahren als Beschuldigter vernommen wurde.

Hauptverhandlung

Die meisten Hauptverfahren (80,5 %) dauerten im Hinblick auf die Sitzungstage nur ein bis fünf Tage. 18,6 % der Gerichte (n = 18) benötigten sogar nur einen Verhandlungstag bis zur Urteilsfindung. Gelegentlich kam es zu langen Verfahren mit sechs bis zehn (15,4 %, n = 15) oder 11 bis 20 (4 %, n = 4) Sitzungstagen.

---

[283] Beim Amtsgericht angeklagt werden können nur fahrlässige Tötungsdelikte/andere Delikte, bei denen die Straferwartung unter 4 Jahren liegt und auch keine Unterbringung in einem psychiatrischen Krankenhaus zu erwarten ist, § 24 GVG.

[284] In einem Fall hatte die Mutter gestanden, dem Kind die Hand auf den Mund gedrückt zu haben, um das Schreien zu unterdrücken. Dabei sei sich die Mutter laut Gericht der Gefährlichkeit der Handlung nicht bewusst gewesen. In einem anderen Verfahren – die Mutter hatte das Kind nach verheimlichter Schwangerschaft und Geburt unversorgt liegen lassen - wurde vom Gericht zunächst über eine Einstellung nach § 153b Abs. 2 StPO nachgedacht. Da ein weiteres Gutachten ergab, dass das Kind möglicherweise auch bei Reanimationsversuchen nicht hätte gerettet werden können, wird das Verfahren schließlich nach § 47 I Nr. 1 JGG i.V.m. § 153 StPO eingestellt.

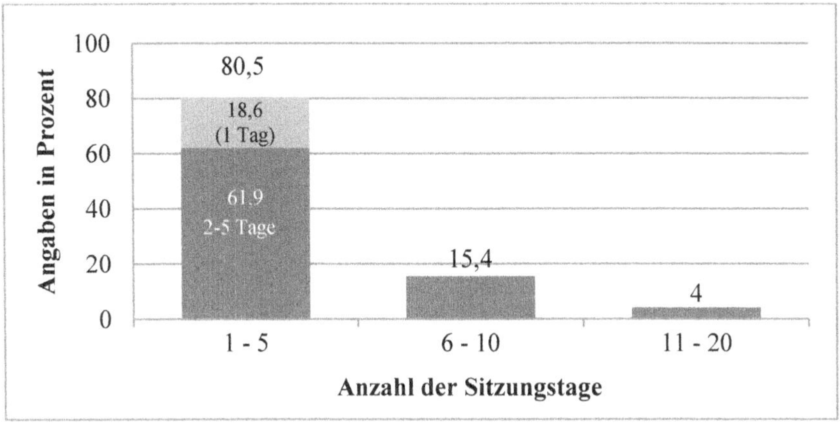

Abbildung 56: Anzahl der Sitzungstage. Neonatizide ohne Ausfallwerte (n = 97).

Fast immer wurde nur eine Person – die biologische Mutter – angeklagt (94,9 %, n = 94). In fünf Fällen standen zeitgleich zwei Angeklagte vor Gericht.

Die Anzahl der in der Hauptverhandlung vernommenen Zeugen war sehr unterschiedlich. Es zeigte sich, dass die Gerichte in etwa gleich häufig ein bis fünf (n = 32), sechs bis zehn (n = 27) bzw. 11 bis 20 Zeugen (n = 26) vernahmen. In sieben Fällen wurde auf Zeugenaussagen gänzlich verzichtet. In einigen Fällen kam es auch zu sehr umfangreichen Beweisaufnahmen mit 21 bis 30 (n = 3) und sogar über 30 bis maximal 54 Zeugen (n = 3).

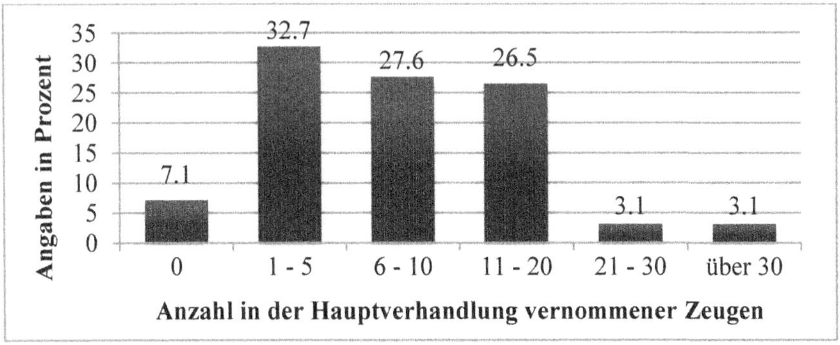

Abbildung 57: Anzahl in der Hauptverhandlung vernommener Zeugen. Neonatizide ohne Ausfallwerte (n = 98).

In fast der Hälfte der Gerichtsverfahren wurden zwei, etwas seltener drei Sachverständige hinzugezogen. Hauptverhandlungen mit vier bis zu sechs Gutachtern kamen ebenfalls, aber deutlich seltener vor. In zwei Fällen wurde auf Sachverständige verzichtet.

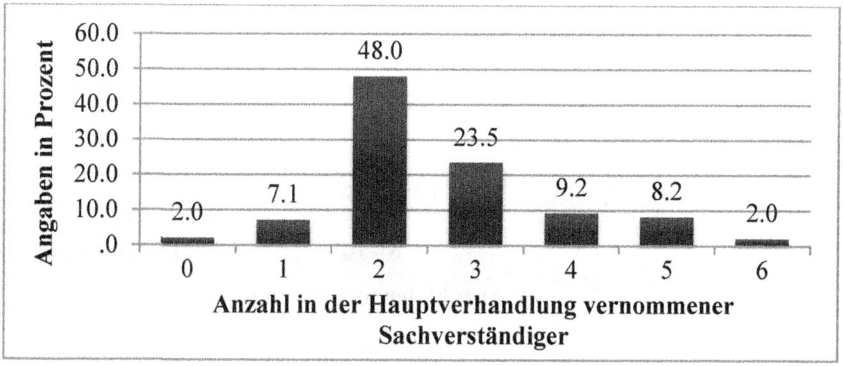

Abbildung 58: Anzahl in der Hauptverhandlung vernommener Sachverständiger. Neonatizide ohne Ausfallwerte (n = 98).

Schuldfähigkeit

In den meisten Fällen wurde die Anwendbarkeit von §§ 20, 21 StGB, also die Frage der Schuldunfähigkeit bzw. verminderten Schuldfähigkeit, während des Verfahrens thematisiert. Rechtskräftig festgestellt wurde § 20 StGB in einem Fall, § 21 StGB in 44 Fällen.

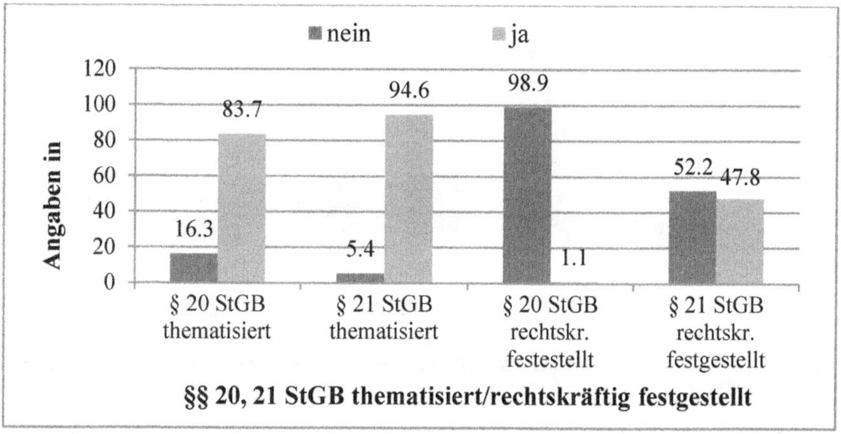

Abbildung 59: §§ 20, 21 StGB thematisiert/rechtskräftig festgestellt. Nur biologische Mütter von Neonatiziden (n = 92).

Strafrechtlicher Vorwurf - Anklage

Die Staatsanwaltschaft klagte die Mütter fast immer wegen Totschlags und nur selten (6,9 %, n = 7) wegen des minder schweren Falls des Totschlags nach § 213 StGB an. Bei acht Opfern ging die Staatsanwaltschaft von einem Mord aus. Nur vereinzelt warf die Anklagebehörde den Frauen Kindstötung nach § 217 StGB a. F. (n = 3), Körperverletzung mit Todesfolge (n = 1), fahrlässige Tötung (n = 2) oder Aussetzung (n = 1) vor.

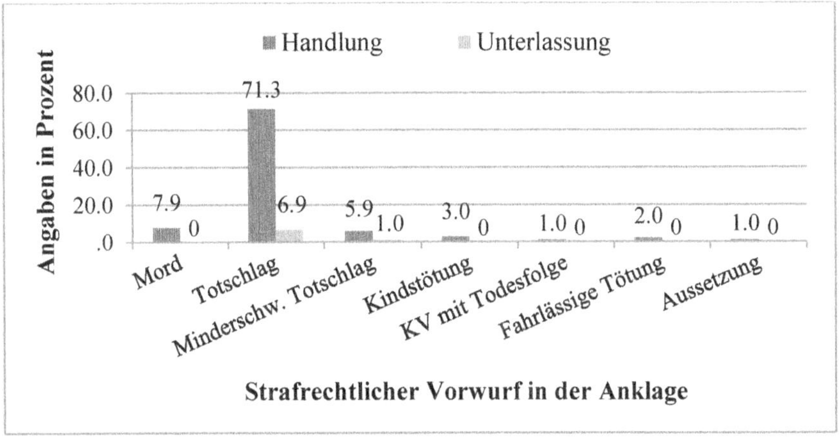

Abbildung 60: Strafrechtlicher Vorwurf in der Anklage. Nur biologische Mütter von Neonatiziden. Bei TäterInnen, die mehrere Kinder getötet haben, wurden alle Anklagen erfasst (n = 101).

Strafrechtlicher Vorwurf - Rechtskräftige Verurteilung[285]

Es dominieren klar die Verurteilungen wegen Totschlags (39,6 %, n = 40) bzw. wegen des minder schweren Fall des Totschlags (49,5 %, n = 50), wobei den Täterinnen deutlich häufiger aktives Handeln als Unterlassen zum Vorwurf gemacht wurde. Es sind nur wenige Fälle, in denen die Mutter wegen anderer Delikte wie Kindstötung nach § 217 a.F. (n = 2), fahrlässiger Tötung (n = 5) oder Aussetzung (n = 1) zur Verantwortung gezogen wurde. Während die Staatsanwaltschaft noch bei acht Opfern einen Mord angeklagt hatte, wurde letztlich nur eine Mutter wegen zweifachen Mordes rechtskräftig verurteilt. Als Mordmerkmale wurden bei der Tötung des ersten Kindes niedrige Beweggründe ange-

[285] Bei TäterInnen, die mehrere Kinder getötet haben, wurden alle Verurteilungen erfasst, z.B. wenn wegen der Tötung des ersten Kindes eine Verurteilung wegen Totschlags, wegen des zweiten Kindes wegen Mordes ergangen ist. Daher ist n = 101 statt n = 92.

nommen, da die Mutter die Beziehung zu ihrem Lebensgefährten nicht habe gefährden wollen. Bei der Tötung des zweiten Kindes ging das Gericht von Verdeckungsabsicht aus, da bei Entdeckung der zweiten Schwangerschaft die erste Schwangerschaft bekannt geworden und möglicherweise nach dem Kind gefragt worden wäre. Diese Entscheidung des Gerichts ist bei einer Gesamtbetrachtung aller von uns untersuchten Neonatizide als außergewöhnlich zu bezeichnen. Die Motivlage der Mutter sowie die Tatumstände unterscheiden sich in diesem Fall nicht wesentlich von anderen Neugeborenentötungen. Möglicher beeinflussender Faktor für die Entscheidung des Gerichts könnte der gute soziale Hintergrund der Täterin sein. Das Gericht hat in seiner Urteilsbegründung zumindest ausdrücklich darauf hingewiesen, dass es sich bei der Mutter um eine überdurchschnittlich intelligente, aufgeschlossene und moderne Frau handele, die die Niedrigkeit ihrer Beweggründe hätte erkennen können.

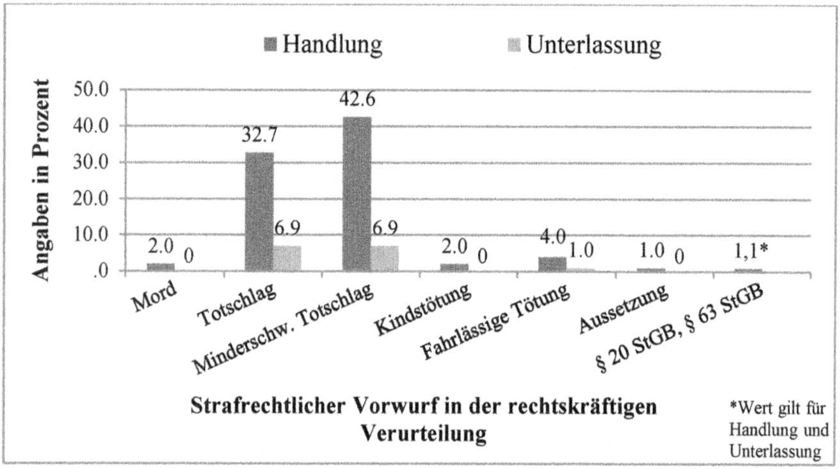

Abbildung 61: Strafrechtlicher Vorwurf in der rechtskräftigen Verurteilung. Nur biologische Mütter von Neonatiziden, bei TäterInnen, die mehrere Kinder getötet haben, wurden alle Verurteilungen erfasst (n = 101).

Straf- und Maßregelausspruch - Anträge

Die Staatsanwaltschaft forderte bei der Hälfte der Täterinnen Freiheitsstrafen, bei einem weiteren Viertel (n = 22) Jugendstrafen ohne Bewährung. Deutlich seltener forderte sie Bewährungsstrafen. In einem Fall plädierte sie auf Freispruch. Demgegenüber forderte die Verteidigung in fast der Hälfte der Fälle Bewährungsstrafen, bei 14 Täterinnen sogar einen Freispruch.

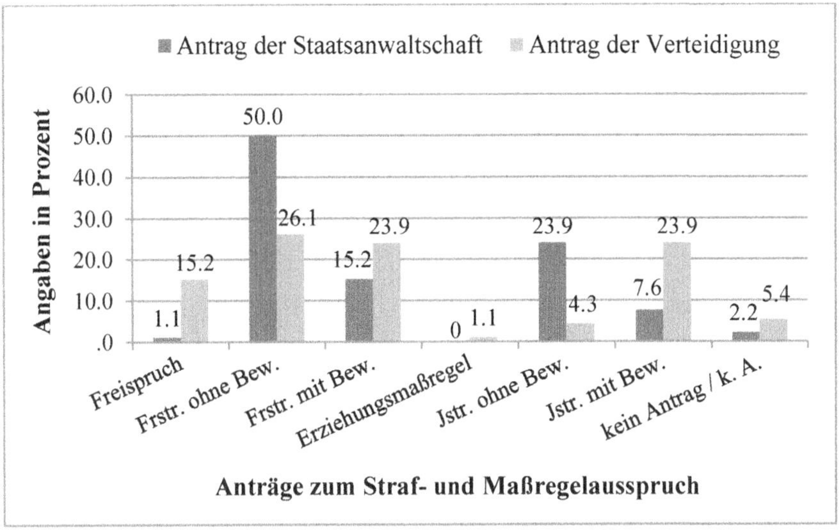

Abbildung 62: Anträge zum Straf- und Maßregelausspruch. Nur biologische Mütter von Neonatiziden (n = 92).

Straf- und Maßregelausspruch - Erstinstanzliche und rechtskräftige Verurteilungen

Ein Vergleich der erstinstanzlichen mit den rechtskräftigen Urteilen im Strafausspruch zeigt, dass die Urteile fast ausnahmslos gehalten wurden. Nur in einem Einzelfall wurde eine Freiheitsstrafe ohne in eine Freiheitsstrafe mit Bewährung abgeändert. Daher werden im Folgenden nur die rechtskräftigen Strafaussprüche dargestellt.

Die am häufigsten verhängte Sanktion war mit 46,7 % (n = 43) zwar die Freiheitsstrafe ohne Bewährung. Bei etwa einem Fünftel der Frauen wurde die Freiheitsstrafe noch zur Bewährung ausgesetzt. Wurde nach Jugendstrafrecht sanktioniert, hielt sich das Verhältnis von Jugendstrafe mit und ohne Bewährung sogar in etwa die Waage (n = 14 zu n = 15). Die Ahndung mit einem Zuchtmittel (hier eine Verwarnung) oder ein Freispruch wegen Schuldunfähigkeit waren Einzelfälle. Freiheitsentziehende Maßregeln[286] wurden in dieser Fallgruppe weder allein noch neben einer Strafe angeordnet.

[286] Freiheitsentziehende Maßregeln sind z.B. die Unterbringung in einem psychiatrischen Krankenhaus nach § 63 StGB, die Unterbringung in einer Entziehungsanstalt nach § 64 StGB oder die Unterbringung in der Sicherungsverwahrung nach § 66 StGB.

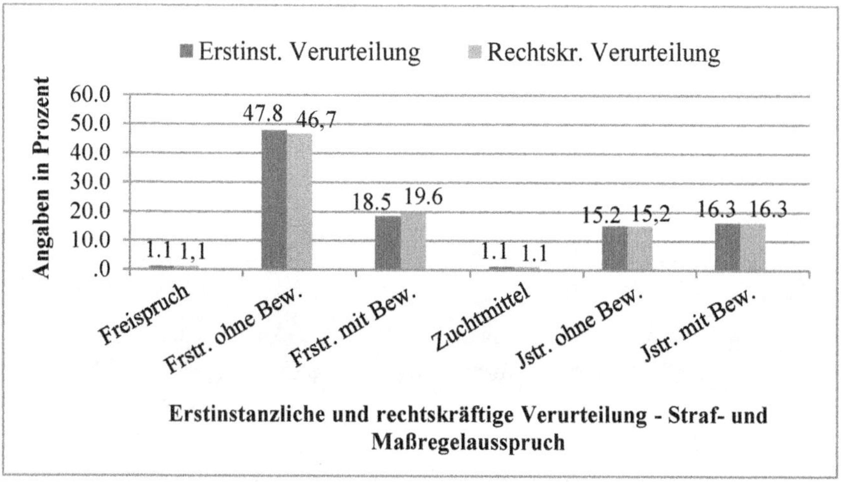

Abbildung 63: Erstinstanzliche und rechtskräftige Verurteilung – Straf- und Maßregelausspruch. Nur biologische Mütter von Neonatiziden (n = 92).

Strafhöhe - Anträge bei Freiheitsstrafen ohne Bewährung

Hinsichtlich der Strafhöhe forderten die Verteidiger am häufigsten niedrige Freiheitsstrafen von zwei bis vier Jahren, wohingegen die Staatsanwaltschaften zumeist für mittlere[287] bis hohe[288] Freiheitsstrafen plädierten. Bei sechs Täterinnen wurde von Seiten der Anklagebehörde eine Freiheitsstrafe von mehr als 10 Jahren, bei vier Täterinnen sogar eine lebenslange Freiheitsstrafe gefordert. Dass zur Verteidigung deutlich weniger Zahlen vorliegen als zur Staatsanwaltschaft liegt wiederum daran, dass ein großer Teil der Verteidiger nicht auf Strafen ohne sondern mit Bewährung bzw. auf Freispruch plädierte sowie daran, dass einige der Verteidiger die konkrete Strafhöhe in das Ermessen des Gerichts stellten.

287 4 - 6 Jahre.
288 Über 6 Jahre.

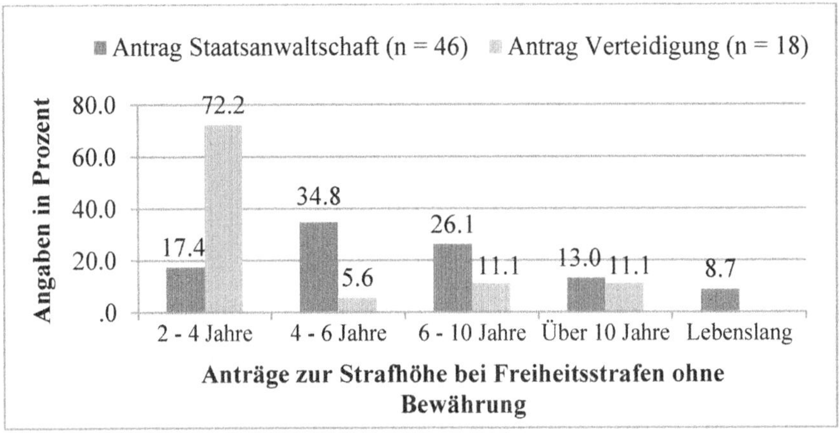

Abbildung 64: Anträge zur Strafhöhe bei Freiheitsstrafen ohne Bewährung. Nur biologische Mütter von Neonatiziden. Staatsanwaltschaft (n = 46), Verteidigung (n = 18).

Strafhöhe - Anträge bei Jugendstrafen ohne Bewährung[289]

Ein etwas anderes Bild zeigte sich bei den Jugendstrafen. Hier plädierte die Staatsanwaltschaft recht ausgeglichen für eine niedrige (2 bis 4 Jahre) oder mittlere (4 bis 6 Jahre) Jugendstrafe (n = 10 bzw. n = 9). Nur bei zwei Täterinnen wurde von der Anklagebehörde eine hohe Jugendstrafe von sechs bis zehn Jahren gefordert. Zwei Verteidiger plädierten auf eine im unteren Bereich anzusiedelnde Jugendstrafe[290].

[289] Jugendstrafrecht ist bei Jugendlichen (zur Tatzeit 14 Jahre bis unter 18 Jahre) zwingend, bei Heranwachsenden (zur Tatzeit 18 Jahre bis unter 21 Jahre) bei Vorliegen von Reifeverzögerungen oder jugendtypischen Taten anzuwenden. Das Höchstmaß der Jugendstrafe beträgt 10 Jahre, §§ 18 Abs. 1, 105 Abs. 3 JGG.

[290] Insgesamt hatten auch nur vier Verteidiger auf eine Jugendstrafe ohne Bewährung plädiert. Viele Verteidiger plädierten auf Jugendstrafen mit Bewährung oder auf Freispruch.

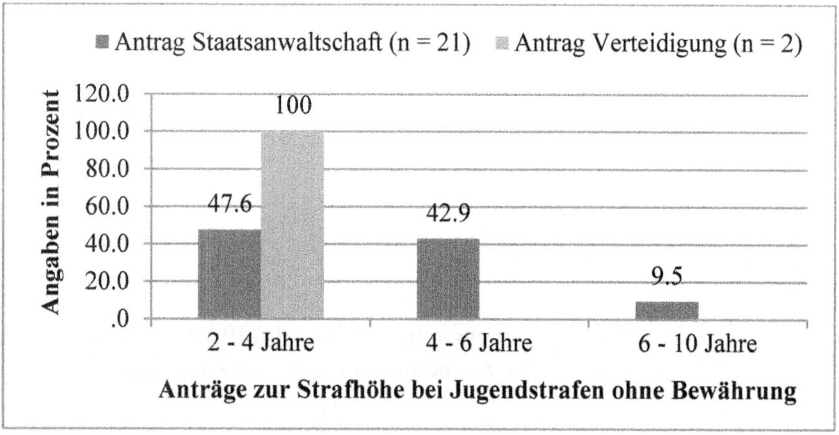

Abbildung 65: Anträge zur Strafhöhe bei Jugendstrafen ohne Bewährung. Nur biologische Mütter von Neonatiziden. Staatsanwaltschaft (n = 21), Verteidigung (n = 2).

Freisprüche

Zehn Mütter wurden nach der Hauptverhandlung vom Vorwurf der Tötung ihres Neugeborenen freigesprochen[291]. Alle Freisprüche erfolgten aus tatsächlichen Gründen, fast immer weil der Angeklagten die Tat nicht nachgewiesen werden konnte. In diesen Fällen war nicht auszuschließen, dass das Opfer ohne Fremdeinwirkung verstorben war oder bereits tot zur Welt kam. Eine Mutter wurde wegen nicht auszuschließender Schuldunfähigkeit freigesprochen. In einem Ausnahmefall war eine Frau zunächst wegen Totschlags verurteilt worden. Der BGH hob dieses Urteil auf und die Mutter wurde nach Zurückverweisung freigesprochen.

Strafhöhe - Erstinstanzliche und rechtskräftige Verurteilung bei Freiheitsstrafen

Tendenziell verhängten die Gerichte eher weniger lange Freiheitsstrafen. 30 der 43 Frauen, die zu Freiheitsstrafen ohne Bewährung verurteilt wurden, erhielten Strafhöhen im niedrigen (von zwei bis vier Jahren) oder mittleren Bereich (von vier bis sechs Jahren)[292]. Jeweils sechs Frauen wurden zu Strafen von sechs bis zehn bzw. über zehn Jahren verurteilt. In einem Fall, in dem die Mutter wegen

[291] Eine Mutter war zwar vom Vorwurf der Tötung eines Kindes freigesprochen, wegen der Tötung eines weiteren Kindes aber verurteilt worden.

[292] Eine Täterin wurde nach erfolgreicher Revision gegen das erstinstanzliche Urteil nicht mehr zu einer Freiheitsstrafe ohne sondern mit Bewährung verurteilt.

zweifachen Mordes verurteilt wurde, verhängte das Gericht eine lebenslange Freiheitsstrafe. Damit erhielten insgesamt nur 14,3 % aller Täterinnen Freiheitsstrafen von über sechs Jahren. Zu berücksichtigen ist, dass in sieben der 13 Fälle mit einem hohen Strafmaß von über sechs Jahren, Gesamtstrafen wegen der Tötung von zwei oder mehr Neugeborenen ausgeurteilt wurden[293].

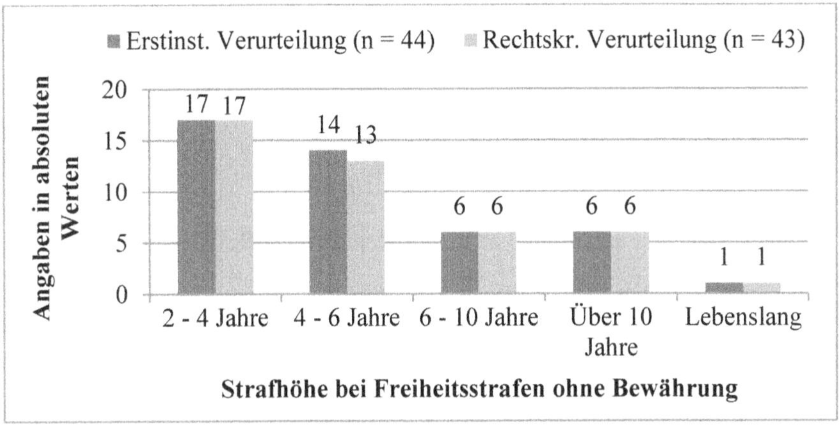

Abbildung 66: Strafhöhe bei Freiheitsstrafen ohne Bewährung. Nur biologische Mütter von Neonatiziden ohne Ausfallwerte. Erstinst. Verurteilungen (n = 44), rechtskr. Verurteilungen (n = 43).

Strafhöhe - Erstinstanzliche und rechtskräftige Verurteilung bei Jugendstrafen

Auch die Jugendstrafen bewegten sich eher im unteren Bereich. 10 der 14 Täterinnen, die zu Jugendstrafen ohne Bewährung verurteilt wurden, erhielten Strafen von zwei bis vier Jahren, drei Mütter wurden zu Strafen im mittleren Bereich verurteilt. Die Täterin mit einer Jugendstrafe von über sechs Jahren war wegen der Tötung von drei Neugeborenen zu einer Einheitsjugendstrafe verurteilt worden.

293 In einem weiteren Fall erhielt eine Mutter eine Gesamtstrafe von 5 Jahren wegen der Tötung von zwei Neugeborenen.

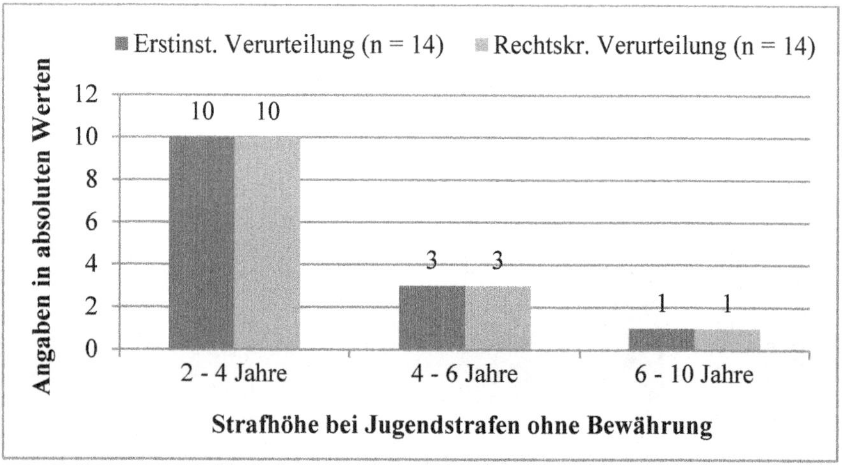

Abbildung 67: Strafhöhe bei Jugendstrafen ohne Bewährung. Nur biologische Mütter von Neonatiziden ohne Ausfallwerte. Erstinst. Verurteilung (n = 14), rechtskr. Verurteilung (n = 14).

Urteilsbegründung

Die in den Urteilen genannten Begründungen für die jeweiligen Entscheidungen wurden nicht im Detail erhoben. Eine standardisierte Erhebung war aufgrund der Individualität der Fälle und Verfahrensverläufe sowie der unterschiedlichen Praxis der Urteilsabfassung auch kaum sinnvoll möglich. So ist z.B. die Situation eine völlig andere, wenn das Gericht einen Tatnachweis über das von der Beschuldigten bestrittene Geschehen zu führen hat, als wenn es sich mit der subjektiven Situation einer von der Tat selbst schwer getroffenen, geständigen und reuigen Beschuldigten auseinandersetzen muss.

Wesentlichen Einfluss auf die Erwägungen zur Strafzumessung hat nach den aus der Analyse der Akten zu gewinnenden Eindrücken die Frage, wie das Gericht die meist tiefe subjektive Verstrickung der Täterinnen würdigt. Je stärker auf die objektiv letztlich immer mögliche andere „Problemlösung“ in Bezug auf die ungewollte Schwangerschaft abgestellt wird, umso härter fällt (wenn nicht andere Faktoren in die andere Richtung wirken) das Urteil aus. Umgekehrt werden mildere Urteile oft mit der subjektiven Notlage der ihre Schwangerschaft verheimlichenden Täterinnen und der überraschenden Geburt begründet.

Rechtsmittel

Die erstinstanzlichen Entscheidungen erwiesen sich als „revisionsfest". Von den 39 Fällen, in denen Rechtsmittel eingelegt wurden[294], wurden selbige acht Mal noch vor einer Entscheidung zurückgenommen. Im Übrigen wurden die Revisionen fast immer vom BGH nach § 349 Abs. 2 StPO als offensichtlich unbegründet verworfen. Lediglich drei Mal waren die eingelegten Rechtsmittel erfolgreich. Zwei Frauen erreichten dabei eine Verringerung des Strafmaßes[295]. In dem dritten Fall, in dem beide Parteien Rechtsmittel eingelegt hatten, blieb es bei dem Strafmaß. In 18 Fällen (19,6 %) wurde bereits in der Hauptverhandlung allseits auf die Einlegung eines Rechtsmittels verzichtet.

5.3.1.10 Leben nach der Tat

Zum Leben der Täterinnen nach der Tat enthielten die Akten nur sehr wenige Angaben, da diese in aller Regel mit dem rechtskräftigen Urteil endeten. Selbst wenn es durch erfolgreiche Revisionen, in der Akte befindliche Bewährungshefte oder durch andere Quellen doch Informationen über das Leben der Täterinnen danach gab, so ist auch hier zu bedenken, dass Abwesenheit von Information nicht mit dem Nicht-Vorhandensein bestimmter Tatsachen gleichzusetzen ist. Zu beachten ist weiterhin, dass in die Akten in aller Regel nur die Informationen Eingang finden, für die irgendeine Relevanz für das jeweils noch laufende Verfahren gesehen wird, z.B. um aus dem Lebenswandel seit der Tat Rückschlüsse auf die soziale Integration zu ziehen und dies in einem zweiten Hauptverfahren zu berücksichtigen, wie es zum Teil geschah. Aus diesen Gründen haben die nachfolgenden Befunde eher illustrativen Charakter, als dass man daraus allgemeingültige Aussagen für die Gesamtheit der Täterinnen ableiten könnte.

Für sechs Täterinnen ist bekannt, dass sie noch vor Rechtskraft des Urteils ein weiteres Kind bekamen. Einige weitere wurden in der Haft bzw. nach der Haftentlassung erneut Mutter. Drei Frauen ließen sich nach der Tat sterilisieren. In zumindest einem Fall entschied sich die Frau zwar während eines mehrmonatigen Psychiatrie-Aufenthalts für den Eingriff, allerdings ohne eine Therapie begonnen oder gar abgeschlossen zu haben. Dennoch unterstützten die Ärzte in diesem Fall den Wunsch der jungen Frau nach einer Sterilisation. Für 13 Täterinnen ging aus den Akten hervor, dass sie sich nach der Tat psychologischer

[294] Dabei wurden die Rechtsmittel in 28 Fällen durch die Angeklagte, drei Mal durch die Staatsanwaltschaft und acht Mal durch beide Parteien eingelegt.

[295] Von fünf auf vier Jahre Freiheitsstrafe bzw. von vier Jahren ohne auf zwei Jahre Freiheitsstrafe mit Bewährung.

oder psychiatrischer Therapie unterzogen, zum Teil zunächst längere Zeit stationär, zum Teil auch von Anfang an ambulant. Zwei dieser Frauen wurden vom Gericht zur Fortführung dieser freiwillig begonnenen Therapie als Bewährungsauflage verpflichtet. Acht weitere Frauen erhielten ebenfalls eine gerichtliche Auflage zur Therapie. Allerdings ist bei diesen Fällen unklar, ob sie schon zuvor therapeutische Hilfe erhielten. Zwei dieser Frauen befanden sich durch einen Unterbringungsbefehl vor dem Urteil für 5 bzw. 5 ½ Monate in einer psychiatrischen Klinik.

Zwei Täterinnen wurden zur Vermeidung der Untersuchungshaft in einer Jugendhilfe-Einrichtung untergebracht. Zumindest eine der Frauen blieb dort auch bis ein Jahr nach dem Urteil, danach kehrte sie in den mütterlichen Haushalt zurück, wie es auch vom Gericht zur Auflage gemacht worden war. Bei mindestens neun Frauen kam es nach der Tat zu einer Trennung/Scheidung vom aktuellen Partner. Ansonsten gab es gerade bei den jüngeren Frauen die in diesem Lebensabschnitt üblichen Veränderungen, wie Partnerwechsel, berufliche Neu-/Umorientierung oder Umzüge. Dies zeigt sich auch daran, dass von den 68 für den Projektteil „Interviews mit TäterInnen“[296] angeschriebenen Neonatizid-Täterinnen 19 unbekannt verzogen waren, was zwei Drittel aller unbekannt verzogenen Täter ausmacht. In Einzelfällen gab es nach Bekanntwerden der Tat(en) starke Schwierigkeiten mit der Herkunftsfamilie oder dem sozialen Umfeld der Täterinnen, wodurch Umzüge oder das Suchen eines neuen Arbeitsplatzes erforderlich wurden. Ohne dass hierzu Vergleichsdaten herangezogen wurden, drängt sich allerdings nicht der Eindruck auf, dass bei den Neonatizid-Täterinnen deutlich mehr oder andere Umbrüche im Leben nach der Tat stattfanden als sie bei Frauen dieser Altersgruppe im Allgemeinen vorkommen.

5.3.1.11 Zusammenfassung

Diese mit 199 Opfern (37,2 %) größte Fallgruppe umfasst Fälle, bei denen die Kinder während oder unmittelbar nach der Geburt durch die biologische Mutter getötet wurden. In der Untersuchungsgruppe gab es sieben Fälle mit zwei Opfern sowie drei Fälle mit drei Opfern. Hier waren die Taten naturgemäß in erheblichem zeitlichem Abstand erfolgt (es handelte sich in keinem Fall um die Tötung von Zwillingen), die früheren Taten waren jeweils nicht bekannt geworden. Die 96 Täterinnen waren zum Tatzeitpunkt durchschnittlich 24 Jahre alt, ca. 16 % waren jünger als 18 Jahre, knapp 21 % waren zwischen 18 und 20 Jahre alt, die größte Altersgruppe bilden die 21-29 Jahre alten Frauen. Über 50 % der Täterin-

[296] *Kroetsch* 2011.

nen hatten zum Tatzeitpunkt bereits biologische Kinder, allerdings lebten nur acht Frauen zum Tatzeitpunkt auch mit diesen zusammen in einem gemeinsamen Haushalt. Acht Frauen hatten vor der Tat bereits ein oder sogar mehrere Kinder zur Adoption freigegeben. In der internationalen Literatur werden die Täterinnen von Neonatiziden häufig als in aller Regel sehr jung, unverheiratet, im Elternhaus lebend und erstgebärend beschrieben[297]; dieser Befund zeigte sich in den von uns untersuchten Fällen so nicht, sondern traf auf nicht mehr als rund ein Drittel der Täterinnen zu.

Die in den Neonatizid mündenden Schwangerschaften waren fast immer ungewollt, sehr große Unterschiede bestanden allerdings darin, ob und wie die Schwangerschaft verdrängt und/oder verheimlicht wurde. Dabei ließen sich die in der Literatur teilweise[298] angenommenen klaren Abgrenzungen zwischen den Phänomenen „Verdrängung" und „Verheimlichung" nicht finden, vielmehr gab es vielfältige Mischformen sowie fließende Übergänge. Die Verdrängung/Verheimlichung der Schwangerschaft war immer wesentlicher Hintergrund der Taten. In der Regel wurden die Frauen von der Geburt überrascht, sie gebaren die Kinder meistens zuhause und fast immer allein und ohne fremde Hilfe. Sie waren dann nicht mehr in der Lage, die Situation überlegt und angemessen zu bewältigen, selbst wenn sie, was ausweislich der Akten nur sehr selten der Fall war, im Vorfeld überlegt hatten, was sie nach der Geburt mit dem Kind tun könnten. Andere Aspekte, wie die Angst, vom Partner verlassen zu werden, oder die neue Lebenssituation nicht bewältigen zu können, spielten ebenso wie Alkohol- oder Drogeneinfluss nur in Einzelfällen bzw. im Hintergrund eine tatbegünstigende Rolle. Auch Frauen, die bei früheren unerwünschten Schwangerschaften andere Handlungsalternativen, wie z.B. eine Adoptionsfreigabe oder Abtreibung gewählt hatten, waren dazu bei den späteren Opfern nicht in der Lage gewesen, ohne dies erklären zu können. Fast alle Frauen wurden im Rahmen der Ermittlungen psychologisch/psychiatrisch untersucht, bei 42 wurden für den Tatzeitpunkt psychische Auffälligkeiten festgestellt. Das Spektrum der Befunde war dabei sehr breit, häufig waren es jedoch akute Belastungsreaktionen sowie ängstlich-vermeidende Persönlichkeitsmerkmale. Nur selten hatte es im Vorfeld missbräuchlichen Konsum von Alkohol, Drogen oder Medikamenten gegeben, die Raten lagen jeweils unter 5 %. Hinsichtlich ihres schulischen und beruflichen Bildungsniveaus sowie ihrer wirtschaftlichen Lage unterschieden sich die Täterinnen nicht wesentlich von den Werten der durchschnittlichen nach Alter und Geschlecht vergleichbaren Bevölkerung.

Bei der Tötungsart dominiert in dieser Fallgruppe mit ca. 23 % das Ersticken, mit jeweils etwa 11 % am zweithäufigsten waren das Nichtversorgen der

---

[297] Z.B. *Bauermeister* 1994; *Hatters Friedman/McCue Horwitz/Resnick* 2005 m.w.N..
[298] *Bauermeister* 1994; *Friedman/Heneghan/Rosenthal* 2007; *Beyer/McAuliffe Mack/Shelton* 2008.

Neugeborenen[299] sowie eine aktive Gewalteinwirkung[300]. Etwa 7 % der Kinder ertranken, andere Tötungsarten kamen eher vereinzelt vor[301]. Zusammengenommen machen die Fälle, bei denen die Frauen aktiv den Tod des Kindes herbeiführten, nur etwas mehr als 17 % aus. Allgemein handelten die Frauen eher aus dem Versuch heraus, die Situation möglichst schnell zu beenden, ohne dass sie dabei planvoll oder überlegt auch hinsichtlich eines späteren Entdeckungsrisikos vorgingen. In gewisser Weise kann man sagen, dass sich die Verdrängung der Schwangerschaft in den meisten Fällen nach der Geburt fortsetzte, z.B. wenn das Kind einfach ignoriert wurde und in Folge der Nichtversorgung starb, oder auch wenn das Kind später einfach irgendwo in der Wohnung „versteckt" wurde, obwohl dadurch eine Entdeckung der Tat sehr wahrscheinlich wurde.

Die Daten zeigen in Bezug auf die Strafverfolgung und Sanktionierung sehr unterschiedliche Verfahrensverläufe und -ergebnisse. Dies hing zum einen davon ab, wie aufwändig der Tatnachweis war. Teilweise lag der Fokus auf dem Auffinden einer Tatverdächtigen, in anderen Fällen beim Nachweis des genauen Tatverlaufs. Die vollständige Aufklärung gelang durchaus nicht immer, wie der recht hohe Anteil an Verfahrenseinstellungen zeigt. Die Bandbreite der verhängten Sanktionen ist trotz der relativ ähnlichen Fallgestaltungen bei Neonatiziden ist sehr groß[302], sie reicht von niedrigen zur Bewährung ausgesetzten Strafen bis hin zu mehrjährigen oder in einem Einzelfall sogar einer lebenslangen Haftstrafe. Der Schwerpunkt der Verurteilungen lag bei Freiheits- und Jugendstrafen ohne Bewährung (insgesamt 57 %), immerhin ein Drittel der Verurteilten erhielt aber auch Freiheits- und Jugendstrafen mit Bewährung.

[299] Hier starben die Kinder dann an Unterkühlung oder mangelnder Nahrungszufuhr.

[300] Wie Erdrosseln, Erwürgen oder Strangulieren.

[301] In ca. 37 % der Fälle blieb die genaue Tathandlung unklar oder konnte nicht mehr festgestellt werden, was zu einem Großteil an den 54 unbekannt tot aufgefundenen Neugeborenen liegt, bei denen die Todesursache aufgrund der langen Liegezeit oft nicht mehr sicher geklärt werden konnte.

[302] Dies ist offenbar kein spezifisch deutsches Phänomen. Eine aktuelle Studie zur Sanktionierung von Neonatiziden aus den USA z.B. zeigt dort ebenfalls erhebliche Sanktionsdisparitäten, vgl. *Shelton/Muirhead/Canning.* 2010. Die genauere Untersuchung der Sanktionierung bei Neonatiziden ist Gegenstand einer gesonderten Untersuchung im Rahmen eines Dissertationsvorhabens. Zur Sanktionierung s. auch *Höynck/Behnsen/Haug* 2014.

5.3.2 *Misshandlung*

Diese zweitgrößte Fallgruppe der Untersuchung umfasst 137 Opfer (25,6 %).

5.3.2.1 Arten der Misshandlungstötungen

Um die unterschiedlichen Ausprägungen der in ihren Fallgestaltungen sehr unterschiedlichen Misshandlungstötung erfassen zu können, wurden auch bei den Misshandlungstötungen weitere Untergruppen gebildet:

1.) *Misshandlung einmalig (n = 37):* Hier handelte es sich um einmalige, oft affekthafte Taten, aufgrund derer die Kinder zu Tode kamen. Auch die seltenen Fälle von Substanzverabreichung fielen oft unter diese Subkategorie.

2.) *Misshandlung wiederholt (n = 49)*[303]*:* In diesen Fällen wurden die Kinder über einen längeren Zeitraum[304] misshandelt, wobei es auch (Einzel-)Fälle gab, in denen sich die Misshandlungen über Wochen oder sogar Monate erstreckten. Hier verstarben die Kinder zum Teil erst aufgrund des Zusammenwirkens unterschiedlicher Verletzungen oder die Verletzungen führten erst nach einiger Zeit zum Tod. Nicht selten wurden die vorangegangenen Misshandlungen erst durch die Obduktion bekannt, z.B. durch das Vorliegen älterer Hämatome oder Frakturen.

3.) Misshandlung unklar (n = 17): Hier konnte die Todesursache nicht sicher bewiesen werden. Eine äußere Gewalteinwirkung war hier zwar in den allermeisten Fällen wahrscheinlich, aber nicht sicher zu belegen. Aus viktimologischer Sicht rechtfertigten die Gesamtumstände jedoch eine Einstufung als Opfer.

4.) Schütteln (n = 26): Unter dieser Subkategorie wurden die Fälle gefasst, bei denen die Kinder aufgrund eines Schütteltraumas verstarben. In der Regel handelte es sich dabei auch um einmalige Misshandlungen, bzw. ein „Momentversagen", aufgrund der besonderen Bedeutung dieser Fälle für die Rechtsmedizin entschieden wir uns jedoch, sie separat auszuweisen.

5.) Schütteln unklar (n = 8): Hier war ein Schütteln des Kindes als Todesursache zwar wahrscheinlich, es könnte jedoch theoretisch auch im Rahmen von Reani-

---

[303] „Battered child syndrome".

[304] Die Bestimmung des Begriffs „länger" erfolgte dabei in Abhängigkeit vom Alter des Kindes sowie der Intensität der Tathandlungen.

mationsversuchen, z.B. nachdem das Kind leblos von den Eltern gefunden worden war stattgefunden haben. Auch hier entschieden wir uns jedoch aus viktimologischer Sicht für eine Einstufung als Opfer.

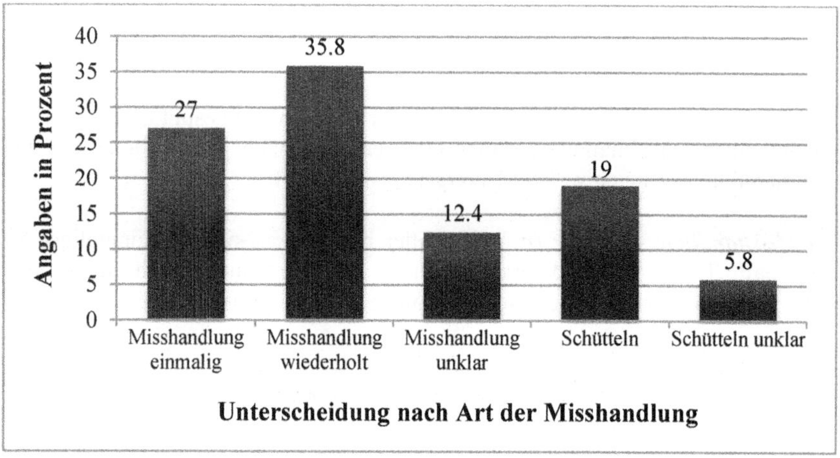

Abbildung 68: Unterscheidung nach Art der Misshandlung. Alle Opfer von Misshandlungstötungen (n = 137).

5.3.2.2 Zentrale Merkmale der Opfer

Anzahl der Opfer

Die mit einem Viertel zweitgrößte Opfergruppe (25,6 %, n = 137) sind die Kinder, die aufgrund von Misshandlungen starben.

Mehrere Opfer aus der Untersuchungsgruppe

In dieser Fallgruppe gab es lediglich einen Fall, in dem zwei Kinder Opfer wurden.

Alter zum Tatzeitpunkt

Die Gefahr, Opfer eines Tötungsdelikts zu werden, ist in dieser Fallgruppe in den ersten sechs Lebensmonaten am höchsten. Danach ist das Risiko wesentlich geringer und unterliegt nur leichten Schwankungen, die mit steigendem Alter weiter abnehmen.

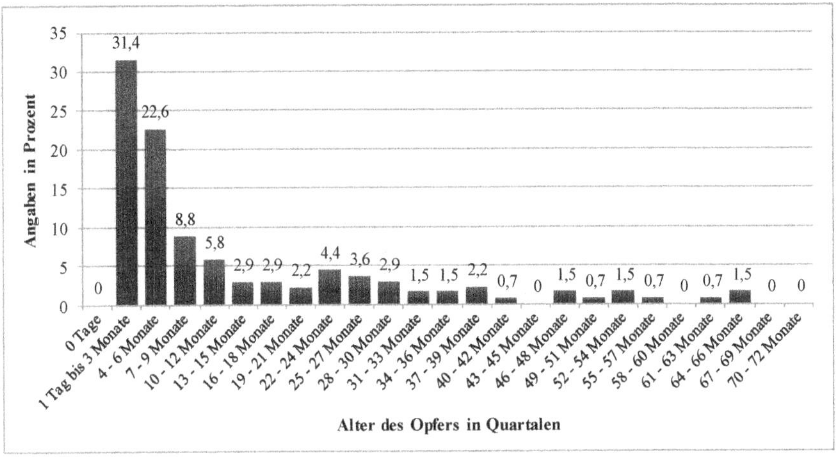

Abbildung 69: Alter des Opfers in Quartalen. Alle Opfer von Misshandlungstötungen (n = 137).

Eine wesentliche Altersverschiebung ergibt sich auch dann nicht, wenn man die Opfer, die aufgrund von Schütteln verstarben, herausnimmt, in diesem Fall sinkt der Anteil an Opfern in der Altersgruppe 1 Tag-3 Monate von 31,4 auf 26,2 % und in der von 4-6 Monaten von 22,6 auf 19,4 %. Bei den älteren Kindern ergeben sich kaum nennenswerte Unterschiede.

Geschlecht

Bei dieser Fallgruppe zeigt sich - als einzige - eine deutliche Höherbelastung der männlichen Opfer. Fast zwei Drittel (65 %, n = 89) waren männlichen Geschlechts, nur etwa ein Drittel (35 %, n = 48) weiblich. Ob ein Grund dafür die oft als typisches Jungen-Problem beschriebenen Dreimonatskoliken oder andere Anpassungsstörungen/Erkrankungen sein könnten, die zu elterlichem Stress führen, kann auf der Grundlage der zur Verfügung stehenden Daten nicht beantwortet werden. Die Höherbelastung war dabei in allen Altersgruppen der Opfer in etwa gleich hoch. Besonderheiten gab es jedoch hinsichtlich der Opfer-Täter-Beziehung in Kombination mit dem Opfergeschlecht. Die entsprechenden Auswertungen finden sich unter dem Gliederungspunkt „Merkmale der TäterInnen - Biographisches - Verhältnis zum Opfer".

Wunschkind

Mehrheitlich waren die Opfer dieser Fallgruppe keine Wunschkinder (37,2 %). Seltener waren es erwünschte Schwangerschaften (24,1 %). Zu beachten ist allerdings, dass ein großer Teil der Akten keine Angaben darüber erhielt, ob es sich um ein Wunschkind handelte (30,7 %), so dass diese Zahlen nur eingeschränkte Aussagekraft besitzen. Bei den übrigen Opfern war der Wunschkind-Charakter unklar (8 %), z. B. da es sich nur für ein Elternteil um ein Wunschkind handelte.

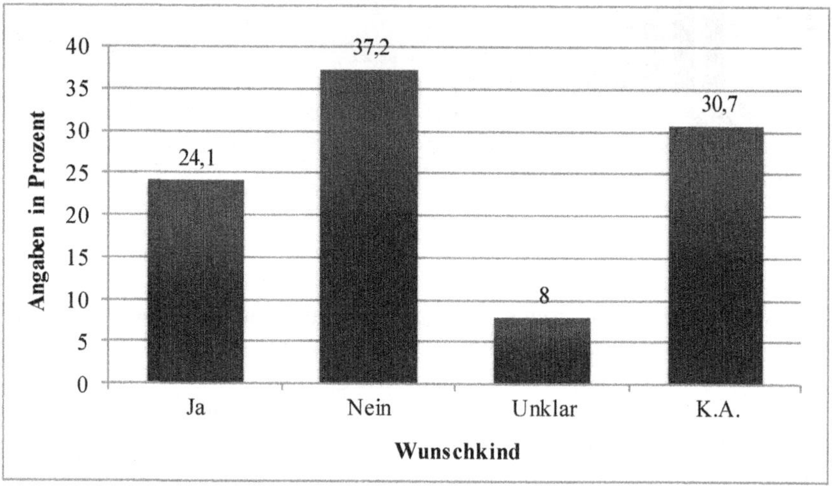

Abbildung 70: Wunschkind. Alle Opfer von Misshandlungstötungen (n = 137).

Staatsangehörigkeit

8 % der Opfer hatten eine ausländische Staatsangehörigkeit[305], was in etwa dem durchschnittlichen Ausländeranteil im Bundesgebiet im Untersuchungszeitraum entspricht, der etwa 9 % betrug[306].

---

305 Bei der Bewertung der Befunde zur Staatsangehörigkeit ist zu beachten: Die Staatsangehörigkeit sagt über die soziale Lage, einen möglichen Migrationshintergrund und dessen biographische Bedeutung sowie mögliche kulturelle Besonderheiten nichts aus. Ob und ggf. welche Bedeutung dieses Merkmal im konkreten Fall hat, kann mit den hier erhobenen Daten nur ansatzweise festgestellt werden. Dieser Fragestellung soll an anderer Stelle ausführlich nachgegangen werden.

306 *Statistisches Bundesamt* 2010.

Lebensmittelpunkt zum Tatzeitpunkt

Der Großteil der Opfer (58,2 %, n = 80) lebte zum Tatzeitpunkt bei seinen leiblichen Eltern. Deutlich seltener wohnten die getöteten Kinder bei ihrer biologischen Mutter, die entweder mit (19,7 %, n = 27) oder ohne (10,9 %, n = 15) neuen Lebenspartner lebte. Die übrigen Konstellationen, wie ein Leben beim Vater mit oder ohne neue Partnerin, in einer Pflegefamilie oder im Heim, bewegen sich jeweils im niedrigen einstelligen Prozentbereich.

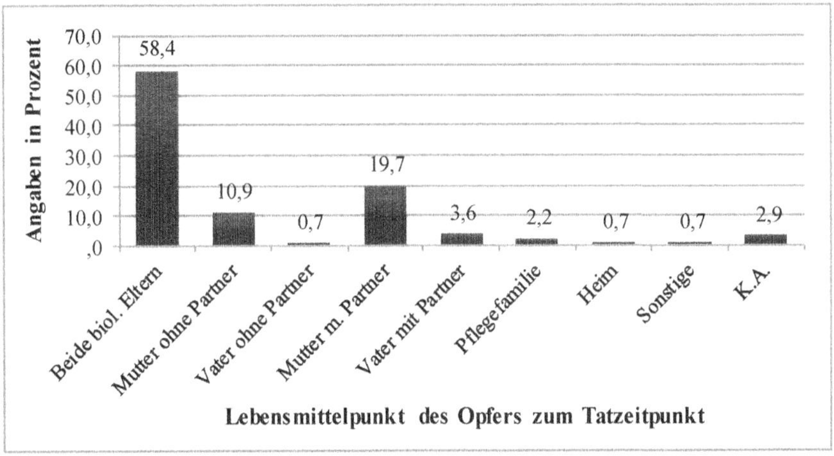

Abbildung 71: Lebensmittelpunkt des Opfers zum Tatzeitpunkt. Alle Opfer von Misshandlungstötungen (n = 137).

Im Haushalt lebende Geschwister

Knapp die Hälfte der Opfer (42,3 %, n = 58) lebte zum Tatzeitpunkt mit Geschwistern (Voll- und/oder Halbgeschwistern) zusammen in einem Haushalt[307]. Dabei handelte es sich meist um ein Geschwisterkind (n = 39), teilweise lebten die Opfer auch mit zwei (n = 11), drei (n = 7) oder vier (n = 1) Geschwistern zusammen.

[307] Die Angaben bzgl. der im Haushalt lebenden Geschwister beziehen sich auf maximal jeweils 3 Voll-/Halbgeschwister.

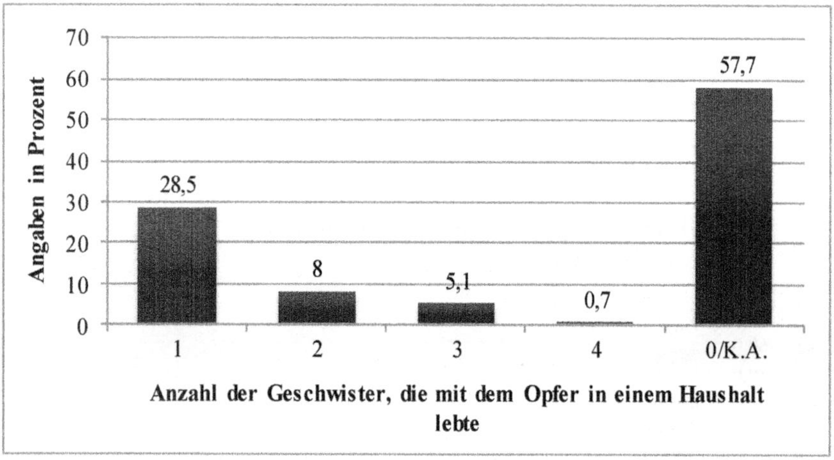

Abbildung 72: Anzahl der Geschwister, die mit dem Opfer in einem Haushalt lebte. Alle Opfer von Misshandlungstötungen[308].

Geschwister insgesamt

Unabhängig vom Zusammenleben in einem Haushalt lag die Zahl der Opfer mit Geschwistern (Halb- oder Vollgeschwister) bei knapp zwei Drittel (62 %).

Weitere Haushaltsmitglieder zum Tatzeitpunkt

Bei 15 Opfern (10,9 %) lebten nicht nur Eltern und/oder Geschwister mit im Haushalt, sondern auch weitere Personen: Sechs der Opfer lebten mit einem oder beiden Großelternteilen zusammen, vier mit ein- oder mehreren Stiefgeschwistern bzw. weiteren Pflegekindern. Bei vier Opfern lebten sonstige Mitbewohner (einer mit Kind) mit im Haushalt. In einem Fall war das Opfer mit anderen Kindern in einem Pflegeheim untergebracht.

Weitere Opfer von Körperverletzungsdelikten

Weitere Opfer konnten beispielsweise andere Familienmitglieder, Geschwister unter 6 Jahren, die nicht oder außerhalb des Untersuchungszeitraums getötet wurden oder Geschwister über 6 Jahren sein. Bei den untersuchten Fällen waren neben dem Opfer teilweise auch andere Personen körperlich misshandelt worden

[308] Die Angaben beziehen sich jeweils auf maximal 3 Voll-/Halbgeschwister (n = 137).

(12,4 %, n = 17). Dabei handelte es sich meist um die Mutter des Opfers (n = 8), die vom Täter in unterschiedlicher Intensität geschlagen wurde oder um ein (n = 4) bzw. mehrere Geschwister (n = 3) des Opfers, die misshandelt wurden, bzw. um eine Kombination beider Fälle (n = 2).

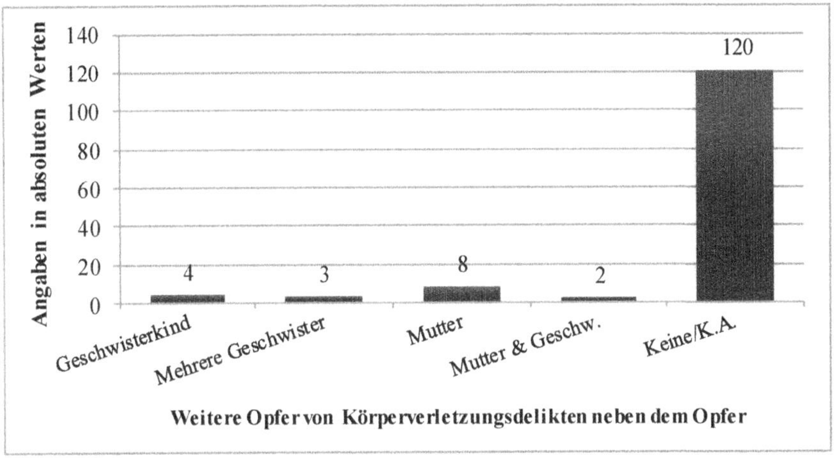

Abbildung 73: Weitere Opfer von Körperverletzungsdelikten neben dem Opfer. Alle Opfer von Misshandlungstötungen (n = 137).

Auffällig stark ist die Diskrepanz zwischen der Anzahl der Opfer, die mit Geschwistern zusammen in einem Haushalt lebten (n = 58) und der Anzahl der Geschwister, die neben dem untersuchten Opfer ebenfalls Opfer von körperlichen Übergriffen und Misshandlungen geworden sind (n = 9). Daran wird deutlich, dass in der Regel nicht alle Kinder Opfer von Misshandlungen wurden. Dies erklärt sich zunächst durch die Fälle einmaliger Misshandlung, bei denen die Tat durch ein eher affekthaftes Handeln, zum Teil als echtes „Momentversagen" verursacht wurde. In diesen Fällen konnten sich die TäterInnen zuvor/ansonsten durchaus liebevoll um die Kinder gekümmert haben, weshalb auch nicht verwundert, dass keine Geschwisterkinder Opfer wurden.

Es gab bei den Fällen längerfristiger Misshandlungen aber durchaus auch Fälle, in denen ein Kind Opfer der Aggressionen des/der Täters/in wurde, während die Geschwisterkinder unbehelligt blieben. Die Dynamiken dieser Fälle entwickelten sich meist über einen längeren Zeitraum, warum aber ausgerechnet das spätere Opfer in diese Situation kam, ließ sich oft nicht klären. Das bedeutet für die Einschätzung von Risiken einerseits, dass aus dem Wohlergehen von einigen Kindern in der Familie nicht darauf geschlossen werden kann, dass andere Kinder nicht gefährdet sind, dass aber auch umgekehrt die Gefährdung eines Kindes auch nicht zwingend bedeutet, dass die anderen Kinder ebenfalls akut gefährdet sind.

Wechselnde Lebensmittelpunkte

Etwa ein Fünftel der Opfer (21,9 %) hatte im Laufe seines Lebens bereits verschiedene Lebensmittelpunkte. Dabei wechselte dieser meist zwischen Familienangehörigen, häufig nach einer Trennung der Eltern bzw. der Partnerschaft (9,5 %). Zeitweise waren die Opfer im Heim (6,6 %) oder hatten, verglichen mit ihrer Lebensdauer, längere Krankenhausaufenthalte (5,1 %).

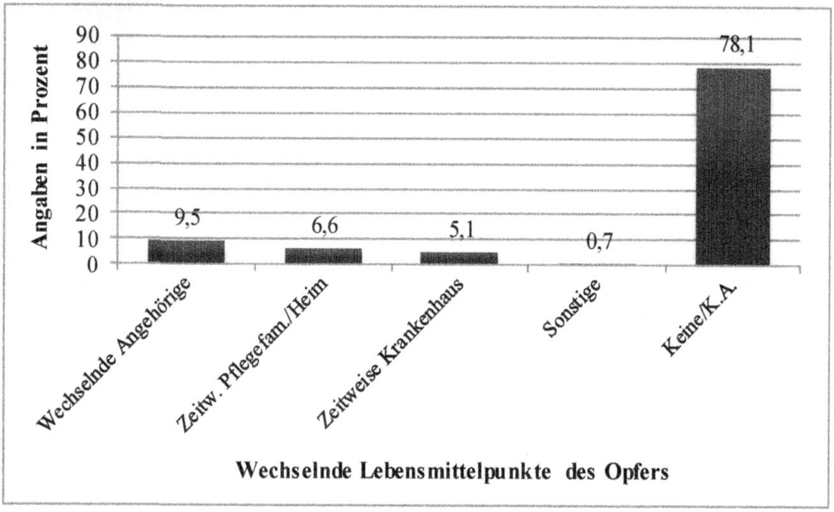

Abbildung 74: Wechselnde Lebensmittelpunkte, Alle Opfer von Misshandlungstötungen (n = 137).

Regelmäßige Betreuung des Opfers durch andere Personen

Eine regelmäßige Betreuung durch andere Personen fand bei einem Fünftel (19,7 %, n = 27) der Opfer statt. Wurden die Kinder fremd betreut, so handelte es sich oft um Verwandte (n = 12), die diese Aufgabe übernahmen. Sofern die Opfer von mehreren Stellen betreut wurden (n = 5), so waren dies ebenfalls Verwandte in Kombination mit anderen Personen[309]. Fünf Opfer wurden ausschließ-

309 Z.B. Nachbarin oder sozialer Vater.

lich von Nichtfamilienmitgliedern[310] betreut, ein Opfer in einer Krippe, vier im Kindergarten. Dass eine Betreuung durch Krippe und Kindergarten nur vereinzelt erfolgte, ist wahrscheinlich dem Umstand geschuldet, dass gut die Hälfte der Opfer in den ersten sechs Lebensmonaten getötet wurde und dort in diesem Alter noch keine Betreuung erfolgt.

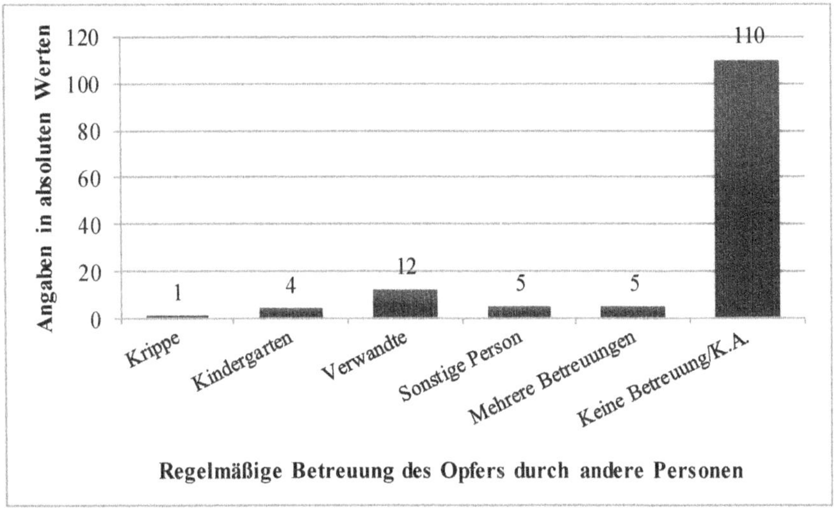

Abbildung 75: Regelmäßige Betreuung des Opfers durch andere Personen. Alle Opfer von Misshandlungstötungen (n = 137).

Gesundheitszustand des Opfers vor seinem Tod

Der überwiegende Teil der Opfer (61,3 %, n = 84) war vor seinem Tod gesund. Auffallend hoch ist aber die Zahl der Opfer, die zum Tatzeitpunkt akut erkrankt war (ca. 26 %, n = 38), in Einzelfällen kombiniert mit einer Behinderung oder chronischen Erkrankung. Bei den akuten Beschwerden der Opfer handelte es sich oft um Atemwegserkrankungen[311] (9,5 %, n = 13), Verletzungen bzw. Brüche (7,3 %, n = 10) oder Magen-Darm-Erkrankungen bzw. Mangelernährung (4,4 %, n = 6). Neun Opfer litten unter anderen akuten Erkrankungen[312]. Es liegt nahe, aufgrund der hohen Zahl an akuten Erkrankungen eine auf dieser Situation

[310] Z.B. Nachbarin oder sozialer Vater.
[311] Atemwegsinfekt, Lungenentzündung, HNO-Erkrankung oder Grippe.
[312] Z.B. Säuglingsgelbsucht, Pilz- oder Wurmbefall, Windelsoor, Hirnhaut- und Bauchfellentzündung, Drogenabhängigkeit, unspezifisches Unwohlsein.

beruhenden Überforderung des/der Täters/in zu vermuten, die dann die Tat auslöste. Dies war jedoch zumindest nach Aktenlage nur in drei Fällen so.

Nur in Ausnahmefällen waren die Opfer chronisch krank und/oder hatten eine Behinderung. Zwölf Opfer (8,8 %) hatten bis zu ihrem Tod allerdings bereits längerfristige Krankenhausaufenthalte hinter sich, deren Krankheitsbild auf eine Misshandlung/Vernachlässigung hindeutete. Bei 27 % der Opfer (n = 37) wurden, meist im Rahmen der Obduktion, körperliche Anzeichen früherer Misshandlungen oder Vernachlässigungen, insbesondere ältere Frakturen, gefunden.

Frühgeburt

Von den 137 Misshandlungsopfern waren 13 Opfer Frühgeburten (9,4 %). Davon kamen acht Opfer vor der 36. Schwangerschaftswoche zur Welt, fünf Opfer wurden ohne genaue Angabe zur Schwangerschaftswoche in den Akten als Frühgeburten bezeichnet. Damit liegt die Zahl der Frühgeburten leicht über der Zahl der Frühgeburten in Deutschland, die im Jahr 2007 bei etwa 7,1 % lag und seit den 1980er Jahren eine steigende Tendenz aufweist[313]. Bei 8 Opfern ist bekannt, dass sie aufgrund der Frühgeburt längere Zeit (bis zu 3 Monate) im Krankenhaus bleiben mussten. Waren die biologischen Eltern die Beschuldigten (n = 7), so starben die Opfer wenige Tage bis Monate, nachdem sie nach Hause kamen. Möglicherweise konnten die Eltern aufgrund der im Krankenhaus nur eingeschränkt möglichen Kontaktaufnahme zu dem Kind keine ausgeprägte Bindung aufbauen, was die Tat begünstigt haben könnte. Hierfür spräche auch der enge zeitliche Zusammenhang zwischen der Entlassung der Opfer nach Hause und der Tatbegehung. Genauere Daten zur Krankenhauszeit, die eine Erhärtung dieser These ermöglichen würden, ließen sich den Akten nicht entnehmen.

5.3.2.3 Merkmale der TäterInnen

Anzahl der TäterInnen

In dieser Fallgruppe gab es 125 TäterInnen.

[313] *European Foundation for the care of newborn infants* 2010.

Biographisches

Verhältnis zum Opfer

In etwa gleich häufig waren die leiblichen Mütter (34,4 %) und Väter (35,2 %) die TäterInnen. Deutlich häufiger als bei der Betrachtung aller Fallgruppen sind hier auch die sozialen Väter für den Tod der Kinder verantwortlich (21,6 %)[314]. Nur vereinzelt gibt es andere TäterInnen-Opfer-Verhältnisse[315].
Auffälligkeiten ergaben sich jedoch bei der Opfer-Täter-Beziehung: Es zeigte sich, dass es häufig die leiblichen Mütter waren, die ihre Söhne tödlich misshandelten[316]. Von den 43 leiblichen Müttern, die Täterin waren, misshandelten 33 ihre Söhne, nur 10 ihre Töchter tödlich. Dies entspricht einem Anteil von etwa 77 % männlicher Opfer. Sowohl bei den leiblichen als auch bei den sozialen Vätern lag das Verhältnis weiter in etwa bei einem Drittel weiblicher und zwei Drittel männlicher Opfer[317]. Betrachtet man zusätzlich das Alter des Opfers, so wird das Bild noch etwas deutlicher: Die leiblichen Mütter misshandelten auffallend häufig ihre Söhne im Alter von einem Tag bis drei Monaten (11 männliche und 2 weibliche Opfer). In den anderen Altersgruppen war das Geschlechterverhältnis demgegenüber wesentlich ausgeglichener. Bei den biologischen Vätern zeigte sich eine andere Auffälligkeit[318]. Diese misshandelten ihre Töchter nur bis zu einem Alter von maximal einem Jahr tödlich, wobei sich bei den Söhnen ein ähnliches Bild zeigte. Diese wurden von ihren leiblichen Vätern nur bis zu einem Alter von maximal 21 Monaten tödlich verletzt. Bei allen älteren Kindern waren die leiblichen/soziale Mütter bzw. die sozialen Väter die Täter. Auffallend war auch, dass bei den sozialen Vätern im Gegensatz zu den leiblichen Eltern keine Häufung an tödlichen Misshandlungen in den ersten Lebensmonaten des Opfers erkennbar war[319]. Vielmehr misshandelten diese Kinder unterschiedlichsten Alters tödlich.

---

[314] Zum Vergleich siehe vorne unter 5.1.2.

[315] Soziale Mutter oder sonstige Personen als Täter, insbesondere Freunde/Bekannte der Eltern.

[316] Dabei ist vorausgreifend darauf hinzuweisen, dass der Täteranteil bei den leiblichen Müttern und Vätern ausgeglichen ist.

[317] Von den leiblichen Vätern misshandelten 27 ihre Söhne, 17 ihre Töchter tödlich. Von den sozialen Vätern töteten 18 ihren Stiefsohn, 9 ihre Stieftochter. Ausgeglichen ist das Geschlechterverhältnis bei den sozialen Müttern (drei männliche und drei weibliche Opfer).

[318] Im Opferalter von einem Tag bis drei Monate lag das Verhältnis männlicher zu weiblicher Opfer bei den biologischen Vätern bei $n = 16$ zu $n = 8$.

[319] Nur in einem Fall wurde das Kind, ein Junge, im Alter von einem Tag bis drei Monate, von seinem sozialen Vater getötet.

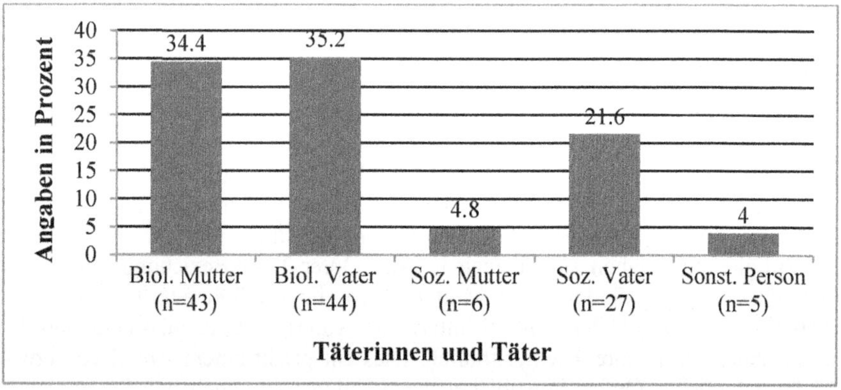

Abbildung 76: Alle Täter/innen von Misshandlungstötungen. Verhältnis zum Opfer (n = 125).

Die Besonderheiten in der Täter-Opfer-Beziehung dieser Fallgruppe könnten verschiedene Gründe haben. Zum einen wird es im Untersuchungszeitraum sicher mehr soziale Väter als soziale Mütter kleiner Kinder gegeben haben, zudem dürften die sozialen Väter vermutlich zu anderen (späteren) Zeitpunkten in das Familiengefüge eingetreten sind. Die grundsätzliche Frage, ob Kinder mit Stiefeltern in besonderer Weise einem Misshandlungs-/Tötungsrisiko ausgesetzt sind, wurde in den vergangenen Jahren unter dem Begriff „cinderella effect" kontrovers diskutiert[320]. Daneben spielen sicherlich auch rollen- und geschlechtsspezifische Besonderheiten eine Rolle, z.B. hinsichtlich der gemeinsam verbrachten Zeit. So verbringen Mütter typischerweise weitaus mehr Zeit mit den sehr jungen Kindern. Auch die Rollenerwartungen an Mütter und Väter und die sich aus deren Nichterfüllung möglicherweise ergebenden persönlichen Krisen könnten ein Erklärungsansatz sein[321]. Interessant sind vor diesem Hintergrund einige wenige Fälle, in denen der biologischer Vater und Täter ungewollt in der Rolle des „Hausmannes" und Versorgers des sehr jungen Kindes war.

Mehrere TäterInnen

Auffallend häufig wurden bei dieser Fallgruppe mehrere Personen wegen der Tötung des Kindes zur Verantwortung gezogen. In 21 Fällen wurden zwei Personen gemeinsam als Täterin oder Täter verurteilt. Dabei handelte es sich entwe-

---

320 *Daly/Wilson* 2005a; *Daly/Wilson* 2005b; *Schnitzer/Ewigman* 2005; *Temrin/Buchmayer/Enquist* 2000; *Temrin/Nordlund/Sterner* 2004; *Temrin/Nordlund/Sterner* 2004; *Alder/Polk* 1996; *Alder/Polk* 2001.

321 Vertiefend dazu: *Höynck* 2014.

der um beide biologischen Eltern (10 Fälle) oder um die biologische Mutter zusammen mit dem sozialen Vater (10 Fälle). In einem Fall waren die sozialen Eltern die Täter. In fast allen diesen Fällen hatte nur ein Elternteil, in der Regel der biologische/soziale Vater, das Kind aktiv misshandelt. Die Mutter sah meist tatenlos zu und unternahm nichts, um dem Kind zu helfen[322].

Alter zum Tatzeitpunkt

Die Altersgruppe der 21–29jährigen stellte mit über der Hälfte (55,2 %) die meisten TäterInnen. Mit einigem Abstand zweitgrößte Tätergruppe ist die der 30–40jährigen (24 %), danach folgen mit 16,8 % die TäterInnen im Heranwachsendenalter. Nur in Einzelfällen waren die TäterInnen jünger als 18 oder älter als 40 Jahre.

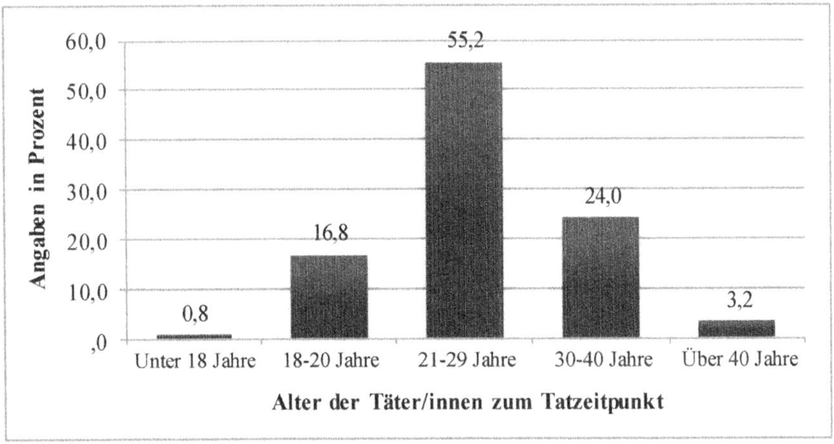

Abbildung 77: Alter der TäterInnen zum Tatzeitpunkt, Alle TäterInnen von Misshandlungstötungen (n = 125).

[322] Gründe für diese Passivität waren oft Unterordnung und/oder Angst vor dem Partner, Gleichgültigkeit, Angst das Kind zu verlieren, wenn Misshandlungen bekannt werden.

Staatsangehörigkeit

Der Anteil Nichtdeutscher bei den TäterInnen dieser Fallgruppe liegt bei 17,6 % (n = 22)[323]. Er ist damit fast doppelt so hoch wie der durchschnittliche Ausländeranteil in Deutschland während des Untersuchungszeitraums, der konstant bei etwa 9% lag[324]. Eine besondere Häufung von TäterInnen einer bestimmten Nationalität war dabei allerdings nicht erkennbar, auffällig sind hier allenfalls die Fälle, bei denen die TäterInnen in Deutschland stationierte US-Soldaten waren. Ein Vergleich mit den Anteilen an der Gesamtbevölkerung ist angesichts der sehr kleinen Fallzahlen nicht sinnvoll.

Staatsangehörigkeit	**Anzahl der TäterInnen**
Türkisch	3
US-amerikanisch[325]	4
Ehem. Jugoslawien	2
Osteuropäisch	4
Vorder- bis Südostasiatisch	3
Afrikanisch	3
Süd- und Westeuropäisch	3

Abbildung 78: Staatsangehörigkeit der nicht-deutschen TäterInnen bei Misshandlungstötungen (n = 22).

Eigene Kindheit der TäterInnen

Die meisten TäterInnen, aber weniger als die Hälfte (47,2 %) wuchsen bei ihren leiblichen Eltern auf. Im einstelligen Prozentbereich liegt der Teil, der bei seiner biologischen Mutter groß wurde bzw. bei seiner biologischen Mutter mit neuem Partner. 7,2 % (n = 9) verbrachten ihre Kindheit im Heim. Mit gut einem Viertel (28 %) auffallend groß ist der Anteil, der bei sonstigen oder wechselnden Perso-

[323] Bei der Bewertung der Befunde zur Staatsangehörigkeit ist zu beachten: Die Staatsangehörigkeit sagt über die soziale Lage, einen möglichen Migrationshintergrund und dessen biographische Bedeutung sowie mögliche kulturelle Besonderheiten nichts aus. Ob und ggf. welche Bedeutung dieses Merkmal im konkreten Fall hat, kann mit den hier erhobenen Daten nur ansatzweise festgestellt werden. Dieser Fragestellung soll an anderer Stelle ausführlich nachgegangen werden.

[324] *Statistisches Bundesamt* 2010.

[325] Diese waren alle in Deutschland stationierte Angehörige der amerikanischen Streitkräfte.

nen aufwuchs. Dabei handelte es sich z.B. um Adoptiv- oder Pflegeeltern, Großeltern, wechselnde Elternteile oder sonstige Familienangehörige.

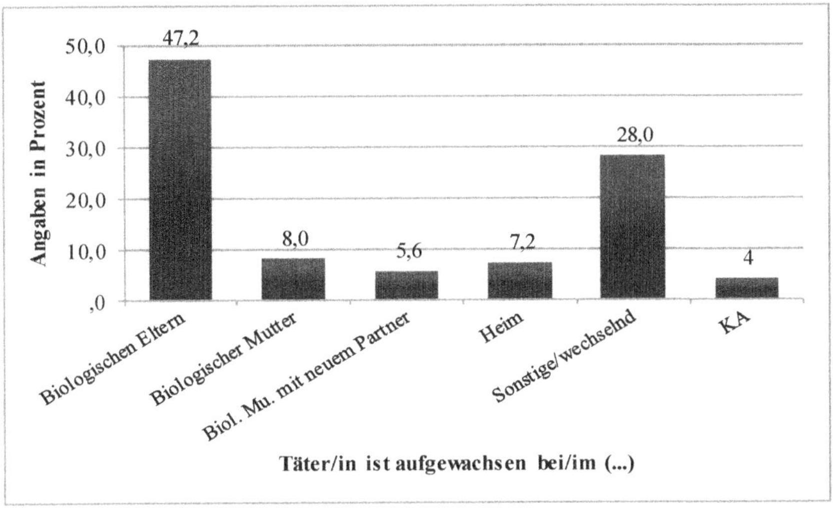

Abbildung 79: Täter/in ist aufgewachsen bei/im (…). Alle TäterInnen von Misshandlungstötungen (n = 125).

Misshandlungserfahrungen

Etwa ein Viertel der TäterInnen von Misshandlungstötungen (26,4 %, n = 33) hat in der eigenen Kindheit Misshandlungserfahrungen gemacht. Dabei handelte es sich immer um Schläge und Gewalt (22,4 %), in Einzelfällen zusätzlich um sexuellen Missbrauch (4 %). Bei 5,6 % der TäterInnen ist unklar, ob sie in ihrer Kindheit Misshandlungserfahrungen gemacht haben. Dabei handelt es sich um mehr oder weniger substantiierte Behauptungen von Gewalt/sexuellem Missbrauch in der Kindheit, die sich nicht verifizieren ließen. Bei der Betrachtung dieser Zahlen ist zu berücksichtigen, dass für gut ein Drittel der TäterInnen (38,4 %) keine Informationen zu diesem Thema in den Akten enthalten waren. Aus der Abwesenheit von Informationen kann aber gerade bei zeitlich recht weit zurückliegenden Aspekten wie kindlichen Missbrauchserfahrungen nicht geschlossen werden, dass solche Taten nicht vorhanden waren. Vielmehr ist auch in Betracht zu ziehen, dass sie von den Ermittlungsbehörden als unerheblich für die Beurteilung der verwirklichten Tat angesehen und entweder gar nicht abgefragt oder nicht in die Akte aufgenommen worden sind.

Einschlägige strafrechtliche Vorbelastungen zum Tatzeitpunkt

In einem Einzelfall war eine Täterin bereits wegen Misshandlung von Schutzbefohlenen in einem minder schweren Fall an einem Halbbruder des Opfers zu einer Bewährungsstrafe verurteilt worden[326].

Nicht einschlägige strafrechtliche Vorbelastungen zum Tatzeitpunkt

Demgegenüber war ein nicht unerheblicher Teil der TäterInnen von Misshandlungstötungen bereits anderweitig strafrechtlich in Erscheinung getreten (42,2 %, n = 53). Bei 24,8 % (n = 31) stammten die Vorbelastungen aus unterschiedlichen Deliktsbereichen[327], davon über die Hälfte zumindest auch aus dem Bereich der Körperverletzungs- oder Tötungsdelikte. 13 TäterInnen waren ausschließlich wegen Eigentums- oder Vermögensdelikten in Erscheinung getreten, acht wegen sonstiger Delikte. Nur in Einzelfällen waren die TäterInnen wegen nicht einschlägiger Körperverletzungs- oder Tötungsdelikte oder wegen Drogendelikten vorbelastet.

Schulabschluss

Die meisten TäterInnen dieser Fallgruppe hatten einen niedrigen[328] Schulabschluss (44,6 %)[329]. Mit 19,8 % auffallend hoch ist die Zahl der TäterInnen ohne allgemeinen Schulabschluss. Die drittgrößte Gruppe bilden die TäterInnen mit mittlerem[330] Bildungsabschluss (17,4 %), das Abitur erreichten nur 5 %. Im einstelligen Prozentbereich liegt auch der Anteil der TäterInnen mit einem ausländischen Schulabschluss, einem Abschluss der Lernbehinderten-, Sonder- oder Förderschule[331] oder einem sonstigen/unklaren Abschluss. Um diese Zahlen vergleichbar zu machen, wurden die fehlenden Werte (3,2 % bei n = 125) nicht berücksichtigt.

[326] Der Halbbruder wurde nach dem Übergriff durch seine Mutter aus der Familie genommen.

[327] Z.B. nicht einschlägige Körperverletzungs- oder Tötungsdelikte, Eigentums- oder Vermögensdelikte, Drogendelikte, sonstige Delikte wie Straßenverkehrsdelikte, Urkundendelikte u.a..

[328] Hauptschulabschluss.

[329] Sofern sich die TäterInnen zum Tatzeitpunkt noch in der schulischen Ausbildung befanden, wurde vom höchsten auf der besuchten Schule erreichbaren Abschluss ausgegangen.

[330] Realschulabschluss, Abschluss der Polytechnischen Oberschule.

[331] Zu berücksichtigen ist, dass man an diesen Schulen zwar grundsätzlich alle Schulabschlüsse erreichen kann, insbesondere wenn es sich um Schulen für rein körperlich behinderte Kinder handelt. In unserer Studie waren es sich jedoch vornehmlich Sonder-/Förderschulen für lernschwache Schüler.

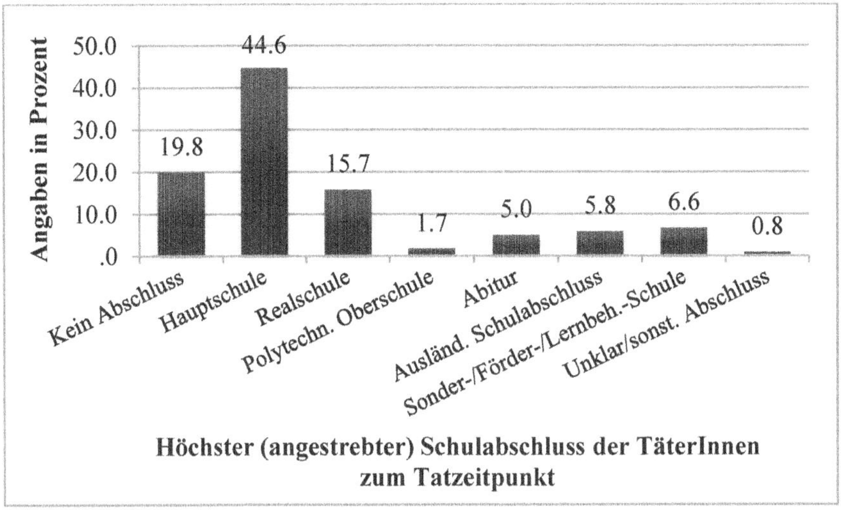

Abbildung 80: Höchster (angestrebter) Schulabschluss der TäterInnen zum Tatzeitpunkt. TäterInnen von Misshandlungstötungen ohne Ausfallwerte (n = 121).

Wie bereits erwähnt ist es schwierig, diese Zahlen mit denen der Bevölkerung zu vergleichen, da die Schulabschlüsse der TäterInnen oft Jahre zurückliegen, genaue Bezugswerte nur mit sehr hohem Aufwand zu ermitteln wären und sich die Verteilung der Schulabschlüsse in der Bevölkerung in Deutschland in den letzten Jahrzehnten stark insbesondere zu Lasten der Hauptschulabschlüsse verändert hat. Ein tendenzieller Unterschied zur Gesamtbevölkerung lässt sich dennoch aus einem Abgleich mit einem Vergleichsjahr, ausgewählt wurde 1999, ersehen. Die Vergleichsdaten beziehen sich einerseits auf die Absolventen des Jahres 1999[332], andererseits auf den Durchschnitt der über 15-jährigen Bevölkerung aus dem Datenreport 1999[333].

Die dabei ermittelten Tendenzen sind deutlich. Der Anteil der TäterInnen ohne (Haupt-) Schulabschluss ist etwa dreimal so hoch wie der der Vergleichswerte. Demgegenüber erreichten im Vergleich sehr viel weniger TäterInnen das Abitur. Auch ein mittlerer Bildungsabschluss wurde vergleichsweise selten erreicht. Nur der Anteil der TäterInnen mit einem niedrigen Bildungsabschluss entspricht in etwa den Vergleichswerten.

---

[332] *Sekreteriat der Ständigen Konferenz der Kultusminister der Länder* 2007, S. 56.

[333] Vergleichszahlen aus: *Statistisches Bundesamt/WZB/ZUMA* 2000, S. 77. Dabei ist anzumerken, dass es sich hierbei um Zahlen für alle Frauen und Männer ab einem Alter von 15 Jahren handelt.

	TäterInnen (n = 121)	**Absolventen 1999**	**Bevölkerung 1999**
Ohne (Haupt-) Schulabschluss	26,4 %[334]	8,9 %	7,5 %[335]
Niedriger Bildungsabschluss	44,6 %	25,7 %	48,7 %
Mittlerer Bildungsabschluss	17,4 %	40,2 %	25,7 %
Hoher Bildungsabschluss	5,0 %	25,2 %	18,1 %
Ausl. Schulabschluss, Sonstiges	6,6 %	-	-

Abbildung 81: Schulabschlüsse der TäterInnen von Misshandlungstötungen ohne Ausfallwerte (n = 121) im Vergleich mit den Absolventen des Jahres 1999 und der Bevölkerung im Jahr 1999.

Beruflicher Bildungsabschluss

Knapp die Hälfte der TäterInnen war beruflich qualifiziert, hatte also eine Berufsausbildung oder – sehr selten - ein Hochschulstudium abgeschlossen bzw. befand sich in entsprechender Ausbildung[336]. Der Anteil der TäterInnen ohne berufliche Ausbildung liegt bei 54,9 %[337].

[334] Inbegriffen sind auch TäterInnen mit Förderschulabschluss, da diese bei den Absolventen 1999 ebenfalls als „ohne Hauptschulabschluss" erfasst sind. Zudem handelte es sich bei den von den TäterInnen besuchten Förderschulen insbesondere um solche für lernschwache Schüler.

[335] Einschließlich der noch in Ausbildung befindlichen Personen.

[336] Zur besseren Vergleichbarkeit wurden die fehlenden Werte (2,4 % bei n = 125) nicht berücksichtigt.

[337] Dabei ist zu berücksichtigen, dass unter die Kategorie „keine berufliche Ausbildung" auch Personen gefasst wurden, die zum Tatzeitpunkt noch zur Schule gingen und aus diesem Grund noch keine Ausbildung absolviert haben.

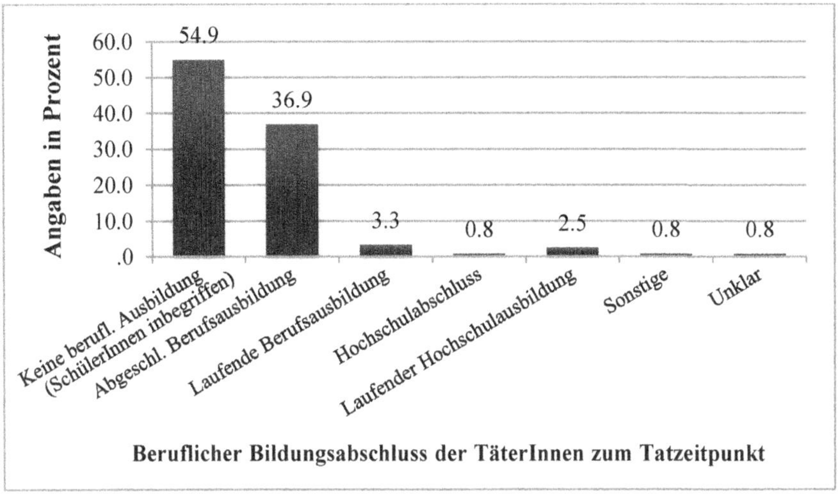

Abbildung 82: Beruflicher Bildungsabschluss der TäterInnen zum Tatzeitpunkt. TäterInnen von Misshandlungstötungen ohne Ausfallwerte (n = 122).

Auch hier ist ein Vergleich mit der durchschnittlichen Bevölkerung schwierig, da genaue Bezugswerte fehlen. Aus Vergleichswerten, hier aus dem Datenreport des Jahres 1999 für die Bevölkerung[338], lässt sich aber wiederum eine Tendenz ableiten. Dabei liegt sowohl der Anteil der TäterInnen mit abgeschlossener beruflicher Ausbildung (36,9 %) als auch derer mit (Fach-) Hochschulabschluss (0,8 %) klar unter den Vergleichswerten von 52,7 % bzw. 10,9 %.

Beschäftigungsstatus

Etwa zwei Drittel der TäterInnen (65,3 %) waren zum Tatzeitpunkt ohne Erwerbstätigkeit[339]. Nur 19,4 % gingen einer Erwerbstätigkeit in abhängiger Beschäftigung nach. Vereinzelt befanden sich die TäterInnen zum Tatzeitpunkt in Mutterschutz/Erziehungsurlaub/Elternzeit. Anderen Beschäftigungsformen wie selbstständige Tätigkeit, Schulbesuch oder ein unklarer Beschäftigungsstatus[340] bewegen sich ebenfalls jeweils im einstelligen Prozentbereich.

---

338 Vergleichszahlen aus: *Statistisches Bundesamt/WZB/ZUMA* 2000, S. 78.

339 Zur besseren Vergleichbarkeit wurden die fehlenden Werte (0,8 % bei n = 125) nicht berücksichtigt.

340 Z.B. wegen Grundwehr(ersatz-)dienstes.

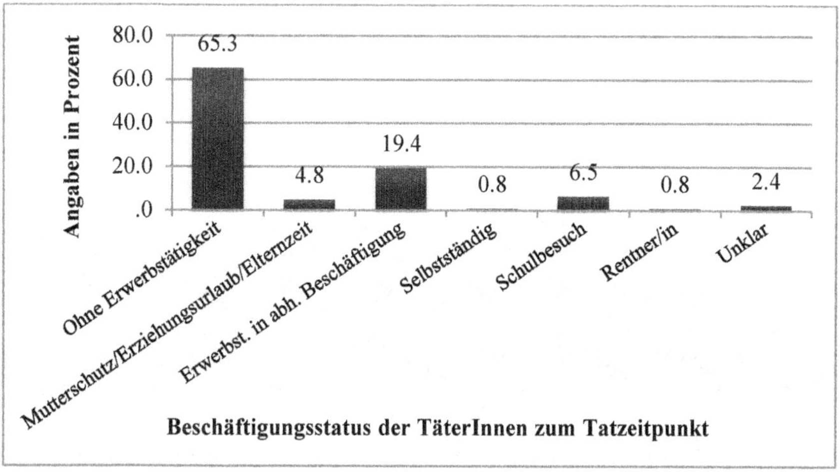

Abbildung 83: Beschäftigungsstatus der TäterInnen zum Tatzeitpunkt. TäterInnen von Misshandlungstötungen ohne Ausfallwerte (n = 124).

Ein Vergleich mit den Erwerbslosenzahlen in Deutschland aus dem Jahr 1999 - dort lag die Zahl der Erwerbslosen bei 10,1 %[341]- zeigt, dass der Anteil der TäterInnen ohne Erwerbstätigkeit mit 65,3 % um ein vielfaches über diesem Vergleichswert liegt. Ob es sich eher um eine freiwillige (z.B. bei „klassischer" Rollenverteilung wegen Kinderbetreuung) oder unfreiwillige Erwerbslosigkeit handelt, lässt sich tendenziell daran ablesen, ob es bei den Täterinnen in der Vergangenheit Schwierigkeiten im Bereich der Erwerbstätigkeit gab. Dies wurde von uns für den Zeitraum bis zu fünf Jahren vor der Tat erhoben, wobei darunter nicht nur dauernde unfreiwillige Arbeitslosigkeit sondern auch ständige Arbeitsplatzwechsel oder Arbeit unter dem Qualifikationsniveau gefasst waren[342]. Schwierigkeiten im Bereich der Erwerbstätigkeit gab es dabei bei etwa zwei Drittel der TäterInnen von Misshandlungstötungen. Tendenziell lag daher eher keine freiwillige Erwerbslosigkeit vor.

[341] *Statistisches Bundesamt/WZB/ZUMA* 2000, S. 84.
[342] Es sind dort also auch TäterInnen erfasst, die zum Tatzeitpunkt erwerbstätig waren, aber in der Vergangenheit Probleme in diesem Bereich hatten.

Einkommenssituation zum Tatzeitpunkt

Die Aussagekraft bezüglich der Einkommenssituation der TäterInnen ist, wie bereits dargelegt[343], begrenzt. Von zumindest etwa einem Drittel der TäterInnen ist bekannt, dass sie Sozialleistungen bezogen.

Gesundheitszustand der TäterInnen zum Tatzeitpunkt

Auffällige Befunde finden sich in diesem Bereich nicht. Etwas öfter (n = 6) zeigten sich bei den TäterInnen Hepatitis C - Erkrankungen, wobei auch hier aus der Abwesenheit entsprechender Informationen nicht darauf geschlossen werden kann, dass Erkrankungen nicht vorlagen.

Lebenssituation zum Tatzeitpunkt

Familienstand zum Tatzeitpunkt

Der überwiegende Teil der TäterInnen (51,2 %) war zur Zeit der Tatbegehung ledig. Etwa ein Viertel war verheiratet, etwa ein Fünftel war bereits wieder geschieden oder dauerhaft getrennt lebend.

343 Vielfach waren die Angaben über die tatsächliche Einkommenssituation der TäterInnen in den Ermittlungsakten lückenhaft oder nicht vorhanden. Der Grund hierfür liegt auf der Hand. Bei Ermittlungen wegen des Verdachts eines vorsätzlichen Tötungsdelikts an einem Kind ist grundsätzlich nicht mit einer Geldstrafe als Sanktion zu rechnen. Auch für die Ermittlung des Tatmotivs ist die finanzielle Lage in den hier vorliegenden Fällen in der Regel wenig interessant. Es besteht daher kaum Anlass, die genaue finanzielle Lage zu ermitteln. Aber auch die Angaben, die vorlagen, sind oft wenig aussagekräftig, da sich diese Werte in der Regel allein auf die TäterInnen beziehen. Die tatsächliche wirtschaftliche Situation lässt sich jedoch nur realistisch abbilden, wenn man das gesamte Haushaltseinkommen betrachtet. Allein der Fall von Sozialleistungsbezug lässt den Schluss auf ein niedriges/nicht vorhandenes Haushaltseinkommen zu, da die Berechnung finanzieller staatlicher Unterstützung auf dem Einkommen der Bedarfsgemeinschaft und mithin des gesamten Haushalts basiert.

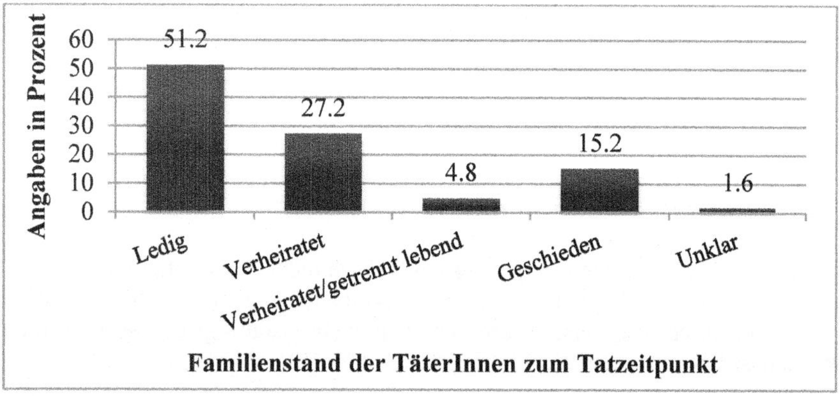

Abbildung 84: Familienstand der TäterInnen zum Tatzeitpunkt. Alle TäterInnen von Misshandlungstötungen (n = 125).

Weitere biologische Kinder

Insgesamt betrachtet hatte fast die Hälfte der TäterInnen neben dem Opfer weitere[344] biologische Kinder (47,2 %, n = 59).

Rauschmittelkonsum

Erhoben wurde der Rauschmittelkonsum für einen Zeitraum von bis zu einem Jahr vor der Tat[345], dabei zeigt sich sowohl im Bereich der legalen/"weichen" Substanzen[346] als auch im Bereich der „harten" Drogen[347] bei den TäterInnen vermehrt ein problematischer Substanzkonsum. Alkoholmissbrauch lag bei 13,6 % der TäterInnen vor, eine Abhängigkeit bestand bei 7,2 %. Ein missbräuchlicher Konsum von Cannabis fand bei 5,6 % statt, eine Abhängigkeit bestand bei 8 %. Beim Medikamentenkonsum wurden Missbrauch und Abhängig-

344 Um „weitere" biologische Kinder handelt es sich, wenn die TäterInnen auch die biologischen Eltern des Opfers waren, nicht dagegen, wenn es sich bei den TäterInnen um die sozialen Eltern oder Dritte handelte.

345 Dabei wurde in der Aktenanalyse zwischen „keinem", „gelegentlichem", „episodenhaft starkem" Konsum und „langzeitig regelmäßigem Missbrauch/Abhängigkeit" unterschieden. Die Einteilung in diese Kategorien erwies sich zum Teil als schwierig, oft waren die Angaben in den Akten nicht eindeutig oder es ging aus ihnen nicht klar hervor, in welchem Umfang der Konsum erfolgte. Allerdings ist davon auszugehen, dass Substanzmissbrauch im Rahmen von Ermittlungen und Strafverfahren in der Regel thematisiert wird, so dass die Abwesenheit von Informationen dazu relativ sicher so gedeutet werden kann, dass in diesen Fällen auch kein problematischer Substanzkonsum vorlag.

346 Alkohol, Cannabis, Medikamente.

347 Kokain, Heroin und sonstige Rauschmittel.

keit zusammen erhoben. Dort zeigt sich ein Missbrauch bzw. eine Medikamentenabhängigkeit bei 8 % der TäterInnen.

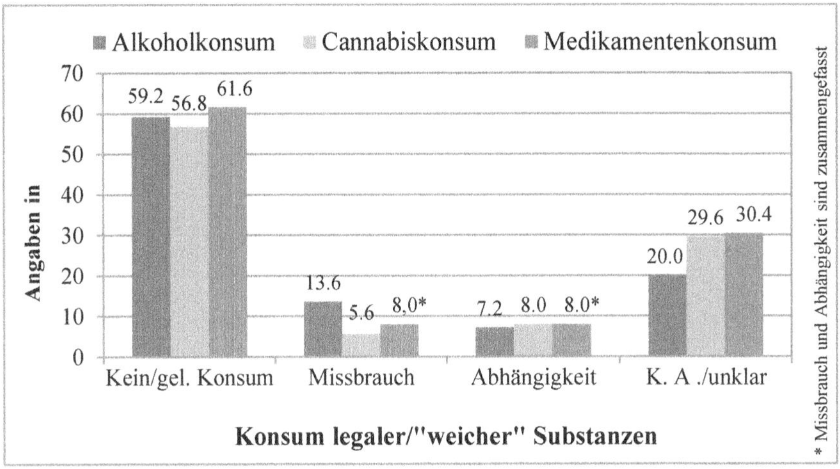

Abbildung 85: Konsum legaler/"weicher" Substanzen. Alle TäterInnen von Misshandlungstötungen (n = 125).

Ein genauer Vergleich dieser Zahlen mit denen der Bevölkerung ist mangels genauer Bezugswerte schwierig. Nach dem Drogen- und Suchtbericht der Drogenbeauftragten der Bundesregierung von Mai 2009 konsumieren 9,5 Mio. Menschen (ca. 11,6 %)[348] in Deutschland Alkohol in gesundheitlich riskanter Form[349]. Etwa 1,3 Mio. Menschen (ca. 1,6 %)[350] gelten als alkoholabhängig[351]. Missbräuchlichen Cannabiskonsum betreiben ca. 380.000 (ca. 0,5 %)[352], abhängigen 220.000 (ca. 0,3 %)[353] der 18–64jährigen. Medikamentenabhängig sind danach zwischen 1,4 und 1,9 Mio. Menschen (ca. 2 %)[354]. Damit ist trotz der eingeschränkten Vergleichbarkeit der Zahlen dennoch eine klare Tendenz dahingehend erkennbar, dass der Anteil der Personen mit problematischem/abhängigem Konsum bei den TäterInnen dieser Fallgruppe bei allen drei Substanzen jeweils deutlich über den Vergleichswerten liegt.

[348] Bei Zugrundelegung einer Bevölkerungszahl von 82 Mio. Menschen.
[349] Bei Zugrundelegung einer Bevölkerungszahl von 82 Mio. Menschen ergibt sich daraus bei ca. 11,6 % ein riskanter Alkoholkonsum.
[350] Bei Zugrundelegung einer Bevölkerungszahl von 82 Mio. Menschen.
[351] Bei Zugrundelegung einer Bevölkerungszahl von 82 Mio. Menschen.
[352] Bei Zugrundelegung einer Bevölkerungszahl von 82 Mio. Menschen.
[353] Bei Zugrundelegung einer Bevölkerungszahl von 82 Mio. Menschen.
[354] Bei Zugrundelegung einer Bevölkerungszahl von 82 Mio. Menschen und 1,65 Mio. Abhängigen.

Kokain konsumierten 5,6 % der TäterInnen gelegentlich. Missbrauch und Abhängigkeit war nur in Einzelfällen gegeben. 4,8 % der TäterInnen waren heroinabhängig, vereinzelt lag Missbrauch oder gelegentlicher Konsum von Heroin vor. Sonstige Rauschmittel[355] wurden von 6,4 % der TäterInnen gelegentlich, von 2,4 % missbräuchlich und von 1,6 % abhängig konsumiert.

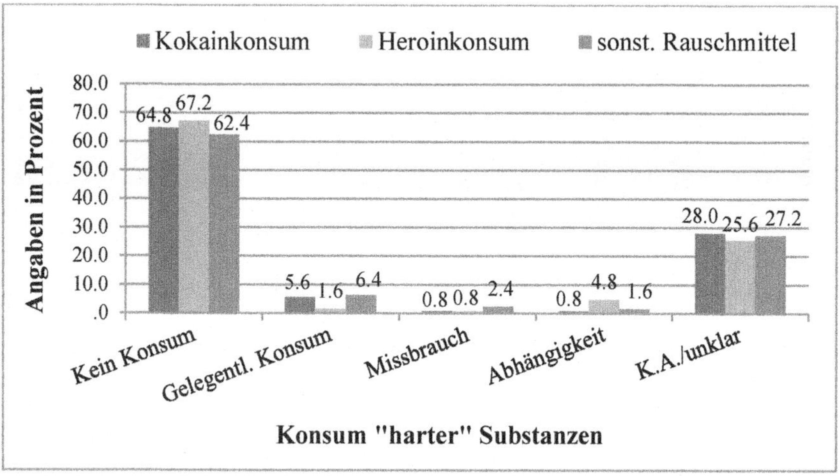

Abbildung 86: Konsum „harter" Substanzen. Alle TäterInnen von Misshandlungstötungen (n = 125).

Im Bereich der „harten" Drogen ist ein Vergleich mit der Gesamtbevölkerung mangels tauglicher Vergleichswerte noch schwieriger[356]. Nach dem Drogen- und Suchtbericht der Drogenbeauftragten der Bundesregierung von Mai 2009 konsumieren schätzungsweise rund 200.000 Menschen in Deutschland illegale Drogen, d.h. Opiate, Kokain und Amphetamine in sehr riskanter Form, d.h. injizieren. Da sich daraus bei einer zugrunde gelegten Bevölkerungszahl von 82 Mio. Menschen in Deutschland ein Wert von 0,2 % ergibt und dieser Wert immer noch deutlich unter den von uns gefundenen Werten zur Abhängigkeit liegt, kann vorsichtig von einer Überrepräsentierung der TäterInnen in diesem Bereich gesprochen werden.

[355] Unter „sonstige Rauschmittel" fallen grundsätzlich alle Arten von Rauschmitteln. In den von uns untersuchten Fällen handelte es sich aber ausschließlich um synthetische Drogen, meist Ecstasy, aber auch Methadon, LSD u.a..

[356] Gängig bei der Darstellung der Drogensituation sind sonst die Indikatoren Erstauffällige Konsumenten harter Drogen, Sicherstellungsfälle und -mengen, Herkunfts- und Bestimmungsstaaten sowie die Nationalität der Tatverdächtigen. Diese sind als Vergleichswerte hier allerdings nicht tauglich.

Lag ein missbräuchliches oder abhängiges Konsumverhalten bei den TäterInnen vor, so war dies bei 18,4 % nur eine Substanz, bei 8,8 % zwei und bei 4,8 % drei oder mehr Substanzen.

Psychologische/Psychiatrische Gutachten

Bei 98 TäterInnen (78,4 %)[357] wurde im Rahmen des Strafverfahrens ein psychologisch/psychiatrisches Sachverständigengutachten erstellt[358].

Psychische Erkrankungen und Auffälligkeiten in der Vorgeschichte

Vor allem durch das Vorliegen dieser Sachverständigengutachten konnte auch die psychische Vorgeschichte der TäterInnen zum Tatzeitpunkt erhoben werden, soweit dazu Angaben vorhanden waren. Demnach war fast die Hälfte der TäterInnen (44,8 %, n = 56) in der Vorgeschichte psychisch erkrankt oder auffällig. Dabei müssen diese Erkrankungen nicht zwangsläufig als solche von der Umwelt erkannt oder wahrgenommen worden sein. Sehr häufig (28 %, n = 35) war der Grund hierfür ein Drogenkonsum unterschiedlicher Ausprägung[359]. Deutlich seltener lagen Persönlichkeitsstörungen[360] oder kombinierte psychische Störungen (5,6 %, n = 7)[361] vor. Andere psychische Erkrankungen zeigten sich nur in

[357] In Einzelfällen hatten es die TäterInnen selbst abgelehnt, begutachtet zu werden. Im Übrigen ist nicht eindeutig zu interpretieren, was die Abwesenheit von Gutachten bedeutet. Zwar spricht einiges dafür, dass in diesen Fällen keine Anzeichen für eine psychische Störung vorlagen, das Gericht aus diesem Grund auf ein Gutachten verzichtete und eine psychische Auffälligkeit daher eher zu verneinen ist. Allerdings sind auch unterschiedliche Einstellungen der Gerichte dazu denkbar, unter welchen Umständen eine psychologisch/psychiatrische Begutachtung zu erfolgen hat. Während man sich auf den Standpunkt stellen kann, dass bei mangelnden Anzeichen eine Begutachtung – möglicherweise auch unter Zeit- und Kostengesichtspunkten – wenig sinnvoll ist, ebenso bei bereits fehlender Einlassung der TäterInnen zur Sache, kann man demgegenüber auch die Meinung vertreten, dass bei Tötungsdelikten in der Regel eine Begutachtung zu erfolgen hat. Hier dürfte es unterschiedliche Gepflogenheiten geben.

[358] Die Gutachten waren insgesamt von sehr unterschiedlichem Zuschnitt und Umfang. In einigen Fällen fehlten die Gutachten, deren wesentliche Ergebnisse wurden aber häufig in den entsprechenden Urteilen wiedergegeben. Soweit keine ICD-10-Kategorien angegeben waren, wurden die in den Gutachten genannten Merkmale ICD-10-Codes zugeordnet.

[359] Anzumerken ist, dass wahrscheinlich nicht alle der Aussagen im Instrument über Abhängigkeit und Missbrauch zwangsläufig den klinischen Kriterien dieser Kategorie entsprechen werden.

[360] Persönlichkeitsstörungen gelten generell als nicht unproblematisch hinsichtlich ihrer Diagnostizierbarkeit und ihres Krankheitswertes. Bei den meisten Persönlichkeitsstörungen sind die Übergänge zur Normalpersönlichkeit sicherlich fließend. Zudem wurde auch eine „organische Persönlichkeitsstörung aufgrund einer Schädigung oder Funktionsstörung des Gehirns“ mit berücksichtigt, die nach ICD-10 *nicht* zu den Persönlichkeitsstörungen im Sinne der Kategorie F6 zählen.

[361] Dies bedeutet, dass mindestens zwei Störungen vorliegen, die sich nicht *einer* Kategorie zuordnen lassen.

Einzelfällen. Bei den übrigen TäterInnen ohne Begutachtung war, wie bereits dargelegt, keine Bewertung möglich. Zudem ist zu berücksichtigen, dass „keine Angaben“ auch dann vergeben wurde, wenn im Instrument keine Angaben im Sinne der Kategorie zur Verfügung standen. Von diesem Eintrag wurde im Zweifelsfall immer Gebrauch gemacht, um nicht über eine zum Teil unzureichende Informationslage hinwegzutäuschen.

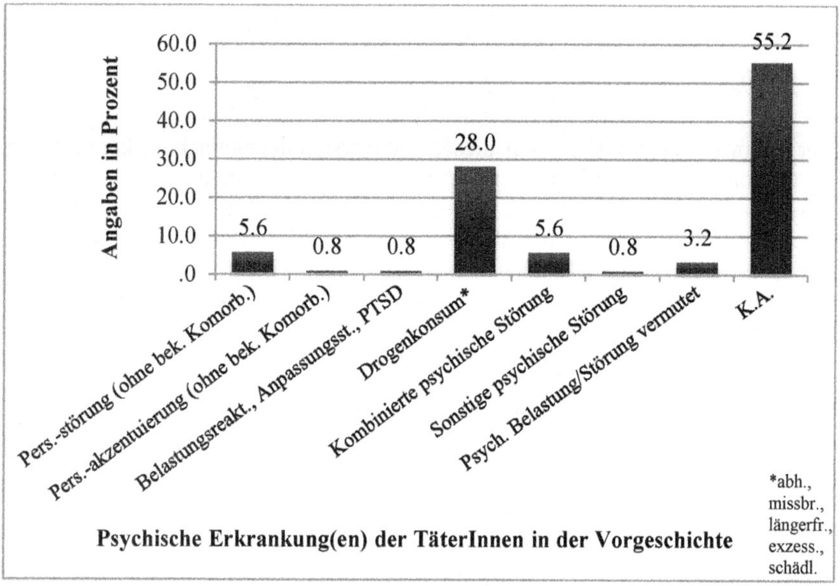

Abbildung 87: Psychische Erkrankung(en) der TäterInnen in der Vorgeschichte. Alle TäterInnen von Misshandlungstötungen (n = 125).

Psychische Erkrankungen und Auffälligkeiten zum Tatzeitpunkt

Bei gut einem Drittel der TäterInnen (36 %) wurde festgestellt, dass bei ihnen zum Tatzeitpunkt eine psychische Erkrankung vorgelegen hatte. Sehr häufig handelte es sich dabei, allein oder komorbid, um eine Auffälligkeit der Persönlichkeit (24,8 %, n = 31)[362]. Diese Auffälligkeiten entstammen häufiger dem dramatisch-emotionalen[363] (10,4 %), seltener dem ängstlich-vermeidenden[364]

[362] Persönlichkeitsstörung 19 %, davon 11,1 % nicht komorbid, Persönlichkeitsakzentuierung (nicht im ICD aufgeführt) 5,6 %, davon 4 % nicht komorbid.
[363] Emotional instabil, impulsiv/Borderline, dissozial, histrionisch, narzisstisch.
[364] Ängstlich (vermeidend), selbstunsicher, abhängig (asthenisch), dependend, anankastisch.

Bereich (5,6 %)[365]. In den anderen Fällen (8,8 %) war eine genaue Zuordnung zu einem Cluster nicht möglich, z.B. da Eigenschaften aus mehreren Clustern beschrieben wurden. Im Übrigen waren 10,4 % der TäterInnen (n = 13) aufgrund von Drogenkonsum auffällig. Nur in wenigen Fällen litten die TäterInnen, ggf. neben einer Persönlichkeitsstörung[366], unter Anpassungsstörungen u.ä., Depressionen, sonstigen psychischen Störungen[367] oder einer Kombination dieser Erkrankungen.

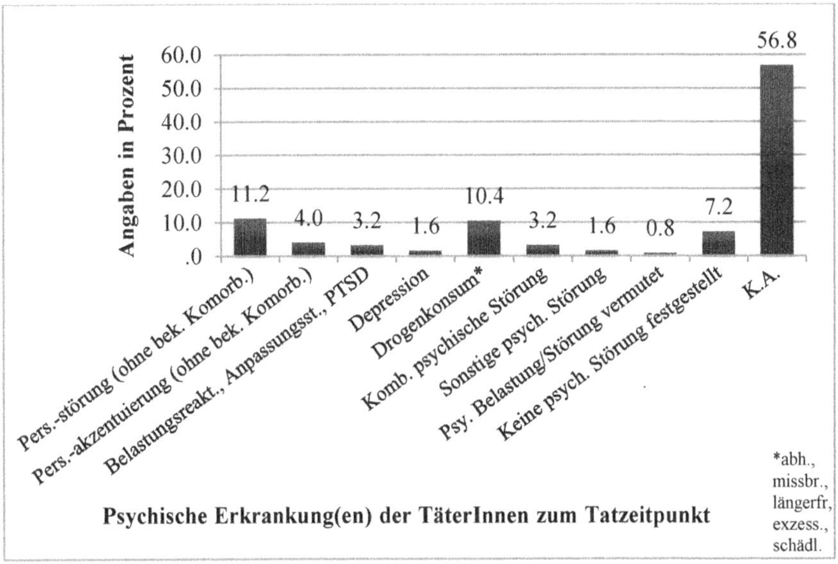

Abbildung 88: Psychische Erkrankung(en) der TäterInnen zum Tatzeitpunkt. Alle TäterInnen von Misshandlungstötungen (n = 125).

Kognitive Leistungsfähigkeit

Bei etwa einem Viertel der TäterInnen (23,2 %, n = 29) wurden Tests zur kognitiven Leistungsfähigkeit durchgeführt. Dabei zeigte sich bei vier TäterInnen

365 Bei 8,7 % war keine genaue Zuordnung möglich.

366 Werden zwei oder mehr Diagnosen/Störungsbeschreibungen genannt, welche sich nicht *einer* Variablenkategorie zuordnen lassen, wird die Kategorie „kombinierte psychische Störung" vergeben. Dies gilt jedoch nicht für den Fall, dass Persönlichkeitsstörungen/-akzentuierungen und eine oder mehrere andere Störungen zusammen auftreten, da Persönlichkeitsstörungen/-akzentuierungen bereits gesondert erfasst wurden. Beispiel: Borderline Persönlichkeitsstörung und Depression fällt nicht unter „kombinierte psychische Störung", sondern wird unter „Depression" erfasst.

367 Beispiele sind „Münchhausen by proxy", ADHS, hirnorganische Störungen.

(3,2 %) eine leichte[368], bei einem/r Täter/in (0,8 %) eine mittelgradige[369] Intelligenzminderung. In einem Fall wurde ohne Angabe eines Wertes von „intellektueller Minderbegabung" gesprochen. 10,4 % (n = 13) der TäterInnen hatten eine unterdurchschnittliche[370], 7,2 % (n = 9) eine durchschnittliche[371] und eine/r (0,8 %) eine überdurchschnittliche[372] Intelligenz. Bei den zu ihren kognitiven Fähigkeiten untersuchten TäterInnen dürfte grundsätzlich bereits die Vermutung bestanden haben, dass eine Auffälligkeit in die eine oder in die andere Richtung vorliegt. Es kann daher davon ausgegangen werden, dass bei den nicht hierauf untersuchten TäterInnen kein Anlass zur Vermutung bestand, dass diese hoch- oder minderbegabt sein könnten.

5.3.2.4 Tathintergrund/Tatanlass

Tatauslöser

Zwar waren es oft mehrere Faktoren, die eine Tat auslösten oder begünstigten, in den Fällen tödlicher Kindesmisshandlung war allerding eindeutiger Hauptauslöser eine wie auch immer geartete Überforderungssituation mit dem Kind. Häufig stellte sich die konkret tatauslösende Situation im Wesentlichen so dar, dass das Kind weinte oder schrie, sich trotz – unterschiedlich ausgeprägter – Versuche nicht beruhigen ließ und die TäterInnen im Anschluss „die Nerven verloren". Gelegentlich waren die TäterInnen auch mit ihrer gesamten Lebenssituation, Haushalt und Kindern überfordert. Bei knapp einem Fünftel hatte zudem eine Enthemmung und/oder gesteigerte Aggression durch den Konsum von Alkohol und/oder Drogen der TäterInnen zur Tatbegehung beigetragen. Es gab auch einige – wenige – Fälle, in denen das Opfer immer wieder „zur Erziehung" und/oder aus reiner angestauter Aggression, die sich aus z.T. nichtigen Anlässen auf dem Opfer entlud, misshandelt wurde, dann nicht selten auch massiv.

---

368 IQ = 50–69, ICD-10 F70. Bei diesem IQ ist nach Metaanalysen (3) von einer Prävalenz um 3 % auszugehen (vgl.: http://www.dgspj.de/index.php?option=com_content&view=article&id=67&Itemid=112).

369 IQ = 35–49, ICD-10 F 71. Die Prävalenz schwerer Formen von Intelligenzminderung, d.h. mit einem IQ < 50, wird in der Literatur und im internationalen Vergleich weitgehend konstant mit 0,4 % angegeben (vgl.: http://www.dgspj.de/index.php?option=com_content&view=article&id=67&Itemid=112).

370 IQ = 70–84.

371 IQ = 85–115.

372 IQ über 115.

Tat stand im Kontext längerfristiger Misshandlungen

Bei 29,2 % der Opfer (n = 40) ist sicher davon auszugehen, dass der Tötung bereits längerfristig Misshandlungen vorausgegangen waren, es sich mithin nicht um eine einmalige Misshandlung gehandelt hat. Meist waren es eindeutig schwere[373] (20,4 %), seltener mittlere oder leichte[374] Misshandlungen (8,8 %). Bei einigen Opfern (6,6 %) wurde eine längerfristige Misshandlung vermutet, stand aber nicht zweifelfrei fest.

Tat stand im Kontext längerfristiger Vernachlässigung

Bei wenigen Opfern (5,8 %, n = 8) ging der Tötung eine längerfristige – dann meist schwere - Vernachlässigung voraus. Diese Opfer wurden z.B. viel allein und/oder sich selbst überlassen, nicht ausreichend mit Nahrung bzw. Getränken versorgt, in Einzelfällen war das Opfer auch völlig verwahrlost oder wurde von der Familie separiert und gedemütigt.

5.3.2.5 Tat und Tatumstände

Tatörtlichkeit

Fast alle Opfer wurden in der eigenen Wohnung tödlich misshandelt (87,6 %, n = 120). Auch in den wenigen anderen Fällen handelte es sich fast ausnahmslos um Wohnungen von dem Opfer bekannten Personen (6,6 %)[375]. In einigen Fällen ließ sich der genaue Ort der zum Tode führenden Misshandlung nicht mehr ermitteln (5,8 %)[376].

[373] Oft wurden bei den Opfern körperliche Anzeichen längerfristiger schwerer Misshandlung gefunden, sprich multiple ältere Verletzungen wie z.B. Hämatome, Verbrühungen und/oder Knochenbrüche. Z.T hatten die TäterInnen auch zugegeben, das Opfer über einen längeren Zeitraum massiv geschlagen und/oder in sonstiger Weise misshandelt zu haben (z.B. Verbrühen, Schütteln o.ä.).

[374] Unter leichte oder mittlere Misshandlungen fallen im Wesentlichen Schläge. Dabei ist die Grenze zwischen schwerer und mittlerer Misshandlung sicherlich fließend.

[375] Z.B. Wohnung der Großeltern, von Freunden, des getrennt lebenden Vaters oder des sozialen Vaters. In einem Ausnahmefall war der Tatort ein Krankenhaus, in dem sich die biologische Mutter mit dem Opfer aufhielt.

[376] In diesen Fällen waren in der Regel ein Tatnachweis und damit auch ein Nachweis des Tatorts nicht möglich. Vermutlicher Tatort ist aber auch hier grundsätzlich die Wohnung des Opfers oder einer dem Opfer bekannten Person.

Wochentag der Tatbegehung

Bei dem Wochentag der Tatbegehung zeigt sich ein heterogenes Bild. Eine deutliche Erhöhung des Risikos für diese Opfergruppe, an einem bestimmten Wochentag Opfer eines Tötungsdelikts zu werden, ist nicht erkennbar, lediglich an Samstagen war eine leichte Risikoverringerung zu verzeichnen. Gelegentlich kommen alternativ oder kumulativ unterschiedliche Zeitpunkte für die tödliche Misshandlung in Betracht oder es lässt sich kein bestimmter Tatzeitpunkt mehr feststellen, so dass zum Teil der Tattag nicht mehr nachvollzogen werden kann.

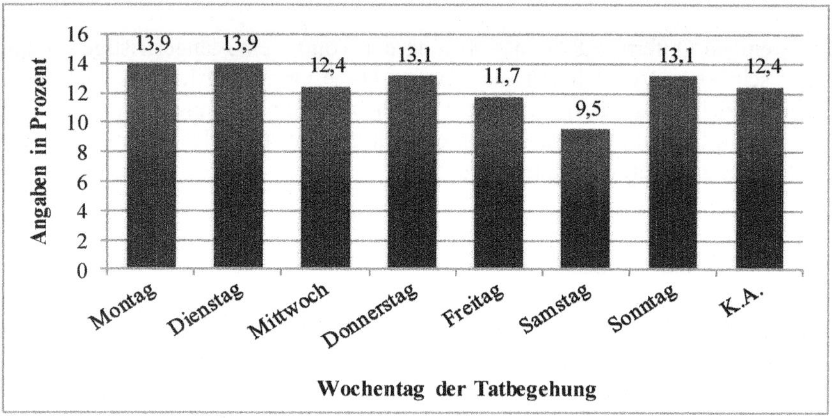

Abbildung 89: Wochentag der Tatbegehung. Alle Opfer von Misshandlungstötungen (n = 137).

Uhrzeit der Tatbegehung

Bei der Uhrzeit der Tatbegehung zeigt sich, dass in den späten Nachmittag- und frühen Abendstunden, in der Zeit von 16:00 Uhr bis 19:59 Uhr, das Risiko eines tödlichen Übergriffs erhöht ist. Dies könnte damit zusammenhängen, dass gerade in dieser Zeit die Interessen der Eltern – z.B. Ruhe nach einem langen oder anstrengenden Tag – und das dem nicht entsprechende Kindesverhalten, kollidieren. Demgegenüber fanden in der Zeit von 04:00 Uhr bis 07:59 Uhr deutlich weniger tödliche Misshandlungen statt.

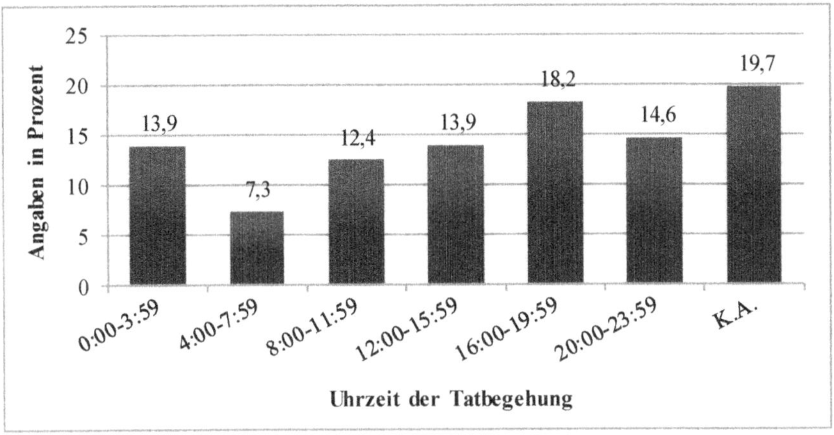

Abbildung 90: Uhrzeit der Tatbegehung. Alle Opfer von Misshandlungstötungen (n = 137).

Tötungsart

Die Fallgruppe der Misshandlungstötungen weist die größte Bandbreite an Tötungsarten auf, wobei es klare Schwerpunkte gibt. So kam fast die Hälfte aller Opfer (44,5 %) durch Misshandlungen bzw. äußere stumpfe Gewalteinwirkung ums Leben[377]. Gut ein Viertel (26,3 %) starb infolge massiven Schüttelns. Die übrigen Tötungsarten wie Ersticken, Erdrosseln, Ertränken oder Vergiften sind deutlich seltener und bewegen sich jeweils im einstelligen Prozentbereich. In Einzelfällen starb das Opfer aufgrund von Vernachlässigung, wurde vor seinem Tod aber sowohl vernachlässigt als auch misshandelt[378]. War die Tötungsart unklar, so handelte es sich meist um Fälle, in denen zwei Tötungsarten alternativ in Betracht gezogen wurden.

[377] Die Misshandlungen und Gewalteinwirkungen sind oft sehr unterschiedlich hinsichtlich Art und Intensität. Sie reichen von Faustschlägen gegen Kopf und/oder Körper über Verbrühungen beim Duschen bis zum Schlagen des Kopfes gegen Wand oder Wickeltisch.

[378] Diese Fälle, in denen eine Kombination von Vernachlässigung und Misshandlung vorlag, waren sehr selten und wurden von uns in der Gruppe der Misshandlungstötungen erfasst, um „reine“ Vernachlässigungstötungen darstellen zu können.

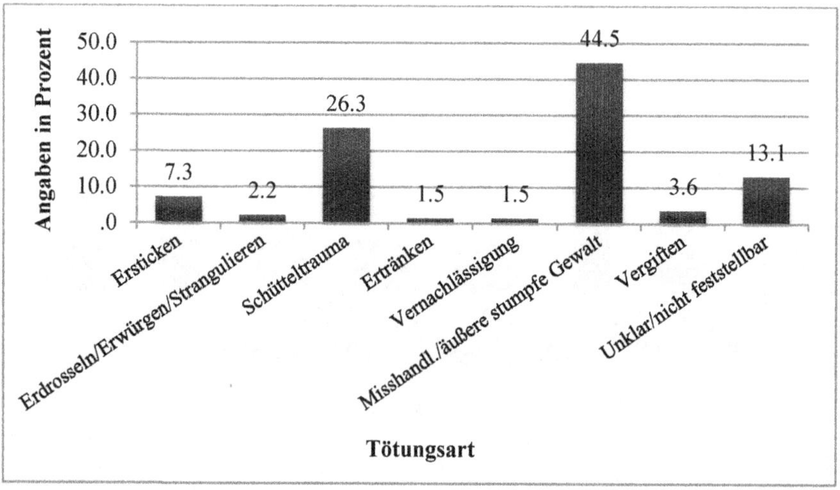

Abbildung 91: Tötungsart. Alle Opfer von Misshandlungstötungen (n = 137).

5.3.2.6 Eventuelle Interventionsmöglichkeiten

Kontakt des Jugendamts zur Familie des Opfers

Bei etwa einem Viertel der Opfer lässt sich nach dem Akten mindestens vermuten, dass das Jugendamt zum Tatzeitpunkt bereits intensiveren Kontakt zu der Familie des Opfers hatte. Grund für den Erstkontakt waren meist Hinweise Dritter, dann oft eines Arztes, auf eine mögliche Kindesmisshandlung. Gelegentlich bestand der Kontakt wegen älterer Geschwister des Opfers oder anderer innerfamiliärer Probleme. Selten kamen Hinweise aus dem direkten familiären Umfeld des Opfers, in Einzelfällen baten die Eltern selbst um Unterstützung. Der Kontakt zur Familie der Opfer weist eine sehr große Bandbreite auf und reicht von Gesprächen über unterschiedlich häufige Hausbesuche bis zur Familienhilfe oder zeitweisen Unterbringung in einer Pflegefamilie.

Sonstige Hinweise auf Interventionsmöglichkeiten

Gelegentlich fanden sich Hinweise darauf, dass weitere Personen wie Nachbarn oder Kindergartenbetreuer Schreie oder Anzeichen von Kindesmisshandlungen oder Vernachlässigung bemerkten, ohne jedoch weitere Maßnahmen zu ergreifen, z.T. ohne erkennbaren Grund, z.T. aus Angst oder weil sie Unfalldarstellungen der Eltern glaubten. Vereinzelt sind Fälle bekannt, in denen der andere Elternteil oder z.B. Freunde oder Verwandte von einer Überforderung wussten oder eine Misshandlung zumindest vermuteten, aber dennoch nichts weiter unternahmen.

5.3.2.7 Kenntniserlangung der Tat und Ermittlungsaktivitäten

Kenntnisnahme von der Tat durch die Strafverfolgungsbehörden

Die Strafverfolgungsbehörden wurden fast immer durch Notärzte, Krankenhäuser oder Rettungsleitstellen über den unnatürlichen Tod des Opfers in Kenntnis gesetzt. Hieran schlossen sich dann die Ermittlungen an. Eher selten verständigen Familienangehörige, wie z.B. der Partner der Täterin oder des Täters, oder andere Personen direkt die Polizei. Diese riefen aufgrund der Verletzungen oder der Leblosigkeit des Opfers in der Regel zunächst den Notarzt oder die Rettungsleitstelle, die erst dann die Polizei informierte.

Kenntnis Tat-Unbeteiligter vom Tötungsdelikt lange vor den Strafverfolgungsbehörden

Bei keinem der Fälle ist bekannt, dass ein Tat-Unbeteiligter bereits längere Zeit vor den Strafverfolgungsbehörden Kenntnis von dem Tötungsdelikt hatte.

Ermittlungsaktivitäten

Neben den üblichen Ermittlungsaktivitäten wie z.B. Beschuldigten- und Zeugenvernehmungen, Ortsterminen, fotografischer Dokumentation von Tatort und Tatfolgen oder Beschlagnahme bzw. Sicherstellung von Beweismitteln gab es in einigen Fällen auch weitere Ermittlungsansätze. Diese Ermittlungsaktivitäten variieren, je nachdem ob der Tat- oder Täternachweis schwierig war. Zum Teil wurden Telefonverbindungsdaten überprüft. In fünf Fällen wurden auch Telefonüberwachungen durchgeführt, in Einzelfällen sogar eine akustische Wohnraumüberwachung, der sogenannte „große Lauschangriff". In vier Fällen wurde die Tat rekonstruiert, z.B. indem der Täter bzw. die Täterin den Ablauf mit einer Puppe nachstellen sollte. In Einzelfällen wurde auch ein Schreihörbarkeitsgutachten, ein Gutachten zum Kinderbett, zu Rettungsmöglichkeiten des Kindes oder ein Versuchsexperiment zum Verletzungsbild durchgeführt bzw. eingeholt. Vereinzelt kam es auch zum Einsatz von Leichenspürhunden, einer Observation des oder der Beschuldigten oder zur Datenauswertung des Computers.

Rechtsmedizinische Gutachten

Fast alle Opfer (99,3 %) sind obduziert und ein rechtsmedizinisches Gutachten erstellt worden. Nur in einem Einzelfall wurde die Leiche des Kindes nicht gefunden.

5.3.2.8 Beurteilung durch Staatsanwaltschaften und Gerichte

Haft- und Unterbringungsbefehl

106 der 125 TäterInnen von Misshandlungstötungen (84,8 %) wurden in Untersuchungshaft genommen. Bei 20 dieser TäterInnen wurde der Haftbefehl, meist nach einigen Wochen bis Monaten, wieder außer Vollzug gesetzt[379]. Meist handelte es sich bei dem Haftgrund um die Schwere der Tat (§ 112 Abs. 3 StPO) in Verbindung mit Fluchtgefahr, in Einzelfällen auch in Verbindung mit anderen Haftgründen wie z.B. Flucht oder Verdunklungsgefahr[380]. Bei 30 TäterInnen wurde aber auch der Haftgrund der Fluchtgefahr als alleiniger Grund für die Untersuchungshaft angegeben. Vereinzelt wurden andere (z.B. § 112a StPO) oder mehrere (z.B. Flucht- und Verdunklungsgefahr) Haftgründe genannt.

Strafverteidigung

Alle TäterInnen wurden von einem Rechtsanwalt verteidigt[381].

Aussageverhalten/Geständnis

Knapp ein Drittel der TäterInnen (30,4 %) legte bereits bei der Polizei ein Geständnis ab, weitere 22,4 % zumindest ein Teilgeständnis. 39,2 % bestritten die Tat, 5,6 % ließen sich nicht zur Sache ein. Ein ähnliches Bild zeigte sich auch in der Hauptverhandlung. 31,2 % gestanden die Tat, 23,2 % legten ein Teilgeständnis ab. Allerdings bestritten nur noch 24,8 % die Tat vor Gericht. Mit 13,6 %

---

[379] Bei fünf TäterInnen erfolgte die Außervollzugsetzung zeitgleich mit der Anordnung, in einem Fall aber auch erst nach über einem Jahr.

[380] Eine verfassungskonforme Auslegung des § 112 Abs. 3 StPO gebietet das Vorliegen eines weiteren Haftgrunds. An diesen weiteren Haftgrund werden aber hinsichtlich der Gefahrprognose geringere Anforderungen gestellt. Dennoch wurde in einigen Haftbefehlen allein der § 112 Abs. 3 StPO als Haftgrund genannt.

[381] Eine anwaltliche Vertretung ist Pflicht u.a. bei Prozessen vor dem Landgericht, bei Verbrechen (Strafandrohung mindestens 1 Jahr Freiheitsstrafe), bei einer möglichen Unterbringung in einem psychiatrischen Krankenhaus oder schlicht wegen der Schwere der Tat.

häufiger als bei der Polizei machten die TäterInnen keine Angaben zur Sache. Auch der konkrete Aussageverlauf zeigt, dass die meisten TäterInnen in der Hauptverhandlung im Wesentlichen bei ihren polizeilichen Angaben blieben. Diejenigen, die in der Hauptverhandlung nun (zusätzlich) die Aussage verweigerten, hatten die Tat zuvor bei der Polizei gleich häufig bestritten bzw. gestanden (jeweils n = 7). 13 TäterInnen, die die Tat zunächst bei der Polizei bestritten hatten, legten in der Hauptverhandlung ein Geständnis, zumindest aber ein Teilgeständnis ab. Ein umgekehrter Aussageverlauf zeigte sich nur bei vier TäterInnen.

Anklageerhebung/Antrag im Sicherungsverfahren

Bei allen TäterInnen wurde Anklage erhoben. Anträge im Sicherungsverfahren wegen Schuldunfähigkeit wurden nicht gestellt. Die Anklagen erfolgten hauptsächlich zum Landgericht[382] (75,4 %)[383]. Bei 20,5 % (n = 25) wurde Anklage zur Jugendkammer[384] erhoben. Fünf Fälle (4,1 %) wurden vor dem Amtsgericht[385] verhandelt.

Verfahrenseinstellungen

Bei 22 der 137 Opfer wurde das Verfahren gegen alle Beschuldigten nach § 170 Abs. 2 StPO eingestellt. Die Gründe hierfür waren vielfältig. Häufig konnte ein Unfallgeschehen (mit mehr oder weniger großer Wahrscheinlichkeit), vereinzelt auch eine Krankheit als Todesursache nicht ausgeschlossen werden. In anderen Fällen ließ sich die Täterschaft nicht aufklären, entweder weil neben den Eltern auch andere (in Einzelfällen auch die minderjährigen Geschwister des Opfers) als Täter in Betracht kamen, oder weil, bei erwiesener Täterschaft eines der beiden Elternteile, letztlich keinem der beiden die Täterschaft sicher nachgewiesen

---

382 Anklagen wegen Mordes, Totschlags und Körperverletzung mit Todesfolge sind bei Erwachsenen nach § 74 Abs. 2 GVG immer vor dem Landgericht als Schwurgericht zu erheben. Das Landgericht ist nach § 74 Abs. 1 GVG zudem bei allen Straftaten (also auch bei fahrlässigen Tötungsdelikten) zuständig, bei denen eine höhere Strafe als vier Jahre Freiheitsstrafe oder die Unterbringung in einem psychiatrischen Krankenhaus, allein oder neben einer Strafe, oder in der Sicherungsverwahrung zu erwarten ist.

383 Von n = 122 (ohne Ausfallwerte).

384 Die Jugendgerichte an sich sind zuständig bei Jugendlichen (14 bis unter 18 Jahre) und Heranwachsenden (18 bis unter 21 Jahre). Die Jugendkammer beim Landgericht ist nach § 41 JGG bei Mord, Totschlag und Körperverletzung mit Todesfolge sowie bei erwarteter Unterbringung in einem psychiatrischen Krankenhaus zuständig.

385 Beim Amtsgericht angeklagt werden können nur fahrlässige Tötungsdelikte/andere Delikte, bei denen die Straferwartung unter 4 Jahren liegt und auch keine Unterbringung in einem psychiatrischen Krankenhaus zu erwarten ist, § 24 GVG.

werden konnte. Manchmal trafen auch mehrere dieser Umstände zusammen. In einem Ausnahmefall wurde das Verfahren aus nicht nachzuvollziehenden Gründen gegen beide Elternteile nach § 153 Abs. 1 StPO eingestellt[386]. In Einzelfällen stellte die Staatsanwaltschaft auch mögliche frühere Misshandlungen des Opfers nach § 154 StPO ein. Bei 36 Opfern wurde das Verfahren gegen einzelne Beschuldigte nach § 170 Abs. 2 StPO eingestellt. In diesen Fällen wurde regelmäßig zunächst gegen beide Elternteile (biologische und/oder soziale Eltern) ermittelt, der (sehr unterschiedlich starke) Anfangsverdacht gegen einen Teil ließ sich dann aber nicht erhärten.

Hauptverhandlung

In den meisten Fällen (67,7 %) dauerte das Hauptverfahren im Hinblick auf die Sitzungstage ein bis fünf Tage. Aber auch längere Prozesse mit sechs bis zehn Verhandlungstagen (21,1 %, n = 22) waren keine Seltenheit. In neun Fällen kam es auch zu langen Hauptverfahren mit 11 bis 20, in drei Fällen sogar mit über 20 (bis zu 40) Sitzungstagen.

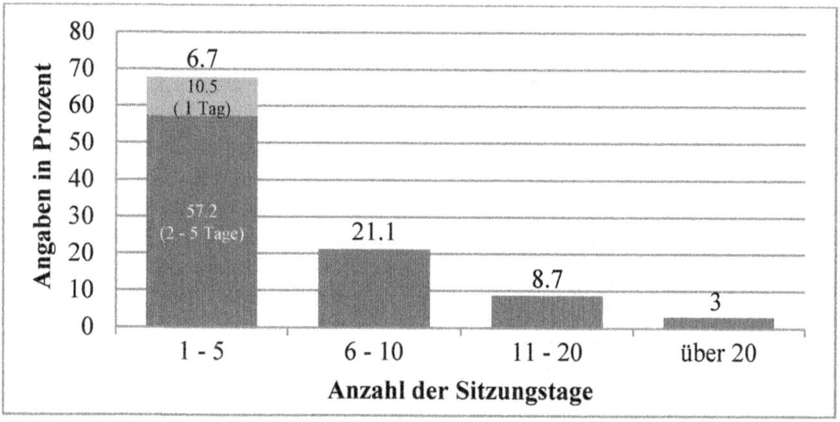

Abbildung 92: Anzahl der Sitzungstage. Misshandlungstötungen ohne Ausfallwerte (n = 105).

[386] Laut Obduktionsgutachten starb das Opfern, das auch ältere Frakturen aufwies, an den Folgen eines Schütteltraumas. Nach einem als falsch widerlegten Unfallgeschehen beschuldigten sich anschließend beide Eltern gegenseitig, das Kind geschlagen zu haben und bezichtigen auch die Schwester des Opfers, rabiat mit diesem umgegangen zu sein. Nachdem beide Eltern aus unklaren Gründen aus der Untersuchungshaft entlassen wurden, kehrten sie umgehend in ihr Heimatland zurück. Danach wurde das Verfahren nach § 153 Abs. 1 StPO eingestellt.

Bei den Misshandlungstötungen stand häufiger als in anderen Fallgruppen nicht nur einer, sondern zwei Angeklagte vor Gericht (22,6 %, n = 24[387]). Dies dürfte zum Teil an den Fällen liegen, in denen sich die (biologischen und/oder sozialen) Eltern gegenseitig der Tat beschuldigten, bzw. beide die Tat leugneten.

Die Beweisaufnahmen waren in der Regel sehr umfangreich: In gut der Hälfte der Fälle (51,9 %) wurden mehr als elf Zeugen vernommen. Allein in neun Verfahren (8,8 %) gab es jeweils mehr als 30 bis maximal 63 Zeugen. Demgegenüber wurde nur in drei Hauptverhandlungen auf eine Zeugenvernehmung verzichtet.

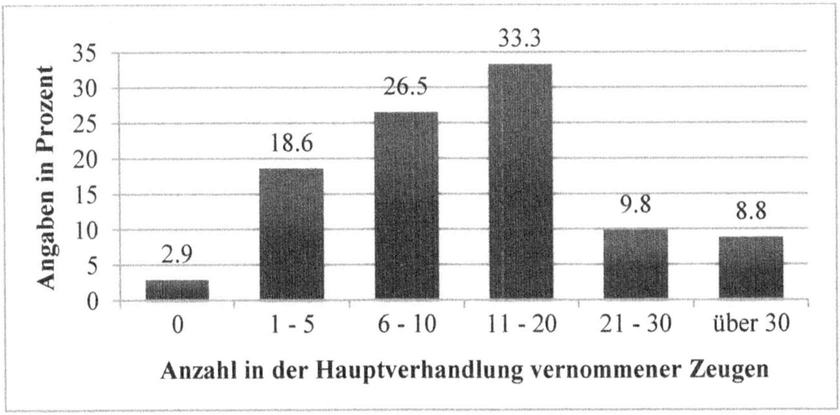

Abbildung 93: Anzahl in der Hauptverhandlung vernommener Zeugen. Misshandlungstötungen ohne Ausfallwerte (n = 102).

Auch wurden in fast allen Verfahren Sachverständige, meist zwei (41,3 %) oder mehr, zu ihren Gutachten befragt. In einzelnen Verfahren gab es sogar sieben (n = 2) bzw. elf (n = 1) Sachverständige. Nur ein Gericht verzichtete auf einen Gutachter.

[387] Von n = 106.

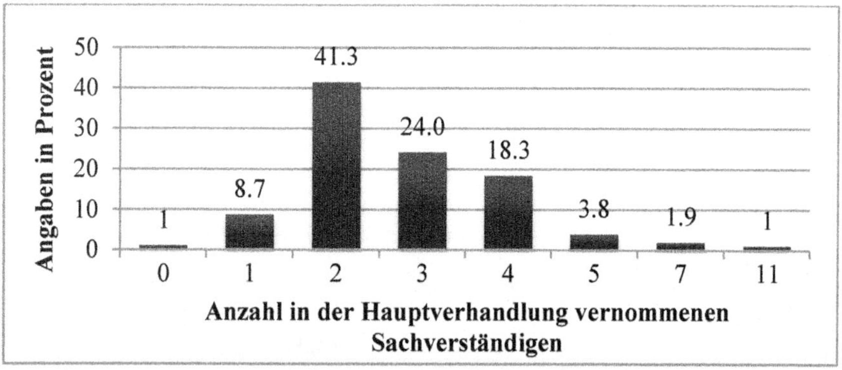

Abbildung 94: Anzahl in der Hauptverhandlung vernommener Sachverständiger. Misshandlungstötungen ohne Ausfallwerte (n = 104).

Schuldfähigkeit

Die Anwendbarkeit der §§ 20, 21 StGB, d.h. die Frage nach der Schuldunfähigkeit bzw. der verminderten Schuldfähigkeit der TäterInnen bei Begehung der Tat, wurde im Rahmen des Strafverfahrens häufig thematisiert. Eine Schuldunfähigkeit wurde bei den Misshandlungstötungen allerdings nur in einem Fall auch rechtskräftig festgestellt. Bei 23,2 % (n = 29) ging das Gericht von einer verminderten Schuldfähigkeit aus.

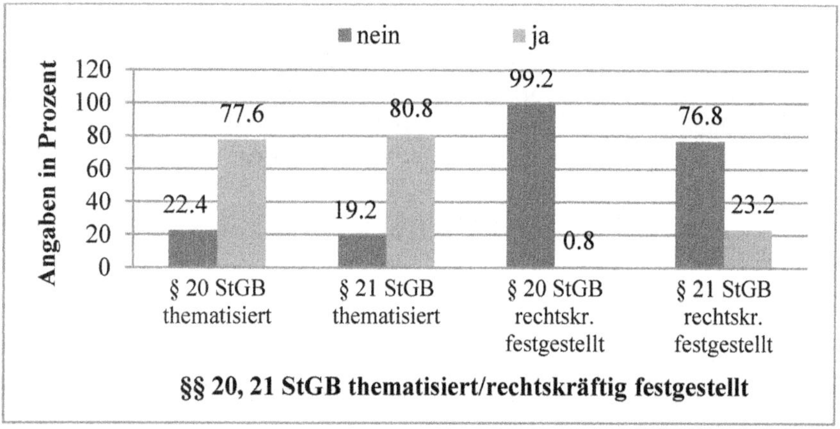

Abbildung 95: §§ 20, 21 StGB thematisiert /rechtskräftig festgestellt. Alle TäterInnen von Misshandlungstötungen (n = 125).

Strafrechtlicher Vorwurf - Anklage[388]

Mit gut einem Drittel am häufigsten wurde in dieser Fallgruppe wegen Körperverletzung mit Todesfolge angeklagt. Bei gut einem Viertel der TäterInnen sah die Staatsanwaltschaft Totschlag als verwirklicht an, bei keinem ging sie von Totschlag in einem minder schweren Fall aus. Verhältnismäßig häufig, bei 20,3 %, klagte die Staatsanwaltschaft auch wegen Mordes an. Seltener ging die Anklagebehörde von fahrlässiger Tötung oder Misshandlung von Schutzbefohlenen aus. Keine Angaben lagen in einem Fall vor, in dem der Täter vor einem ausländischen Gericht angeklagt wurde.

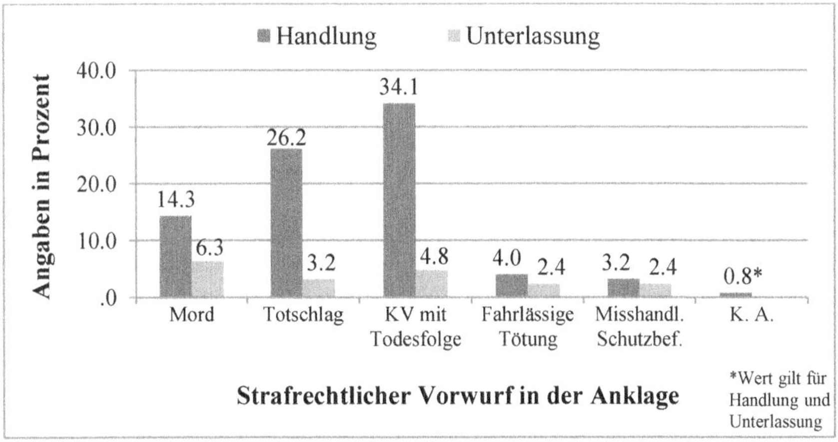

Abbildung 96: Strafrechtlicher Vorwurf in der Anklage. Alle TäterInnen von Misshandlungstötungen. Bei TäterInnen, die mehrere Kinder getötet haben, wurden alle Anklagen erfasst (n = 126)[389].

[388] Bei TäterInnen, die mehrere Kinder getötet haben, wurden alle Anklagen erfasst, z.B. wenn wegen der Tötung des ersten Kindes eine Anklage wegen Totschlags, wegen des zweiten Kindes wegen Mordes ergangen ist. Daher ist n = 126 statt n = 125.

[389] Bei TäterInnen, die mehrere Kinder getötet haben, wurden alle Verurteilungen erfasst, z.B. wenn wegen der Tötung des ersten Kindes eine Verurteilung wegen Totschlags, wegen des zweiten Kindes wegen Mordes ergangen ist. Daher ist n = 126 statt n = 125.

Strafrechtlicher Vorwurf - Rechtskräftige Verurteilung[390]

Die TäterInnen von Misshandlungstötungen wurden hauptsächlich wegen Körperverletzung mit Todesfolge verurteilt (50 %), wobei ihnen deutlich häufiger eine Handlung als eine Unterlassung zum Vorwurf gemacht wurde[391]. Eine Verurteilung wegen Totschlags[392] bzw. wegen des minder schweren Fall des Totschlags erfolgte deutlich seltener (17,5 %, n = 22 bzw. 2,4 %, n = 3). 11,2 % (n = 14) wurden wegen Mordes verurteilt. Die Gerichte gingen bei acht TäterInnen vom Mordmerkmal der Verdeckungsabsicht aus. Begründet wurde dieses Mordmerkmal jeweils damit, dass dem Kind die ärztliche Versorgung vorenthalten wurde, um die vorangegangenen Misshandlungen zu verdecken. Drei TäterInnen wurden (bei zwei Opfern) wegen einer grausamen Tatbegehung zur Verantwortung gezogen, einmal zusammen mit niedrigen Beweggründen, einmal zusammen mit Verdeckungsabsicht. Als grausam wurde die Tatbegehung angesehen, weil das Opfer über einen langen Zeitraum massiv misshandelt und gequält wurde bzw. aufgrund seiner Verletzung massivste Schmerzen über einen längeren Zeitraum erlitten hatte. Bei einer Täterin bzw. einem Täter wurde eine heimtückische Tatbegehung angenommen.

In einigen Fällen, in denen regelmäßig der Tötungsvorsatz nicht nachgewiesen werden konnte, erfolgte eine Verurteilung wegen fahrlässiger Tötung (n = 13), Misshandlung von Schutzbefohlenen (n = 8) oder gefährlicher Körperverletzung (n = 3).

---

[390] Bei TäterInnen, die mehrere Kinder getötet haben, wurden alle Verurteilungen erfasst, z.B. wenn wegen der Tötung des ersten Kindes eine Verurteilung wegen Totschlags, wegen des zweiten Kindes wegen Mordes ergangen ist. Daher ist n = 126 statt n = 125.

[391] Oft wurden die Unterlassungen den PartnerInnen vorgeworfen, die nicht gegen den aktiv Misshandelnden vorgegangen waren.

[392] Ein Täter bzw. eine Täterin wurde wegen Vollrauschs verurteilt. Bei der Rauschtat handelte es sich allerdings um Totschlag.

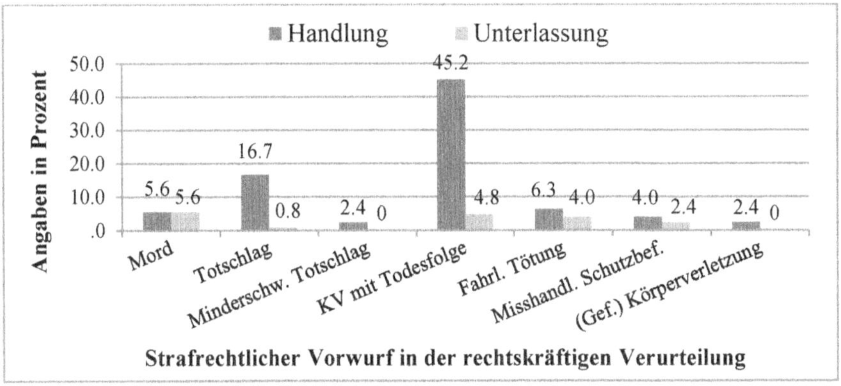

Abbildung 97: Strafrechtlicher Vorwurf in der rechtskräftigen Verurteilung. Alle TäterInnen von Misshandlungstötungen. Bei TäterInnen, die mehrere Kinder getötet haben, wurden alle Verurteilungen erfasst (n = 126).

Straf- und Maßregelausspruch - Anträge

Die Staatsanwaltschaft forderte in den meisten Fällen Freiheits- bzw. Jugendstrafen ohne Bewährung (80,8 %). Nur sehr selten plädierte sie auf Bewährungsstrafen (n = 9 bzw. n = 3), Freispruch wurde in keinem der Fälle gefordert. Demgegenüber plädierte die Verteidigung von 18,4 % der TäterInnen (n = 23) auf Freispruch, nur etwa ein Drittel forderte Strafen ohne Bewährung. Gut ein Viertel forderte die Strafaussetzung zur Bewährung. In einigen Fällen verzichtete die Verteidigung auch auf die Stellung eines konkreten Antrags.

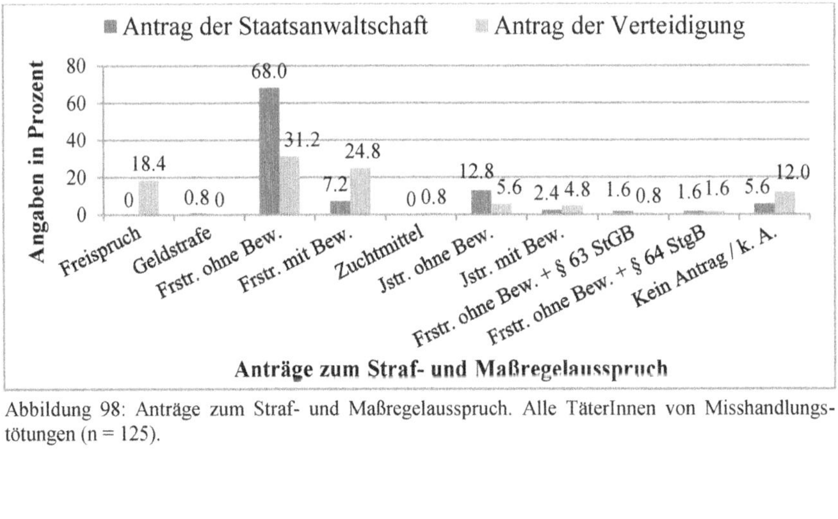

Abbildung 98: Anträge zum Straf- und Maßregelausspruch. Alle TäterInnen von Misshandlungstötungen (n = 125).

Straf- und Maßregelausspruch - Erstinstanzliche und rechtskräftige Verurteilungen

Im Hinblick auf den Straf- und Maßregelausspruch erwiesen sich die erstinstanzlichen Urteile als sehr revisionsfest. Nur in absoluten Einzelfällen wurde der Straf- bzw. Maßregelausspruch abgeändert. Daher werden im Folgenden diesbezüglich nur die rechtskräftigen Urteile dargestellt. Der weit überwiegende Teil der TäterInnen wurde zu Gefängnisstrafen ohne Bewährung verurteilt (78,4 %), in Einzelfällen kombiniert mit einer freiheitsentziehenden Maßregel[393]. Nur selten wurden die Freiheits- bzw. Jugendstrafen zur Bewährung ausgesetzt (13,6 %, n = 17 bzw. 4,0 %, n = 5). In Ausnahmefällen wurde die Tat mit einem Zuchtmittel (Verwarnung und Sozialstunden) geahndet oder eine Geldstrafe verhängt.

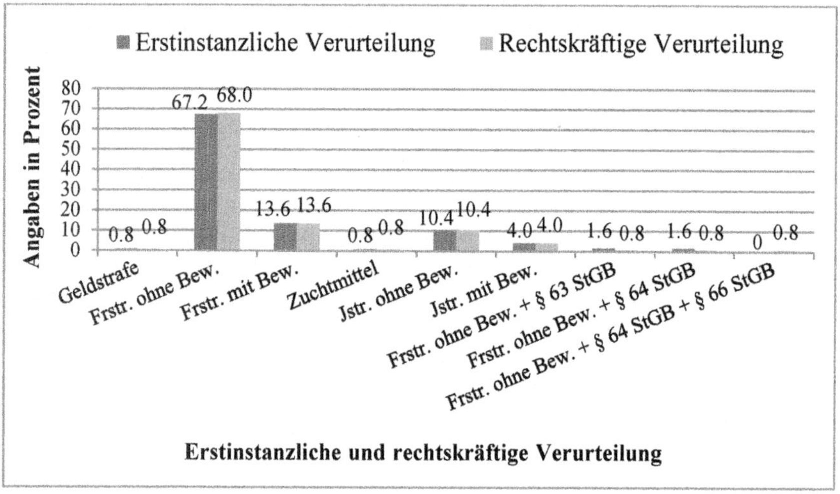

Abbildung 99: Erstinstanzliche und rechtskräftige Verurteilung – Straf- und Maßregelausspruch. Alle TäterInnen von Misshandlungstötungen (n = 125).

Strafhöhe - Anträge bei Freiheitsstrafen ohne Bewährung

Bei fast zwei Drittel ihrer Plädoyers forderte die Staatsanwaltschaft hohe Freiheitsstrafen von mindestens sechs Jahren (62,9 %). Die Verteidigung forderte

[393] Freiheitsentziehende Maßregeln sind z.B. die Unterbringung in einem psychiatrischen Krankenhaus nach § 63 StGB, die Unterbringung in einer Entziehungsanstalt nach § 64 StGB oder die Unterbringung in der Sicherungsverwahrung nach § 66 StGB.

erwartbar mehr Freiheitsstrafen im mittleren[394] bis niedrigen[395] Bereich (54,9 %). Aber auch Freiheitsstrafen im Bereich von über sechs Jahren – bis zur lebenslangen Freiheitsstrafe - wurden von der Verteidigung durchaus als angemessene Sanktion erachtet (n = 9, n = 4 bzw. n = 1). Bei der Betrachtung dieser Zahlen ist aber folgendes zu beachten. Die Anzahl der Plädoyers der Verteidigung (n = 31) bzgl. der Strafhöhe liegt deutlich unter der der Staatsanwaltschaft (n = 90). Hierfür gibt es hauptsächlich zwei Gründe. Entweder forderte die Verteidigung im Gegensatz zur Staatsanwaltschaft keine Freiheitsstrafe ohne Bewährung, sondern eine Aussetzung zur Bewährung (n = 25), oder sie plädierte auf Freispruch[396].

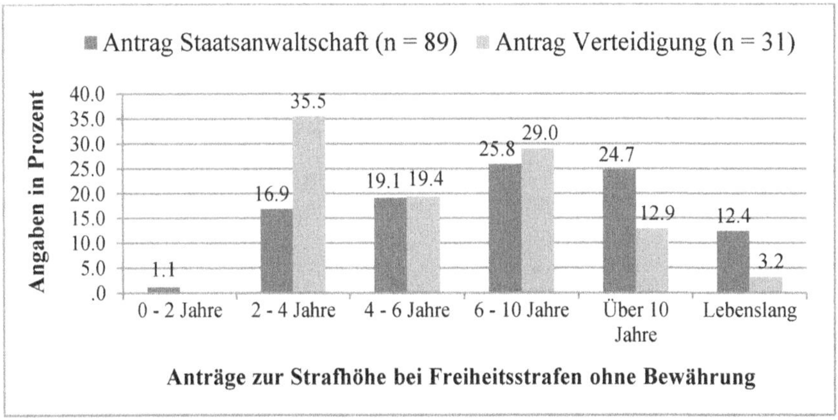

Abbildung 100: Anträge zur Strafhöhe bei Freiheitsstrafen ohne Bewährung. TäterInnen von Misshandlungstötungen, Staatsanwaltschaft (n = 89), Verteidigung (n = 31).

Strafhöhe – Anträge bei Jugendstrafen ohne Bewährung[397]

Bei den Jugendstrafen forderte die Staatsanwaltschaft Strafen in unterschiedlicher Höhe, am häufigsten jedoch im obersten Bereich von 6 – 10 Jahren (41,2 %, n = 7). Bei den Forderungen der Verteidigung ist wiederum zu beachten, dass, im Gegensatz zur Staatsanwaltschaft, überhaupt nur sehr wenige auf Jugendstra-

---

[394] 4 - 6 Jahre.

[395] 0 - 4 Jahre

[396] In den übrigen Fällen stellte die Verteidigung die Strafhöhe in das Ermessen des Gerichts bzw. verzichtete auf die Beantragung einer konkreten Strafhöhe. In Einzelfällen fanden sich zur Antragstellung keine Angaben in den Akten.

[397] Jugendstrafrecht ist bei Jugendlichen (zur Tatzeit 14 Jahre bis unter 18 Jahre) zwingend, bei Heranwachsenden (zur Tatzeit 18 Jahre bis unter 21 Jahre) bei Vorliegen von Reifeverzögerungen oder jugendtypischen Taten anzuwenden. Das Höchstmaß der Jugendstrafe beträgt 10 Jahre, §§ 18 Abs. 1, 105 Abs. 3 JGG.

fe ohne Bewährung und mithin auf eine bestimmte Strafhöhe plädierten (n = 5)[398]. Plädierte die Verteidigung auf Jugendstrafe ohne Bewährung, so zog sie sehr unterschiedliche Strafhöhen in Betracht.

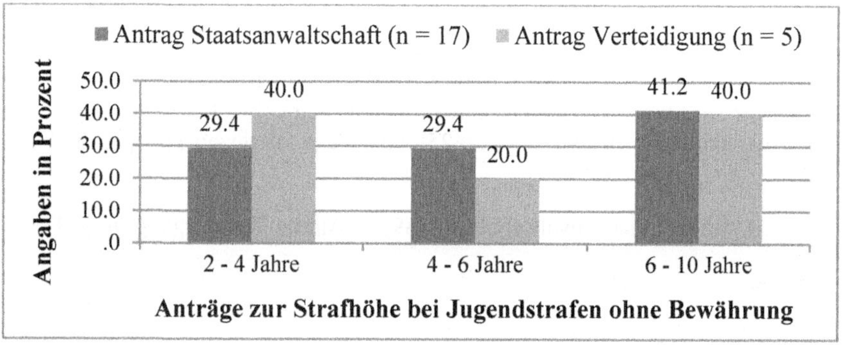

Abbildung 101: Anträge zur Strafhöhe bei Jugendstrafen ohne Bewährung. TäterInnen von Misshandlungstötungen. Staatsanwaltschaft (n = 17), Verteidigung (n = 5).

Strafhöhe – Erstinstanzliche und rechtskräftige Verurteilung bei Freiheitsstrafen

Bei den Freiheitsstrafen ohne Bewährung (n = 89, 68 %) zeigte sich bei den Strafhöhen ein sehr heterogenes Bild: 18 bzw. 17 TäterInnen der 89 dazu verurteilten TäterInnen wurden zu niedrigen bzw. mittleren Strafhöhen verurteilt. 24 TäterInnen (27 %) erhielten Strafen von sechs bis zehn Jahren, 19 von über zehn Jahren. Eine rechtskräftige Verurteilung zu lebenslanger Freiheitsstrafe erfolgte bei elf TäterInnen (12,4 %). In sechs Fällen wurde eine Gesamtfreiheitsstrafe gebildet, jeweils aufgrund von früheren Misshandlungen des Opfers. Die Strafhöhen bei den Gesamtfreiheitsstrafen gehen dabei von dreieinhalb bis zu elf Jahren.

[398] Fünf plädierten, statt wie die Staatsanwaltschaft auf Jugendstrafe ohne Bewährung, auf Jugendstrafe mit Bewährung, drei auf Freispruch. Im Übrigen verzichtete die Verteidigung auf die Forderung einer konkreten Höhe der Jugendstrafe oder es fanden sich hierzu keine Angaben in den Akten.

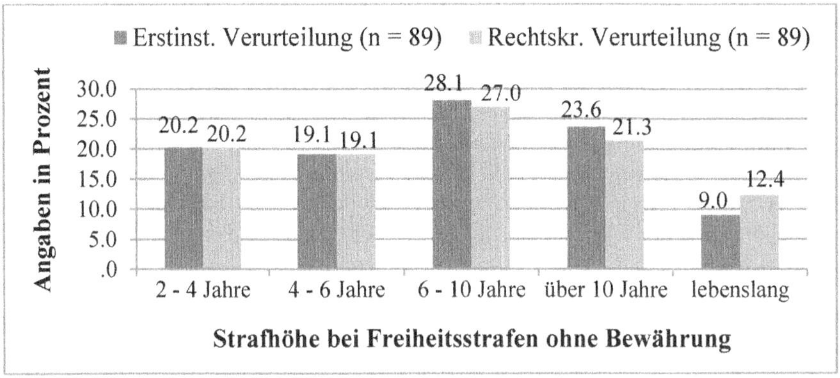

Abbildung 102: Strafhöhe bei Freiheitsstrafen ohne Bewährung. TäterInnen von Misshandlungstötungen ohne Ausfallwerte. Erstinst. Verurteilung (n = 89), rechtskr. Verurteilung (n = 89).

Strafhöhe – Erstinstanzliche und rechtskräftige Verurteilung bei Jugendstrafen

Recht häufig wurden Jugendstrafen im oberen Bereich ausgeurteilt, in 10,4 % der Fälle: Sechs der 13 TäterInnen, die zu Jugendstrafen ohne Bewährung verurteilt wurden, erhielten hohe Strafen von sechs bis zu zehn Jahren. In einem Fall handelte es sich um eine Einheitsjugendstrafe (9 Jahre), da dem Tötungsdelikt immer wieder Körperverletzungen vorangegangen waren. Vier TäterInnen wurden zu niedrigen, drei zu mittleren Jugendstrafen verurteilt.

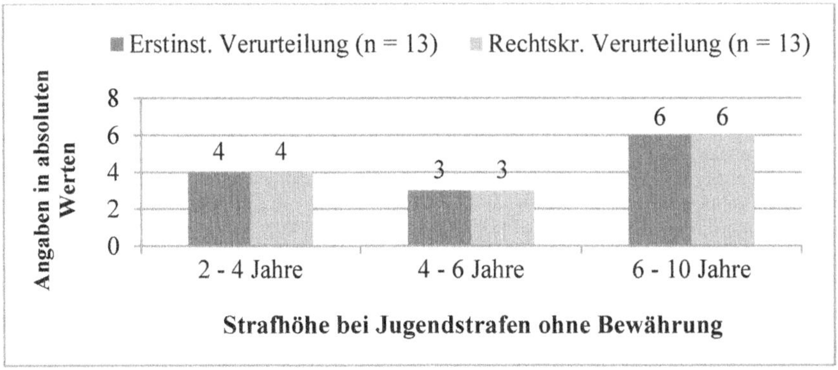

Abbildung 103: Strafhöhe bei Jugendstrafen ohne Bewährung. TäterInnen von Misshandlungstötungen ohne Ausfallwerte. Erstinst. Verurteilung (n = 13), rechtskr. Verurteilung (n = 13).

Freisprüche

In fünf Fällen wurden insgesamt sechs Angeklagte freigesprochen. Grund hierfür war fast immer der fehlende sichere Nachweis der Täterschaft des/der Angeklagten. Eine Tatbegehung durch eine andere als die angeklagte Person war in diesen Fällen zwar meist unwahrscheinlich, aber zumindest denkbar, so dass „in dubio pro reo" ein Freispruch erfolgen musste[399]. Nur in einem Fall war nicht auszuschließen, dass die tödlichen Verletzungen bei Reanimationsversuchen zugefügt worden waren.

Rechtsmittel

Gegen zwei Drittel aller erstinstanzlichen Urteile wurde Revision eingelegt (n = 84), fast immer zumindest auch von Seiten des bzw. der Angeklagten[400]. In zehn Fällen wurde das Rechtsmittel wieder zurückgenommen. Fast alle erstinstanzlichen Urteile wurden vom BGH gehalten, nur sechs Revisionen waren erfolgreich, davon drei im Sinne der Staatsanwaltschaft/Nebenklage[401] und drei im Sinne der bzw. des Angeklagten[402]. Im Übrigen wurde die Revision regelmäßig vom BGH als offensichtlich unbegründet verworfen. In elf Fällen wurde bereits in der Hauptverhandlung allseits auf die Einlegung von Rechtsmitteln verzichtet.

---

[399] In einem Fall kamen – ausschließlich - beide Eltern als Täter in Betracht. Da aber keinem von beiden die Tat nachgewiesen werden konnte, mussten beide freigesprochen werden. In zwei Fällen wurde konkret der andere, ebenfalls das Kind betreuende Partner (Freund der Mutter bzw. biologische Mutter) als möglicher anderer Täter bezeichnet, ohne dass es gegen diesen zur Hauptverhandlung gekommen ist. Nur in einem Fall war die Täterschaft der angeklagten Mutter sogar unwahrscheinlich und es blieb offen, wer der mögliche anderer Täter sein könnte.

[400] 66mal alleinige Revisionseinlegung durch den/die Angeklagte/n, fünfmal allein durch die Staatsanwaltschaft, einmal allein durch die Nebenklage. In neun Fällen legten sowohl Angeklagte/r als auch Staatsanwaltschaft Revision ein, in einem Fall zusätzlich die Nebenklage.

[401] Jeweils Änderung des Schuldausspruchs. In einem Fall von Körperverletzung in gefährliche Körperverletzung. In zwei Fällen mit insgesamt drei Angeklagten jeweils von Totschlag/ Körperverletzung mit Todesfolge mit zeitiger Freiheitsstrafe in Mord mit lebenslanger Freiheitsstrafe, einmal zudem mit Feststellung der besonderen Schwere der Schuld, einmal zudem mit Anordnung der anschließenden Sicherungsverwahrung.

[402] In einem Fall wurde das Strafmaß von 13 auf 11 Jahre Freiheitsstrafe gesenkt. In den beiden anderen Fällen änderte sich auch der Schuldausspruch, von Körperverletzung mit Todesfolge in fahrlässige Tötung (von zwei auf ein Jahr Freiheitsstrafe mit Bewährung) bzw. von Totschlag in Körperverletzung mit Todesfolge (von sechs Jahre und drei Monate in fünf Jahre und neun Monate Freiheitsstrafe ohne Bewährung).

5.3.2.9 Leben nach der Tat

Die Angaben zu dem Leben nach der Tat haben aus den bereits in der Fallgruppe der Neonatizide geschilderten Gründen eher illustrativen Charakter, ohne dass man daraus allgemeingültige Aussagen ableiten könnte. Bei 27 TäterInnen kam es nach der Tat zur Trennung oder Scheidung vom (Ehe-) Partner. Seltener zogen die TäterInnen nach der Tat um oder gingen neue Beziehungen ein. Elf TäterInnen und deren alte oder bereits neue Partner/innen bekamen noch vor der Rechtskraft des Urteils ein (weiteres) Kind. Sieben TäterInnen heirateten bzw. verlobten sich mit dem Partner, mit dem sie bereits zur Zeit der Tatbegehung zusammen waren, d.h. mit dem leiblichen/sozialen Vater oder der leiblichen/sozialen Mutter des getöteten Kindes. In einem Fall wurde den Eltern das Sorgerecht für die drei anderen Kinder entzogen. Die nach der Tat geborenen Kinder blieben mit Unterstützung des Jugendamts bei den Eltern. In einem anderen Fall wurde die Täterin bis zum Abschluss des Verfahrens noch zwei Mal schwanger. Beide Kinder wurden in Pflegefamilien untergebracht.

5.3.2.10 Zusammenfassung

Die Fallgruppe der Misshandlungstötungen (n = 137 bzw. 25,6 %) weist hinsichtlich der Dauer als auch der Intensität der Handlungen eine große Bandbreite auf, sie reichte von einer einmaligen, im Affekt begründeten Tat (n = 63, darunter 26 Schütteltrauma-Fälle) bis hin zu längerfristigen Misshandlungen (n = 49), die erst nach einiger Zeit oder im Zusammenwirken unterschiedlicher Verletzungen zum Tode des Kindes führten. Unter den 126 TäterInnen waren die biologischen Mütter und Väter in etwa zu gleichen Teilen vertreten (34,4 % vs. 35,2 %), deutlich häufiger als bei allen anderen Fallgruppen waren jedoch die sozialen Väter[403] Täter (21,6 %). Andere Personen, wie soziale Mütter oder Freunde/Bekannte der Eltern waren nur selten TäterIn. 78 % der TäterInnen wurden im Rahmen des Strafverfahrens psychologisch/psychiatrisch untersucht, dabei wurden bei 36 % zum Tatzeitpunkt Auffälligkeiten festgestellt, am häufigsten Substanzmissbrauch[404] (10,4 %) sowie Persönlichkeits-störungen (11,2 %). Die Täter und Täterinnen wiesen weitaus häufiger als die vergleichbare Bevölkerung

[403] Als soziale Väter und Mütter wurden Personen dann bezeichnet, wenn sie über einen gewissen Zeitraum faktisch die Elternrolle übernommen hatten.

[404] Hier wurden verschiedene Substanzen, wie Alkohol, Medikamente sowie Drogen zusammengefasst und sowohl Abhängigkeiten als auch längerfristiger exzessiver oder missbräuchlicher Konsum subsumiert.

ein niedriges schulisches und berufliches Bildungsniveau auf und lebten öfter unter schwierigen wirtschaftlichen Bedingungen.

Tatauslöser waren bei den Fällen dieser Deliktsgruppe zumeist eine Überforderungssituation im Umgang mit dem Kind, gelegentlich auch gepaart mit einer allgemeinen Überforderung mit der gesamten Lebenssituation bzw. mit bestimmten Umständen. Oft schrie oder weinte das Kind vor der Tat und ließ sich auch nicht beruhigen, obwohl einige TäterInnen dies durchaus ernsthaft und länger versuchten. In diesen Fällen verloren die TäterInnen dann die Nerven und begingen die Tat aus dem zumeist affekthaften Impuls heraus, das Kind endlich „zur Ruhe zu bringen". Dabei war bei einem knappen Fünftel der TäterInnen eine Enthemmung und/oder gesteigerte Aggression durch Alkohol und/oder Drogen vermutlich tatfördernd gewesen. Bei einigen Fällen wurden die zum Tode führenden Misshandlungen jedenfalls zunächst als erzieherische Maßnahme intendiert, die sodann entgleiste. In diesen Fällen waren die Misshandlungen teilweise äußerst massiv. Hinsichtlich der Tötungsart und der Intensität der Tathandlungen weist diese Fallgruppe eine besonders große Bandbreite auf, am häufigsten kamen die Kinder jedoch durch äußere stumpfe Gewalteinwirkung/ Misshandlungen[405] (44,5 %) bzw. durch Schütteln (26,3 %) zu Tode. Andere Tötungsarten, wie Ersticken, Vergiften, Erdrosseln, Ertränken gab es nur vereinzelt[406]. Deutlich am meisten Kinder (54 %) dieser Deliktsgruppe wurden in den ersten sechs Lebensmonaten getötet, zusätzlich weist die Gruppe der Misshandlungstötungen als einzige deutlich Unterschiede beim Opfergeschlecht auf, 65 % (n=89) der Opfer waren männlich, 35 % (n=48) weiblich. Woran diese Höherbelastung liegt, ist unklar. Dieser Fragestellung soll an anderer Stelle weiter nachgegangen werden, zumal dies ein Befund ist, der auch in der internationalen Literatur berichtet wird[407].

Die Daten zeigen in Bezug auf die Strafverfolgung und Sanktionierung sehr unterschiedliche Verfahrensverläufe und -ergebnisse. Teilweise war der Tatnachweis überaus aufwändig und erforderte umfangreiche rechtsmedizinische Untersuchungen, Tatrekonstruktionen und Zeugenvernehmungen. Einige mutmaßliche Delikte konnten trotz aufwändiger Ermittlungen nicht strafrechtlich aufgeklärt werden und endeten in Einstellungen oder Freisprüchen. Die Bandbreite der Sanktionen war auch in dieser Fallgruppe sehr breit und reichte von Bewährungsstrafen (18 %) bis zu lebenslangen Freiheitsstrafen in immerhin elf

---

[405] Z.B. Schläge mit der Hand, Schlagen des Kopfes gegen einen Gegenstand oder die Wand, Verbrühen.

[406] In 13,1 % der Fälle blieb die Tötungsart unklar, hier kamen in der Regel mehrere Möglichkeiten in Betracht, ohne dass sicher festgestellt werden konnte, welche davon letztlich todesursächlich gewesen war.

[407] Erste Überlegungen dazu bei *Höynck* 2014.

Fällen. Dies lässt sich teilweise damit erklären, dass die Tatausübung in dieser Fallgruppe von einmaligem Schütteln bis zu mehrfachen, sehr brutalen Misshandlungen reichte. Eine Rolle spielt auch, dass bei den Misshandlungstötungen nicht selten zwei Personen für ein gemeinsam verübtes Delikt verurteilt wurden und hier die Tatbeiträge oft sehr unterschiedlich waren. Eine typische Konstellation bestand in einem aktiv handelnden Elternteil (zumeist der biologische oder soziale Vater) und einem Elternteil, das die Misshandlungen duldete (zumeist die biologische Mutter).

5.3.3 Erweiterter Suizid

5.3.3.1 Zentrale Merkmale der Opfer

Anzahl der Opfer

Mit 69 von 535 Opfern ist diese Fallgruppe zahlenmäßig die drittgrößte Gruppe (12,9 %). Bei 36 Opfern wurde der Mitnahmesuizid vollendet, d.h. die Täter-Innen starben ebenfalls, bei 33 Opfern wurde der Suizid versucht.

Mehrere Opfer der Untersuchungsgruppe

Auffallend häufig gab es bei den Mitnahmesuiziden Fälle mit mehreren Opfern, in 11 Fällen wurden zwei Kinder aus der Untersuchungsgruppe getötet. Bezogen auf diese 22 Opfer bedeutet dies einen Prozentanteil von 31,9 %.

Alter des Opfers

Die Opfer dieser Fallgruppe weisen eine sehr heterogene Altersstruktur auf, eine besondere Risikoerhöhung in einem bestimmten Altersabschnitt ist nicht feststellbar.

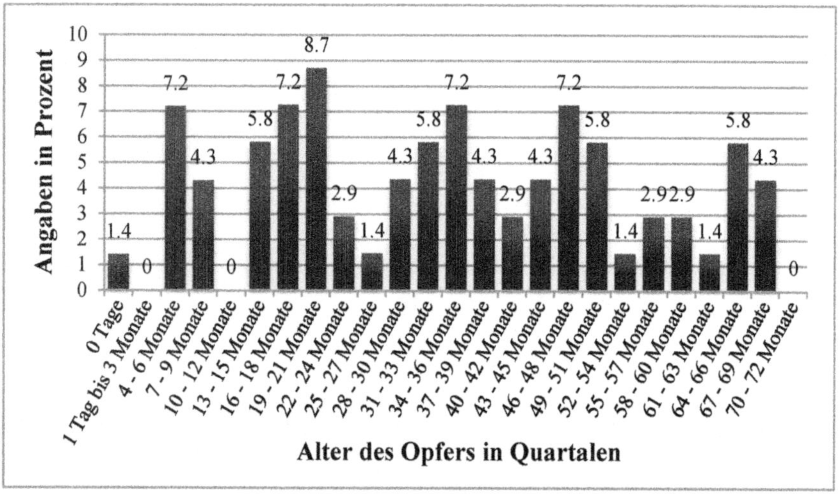

Abbildung 104: Alter des Opfers in Quartalen. Alle Opfer erweiterter Suizide (n = 69).

Geschlecht des Opfers

Eine geschlechterspezifische Risikoerhöhung ist bei 36 männlichen (52,2 %) und 33 weiblichen Opfern (47,8 %) nicht gegeben. Dies passt, ebenso wie die heterogene Altersverteilung, zu der Annahme, dass bei dieser Fallgruppe die Opferwahl insofern „zufällig" war, als dass es sich um die jeweils anwesenden Kinder handelte, und keine besondere vor-tatliche Interaktion vorlag.

Wunschkind

Aussagen dazu, ob es sich bei den Opfern um Wunschkinder handelte, sind bei dieser Fallgruppe schwierig. Grund hierfür sind die hohen Ausfallwerte (43,5 %, n = 30), die insbesondere von den vollendeten Mitnahmesuiziden herrühren. Bei vollendeten Mitnahmesuiziden konnte zum einen der Täter hierzu nicht mehr befragt werden, zum anderen erfolgten wegen des Todes der TäterInnen in der Regel auch keine umfangreichen Ermittlungen mehr. Eine leichte Tendenz lässt sich aus den vorliegenden Werten dennoch ablesen. Danach handelte es sich eher um Wunschkinder (33,3 %, n = 23). Seltener waren die Schwangerschaften ungeplant (18,8 %, n = 13).

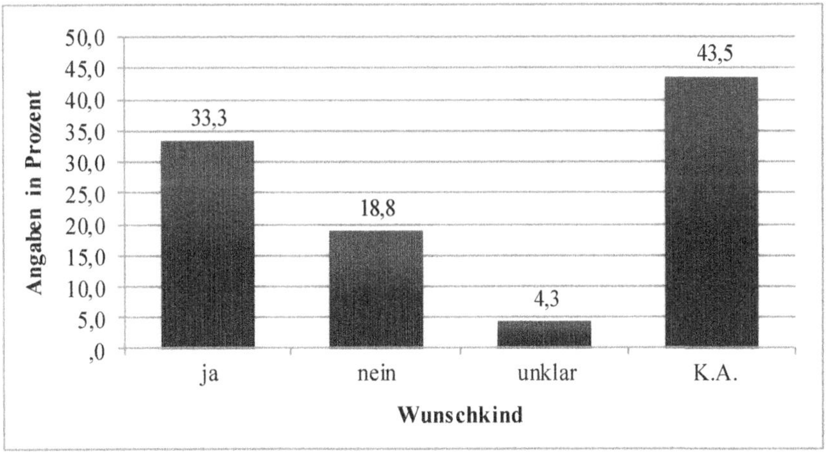

Abbildung 105: Wunschkind. Alle Opfer erweiterter Suizide (n = 69).

Staatsangehörigkeit des Opfers

Der Anteil der Opfer, der eine ausländische Staatsangehörigkeit besaß, liegt bei 11,6 % (n = 8)[408]. Verglichen mit dem Ausländeranteil, der im Untersuchungszeitraum konstant bei ca. 9% lag[409], ergibt sich damit eine leichte Risikoerhöhung von ausländischen gegenüber deutschen Kindern, deren Bedeutung allerdings angesichts der geringen Fallzahlen gering ist.

Lebensmittelpunkt des Opfers zum Tatzeitpunkt

Deutlich am häufigsten (65,2 %) lebten die Opfer zum Tatzeitpunkt bei ihren beiden leiblichen Eltern. Etwa ein Viertel der getöteten Kinder (24,6 %) lebte bei seiner allein erziehenden Mutter. Die übrigen Konstellationen (allein beim Vater, bei der Mutter mit neuem Partner, beim sozialen Vater) waren nur vereinzelt gegeben.

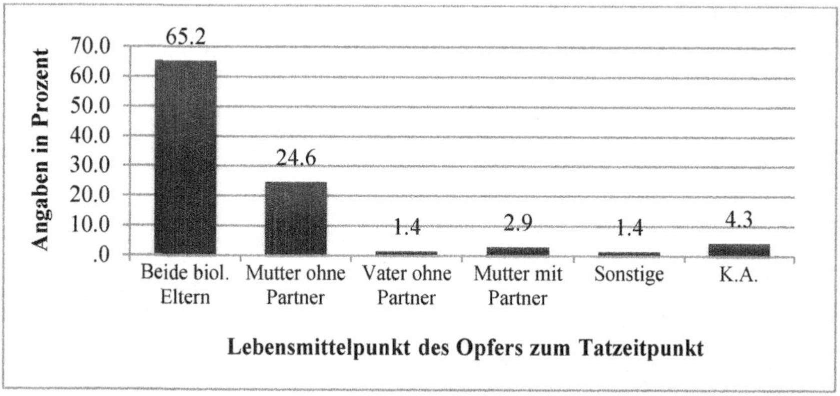

Abbildung 106: Lebensmittelpunkt des Opfers zum Tatzeitpunkt. Alle Opfer erweiterter Suizide (n = 69).

[408] Bei der Bewertung der Befunde zur Staatsangehörigkeit ist zu beachten: Die Staatsangehörigkeit sagt über die soziale Lage, einen möglichen Migrationshintergrund und dessen biographische Bedeutung sowie mögliche kulturelle Besonderheiten nichts aus. Ob und ggf. welche Bedeutung dieses Merkmal im konkreten Fall hat, kann mit den hier erhobenen Daten nur ansatzweise festgestellt werden. Dieser Fragestellung soll an anderer Stelle ausführlich nachgegangen werden.

[409] *Statistisches Bundesamt* 2010.

Im Haushalt lebende Geschwister

Die Hälfte der Opfer (50,7 %, n = 35) lebte zum Tatzeitpunkt mit Geschwistern (Voll- und/oder Halbgeschwister) zusammen in einem Haushalt[410]. Dabei handelte es sich meist um ein Geschwisterkind (38,2 %), selten um zwei oder drei Geschwister.

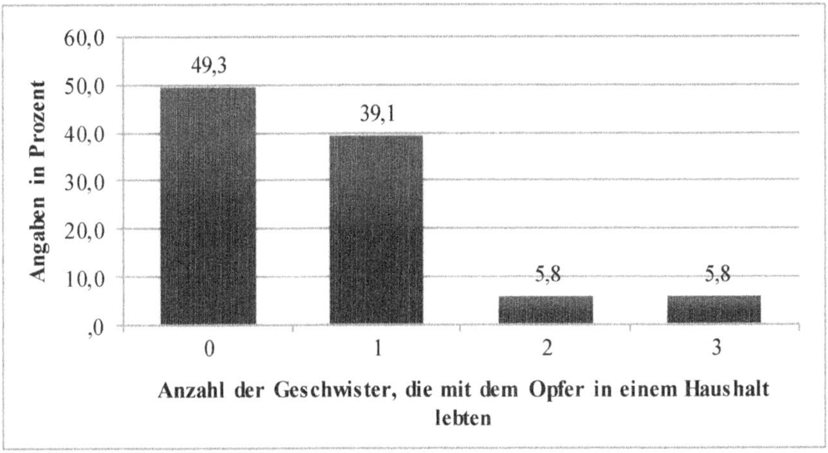

Abbildung 107: Anzahl der Geschwister, die mit dem Opfer zum Tatzeitpunkt in einem Haushalt lebten. Alle Opfer erweiterter Suizide (n = 69)[411].

Geschwister insgesamt

Unabhängig vom Zusammenleben in einem Haushalt hatten fast zwei Drittel der Opfer Voll- und/oder Halbgeschwister (63,8 %).

Weitere Haushaltsmitglieder zum Tatzeitpunkt

Nur in wenigen Einzelfällen (n = 4) lebten neben den Eltern und/oder Geschwistern noch weitere Personen, meist die Großeltern, mit im Haushalt[412].

---

[410] Die Angaben bzgl. der im Haushalt lebenden Geschwister beziehen sich auf maximal jeweils 3 Voll-/Halbgeschwister.

[411] Die Angaben beziehen sich auf maximal jeweils 3 Voll-/Halbgeschwister.

[412] In drei Fällen handelte es sich um ein- bzw. beide Großelternteile. In einem anderen Fall handelte es sich um eine Person, die mit bei den Eltern des Opfers im Haus lebte, deren genauer Status (Freund, Bekannter, alleiniges Bieten von Obdach) aber unklar blieb.

Weitere Opfer von Körperverletzungs- oder Tötungsdelikten außerhalb der Untersuchungsgruppe[413]

In dieser Fallgruppe gab es sehr häufig Fälle mit weiteren Opfern versuchter oder vollendeter Tötungsdelikte (bei 29 % aller Opfer, n = 20)[414]. Erklärlich wird dies, wenn man die Konstellationen betrachtet, die den Taten zu Grunde lagen: In fast allen Fällen, in denen es mehrere Kinder in einem Haushalt gab, war das Ziel der TäterInnen, mit allen Kindern aus dem Leben scheiden. Dabei handelt es sich fast ausschließlich um die leiblichen Kinder der TäterInnen. Daher wurden bei 7,2 % der Opfer (n = 5) auch ein oder mehrere Geschwister, die nicht zur Untersuchungsgruppe gehörten, getötet oder ein Tötungsversuch unternommen. Es sind Einzelfälle, in denen gezielt nur eines von mehreren Kindern mit in den Tod genommen werden sollte, hier ließ sich nur ausnahmsweise aufklären, warum nur dieses Kind getötet wurde[415]. Dabei mag z.T., aber auch nicht immer, die „schnellere Greifbarkeit" des Opfers in der aktuellen Situation eine Rolle spielen, mit Sicherheit feststellen lässt sich dies aber nicht. In den anderen Fällen sollte grundsätzlich die gesamte Familie, d.h. neben dem Opfer bzw. dessen Geschwistern auch die Mutter[416] mit in den Tod genommen werden (20,3 %, n = 14)[417].

Wechselnde Lebensmittelpunkte

Hatten die Opfer bis zu ihrem Tod bereits in wechselnden Familiensituationen gelebt (15,9 %, n = 11), so hing dies grundsätzlich mit der Trennung der Eltern zusammen. Meist lebten die Kinder dann bei ihren Müttern, in Einzelfällen auch bei ihren Vätern.

---

[413] Z.B. andere Familienmitglieder, Geschwister unter 6 Jahren, die nicht oder außerhalb des Untersuchungszeitraums getötet wurden, Geschwister über 6 Jahren.

[414] Nur in einem Fall handelte es sich nicht um ein Tötungsdelikt. Dort war der Täter in der Vergangenheit gegenüber der Mutter des Opfers massiv gewalttätig, was zur Trennung der Eltern – dem Tatauslöser – führte.

[415] Nur in einem Fall ist das Motiv für die Tötung nur eines Kindes durch einen Abschiedsbrief belegt. Dort wollte die Mutter Selbstmord begehen und die Familie nicht mit der Versorgung des am Down-Syndrom erkrankten Opfers belasten.

[416] Täter waren hier ausschließlich die Väter. Es gibt keinen Fall, in dem die Mutter auch den Vater tötete bzw. töten wollte.

[417] In wenigen dieser Fälle handelt es sich um nicht genau aufklärbare Situationen, z.B. da der Täter angab, die Mutter der Opfer nur angegriffen zu haben, um sie für den Mitnahmesuizid aus der Wohnung zu treiben oder da nach Täterangaben zunächst nur die Mutter getötet werden sollte und sich der Mitnahmesuizid mit dem Opfer erst nach dessen Scheitern ergab.

Regelmäßige Betreuung des Opfers durch andere Personen

Etwa ein Fünftel der Opfer (18,8 %, n = 13) wurde regelmäßig durch andere Personen betreut. Die meisten dieser Kinder gingen in den Kindergarten oder wurden von sonstigen Personen[418] beaufsichtigt. Nur in Einzelfällen erfolgte die Betreuung durch Verwandte oder durch mehrere dieser Betreuungen.

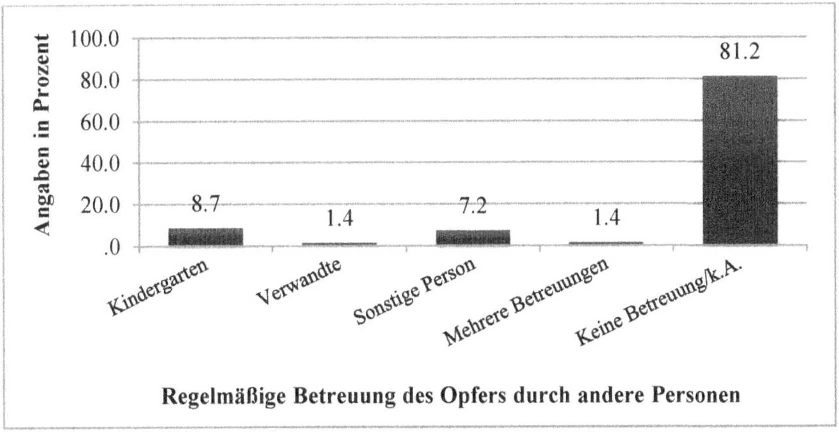

Abbildung 108: Regelmäßige Betreuung des Opfers durch andere Personen. Alle Opfer erweiterter Suizide (n = 69).

Gesundheitszustand des Opfers vor seinem Tod

Die Opfer waren vor ihrem Tod fast ausnahmslos gesund, nur in einem Ausnahmefall war eine Behinderung des Opfers Auslöser für die Tötung des Kindes[419].

Frühgeburt

Es handelte sich bei dieser Fallgruppe fast ausschließlich um normale Geburten, nur zwei Opfer (2,9 %) kamen als Frühgeburten vor der 36. Schwangerschaftswoche zur Welt.

[418] In der Regel durch Bekannte, in einem Fall durch ein Au-Pair

[419] Die Täterin hatte die Absicht sich selbst töten und wollte der Familie die Versorgung ihres mit einem Down-Syndrom geborenen Kindes nicht zumuten. Aus Rücksicht auf ihre Familie wollte sie daher das behinderte Kind mit in den Tod nehmen.

5.3.3.2 Merkmale der TäterInnen[420]

Anzahl der TäterInnen

Es gab insgesamt 53 TäterInnen erweiterter Suizide[421], damit liegt die Zahl der Opfer in dieser Fallgruppe (n = 69) deutlich über der Zahl der TäterInnen. 31 TäterInnen gelang der Suizid, 22 überlebten den Selbstmordversuch.

Biographisches

Verhältnis der TäterInnen zum Opfer

TäterInnen sind fast ausschließlich die leiblichen Eltern des Opfers (94,3 %). Das Verhältnis zwischen leiblicher Mutter (43,4 %, n = 23) und leiblichem Vater (50,9 %, n = 27) ist dabei weitgehend ausgeglichen. In Einzelfällen tötete der soziale Vater (n = 2) bzw. ein Freund der Familie (n = 1) das Opfer.

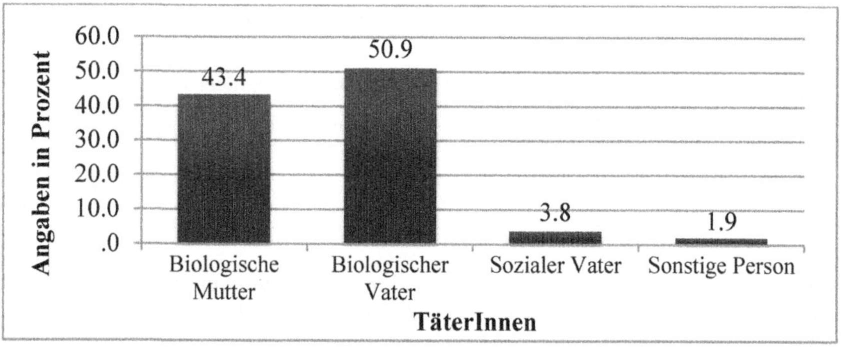

Abbildung 109: TäterInnen. Alle TäterInnen erweiterter Suizide (n = 53).

[420] Als „Täter" bzw. „Täterin" bezeichnen wir nur verurteilte TäterInnen, sowie Personen, die allein aufgrund von Schuldunfähigkeit freigesprochen wurden, und Personen, die die Tötung des Kindes im Rahmen eines vollendeten erweiterten Suizids begangen, sich selbst also gleichzeitig mit dem Kind getötet haben.

[421] Aufgrund der von uns verwendeten Täterdefinition sind vier weitere Personen herausgefallen, die inhaltlich ebenfalls als TäterInnen zu qualifizieren sind. Bei diesen wurde bereits das Ermittlungsverfahren wegen Schuldunfähigkeit und Nichtvorliegens der Voraussetzungen des § 63 StGB nach § 170 Abs. 2 StPO eingestellt.

Dieses Bild verändert sich auch nicht, wenn man ausschließlich die TäterInnen versuchter erweiterter Suizide betrachtet. In 10 Fällen überlebte die Mutter, in 12 Fällen der leibliche Vater den Selbstmordversuch.
Damit dominieren die biologischen Väter in dieser Fallgruppe als Täter bei weitem nicht so stark, wie in der Literatur bisweilen angenommen[422], und wie auch die mediale Berichterstattung vermuten lässt.

Mehrere TäterInnen

Der Fallgruppe entsprechend begingen die TäterInnen erweiterter Suizide ihre Taten allein. Es gab somit keinen Fall mit mehreren TäterInnen.

Alter der TäterInnen zum Tatzeitpunkt

Anders als in den meisten anderen Fallgruppen stellte bei den erweiterten Suiziden die Altersgruppe der 30 – 40jährigen den überwiegenden Teil der TäterInnen (56,6 %, n = 30). Zweitgrößte Tätergruppe waren, ebenfalls entgegen dem Trend in anderen Fallgruppen, die über 40jährigen (26,4 %, n = 14). Mit 15,1 % (n = 8) stellen die 21 – 29 Jahre alten TäterInnen einen verhältnismäßig kleinen Anteil dar. Nur in einem Fall war die Täterin bzw. der Täter heranwachsend, keiner war jugendlich. Dies hängt teilweise mit dem etwas höheren Alter der getöteten Kinder, aber auch mit dem typischen Tathintergrund, dem Zerbrechen einer längeren Ehe oder Beziehung zusammen.

[422] *Yardley/Wilson/Lynes* 2013; *Vanamo/Kauppi/Karkola [u.a.]* 2001.

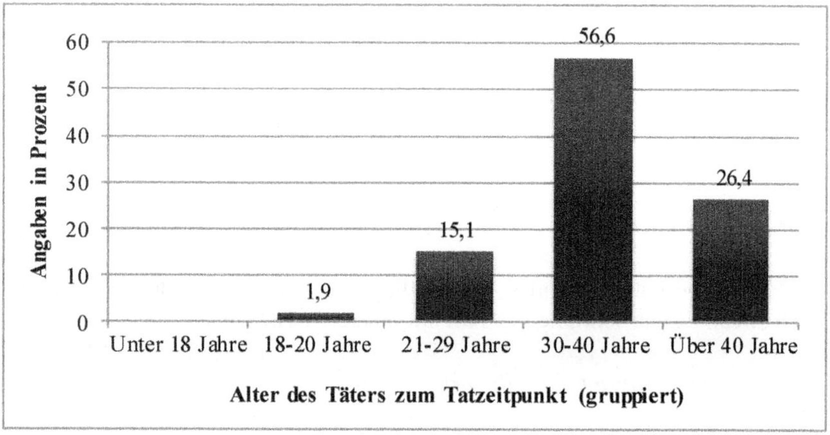

Abbildung 110: Alter des Täters zum Tatzeitpunkt (gruppiert). Alle Täter erweiterter Suizide (n = 53).

Staatsangehörigkeit

Sieben TäterInnen besaßen eine ausländische Staatsangehörigkeit[423], was einem Anteil von 13,2 % entspricht. Zwar liegt der Ausländeranteil damit über dem in Deutschland während des Untersuchungszeitraums, der konstant bei etwa 9% lag[424]. Zu bedenken ist in diesem Zusammenhang, dass es sich mit insgesamt nur 52 TäterInnen dieser Fallgruppe um eine verhältnismäßig kleine Vergleichsgruppe handelt und eine Abweichung dieser Größenordnung daher keine allzu hohe Aussagekraft besitzt.

Eigene Kindheit der TäterInnen

Deutlich am häufigsten wuchsen die TäterInnen erweiterter Suizide bei ihren leiblichen Eltern auf (43,4 %, n = 23). Nur vereinzelt wurden die TäterInnen bei ihrer alleinerziehen (n = 1) oder mit einem neuen Partner liierten Mutter (n = 2)

[423] Bei der Bewertung der Befunde zur Staatsangehörigkeit ist zu beachten: Die Staatsangehörigkeit sagt über die soziale Lage, einen möglichen Migrationshintergrund und dessen biographische Bedeutung sowie mögliche kulturelle Besonderheiten nichts aus. Ob und ggf. welche Bedeutung dieses Merkmal im konkreten Fall hat, kann mit den hier erhobenen Daten nur ansatzweise festgestellt werden. Dieser Fragestellung soll an anderer Stelle ausführlich nachgegangen werden.

[424] *Statistisches Bundesamt* 2010.

groß. Vier TäterInnen wuchsen bei anderen oder wechselnden Personen auf[425]. Häufig liegen zur Kindheit der TäterInnen allerdings auch keine Informationen vor. Dies liegt insbesondere daran, dass in den Fällen des vollendeten erweiterten Suizids umfangreiche Ermittlungen in der Regel unterblieben.

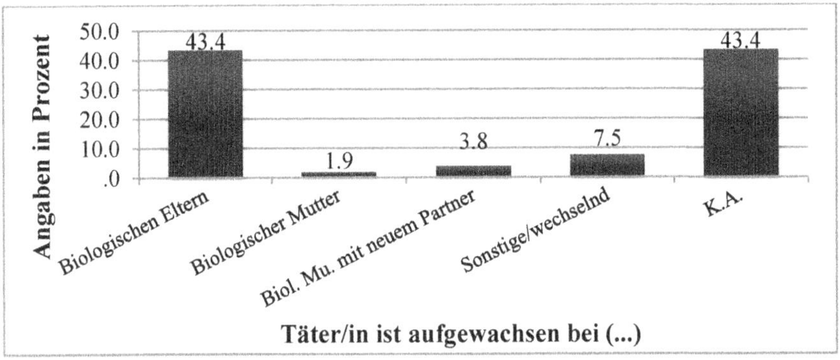

Abbildung 111: Täter/in ist aufgewachsen bei (…). Alle TäterInnen erweiterter Suizide (n = 53).

Misshandlungserfahrungen

Für 20 TäterInnen erweiterter Suizide (37,7 %) lagen Angaben darüber vor, ob sie selbst in ihrer Kindheit Misshandlungserfahrungen hatten. Bei vier dieser TäterInnen war dies der Fall, wobei es sich sowohl um reine Gewalterfahrungen (n = 2) als auch um Gewalt kombiniert mit sexuellem Missbrauch (n = 1) oder um reinen sexuellen Missbrauch (n = 1) handelte. Bei 62,3 % lagen keine Angaben zu diesen Fragen in den Akten vor[426].

Einschlägige strafrechtliche Vorbelastungen der TäterInnen zum Tatzeitpunkt

Die TäterInnen dieser Fallgruppe wiesen ausnahmslos keine einschlägigen strafrechtlichen Vorbelastungen auf, d.h. sie waren nicht bereits in der Vergangenheit

[425] Z.B. nach Trennung/Tod nur noch bei einem Elternteil (bzw. zusammen mit einem Elternteil bei den Großeltern) oder wegen der Misshandlungen durch die Eltern bereits ab dem Säuglingsalter bei den Großeltern oder ab dem Jugendalter in einer betreuten Wohneinrichtung.

[426] Aus der Abwesenheit von Informationen kann aber gerade bei zeitlich recht weit zurückliegenden Aspekten wie kindlichen Missbrauchserfahrungen nicht geschlossen werden, dass solche Taten nicht vorhanden waren. Vielmehr ist auch in Betracht zu ziehen, dass sie von den Ermittlungsbehörden als unerheblich für die Beurteilung der verwirklichten Tat angesehen und entweder gar nicht abgefragt oder nicht in die Akte aufgenommen worden sind, was insbesondere bei den vollendeten Mitnahmesuiziden der Fall sein dürfte.

wegen eines vorsätzlichen Körperverletzungs- oder Tötungsdelikts zum Nachteil eines Kindes verurteilt worden.

Nicht einschlägige strafrechtliche Vorbelastungen der TäterInnen zum Tatzeitpunkt

Einige TäterInnen waren wegen anderer, nicht gegen Kinder gerichteter Delikte strafrechtlich vorbelastet (11,3 %, n = 6). Dabei handelte es sich um Eigentums- und Vermögensdelikte (n = 1), sonstige Straftaten (n = 2)[427], in einem weiteren Fall um eine Kombination dieser Deliktsgruppen[428]. In zwei Fällen waren die Täter, jeweils die Väter, bereits erheblich wegen eines Körperverletzungs-[429] bzw. eines Tötungsdelikts[430] strafrechtlich in Erscheinung getreten.

Schulabschluss

Hinsichtlich des Schulabschlusses liegen nur von etwa der Hälfte der TäterInnen Angaben vor[431]. Dies lässt sich damit erklären, dass bei Täter/-innen, die den erweiterten Suizid nicht überlebten, die Ermittlungsverfahren eingestellt wurden und der Schulabschluss bei den Ermittlungen kaum eine Rolle spielte. Da es sich somit um eine kleine Tätergruppe handelt für die Angaben vorliegen (n = 27) ist eine Arbeit mit Vergleichs- und Prozentzahlen nicht unproblematisch. Dennoch ist ein teilweiser Rückgriff auf Prozentzahlen auch in dieser kleinen Fallgruppe unumgänglich, um Tendenzen feststellen zu können. In etwa gleich viele TäterInnen dieser Fallgruppe erreichten einen hohen[432] (33,3 %, n = 9) bzw. mittleren[433] (29,6 %, n = 8) Bildungsabschluss. Drittgrößte Gruppe sind die TäterInnen mit niedrigem[434] (22,2 %, n = 6) Abschluss. Im einstelligen Prozentbereich bewegt sich der Anteil der TäterInnen ohne allgemeinen Schulabschluss (3,7 %,

---

427 Falsche Verdächtigung und Straßenverkehrsdelikt.

428 Sonstige Straftaten waren hier z.B. Fahren ohne Fahrerlaubnis, Urkundenfälschung, unerlaubtes Entfernen vom Unfallort u.a..

429 Nach der Trennung von der Mutter reagierte der Vater sehr eifersüchtig und schlug in einem Fall mit einem Gegenstand auf einen Freund der Mutter ein und verletzte diesen schwer, wofür er wegen schwerer Körperverletzung verurteilt wurde.

430 Der Täter wollte mit seiner damaligen Freundin gemeinsam aus dem Leben scheiden. Nachdem er diese getötet hatte, übergoss er sich selbst mit Benzin, wurde aber noch rechtzeitig gefunden. Für dieses Verhalten wurde er wegen Totschlags zu einer langjährigen Haftstrafe verurteilt.

431 Sofern sich die TäterInnen zum Tatzeitpunkt noch in der schulischen Ausbildung befanden, wurde vom höchsten auf der besuchten Schule erreichbaren Abschluss ausgegangen.

432 Abitur, Fachhochschulreife, Abschluss der erweiterten Oberschule.

433 Realschulabschluss, Abschluss der Polytechnischen Oberschule.

434 Hauptschulabschluss.

n = 1), mit ausländischem Schulabschluss (7,4 %, n = 2) und mit unklarem bzw. sonstigem Abschluss (3,7 %, n = 1).

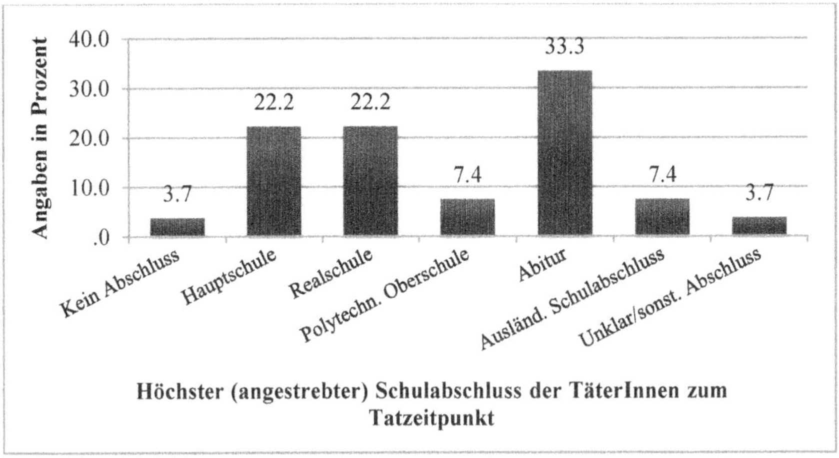

Abbildung 112: Höchster (angestrebter) Schulabschluss der TäterInnen zum Tatzeitpunkt. TäterInnen erweiterter Suizide ohne Ausfallwerte (n = 27).

Diese Zahlen mit denen der Bevölkerung zu vergleichen, ist zum einen wegen der kleinen Fallgruppe schwierig, zum anderen, weil die Schulabschlüsse der TäterInnen oft Jahre zurückliegen, genaue Bezugswerte nur mit sehr hohem Aufwand zu ermitteln wären und sich die Verteilung der Schulabschlüsse in der Bevölkerung in Deutschland in den letzten Jahrzehnten stark insbesondere zu Lasten der Hauptschulabschlüsse verändert hat. Ein tendenzieller Unterschied zur Gesamtbevölkerung lässt sich dennoch aus einem Abgleich mit einem Vergleichsjahr, ausgewählt wurde 1999, ersehen. Die Vergleichsdaten beziehen sich einerseits auf die Absolventen des Jahres 1999[435], andererseits auf den Durchschnitt der über 15-jährigen Bevölkerung aus dem Datenreport 1999[436]. Dabei zeigt sich, dass TäterInnen erweiterter Suizide vergleichsweise häufig einen hohen Schulabschluss besaßen. Demgegenüber liegt der Anteil der TäterInnen ohne bzw. mit niedrigem Bildungsabschluss jeweils unter den Vergleichswerten. TäterInnen mit mittlerem Schulabschluss entsprechen in etwa den Vergleichswerten.

---

[435] *Sekreteriat der Ständigen Konferenz der Kultusminister der Länder* 2007, S. 56.

[436] Vergleichszahlen aus: *Statistisches Bundesamt/WZB/ZUMA* 2000, S. 77. Dabei ist anzumerken, dass es sich hierbei um Zahlen für alle Frauen und Männer ab einem Alter von 15 Jahren handelt.

	TäterInnen (n = 27)	Absolventen 1999	Bevölkerung 1999
Ohne (Haupt-) Schulabschluss	3,7 %[437]	8,9 %	7,5 %[438]
Niedriger Bildungsabschluss	22,2 %	25,7 %	48,7 %
Mittlerer Bildungsabschluss	29,6 %	40,2 %	25,7 %
Hoher Bildungsabschluss	33,3 %	25,2 %	18,1 %
Ausl. Schulabschluss/Sonstiges	11,1 %	-	-

Abbildung 113: Schulabschlüsse der TäterInnen erweiterter Suizide ohne Ausfallwerte (n = 27) im Vergleich mit den Absolventen des Jahres 1999 und der Bevölkerung im Jahr 1999.

Beruflicher Bildungsabschluss

Im Gegensatz zum Trend in fast allen anderen Fallgruppen waren die TäterInnen erweiterter Suizide sehr gut beruflich qualifiziert[439], 73,3 % (n = 28) hatten eine abgeschlossene Berufsausbildung, 15,8 % (n = 6) besaßen sogar einen Hochschulabschluss. Nur in Einzelfällen lag keine berufliche Ausbildung oder eine unklare berufliche Qualifikation[440] (jeweils 5,3 %, jeweils n = 2) vor.

---

[437] Zur besseren Vergleichbarkeit inbegriffen sind auch TäterInnen mit Förderschulabschluss, da diese bei den Absolventen 1999 als „ohne Hauptschulabschluss" erfasst sind. Zudem handelte es sich bei den von den TäterInnen besuchten Förderschulen insbesondere um solche für lernschwache Schüler.

[438] Einschließlich der noch in Ausbildung befindlichen Personen.

[439] Zur besseren Vergleichbarkeit wurden die fehlenden Werte (28,8 % bei n = 52) nicht berücksichtigt. Dabei führten insbesondere die Fälle der vollendeten erweiterten Suizide zu den hohen Ausfallwerten.

[440] In diesen Fällen legt der ausgeübte Beruf eine abgeschlossene Berufsausbildung nahe. Der Abschluss konnte aber in den Akten nicht verifiziert werden.

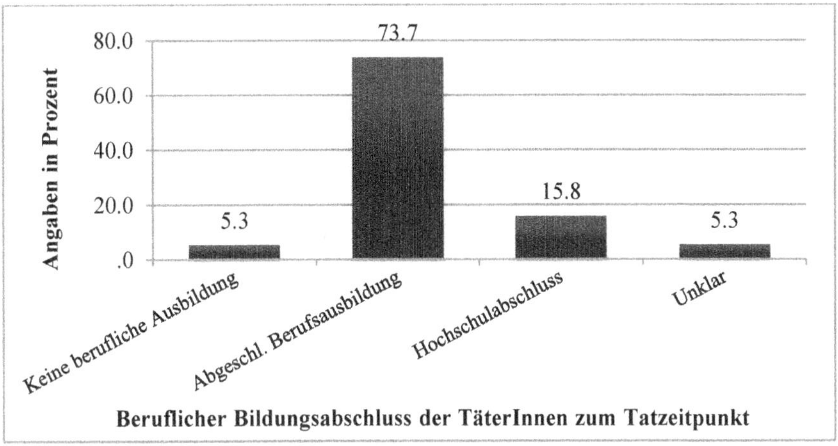

Abbildung 114: Beruflicher Bildungsabschluss der TäterInnen zum Tatzeitpunkt. TäterInnen erweiterter Suizide ohne Ausfallwerte (n = 38).

Ein Vergleich mit der durchschnittlichen Bevölkerung ist nur begrenzt möglich, da genaue Bezugswerte fehlen. Dennoch lässt sich aus Vergleichswerten, hier aus dem Datenreport des Jahres 1999 für die Bevölkerung[441], eine klare Tendenz ableiten. Dabei liegt der Anteil der TäterInnen mit abgeschlossener beruflicher Ausbildung (73,7 %) deutlich, der Anteil mit (Fach-) Hochschulabschluss (15,8 %) leicht über den jeweiligen Vergleichswerten von 52,7 % bzw. 10,9 %.

Beschäftigungsstatus

Dieses Bild setzt sich beim Beschäftigungsstatus nicht ganz fort. Zwar sind die meisten TäterInnen erwerbstätig, meist in Form einer abhängigen Beschäftigung (50 %, n = 25), einzelne befanden sich in Mutterschutz/Erziehungsurlaub/Elternzeit oder waren selbstständig (jeweils 2 %, jeweils n = 1)[442]. Dennoch waren auch in dieser Fallgruppe 42 % (n = 21) der TäterInnen zum Tatzeitpunkt ohne Arbeit.

[441] *Statistisches Bundesamt/WZB/ZUMA* 2000, S. 78.

[442] Zur besseren Vergleichbarkeit wurden die fehlenden Werte (5,8 % bei n = 52) nicht berücksichtigt. Bezüglich des Beschäftigungsstatus lagen damit zu fast allen TäterInnen, auch zu Tätern vollendeter erweiterter Suizide, Angaben vor. Grund hierfür ist v.a., dass der aktuelle Beschäftigungsstatus meist standardmäßig von der Polizei im Personalbogen erhoben wird und er auch beim Tatmotiv eine Rolle spielen kann.

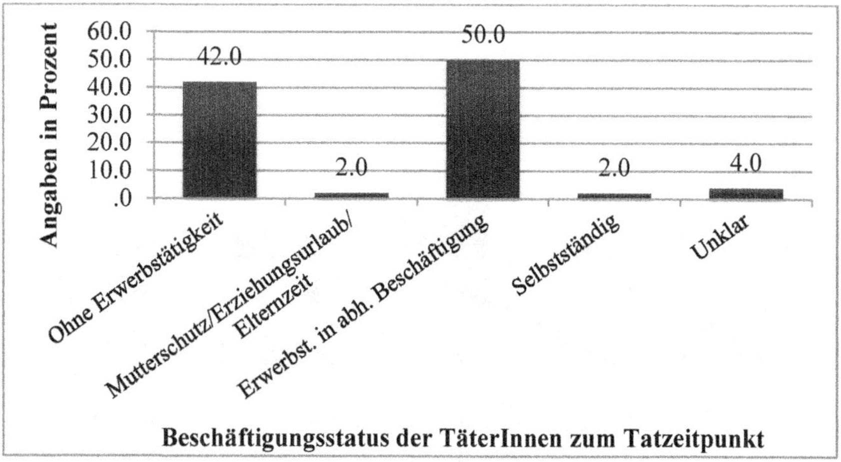

Abbildung 115: Beschäftigungsstatus der TäterInnen zum Tatzeitpunkt. TäterInnen erweiterter Suizide ohne Ausfallwerte (n = 50).

Ein Vergleich mit den Erwerbslosenzahlen in Deutschland aus dem Jahr 1999 -dort lag die Zahl der Erwerbslosen bei 10,1 %[443]- zeigt, dass der Anteil der TäterInnen ohne Erwerbstätigkeit in dieser Fallgruppe mit 42 % klar über diesem Vergleichswert lag. Ob es sich eher um eine freiwillige (z.B. bei „klassischer" Rollenverteilung wegen Kinderbetreuung) oder unfreiwillige Erwerbslosigkeit handelte, lässt sich tendenziell daran ablesen, ob es bei den Täterinnen in der Vergangenheit Schwierigkeiten im Bereich der Erwerbstätigkeit gab. Dies wurde im Projekt für den Zeitraum bis zu fünf Jahren vor der Tat erhoben, wobei darunter nicht nur dauernde unfreiwillige Arbeitslosigkeit sondern auch ständige Arbeitsplatzwechsel oder Arbeit unter dem Qualifikationsniveau gefasst wurden[444]. Danach gab es nur bei knapp einem Viertel der TäterInnen dieser Fallgruppe in der Vergangenheit Probleme im Bereich der Erwerbstätigkeit. Hier ist also davon auszugehen, dass einige der erwerbslosen TäterInnen auch freiwillig zu Hause blieben.

[443] *Statistisches Bundesamt/WZB/ZUMA* 2000, S. 84.

[444] Es sind dort also auch TäterInnen erfasst, die zum Tatzeitpunkt erwerbstätig waren, aber in der Vergangenheit Probleme in diesem Bereich hatten.

Einkommenssituation

Die Aussagekraft bezüglich der Einkommenssituation der TäterInnen ist, wie bereits dargelegt[445], begrenzt. Der Anteil der TäterInnen von erweiterten Suiziden, der Sozialleistungen bezog, liegt im Gegensatz zu fast allen anderen Fallgruppen (mit Ausnahme der Neonatizide), nur im einstelligen Prozentbereich.

Gesundheitszustand des Täters zum Tatzeitpunkt

Fast alle TäterInnen waren vor der Tat körperlich gesund. Eine Täterin war stark chronisch erkrankt (Multiple Sklerose), wenige andere hatten akute körperliche Beschwerden/Schmerzen[446] oder wiesen andere gesundheitliche Besonderheiten auf[447].

Lebenssituation zum Tatzeitpunkt

Familienstand der TäterInnen zum Tatzeitpunkt

Der weit überwiegende Teil der TäterInnen war zum Tatzeitpunkt verheiratet (64,2 %, n = 34) bzw. war bereits wieder geschieden (11,8 %, n = 6) oder lebte in der Ehe in Trennung (9,4 %, n = 5). Nur sechs TäterInnen erweiterter Suizide waren ledig.

---

[445] Vielfach waren die Angaben über die tatsächliche Einkommenssituation der TäterInnen in den Ermittlungsakten lückenhaft oder nicht vorhanden. Der Grund hierfür liegt auf der Hand. Bei Ermittlungen wegen des Verdachts eines vorsätzlichen Tötungsdelikts an einem Kind ist grundsätzlich nicht mit einer Geldstrafe als Sanktion zu rechnen. Auch für die Ermittlung des Tatmotivs ist die finanzielle Lage in den hier vorliegenden Fällen in der Regel wenig interessant. Es besteht daher kaum Anlass, die genaue finanzielle Lage zu ermitteln. Aber auch die Angaben, die vorlagen, sind oft wenig aussagekräftig, da sich diese Werte in der Regel allein auf die TäterInnen beziehen. Die tatsächliche wirtschaftliche Situation lässt sich jedoch nur realistisch abbilden, wenn man das gesamte Haushaltseinkommen betrachtet. Allein der Fall von Sozialleistungsbezug lässt den Schluss auf ein niedriges/nicht vorhandenes Haushaltseinkommen zu, da die Berechnung finanzieller staatlicher Unterstützung auf dem Einkommen der Bedarfsgemeinschaft und mithin des gesamten Haushalts basiert.

[446] Z.B. starke Zahn- oder Halsschmerzen, verbunden mit Schwierigkeiten beim Essen und Gewichtsabnahme.

[447] Z.B. vermutliche Fehlgeburt wenige Tage vor der Tat, ärztliche Behandlung wegen Schlafstörungen und Unruhe, bevorstehende Knieoperation.

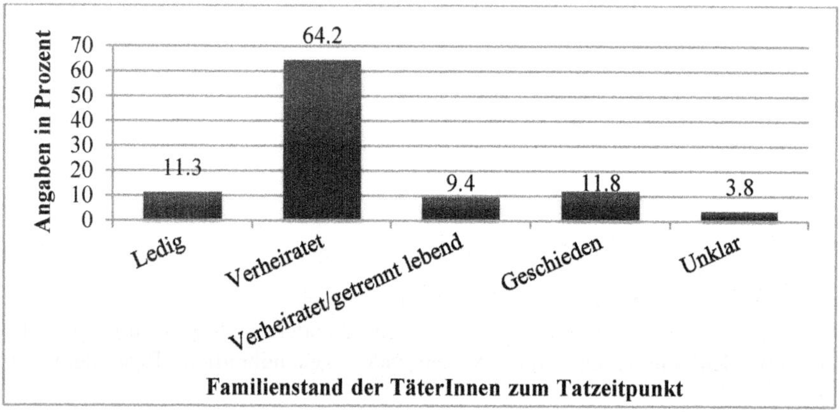

Abbildung 116: Familienstand der TäterInnen zum Tatzeitpunkt. Alle TäterInnen erweiterter Suizide (n = 53).

Weitere Kinder

Insgesamt betrachtet hatte gut die Hälfte der TäterInnen (weitere)[448] biologische Kinder (56,6 %), wobei es sich fast ausnahmslos um ein oder zwei weitere Kinder handelte.

Rauschmittelkonsum

Erhoben wurde der Rauschmittelkonsum der TäterInnen für einen Zeitraum von bis zu einem Jahr vor der Tat[449]. Bei den TäterInnen erweiterter Suizide war in fast allen Fällen kein problematischer Substanzkonsum feststellbar. Es handelt sich um Einzelfälle, in denen TäterInnen Rauschmittel konsumierten[450].

---

[448] Um „weitere" biologische Kinder handelt es sich, wenn die TäterInnen auch die biologischen Eltern des Opfers waren, nicht dagegen, wenn es sich bei den TäterInnen um die sozialen Eltern oder Dritte handelte.

[449] Dabei wurde in der Aktenanalyse zwischen „keinem", „gelegentlichem", „episodenhaft starkem" Konsum und „langzeitig regelmäßigem Missbrauch/Abhängigkeit" unterschieden. Die Einteilung in diese Kategorien erwies sich zum Teil als schwierig, oft waren die Angaben in den Akten nicht eindeutig oder es ging aus ihnen nicht klar hervor, in welchem Umfang der Konsum erfolgte. Allerdings ist davon auszugehen, dass Substanzmissbrauch im Rahmen von Ermittlungen und Strafverfahren in der Regel thematisiert wird, so dass die Abwesenheit von Informationen dazu relativ sicher so gedeutet werden kann, dass in diesen Fällen auch kein problematischer Substanzkonsum vorlag.

[450] Abhängiger Konsum, jeweils einmal von Alkohol, Cannabis und Medikamenten.

Psychologische/Psychiatrische Gutachten

Von den TäterInnen, die den Suizidversuch überlebten, wurden fast alle im Rahmen des Strafverfahrens psychologisch/psychiatrisch begutachtet (95,5 %, n = 21)[451]. In einem Einzelfall erfolgte keine Begutachtung zur Frage der Schuldfähigkeit, da gegen den Täter nur ein Strafbefehl wegen fahrlässiger Tötung ergangen war.

Psychische Erkrankungen und Auffälligkeiten in der Vorgeschichte

Da Informationen zur psychischen Vorgeschichte der TäterInnen nicht ausschließlich aus den Sachverständigengutachten, sondern z.B. auch aus Aussagen von behandelnden Ärzten gewonnen werden konnten, wird bei dieser Betrachtung nicht nur auf die TäterInnen versuchter Mitnahmesuizide sondern auf alle TäterInnen erweiterter Suizide zurückgegriffen. Von knapp der Hälfte ist bekannt, dass sie bereits vor der Tatbegehung psychisch auffällig waren (49,1 %, n = 26). Dabei müssen diese Erkrankungen nicht zwangsläufig als solche von der Umwelt erkannt oder wahrgenommen worden sein. Häufiger wurde eine psychische Störung nur vermutet (17 %, n = 9)[452], gelegentlich lagen unterschiedliche Formen der Depression vor (13,2 %, n = 7). Andere psychische Erkrankungen waren eher selten gegeben.

---

[451] Die Gutachten waren insgesamt von sehr unterschiedlichem Zuschnitt und Umfang. In einigen Fällen fehlten die Gutachten, deren wesentliche Ergebnisse wurden aber häufig in den entsprechenden Urteilen wiedergegeben. Soweit keine ICD-10-Kategorien angegeben waren, wurden die in den Gutachten genannten Merkmale ICD-10-Codes zugeordnet.

[452] Diese Kategorie bedeutet, dass von qualifizierter Seite (z.B. behandelnder Arzt, Gutachter nach Aktenlage) die Vermutung geäußerte worden ist, dass eine psychische Störung besteht und/oder dass bestimmte Anzeichen das nahelegen (Suizidversuche, Symptombeschreibungen, Hinweise auf Therapieaufenthalte etc.). Eine genaue Einordnung ist aber mangels Informationen nicht möglich.

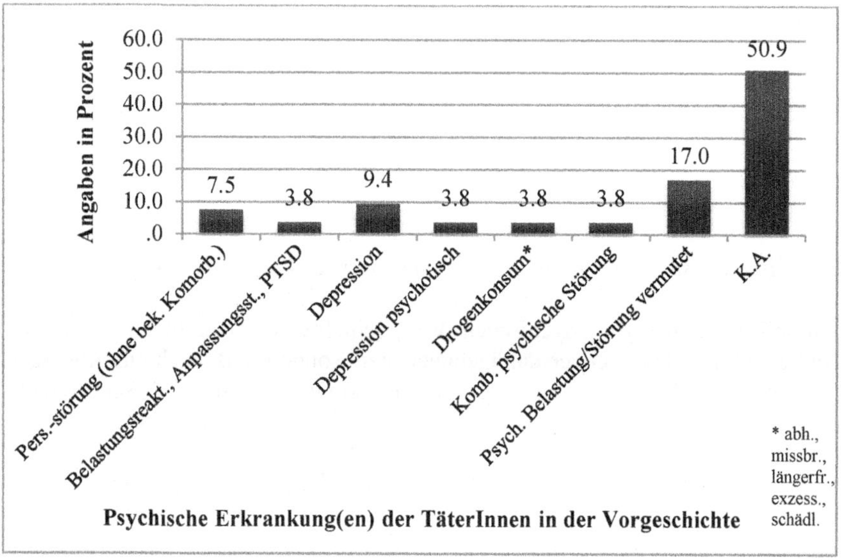

Abbildung 117: Psychische Erkrankung(en) der TäterInnen in der Vorgeschichte. Alle TäterInnen erweiterter Suizide (n = 53).

Psychische Erkrankungen und Auffälligkeiten zum Tatzeitpunkt

Von etwa einem Drittel der TäterInnen (35,8 %, n = 19) ist bekannt, dass sie auch zum Tatzeitpunkt psychische Auffälligkeiten bzw. Erkrankungen hatten[453]. Bei 15,1 % der TäterInnen (n = 8) wurde eine depressive Erkrankung, bei 7,5 % (n = 4) eine Persönlichkeitsstörung ohne bekannte Komorbidität festgestellt[454], wobei sich die Persönlichkeitsstörung bei zwei TäterInnen dem dramatisch-emotionalen Bereich[455] und bei einem anderen dem ängstlich-vermeidenden Bereich[456] zuordnen ließ. Nur vereinzelt handelte es sich um Belastungsreaktio-

[453] Werden zwei oder mehr Diagnosen/Störungsbeschreibungen genannt, welche sich nicht *einer* Variablenkategorie zuordnen lassen, wird die Kategorie „kombinierte psychische Störung" vergeben. Dies gilt jedoch nicht für den Fall, dass Persönlichkeitsstörungen/-akzentuierungen und eine oder mehrere andere Störungen zusammen auftreten, da Persönlichkeitsstörungen/-akzentuierungen bereits gesondert erfasst wurden. Beispiel: Borderline Persönlichkeitsstörung und Depression fällt nicht unter „kombinierte psychische Störung", sondern wird unter „Depression" erfasst.

[454] Bei einer der TäterInnen lag zudem eine komorbide Persönlichkeitsstörung vor.

[455] Emotional instabil impulsiv/Borderline, dissozial, histrionisch, narzisstisch.

[456] Ängstlich (vermeidend), selbstunsicher, abhängig (asthenisch), dependend, anankastisch.

nen/Anpassungsstörungen/PTSD, bipolare Störungen, Drogenabhängigkeit[457], kombinierte oder sonstige[458] psychische Störungen (jeweils n = 1).

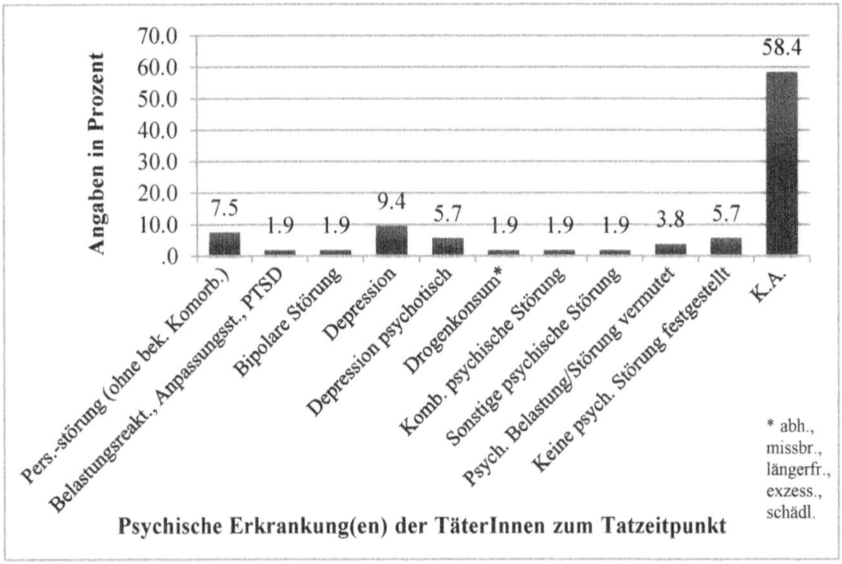

Abbildung 118: Psychische Erkrankung(en) der TäterInnen zum Tatzeitpunkt. Alle TäterInnen erweiterter Suizide (n = 53).

Kognitive Leistungsfähigkeit

Bei drei TäterInnen wurden Tests zur kognitiven Leistungsfähigkeit durchgeführt. Dabei zeigt sich bei einer/m eine unterdurchschnittliche[459], bei zwei eine durchschnittliche[460] Intelligenz.

457 Anzumerken ist, dass wahrscheinlich nicht alle der Aussagen im Instrument über Abhängigkeit und Missbrauch zwangsläufig den klinischen Kriterien dieser Kategorie entsprechen werden.
458 Beispiele für „sonstige psychische Störungen" sind „Münchhausen by proxy", ADHS, hirnorganische Störungen.
459 IQ = 70 – 84.
460 IQ über 115.

5.3.3.3 Tathintergrund/Tatanlass

Tatauslöser

In der überwiegenden Zahl der Fälle war ein Trennungskonflikt mit dem Partner Auslöser für die Tat, ein Befund, der in Einklang mit anderen Untersuchungen steht[461]. Meist konnten die TäterInnen eine bevorstehende oder bereits vollzogene Trennung nicht verwinden, entschieden sich, aus dem Leben zu scheiden und wollten die Kinder -entweder aus altruistischen Gründen oder „damit andere sie nicht bekommen"- nicht zurücklassen. Einige der TäterInnen waren zum Tatzeitpunkt psychisch erkrankt (meist unterschiedliche Formen der Depression), wobei diese Erkrankung, z.T. auch im Zusammenhang mit einem konkreten Anlass (Angst vor Trennung oder gegenteilig vor dem Partner) häufiger Grund für die Tatbegehung war. Diese TäterInnen – fast immer die Mütter – wollten sich unter dem Einfluss ihrer psychischen Erkrankung das Leben nehmen und ihr Kind nicht zurücklassen. Im Übrigen sind es Einzelfälle, in denen Alkohol die Tat begünstigte oder andere Tatmotive im Vordergrund standen (z.B. Verschuldung der Familie, wobei der Täter sich und seiner Familie *Leid und Schande* ersparen wollte).

Tat stand im Kontext längerfristiger Misshandlung oder Vernachlässigung

Keine der Taten dieser Fallgruppe stand im Kontext längerfristiger Misshandlung oder Vernachlässigung des Opfers.

5.3.3.4 Tat und Tatumstände

Tatörtlichkeit

Gut die Hälfte der Opfer (58 %, n = 40) wurde in der eigenen Wohnung getötet. Deutlich häufiger als in anderen Fallgruppen (20,3 %, n = 14) fand die Tötung des Opfers unter freiem Himmel statt (z. B. Bahnschienen, Waldstücke). Die dritthäufigste und insbesondere bei erweiterten Suiziden auftretend Tatörtlichkeit war das Auto (11,6 %, n = 8). Wurde das Opfer drinnen, aber nicht in seiner Wohnung getötet, so handelte es sich meist um die Wohnung der TäterInnen (in der Regel war dies der getrennt lebenden Partner) oder ein Hotelzimmer.

---

[461] Z.B. *Alder/Polk* 2001.

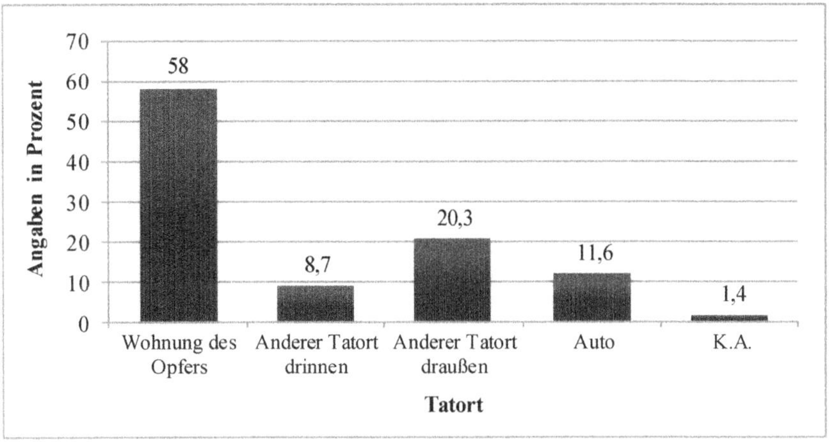

Abbildung 119: Tatort. Alle Opfer erweiterter Suizide (n = 69).

Wochentag der Tatbegehung

Bei dieser Fallgruppe zeigt sich insbesondere an Sonntagen eine starke Risikoerhöhung. Ein Drittel der Opfer (n = 23) wurde an diesem Wochentag getötet. Im Übrigen ist das Risiko eher ausgeglichen und bewegt sich jeweils im niedrigen zweistelligen oder einstelligen Prozentbereich. Lediglich am Montag ergibt sich noch eine leichte Erhöhung (17,4 %, n = 12).

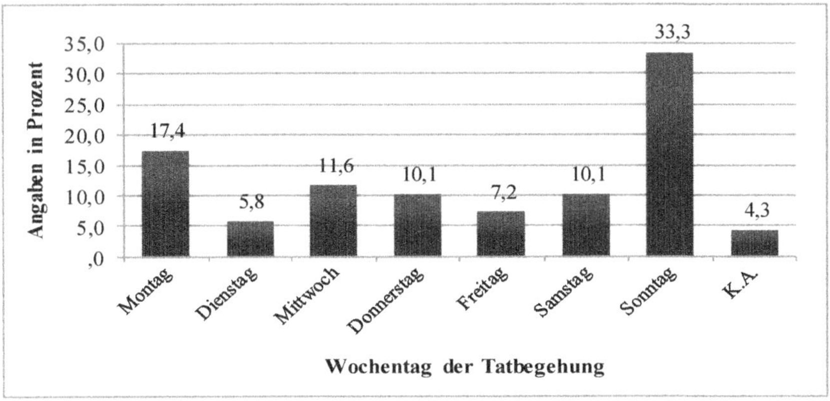

Abbildung 120: Wochentag der Tatbegehung. Alle Opfer erweiterter Suizide (n = 69).

Uhrzeit der Tatbegehung

Nur vier Kinder (5,8 %) wurden in den frühen Morgenstunden zwischen 4:00 Uhr und 7:59 Uhr getötet. In dieser Zeit liegt somit ein deutlich niedrigeres Tötungsrisiko für die Opfer vor. Im Übrigen ist das Bild bezüglich der Tatzeit eher heterogen.

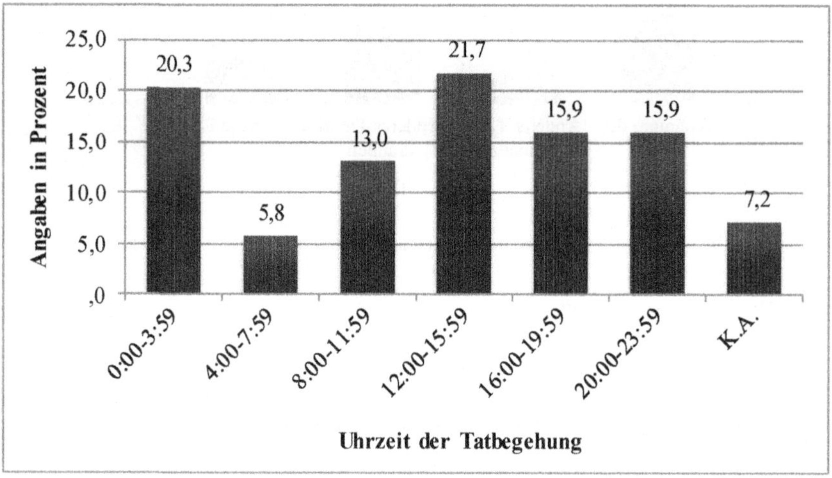

Abbildung 121: Uhrzeit der Tatbegehung. Alle Opfer erweiterter Suizide (n = 69).

Tötungsart

Bei dieser Fallgruppe dominiert die Tötung durch Erstechen oder sonstige Messerverletzungen. Gut ein Viertel aller Opfer starb auf diese Weise. Ebenfalls häufig wurde das Opfer mittels Erdrosseln/Erwürgen/Strangulieren getötet (18,8 %). Jeweils im unteren zweistelligen Bereich bewegen sich die Fälle, in denen das Opfer entweder erstickt, ertränkt oder von einer der Brücke o.ä. gestoßen/vom Zug überrollt wurde. Deutlich seltener wurde das Opfer vergiftet oder auf sonstige Weise, z. B. durch Erschießen, getötet.

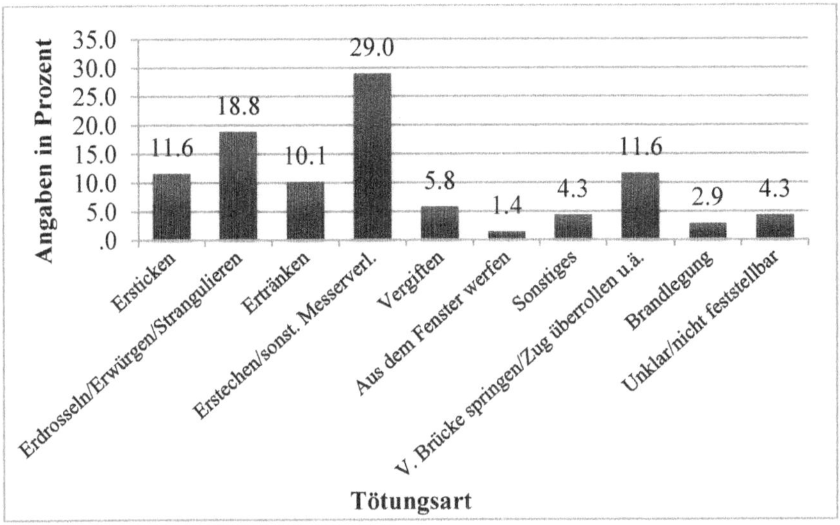

Abbildung 122: Tötungsart. Alle Opfer erweiterter Suizide (n = 69).

5.3.3.5 Eventuelle Interventionsmöglichkeiten

Tatankündigung

18 der 52 TäterInnen (34,6 %) haben ihre Tat bzw. teilweise auch *nur* den eigenen Suizid angekündigt. Diese Ankündigungen reichten von eher vagen Andeutungen bis hin zu konkreten Äußerungen, Mitnahmesuizidgedanken zu haben. In Einzelfällen wurden zudem konkrete Todesdrohungen gegen den Partner im Falle einer Trennung geäußert.

Kontakt des Jugendamts zur Familie des Opfers

In einem Einzelfall bestand auf Wunsch der allein erziehenden Mutter des Opfers (Täterin), die sich um Beratung bemüht hatte, Kontakt zum Jugendamt. Kurz vor der Tat wurde das Jugendamt wegen geäußerter Suizidgedanken der Mutter erneut informiert, woraufhin die kurzfristige Einweisung in eine psychiatrische Klinik zu erreichen versucht wurde. Dies scheiterte jedoch aus unklaren Gründen. Da die Mutter jedoch in der Folge unter Beobachtung ihrer Eltern blieb, erfolgte keine Herausnahme des späteren Opfers durch das Jugendamt.

Sonstige Hinweise auf Interventionsmöglichkeiten

Einzelne TäterInnen hatten im familiären und/oder persönlichen Umfeld vor den Taten über ihre Überforderung gesprochen, teilweise waren bereits Eheberatungsgespräche angedacht bzw. erfolgt oder das Umfeld hatte eine persönliche Veränderung der späteren TäterInnen bemerkt. Ob diese eher abstrakten „Hinweise“ auf persönliche Probleme jedoch wirklich als echte Interventionsmöglichkeiten anzusehen sind, ist eher fraglich. Es wird in vielen Familien ähnliche Konstellationen geben, ohne dass es dort jemals zu solchen Taten kommen wird.

5.3.3.6 Kenntniserlangung der Tat und Ermittlungsaktivitäten

Kenntnisnahme von der Tat durch die Strafverfolgungsbehörden

Bei dieser Fallgruppe gab es im Wesentlichen zwei Konstellationen, wie die Strafverfolgungsbehörden Kenntnis von der Tat erhielten: Überwiegend handelte es sich um Fälle, in denen Familienangehörige, teilweise auch Freunde, die Tat melden, z. B. weil sie die Opfer gefunden haben. Zum Teil vermuten die Familienangehörigen – meist die Partner – bzw. die Freunde die Tat wegen deren vorheriger Ankündigung oder wegen merkwürdigen Verhaltens auch nur und melden sich daraufhin bei der Polizei oder sie melden den Täter oder die Täterin zunächst nur als vermisst. Häufig informierten auch dritte Personen, meist Passanten, die Ermittlungsbehörden über einen zufälligen Leichenfund. Nur in einem Einzelfall erschien der Täter, der seinen Suizidversuch überlebte, selbst auf dem Polizeirevier und erstattete Selbstanzeige.

Kenntnis Tat-Unbeteiligter vom Tötungsdelikt lange vor den Strafverfolgungsbehörden

In allen Fällen informierten die Personen, die von der Tat wussten, unmittelbar nach Kenntniserlangung die Strafverfolgungsbehörden. Es gibt damit keinen Fall, in dem Tatunbeteiligte bereits längere Zeit vor der Polizei Kenntnis von der Tat hatten.

Ermittlungsaktivitäten

Neben den allgemein üblichen Ermittlungsaktivitäten wie z.B. Zeugenvernehmungen, der fotografischen Dokumentation von Tatort und Tatfolgen und Beschlagnahme bzw. Sicherstellung von Beweismitteln kam es gelegentlich auch zu anderen Ermittlungsmethoden. In Einzelfällen wurden nach der Suizidankündigung umfangreiche polizeiliche Suchmaßnahmen (auch Handyortung und Hubschraubereinsatz) durchgeführt oder es kam zu einer Telefon- bzw. Kontenüberwachung. In zwei Fällen wurden nach dem Auffinden von Abschiedsbriefen oder ähnlichem Schriftgutachten angefordert. Vereinzelt wurde ein waffentechnisches oder Brandursachengutachten eingeholt, eine Nachbarschaftsbefragung durchgeführt oder der PC ausgewertet.

Rechtsmedizinische Gutachten

88,4 % der Opfer wurden obduziert und ein rechtsmedizinisches Gutachten erstellt. Bei sieben Opfern (allesamt Fälle vollendeter erweiterter Suizide) wurde auf eine Obduktion verzichtet. Grund hierfür dürfte regelmäßig die klare Spurenlage und der Tod des Täters bzw. der Täterin gewesen sein. Die Leiche eines weiteren Opfers wurde nicht gefunden.

5.3.3.7 Beurteilung durch Staatsanwaltschaften und Gerichte

Haft- und Unterbringungsbefehl

16 der 22 überlebenden TäterInnen (72,8 %) wurden in Untersuchungshaft genommen. Haftgrund war regelmäßig die Schwere der Tat (§ 112 Abs. 3 StPO), meist in Verbindung mit Fluchtgefahr (§ 112 Abs. 2 Nr. 2 StPO)[462]. Bei zwei TäterInnen wurde ausschließlich Fluchtgefahr angenommen. Kein Haftbefehl wurde außer Vollzug gesetzt. Fünf TäterInnen wurden nach § 126a StPO einstweilig in einem psychiatrischen Krankenhaus untergebracht[463]. Nur bei einem Täter wurde kein Haft- bzw. Unterbringungsbefehl angeordnet[464].

[462] Eine verfassungskonforme Auslegung des § 112 Abs. 3 StPO gebietet das Vorliegen eines weiteren Haftgrunds. An diesen weiteren Haftgrund werden aber hinsichtlich der Gefahrprognose geringere Anforderungen gestellt. Dennoch wurde in einigen Haftbefehlen allein der § 112 Abs. 3 StPO als Haftgrund genannt.

[463] In drei Fällen wurde der zunächst erlassene Haftbefehl unmittelbar nach Erlass bis maximal viereinhalb Monate später durch einen Unterbringungsbefehl ersetzt.

[464] Dieser wurde später mit Strafbefehl verurteilt.

Strafverteidigung

Alle TäterInnen wurden verteidigt[465].

Aussageverhalten / Geständnis

Im Rahmen der polizeilichen Vernehmung legten 16 der 22 TäterInnen der versuchten erweiterten Mitnahmesuizide (72,7 %) ein Geständnis, eine/r ein Teilgeständnis ab. Nur zwei bestritten die Tat[466]. In der Hauptverhandlung waren 15 TäterInnen (68,2 %) geständig, vier bestritten die Tat. Eine/r machte vor Gericht keine Angaben zur Sache. Der konkrete Aussageverlauf zeigt, dass nur ein Täter bzw. eine Täterin ihr/sein früheres polizeiliches Geständnis in der Hauptverhandlung revidiert und die Tat bestritten hat. In den anderen Fällen, in denen die TäterInnen die Tat in der Hauptverhandlung bestritten, hatte vorher keine polizeiliche Vernehmung stattgefunden bzw. die frühere Aussage war unklar. Eine Person, die die Tat bei der Polizei gestanden hatte, machte vor Gericht keine Angaben mehr zur Sache.

Anklageerhebung/Antrag im Sicherungsverfahren

Bei 19 der 22 TäterInnen (86,4 %) wurden Anklagen erhoben[467]. Bei den anderen drei TäterInnen wurden wegen Schuldunfähigkeit Anträge im Sicherungsverfahren gestellt. Fast alle Sicherungsanträge bzw. Anklagen erfolgten zum Landgericht[468].

[465] Eine anwaltliche Vertretung ist Pflicht u.a. bei Prozessen vor dem Landgericht, bei Verbrechen (Strafandrohung mindestens 1 Jahr Freiheitsstrafe), bei einer möglichen Unterbringung in einem psychiatrischen Krankenhaus oder schlicht wegen der Schwere der Tat.

[466] Bei den anderen hatte keine polizeiliche Vernehmung stattgefunden bzw. das Aussageverhalten war unklar.

[467] In einem Ausnahmefall wurde einem der Anklage gleichstehender Strafbefehlsantrag gestellt.

[468] Mit Ausnahme des Strafbefehlsantrags, der beim Amtsgericht gestellt wurde. Anklagen wegen Mordes, Totschlags und Körperverletzung mit Todesfolge sind bei Erwachsenen nach § 74 Abs. 2 GVG immer vor dem Landgericht als Schwurgericht zu erheben. Das Landgericht ist nach § 74 Abs. 1 GVG zudem bei allen Straftaten (also auch bei fahrlässigen Tötungsdelikten) zuständig, bei denen eine höhere Strafe als vier Jahre Freiheitsstrafe oder die Unterbringung in einem psychiatrischen Krankenhaus, allein oder neben einer Strafe, oder in der Sicherungsverwahrung zu erwarten ist.

Verfahrenseinstellungen

Bei 38 Opfern (mit 33 Beschuldigten, da in fünf Fällen zwei Kinder getötet wurden) wurde das Ermittlungsverfahren nach § 170 Abs. 2 StPO eingestellt. Grund hierfür war fast immer der Tod des oder der Beschuldigten[469]. Nur bei vier Beschuldigten, jeweils Mütter der getöteten Kinder, wurde das Ermittlungsverfahren wegen Schuldunfähigkeit, § 20 StGB, sowie wegen des Nichtvorliegens der Voraussetzungen für die Unterbringung in einem psychiatrischen Krankenhaus, § 63 StGB, eingestellt. Eine Einstellung wegen mangelnden hinreichenden Tatverdachts bezüglich Tat oder Täterschaft erfolgte somit in keinem der Fälle. Auch Einstellungen aus Opportunitätsgründen erfolgten nicht.

Hauptverhandlung

Die Dauer der Hauptverfahren war in dieser Fallgruppe vergleichsweise kurz. In 80 % der Fälle gab es bis zur Urteilsfindung nur ein bis fünf Sitzungstage. Nur in vier Fällen benötigte das Gericht sechs bis zehn Verhandlungstage. Längere Prozesse mit über zehn oder gar über 20 Sitzungstagen gab es bei den Fällen versuchter erweiterter Suizide nicht. In allen Gerichtsverfahren stand jeweils nur eine Person vor Gericht.

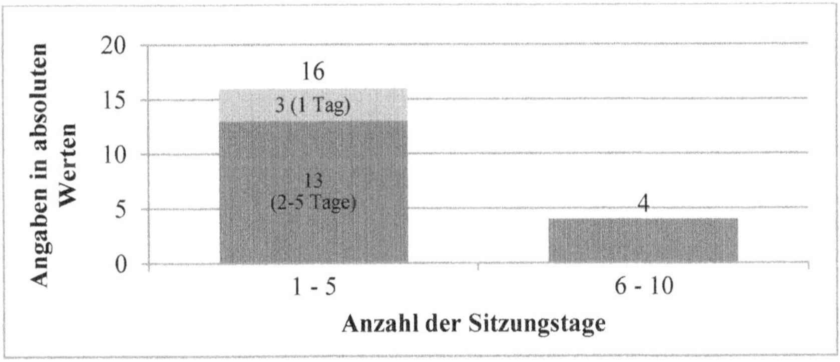

Abbildung 123: Anzahl der Sitzungstage. Erweiterte Suizide ohne Ausfallwerte (n = 20).

Tendenziell wurden in den Fällen versuchter erweiterter Suizide viele Zeugen im Rahmen der Beweisaufnahme vernommen. In zwei Drittel der Verfahren ver-

[469] In zwei Fällen mit vollendeten erweiterten Suiziden hat die Staatsanwaltschaft bereits nach § 152 Abs. 2 StPO von der förmlichen Einleitung eines Ermittlungsverfahrens abgesehen.

nahm das Gericht mehr als zehn und bis zu 26 Zeugen. In keiner Hauptverhandlung wurde auf Zeugenaussagen verzichtet.

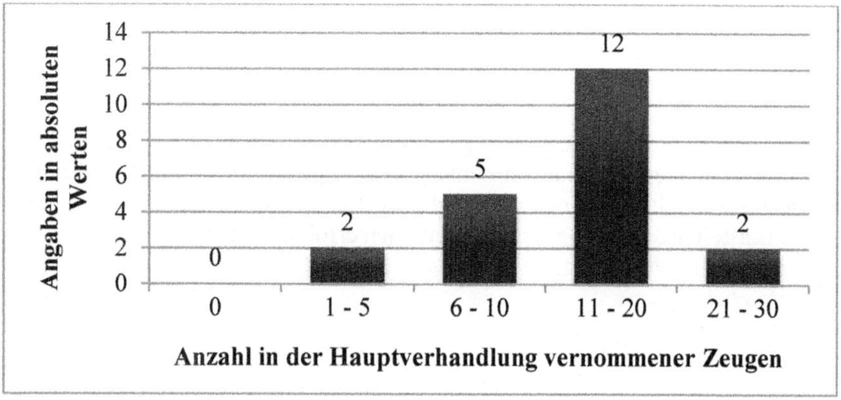

Abbildung 124: Anzahl in der Hauptverhandlung vernommener Zeugen. Erweiterte Suizide ohne Ausfallwerte (n = 21).

Auch auf die Vernehmung von Sachverständigen wurde in keinem Gerichtsverfahren verzichtet. Dabei handelte es sich immer mindestens um zwei (42,9 %) bis zu acht Gutachter pro Verfahren.

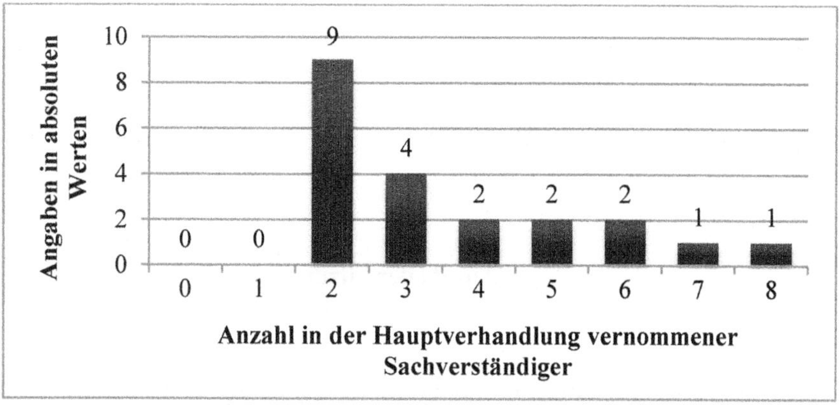

Abbildung 125: Anzahl in der Hauptverhandlung vernommener Sachverständiger. Erweiterte Suizide ohne Ausfallwerte (n = 21).

Schuldfähigkeit

Bei allen TäterInnen wurde im Verfahren die Frage verminderter Schuldfähigkeit thematisiert und bei etwa der Hälfte (n = 12) das Vorliegen des § 21 StGB im Anschluss auch rechtskräftig festgestellt. Auch die Frage der Schuldunfähigkeit nach § 20 StGB wurde bei 21 der 22 TäterInnen vom Gericht angesprochen, aber nur bei drei TäterInnen (13,6 %) rechtskräftig festgestellt.

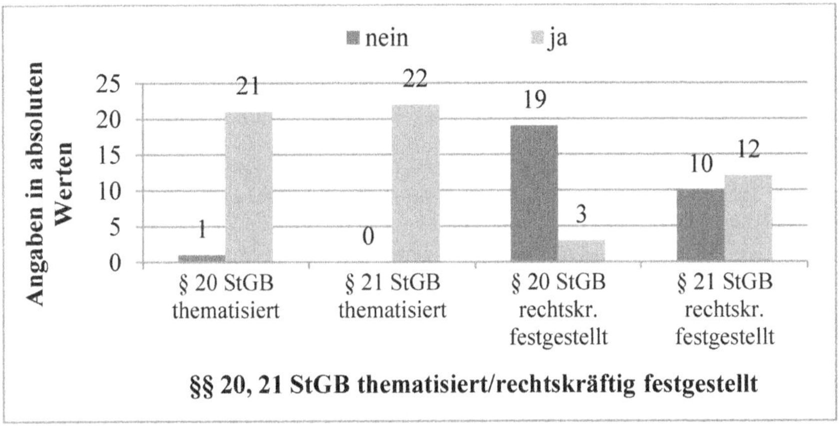

Abbildung 126: §§ 20, 21 StGB thematisiert/rechtskräftig festgestellt. Überlebende TäterInnen erweiterter Suizide (n = 22).

Strafrechtlicher Vorwurf - Anklage[470]

Die Hälfte der überlebenden TäterInnen wurde wegen Mordes angeklagt, etwa ein Drittel wegen Totschlags. In einem Ausnahmefall wurde ein Strafbefehl wegen fahrlässiger Tötung beantragt[471]. In vier Fällen wurde bei den (drei) TäterInnen ein Antrag im Sicherungsverfahren gestellt, so dass es auf den strafrechtlichen Vorwurf in diesen Fällen regelmäßig nicht ankam[472].

[470] Bei TäterInnen, die mehrere Kinder getötet haben, wurden alle Anklagen erfasst, z.B. wenn wegen der Tötung des ersten Kindes eine Anklage wegen Totschlags, wegen des zweiten Kindes wegen Mordes ergangen ist. Daher ist n = 28 statt n = 22

[471] Dieser Vorwurf konnte trotz späterer Versuche seitens der Staatsanwaltschaft, das Verfahren wieder aufzunehmen, nicht mehr geändert werden.

[472] Es wurde jeweils etwas formelhaft der § 212 StGB verwendet.

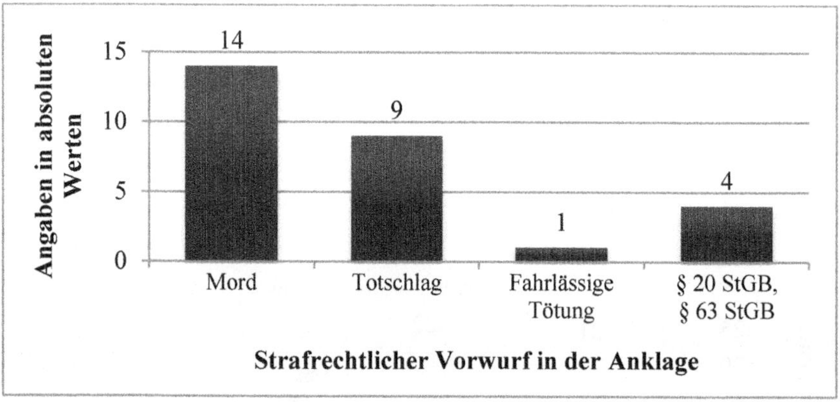

Abbildung 127. Strafrechtlicher Vorwurf in der Anklage. Überlebende TäterInnen erweiterter Suizide. Bei TäterInnen, die mehrere Kinder getötet haben, wurden alle Anklagen erfasst (n = 28).

Strafrechtlicher Vorwurf - Rechtskräftige Verurteilung[473]

Bei zehn Opfern (35,7 %) wurden deren (neun) TäterInnen später wegen Mordes verurteilt, in einem Fall wegen zweifachen Mordes. Bei sieben Opfern wurde das Mordmerkmal der Heimtücke angenommen, bei einem das Mordmerkmal der sonstigen niedrigen Beweggründe und bei einem beide Mordmerkmale. Meist waren die Kinder etwa drei Jahre alt, so dass die für die Heimtücke erforderliche Arglosigkeit, die bei Kleinstkindern unter drei Jahren eher verneint wird, bejaht werden konnte. In den Fällen, in denen die Kinder deutlich jünger waren (unter zwei Jahre) wurde entweder auf eine ältere Rechtsprechung des BGH abstellt, wonach heimtückisch handelt, wer die Arglosigkeit von Kindern ausnutzt, die in der Lage sind, Hilfe herbei zu rufen oder es wurde das Merkmal der sonstigen niedrigen Beweggründe bejaht. In den übrigen Fällen erfolgte eine Verurteilung wegen Totschlags (n = 8) bzw. minder schweren Fall des Totschlags (n = 5). In einem Sonderfall wurde in einem Strafbefehl eine fahrlässige Tötung angenommen[474]. Dabei wurde allen TäterInnen aktives Tun und kein Unterlassen vorgeworfen. Bei vier Opfern waren die (drei) TäterInnen schuldunfähig, § 20 StGB, so dass keine Strafe verhängt sondern eine Maßregel in Form der Unterbringung in einem psychiatrischen Krankenhaus angeordnet wurde.

---

[473] Bei TäterInnen, die mehrere Kinder getötet haben, wurden alle Verurteilungen erfasst, z.B. wenn wegen der Tötung des ersten Kindes eine Verurteilung wegen Totschlags, wegen des zweiten Kindes wegen Mordes ergangen ist. Daher ist n = 28 statt n = 22.

[474] Dieser Vorwurf konnte trotz späterer Versuche seitens der Staatsanwaltschaft, das Verfahren wieder aufzunehmen, nicht mehr geändert werden.

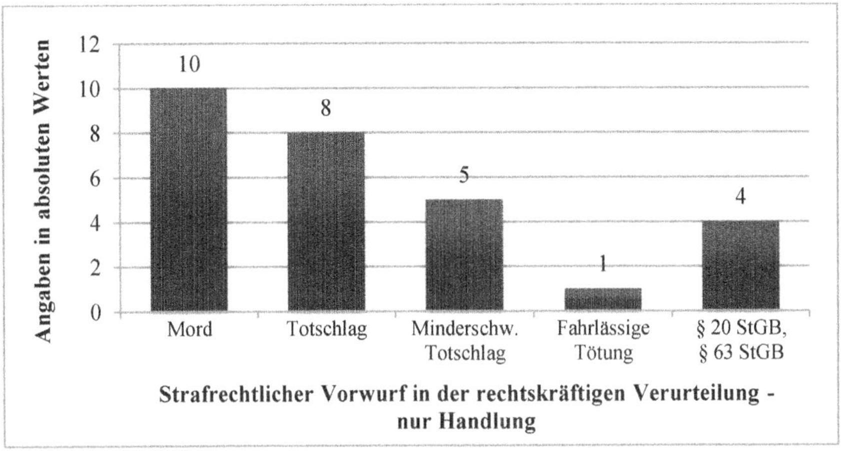

Abbildung 128: Strafrechtlicher Vorwurf in der rechtskräftigen Verurteilung – nur Handlung. Überlebende TäterInnen erweiterter Suizide. Bei TäterInnen, die mehrere Kinder getötet haben, wurden alle Verurteilungen erfasst (n = 28).

Straf- und Maßregelausspruch – Anträge

In den meisten Fällen plädierte die Staatsanwaltschaft auf Freiheitsstrafen ohne Bewährung (77,3 %, n = 17). Bei drei TäterInnen forderte sie eine Unterbringung in einem psychiatrischen Krankenhaus. Nur in einem Ausnahmefall beantragte die Strafverfolgungsbehörde eine Bewährungsaussetzung[475]. Ähnliche Anträge stellte auch die Verteidigung, wobei sie auch vereinzelt von der Möglichkeit Gebrauch machte, die Rechtsfolgen in das Ermessen des Gerichts zu stellen.

[475] In diesem Fall wurde ein Strafbefehl wegen fahrlässiger Tötung beantragt. Ein späterer Versuch der Staatsanwaltschaft, nach Erlass des Strafbefehls die erkennbare Fehlentscheidung zu korrigieren, scheiterte an den gesetzlichen Hürden der Wiederaufnahme.

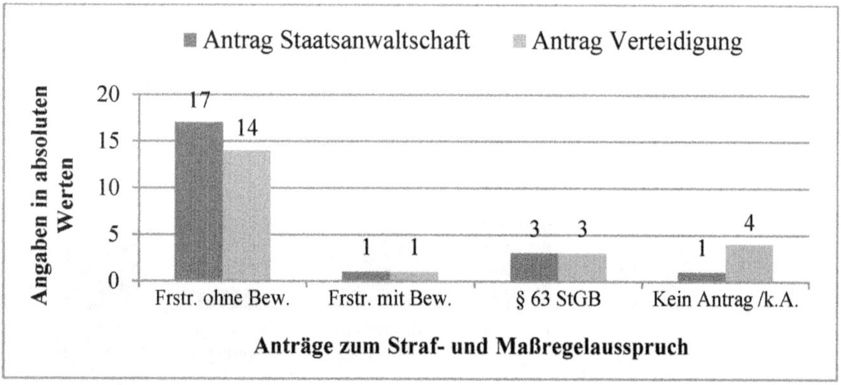

Abbildung 129: Anträge zum Straf- und Maßregelausspruch. Überlebende TäterInnen erweiterter Suizide (n = 22).

Straf- und Maßregelausspruch - Erstinstanzliche und rechtskräftige Verurteilungen

Fast alle TäterInnen, die den erweiterten Suizid überlebten, wurden zu einer Freiheitsstrafe ohne Bewährung verurteilt (81,8 %, n = 18). Nur in einem Fall wurde die Strafe zur Bewährung ausgesetzt. Bei drei TäterInnen wurde die Unterbringung in einem psychiatrischen Krankenhaus angeordnet.

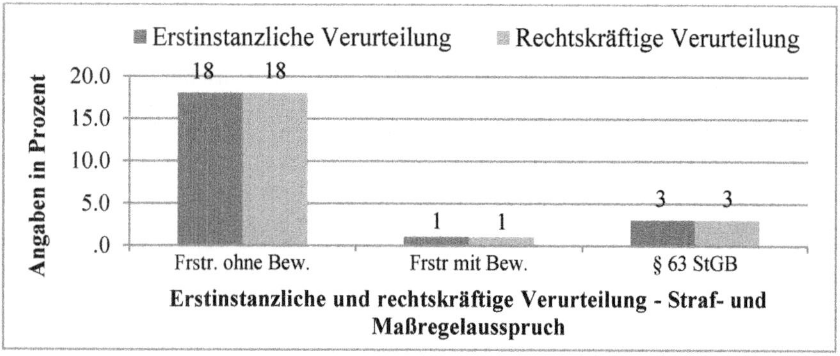

Abbildung 130. Erstinstanzliche und rechtskräftige Verurteilung – Straf- und Maßregelausspruch. Überlebende TäterInnen erweiterter Suizide (n = 22).

Strafhöhe – Anträge bei Freiheitsstrafen ohne Bewährung

Bei 13 von 17 Anträgen zur Strafhöhe von Freiheitsstrafen ohne Bewährung plädierte die Staatsanwaltschaft auf hohe[476] Freiheitsstrafen und forderte dabei am häufigsten eine lebenslange Strafe (n = 7). Die Verteidigung plädierte eher auf mittlere[477] (33,3 % n = 3) oder niedrige[478] Strafen (22,2 %, n = 2). Einige Verteidiger stellten die Strafhöhe in das Ermessen des Gerichts.

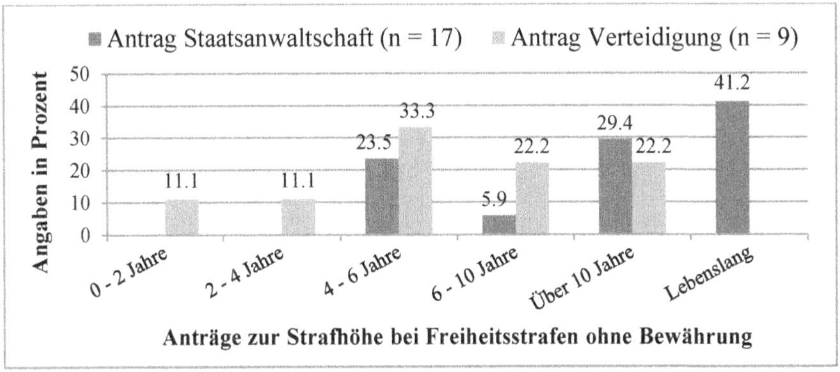

Abbildung 131: Anträge zur Strafhöhe bei Freiheitsstrafen ohne Bewährung. Überlebende TäterInnen erweiterter Suizide. Staatsanwaltschaft (n = 17), Verteidigung (n = 9).

Strafhöhe – Anträge bei Jugendstrafen ohne Bewährung[479]

Es wurden keine Jugendstrafen beantragt.

Strafhöhe – Erstinstanzliche und rechtskräftige Verurteilung bei Freiheitsstrafen

Bei den TäterInnen erweiterter Suizide dominierten klar die hohen bzw. sehr hohen Freiheitsstrafen. Knapp zwei Drittel aller 22 überlebenden TäterInnen erhielt Freiheitsstrafen zwischen sechs Jahren und lebenslang. Bei drei der fünf

---

[476] Über sechs Jahre bis lebenslang.

[477] 4 – 6 Jahre.

[478] 0 – 4 Jahre.

[479] Jugendstrafrecht ist bei Jugendlichen (zur Tatzeit 14 Jahre bis unter 18 Jahre) zwingend, bei Heranwachsenden (zur Tatzeit 18 Jahre bis unter 21 Jahre) bei Vorliegen von Reifeverzögerungen oder jugendtypischen Taten anzuwenden. Das Höchstmaß der Jugendstrafe beträgt 10 Jahre, §§ 18 Abs. 1, 105 Abs. 3 JGG.

TäterInnen mit lebenslanger Freiheitsstrafe wurden Gesamtstrafen gebildet[480]. Allerdings erhielten in allen diesen Fällen die TäterInnen bereits für die Tötung des Opfers der Untersuchungsgruppe als Einzelstrafe eine lebenslange Freiheitsstrafe. Auch in vier weiteren Fällen erhielten die TäterInnen wegen der Tötung mehrerer Kinder bzw. wegen der weiteren (auch versuchten) Tötung der Mutter Gesamtfreiheitsstrafen von über zehn Jahren[481].

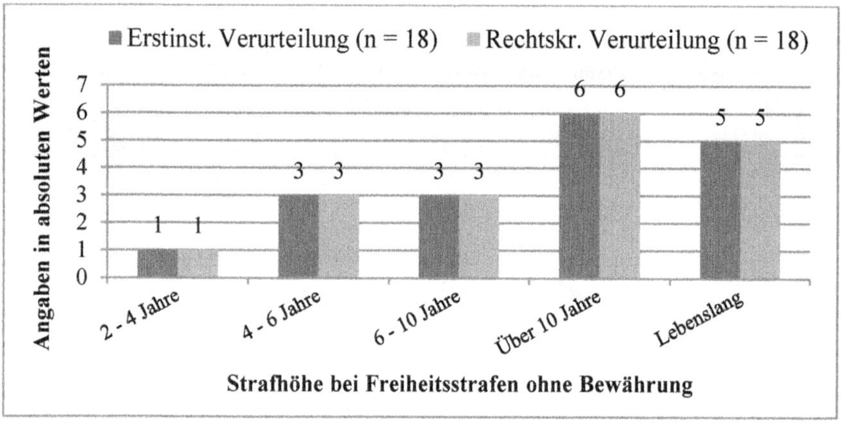

Abbildung 132: Strafhöhe bei Freiheitsstrafen ohne Bewährung. Überlebende TäterInnen erweiterter Suizide ohne Ausfallwerte. Erstinst. Verurteilung (n = 18), rechtskr. Verurteilung (n = 18).

Strafhöhe – Erstinstanzliche und rechtskräftige Verurteilung bei Jugendstrafen

Keine Täterin bzw. kein Täter wurde zu einer Jugendstrafe ohne Bewährung verurteilt.

Rechtsmittel

In 12 der 22 Fälle mit überlebenden TäterInnen wurde gegen das erstinstanzliche Urteil ein Rechtsmittel eingelegt, fast immer zumindest auch durch den bzw. die Angeklagte/n[482]. Zwei Mal wurde das Rechtsmittel vor einer Entscheidung wie-

[480] Die Gesamtstrafenbildung erfolgte wegen der Tötung mehrerer Kinder bzw. wegen der Tötung eines bzw. mehrerer Kinder und deren Mutter.
[481] Die Einzelstrafen für die Tötung der Opfer der Untersuchungsgruppe lagen zwischen 7 Jahren und 6 Monaten und 10 Jahren.
[482] Achtmal allein durch den/die Angeklagte/n, einmal durch den/die Angeklagte/n und die Staatsanwaltschaft, einmal durch die Staatsanwaltschaft und die Nebenklage sowie einmal durch alle drei zusammen.

der zurückgenommen. Nur in zwei Fällen war die Revision teilweise erfolgreich.[483] Allseitiger Rechtsmittelverzicht in der Hauptverhandlung erfolgte in vier Fällen.

Freisprüche

Bei den versuchten Mitnahmesuiziden gab es keine Freisprüche.

5.3.3.8 Leben nach der Tat

Die Angaben zu dem Leben nach der Tat haben auch in dieser Fallgruppe eher illustrativen Charakter, ohne dass man daraus allgemeingültige Aussagen ableiten könnte. Zum Leben nach der Tat waren meist wenige Informationen in den Akten enthalten, zumal hier auch nur Angaben zu den überlebenden TäterInnen gemacht werden können. 16 TäterInnen kamen nach der Tatbegehung in Untersuchungshaft. Bei sechs TäterInnen wurde statt oder nach der Untersuchungshaft eine psychiatrische Unterbringung angeordnet. Ein Täter unternahm in der Untersuchungshaft einen weiteren Suizidversuch, bei dem aber rechtzeitig eingegriffen werden konnte. Bei zwei TäterInnen kam es nach der Tat zur Scheidung, wobei in beiden Fällen bestehende Beziehungsprobleme bzw. die Trennung bereits zur Tatbegehung geführt hatten. Ein Täter zog nach der Tat um.

5.3.3.9 Zusammenfassung

Die Fallgruppe der erweiterten Suizide umfasst 69 Opfer (12,7 %) und 53 TäterInnen, ihr wurden sowohl Fälle zugeordnet, bei denen der Suizid des/der Täter/in nur versucht wurde (n = 22) als auch solche, bei denen er gelang (n = 31). Bei den TäterInnen handelte es sich fast ausschließlich um die biologischen Eltern der Kinder[484]. Dabei überwiegen, anders als in der internationalen Literatur häufig berichtet, die Väter mit 27 Tätern nur leicht gegenüber den Müttern (n =

[483] Auf die Revision eines Angeklagten wurde das Urteil im Strafausspruch durch den BGH zwar aufgehoben. Nach Zurückverweisung blieb es aber bei demselben Strafmaß. In einem weiteren Fall war zunächst die Nebenklage erfolgreich in Revision gegangen. Der Schuldausspruch änderte sich daraufhin von Totschlag in Mord, die Strafhöhe von 13 Jahre und 6 Monate in 14 Jahre und 6 Monate. Eine daraufhin u.a. von der Verteidigung eingelegte Revision war zwar ebenfalls vor dem BGH teilweise erfolgreich. Nach Zurückverweisung wurden aber der Schuldausspruch wegen Mordes sowie die Strafhöhe bestätigt.

[484] In zwei Fällen war ein sozialer Vater Täter, einmal ein Freund der Familie.

23).[485] Beim Alter der TäterInnen ist die Altersgruppe der 30-40jährigen mit 56 % am stärksten vertreten, knapp 27 % der TäterInnen (n = 14) war über 40 Jahre, nur etwas mehr als 15 % (n = 8) zwischen 21 und 29 Jahre und nur ein Täter zwischen 18 und 21 Jahre alt. Damit sind die TäterInnen dieser Fallgruppe im Durchschnitt deutlich älter als die der übrigen Kategorien. Auffälligkeiten bezüglich des Bildungsniveaus gab es in dieser Fallgruppe keine, Sozialleistungsbezug war hier der absolute Ausnahmefall. Fast alle überlebenden TäterInnen wurden psychologisch/psychiatrisch untersucht, für 18 TäterInnen ist bekannt, dass sie zum Tatzeitpunkt psychisch auffällig oder sogar erkrankt waren, bei acht von ihnen lag eine depressive Erkrankung, bei vier eine Persönlichkeitsstörung vor. Andere Störungen[486] kamen jeweils nur in Einzelfällen vor. Nur ganz vereinzelt hatten die TäterInnen dieser Deliktsgruppe ein Problem mit dem Rauschmittelkonsum, lediglich drei Personen wiesen eine diesbezügliche Auffälligkeit in einem Zeitraum bis zu einem Jahr vor der Tat auf.

Tatauslöser war meistens ein Trennungskonflikt, die TäterInnen konnten eine bevorstehende oder bereits vollzogene Trennung nicht verwinden und wollten sich aus diesem Grund das Leben nehmen. Dass die TäterInnen die Kinder mit in den Tod nehmen wollten, hatte verschiedene Gründe: Zum Teil lagen aus Tätersicht altruistische Motive vor, z.B. sollte das Kind nicht „allein zurückbleiben" und/oder ohne intakte Familie aufwachsen, in anderen Fällen sollte aber auch der Partner das Kind „nicht bekommen", ohne dass hierbei jedoch Rache im Vordergrund stand. Vereinzelt spielten auch andere Motive, wie z.B. eine hohe Verschuldung eine Rolle, durch den erweiterten Suizid wollte der Täter sich und seiner Familie dann „Leid und Schande" ersparen. In einigen Fällen stand die Tat auch in Zusammenhang mit einer psychischen Erkrankung des/der Täters/in. Bei den versuchten erweiterten Suiziden wurde die eigene Tötung oft aufgrund einer äußeren Störung bzw. Rettung nicht vollendet, in anderen Fällen ließ der/die Täter/in nach der Tötung des Kindes von der zuvor geplanten Selbsttötung ab.

Es überwogen „echte" Mitnahmesuizide, bei denen das vorrangige Motiv war, das Kind in den eigenen Suizid mitzunehmen, um es nicht allein zurückzulassen. Bei einigen Fällen handelte es sich jedoch auch um Suizidversuche, bei denen das Kind eher zufällig dabei war oder bei denen das Kind beim Suizidversuch störte und in diesem Zusammenhang getötet wurde. In einigen Fällen wurden unmittelbar vor dem Suizid(versuch) weitere Personen getötet, vor allem das andere Elternteil und/oder weitere Kinder, dabei gab es weder hinsichtlich des Opferalters noch des Geschlechts der Kinder besondere Auffälligkeiten, allerdings beinhaltet diese Deliktsgruppe ungewöhnlich viele Fälle mit mehreren Opfern, elfmal wurden zwei Kinder aus der Untersuchungsgruppe Opfer. Tö-

485 Z.B. *Sturup/Granath* 2014; *Liem/Koenraadt* 2008.
486 Wie z.B. eine bipolare Störung, PTSD oder eine Anpassungsstörung.

tungsart war in dieser Fallgruppe oft Erstechen oder andere Messerverletzungen, über 25 % der Opfer starb auf diese Weise. Knapp 19 % der Opfer wurden erdrosselt/erwürgt/stranguliert, knapp 12 % erstickt. Ebenso viele Opfer wurden von einer Brücke gestoßen oder von einem Zug überrollt. Andere Tathandlungen kamen eher vereinzelt vor.

Die Daten sind in Bezug auf die Strafverfolgung und Sanktionierung davon gekennzeichnet, dass die Tataufklärung typischerweise einfach ist, da der Tatverlauf gut nachvollziehbar ist und an der Täterschaft kein Zweifel besteht. Da viele Täterinnen und Täter verstorben sind, beziehen sich die Feststellungen zur Sanktionierung auf kleine Zahlen (22 Personen). Das zu beobachtende Sanktionsniveau war insgesamt eher hoch. Nur in einem Fall wurde eine Bewährungsstrafe ausgesprochen, in 18 Fällen eine zu vollstreckende Freiheitsstrafe, die in 11 Fällen mehr als 19 Jahre betrug, in drei Fällen wurde die Unterbringung in einem psychiatrischen Krankenhaus angeordnet. Die hohen Strafen beruhten vielfach darauf, dass mehrere Kinder Opfer wurden (11 Fälle) bzw. dass die gesamte Familie, d.h. neben dem Opfer bzw. dessen Geschwistern auch die Mutter (in diesen Fällen war immer der Vater der Täter) mit in den Tod genommen wurden bzw. werden sollten (14 Fälle).[487]

[487] Zur Sanktionierung s. *Höynck/Behnsen/Haug* 2014; zu geschlechtsspezifischen Sanktionsunterschieden *Höynck* 2014.

5.3.4 Psychische Erkrankung

5.3.4.1 Zentrale Merkmale der Opfer

Anzahl der Opfer

Diese Fallgruppe umfasst eine Opferzahl von 33 getöteten Kindern (6,2 %).

Mehrere Opfer der Untersuchungsgruppe

In zwei Fällen wurden zeitgleich zwei Kinder aus der Untersuchungsgruppe getötet.

Alter des Opfers zum Tatzeitpunkt

Bei den Opfern dieser Fallgruppe zeigt sich eine starke Risikoerhöhung im Altersbereich von einem Tag bis drei Monaten. In diesem im Vergleich zum gesamten Erhebungsalter (0 bis unter 6 Jahre) kurzen Altersabschnitt sind 42,4 % der Opfer (n = 14) getötet worden. In den anderen Altersbereichen unterliegt das Risiko nur noch leichten Schwankungen.

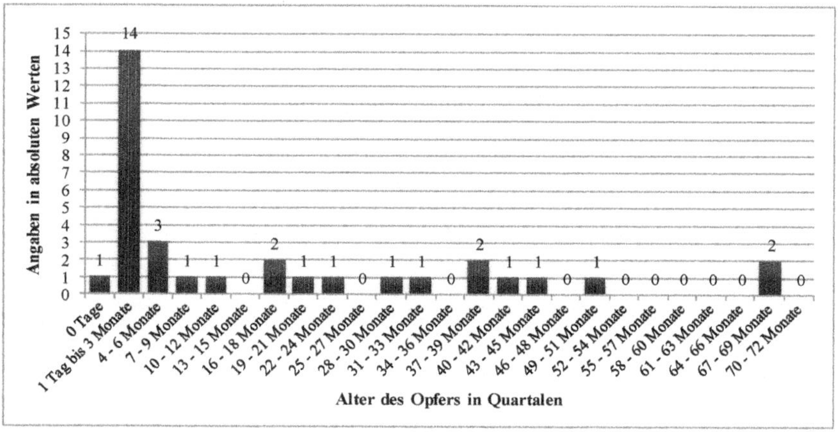

Abbildung 133: Alter des Opfers in Quartalen. Alle Opfer psychischer Erkrankungen (n = 33).

Die Opfer im Alter von einem Tag bis zu drei Monaten wurden fast ausschließlich von ihren biologischen Müttern getötet; bei der Hälfte dieser Mütter wurde eine Wochenbettdepression festgestellt; die anderen Mütter waren fast alle, die

Mütter mit Wochenbettdepression z. T. bereits vor der Geburt der Opfer psychisch auffällig.

Geschlecht des Opfers

Bei den männlichen Opfern ist eine leichte, aber angesichts der geringen Fallzahl möglicherweise zufällige Höherbelastung (57,6 %, n = 19) erkennbar. 42,4 % (n = 14) der getöteten Kinder waren weiblich.

Wunschkind

Die Opfer dieser Fallgruppe waren mehrheitlich Wunschkinder (51,5 %, n = 17). Neun Opfer, d.h. etwa ein Viertel, waren ungeplant. Bei den übrigen Kindern ist unklar (12,1 %, n = 4)[488] bzw. es fehlen Angaben in den Akten (n = 3), ob es sich um Wunschkinder handelte.

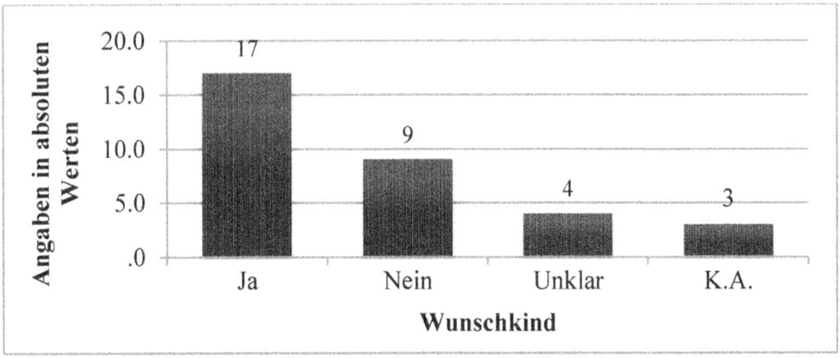

Abbildung 134: Wunschkind. Alle Opfer psychischer Erkrankungen (n = 33).

Staatsangehörigkeit des Opfers

Fast alle Opfer waren deutscher Staatsangehörigkeit (90,9 %, n = 30), nur eines der 33 Opfer (3 %) hatte eine ausländische Staatsangehörigkeit (westeuropäisch)[489]. Bei zwei Opfern ist die Staatsangehörigkeit unklar. Der Anteil ausländi-

---

488 Diese Unklarheiten ergeben sich z. B. daraus, dass ein Elternteil das Kind wollte, der andere nicht.

489 Bei der Bewertung der Befunde zur Staatsangehörigkeit ist zu beachten: Die Staatsangehörigkeit sagt über die soziale Lage, einen möglichen Migrationshintergrund und dessen biographische Bedeutung sowie mögliche kulturelle Besonderheiten nichts aus. Ob und ggf. welche Bedeutung dieses Merkmal im konkreten Fall hat, kann mit den hier erhobenen Daten nur ansatzweise festgestellt werden. Dieser Fragestellung soll an anderer Stelle ausführlich nachgegangen werden.

scher Opfer ist daher unter dem Ausländeranteil in Deutschland, der im Untersuchungszeitraum bei etwa 9% lag[490]. Die Aussagekraft des Vergleichs ist angesichts der insgesamt geringen Fallzahl begrenzt.

Lebensmittelpunkt des Opfers zum Tatzeitpunkt

Zwei Drittel der Opfer (n = 22) lebte zum Tatzeitpunkt im Haushalt seiner leiblichen Eltern. Deutlich weniger (n = 7, 21,2 %) lebten allein bei ihrer leiblichen Mutter. In Einzelfällen befand sich das Opfer bereits zusammen mit seiner Mutter in einer psychiatrischen Klinik oder sie wohnten übergangsweise bei Verwandten. Das Opfer, zu dem keine Angaben vorliegen, wurde unmittelbar nach der Geburt getötet, so dass es noch keinen Lebensmittelpunkt bilden konnte.

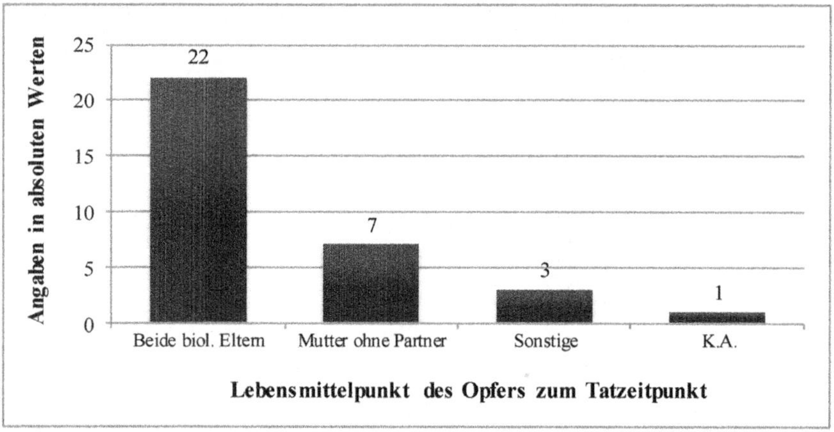

Abbildung 135: Lebensmittelpunkt des Opfers zum Tatzeitpunkt. Alle Opfer psychischer Erkrankungen (n = 33).

Im Haushalt lebende Geschwister des Opfers

Die überwiegende Zahl der Opfer lebte zum Tatzeitpunkt bereits mit weiteren Geschwistern zusammen (51,5 %, n = 16)[491]. Meist war dies ein Geschwisterkind (36,4 %), seltener zwei (12,1 %), in einem Fall waren es drei Geschwister.

---

[490] *Statistisches Bundesamt* 2010.

[491] Die Angaben bzgl. der im Haushalt lebenden Geschwister beziehen sich auf maximal jeweils 3 Voll-/Halbgeschwister.

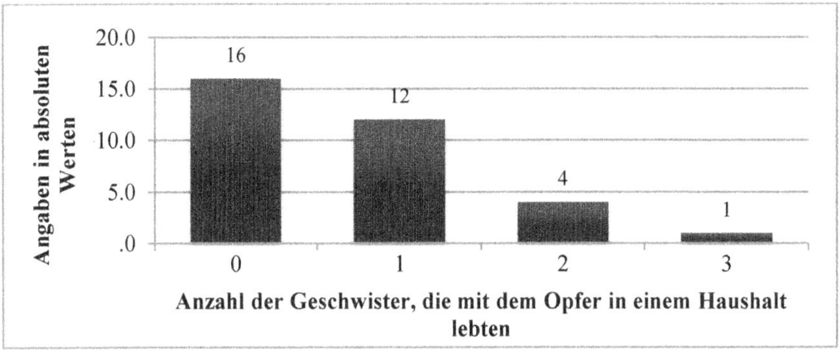

Abbildung 136. Anzahl der Geschwister, die mit dem Opfer in einem Haushalt lebten. Alle Opfer psychischer Erkrankungen (n = 33)[492].

Geschwister insgesamt

Unabhängig vom Zusammenleben hatten 60,6 % (n = 20) der Opfer Voll-/Halbgeschwister.

Weitere Haushaltsmitglieder

In dieser Fallgruppe gibt es fast keine Fälle, in denen neben Eltern oder Geschwistern des Opfers noch weitere Personen mit im Haushalt lebten[493]. Von der Familienkonstellation her handelte es sich somit in der Regel um eine unter einem Dach lebende Kleinfamilie bzw. alleinerziehende Mütter.

Weitere Opfer von Körperverletzungs- und Tötungsdelikten außerhalb der Untersuchungsgruppe[494]

In zwei Fällen tötete der - dann männliche - Täter seine gesamte Familie. Dabei handelte es sich bei den Getöteten in einem Fall um seine Frau und sein Kind, in dem anderen Fall um seine Frau und seine beiden Kinder. In einem dritten Fall überlebte das ältere Geschwisterkind (1,5 Jahre) den nur gegen die Kinder gerichteten, für das Opfer tödlichen Angriff schwer verletzt.

[492] Die Angaben beziehen sich auf maximal jeweils 3 Voll-/Halbgeschwister.
[493] In einem Einzelfall lebte die Mutter nach einem Streit mit ihrem Mann vorübergehend mit dem Opfer bei einer entfernten Verwandten.
[494] Z.B. andere Familienmitglieder, Geschwister unter 6 Jahren, die nicht oder außerhalb des Untersuchungszeitraums getötet wurden, Geschwister über 6 Jahren.

Wechselnde Lebensmittelpunkte

In einigen Fällen (30,3 %, n = 10) hatten die Opfer bereits verschiedene Lebensmittelpunkte. Dabei handelte es sich vornehmlich um für diese Fallgruppe spezifische Konstellationen. In einigen Fällen lebten die Opfer wegen der psychischen Probleme ihrer Mutter einige Zeit bei Verwandten oder auch zusammen mit ihrer Mutter in einem psychiatrischen Krankenhaus. In anderen Fällen trennten sich die Eltern und die Opfer lebten z.T. mit ihrer Mutter vorübergehend im Frauenhaus bzw. später allein mit ihrer Mutter[495].

Regelmäßige Betreuung des Opfers durch andere Personen

Neun Opfer (27,3 %) wurden regelmäßig durch andere Personen betreut. Dabei handelte es sich gleichermaßen um Krippen/Kindergärten (n = 4), Verwandte (n = 2) oder sonstige Personen (n = 3).

Gesundheitszustand des Opfers vor seinem Tod

Fast alle Opfer waren vor ihrem Tod gesund. In wenigen Fällen (n = 3) hatte das Opfer leichte gesundheitliche Probleme[496]. In zwei Fällen führte diese Erkrankung des Opfers bei den psychisch kranken Täterinnen zu der Annahme, das Kind von seinen angeblichen Qualen erlösen müsse.

Frühgeburt

Es handelte sich bei dieser Fallgruppe fast ausnahmslos um normale Geburten[497].

5.3.4.2 Merkmale der TäterInnen

Anzahl der TäterInnen

Bei der Fallgruppe der psychischen Erkrankungen gibt es 24 Personen, die gemäß der Definition des Projekts als TäterInnen zu qualifizieren waren[498].

[495] Einmal erfolgte die Trennung wegen der wahnhaften Aggression des Vaters. In den anderen Fällen war unklar, ob die Trennung etwas mit der psych. Erkrankung eines Elternteils zu tun hatte.

[496] Allergiebedingte Atemnot, Neugeborenenekzem oder beginnende Lungenentzündung.

[497] In einem Fall hatte die Mutter bereits während der Schwangerschaft psychische Probleme und tötete das zu früh geborene aber lebensfähige Kind zu Hause unter einer Schwangerschaftspsychose.

Biographisches

Verhältnis des Täters zum Opfer

Bei den TäterInnen handelt es sich ausschließlich um die leiblichen Eltern der Opfer. Deutlich häufiger als die Väter (25 %, n = 6) töteten die Mütter (75 %, n = 18) ihre Kinder im Rahmen einer psychischen Erkrankung.

Mehrere TäterInnen

Alle TäterInnen dieser Fallgruppe töteten ihre Kinder allein.

Alter des Täters zum Tatzeitpunkt

Es gibt in dieser Fallgruppe keine extrem jungen oder alten TäterInnen. Alle gehörten zu der Altersgruppe der 21- 29jährigen bzw. der 30–40jährigen (n = 9, 37,5 % bzw. n = 15, 62,5 %). Innerhalb dieser beiden Altersgruppen zeigt sich wiederum eine in der Abbildung nicht sichtbare breite Streuung. Fast jeder Jahrgang war ein- bis maximal viermal vertreten.

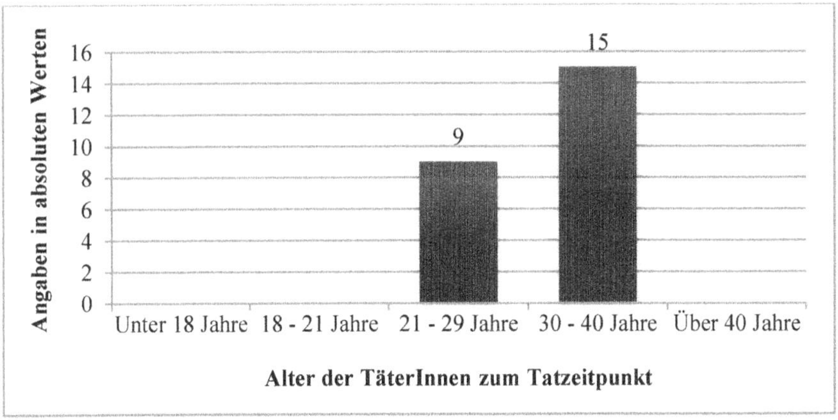

Abbildung 137: Alter der TäterInnen zum Tatzeitpunkt. Alle TäterInnen psychischer Erkrankungen (n = 24).

[498] Aufgrund der verwendeten Täterdefinition sind sechs weitere Personen herausgefallen, die inhaltlich ebenfalls als TäterInnen zu qualifizieren sind. Bei fünf Beschuldigten wurde bereits das Ermittlungsverfahren wegen Schuldunfähigkeit und Nichtvorliegens der Voraussetzungen des § 63 StGB nach § 170 Abs. 2 StPO eingestellt. In einem weiteren Fall verstarb eine Beschuldigte während des noch laufenden Verfahrens.

Staatsangehörigkeit

Sechs der 24 TäterInnen (25 %) hatten eine ausländische Staatsangehörigkeit[499]. Dies entspricht einem Anteil von 25 %. Der Ausländeranteil liegt damit deutlich über dem Ausländeranteil in Deutschland während des Untersuchungszeitraums, der konstant bei etwa 9% lag[500]. Zu bedenken ist in diesem Zusammenhang, dass es sich um eine sehr kleine Vergleichsgruppe handelt und daher Unterschiede nur sehr beschränkte Aussagekraft haben.

Eine Kindheit des Täters

Die meisten TäterInnen (50 %, n = 12) wuchsen bei ihren leiblichen Eltern auf, vier (16,7 %) allein bei ihrer leiblichen Mutter. Sechs TäterInnen (25 %) verbrachten ihre Kindheit bei unterschiedlichen Personen. Diese Wechsel von Bezugspersonen reichten von „normalen" Wechseln, z.B. von beiden Eltern zu einem Elternteil nach der Trennung oder ein Wechsel von oder zu den Großeltern, über Kontaktabbruch zur Familie während der Pubertät bis zu jahrelangen Heim- oder Pflegefamilienaufenthalten. In Einzelfällen wurden sie bei ihrer Mutter mit einem neuen Partner oder ausschließlich im Heim groß.

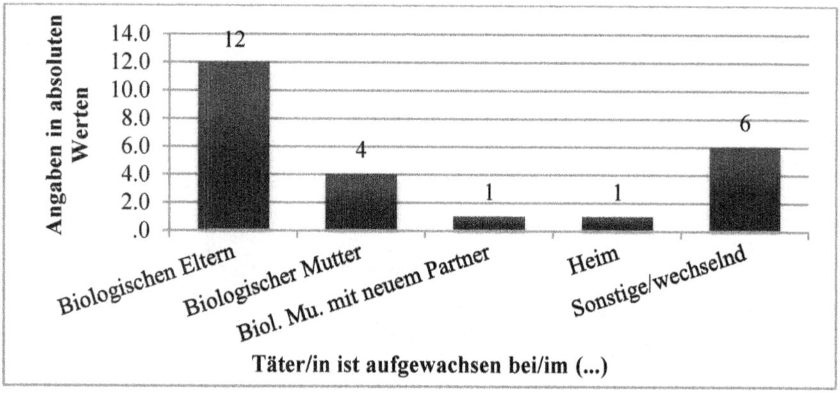

Abbildung 138: Täter/in ist aufgewachsen bei/im (...). Alle TäterInnen psychischer Erkrankungen (n = 24).

[499] Bei der Bewertung der Befunde zur Staatsangehörigkeit ist zu beachten: Die Staatsangehörigkeit sagt über die soziale Lage, einen möglichen Migrationshintergrund und dessen biographische Bedeutung sowie mögliche kulturelle Besonderheiten nichts aus. Ob und ggf. welche Bedeutung dieses Merkmal im konkreten Fall hat, kann mit den hier erhobenen Daten nur ansatzweise festgestellt werden. Dieser Fragestellung soll an anderer Stelle ausführlich nachgegangen werden.
[500] *Statistisches Bundesamt* 2010.

Misshandlungserfahrungen

Drei TäterInnen (12,5 %) haben in ihrer Kindheit Misshandlungserfahrungen gemacht. Dabei handelte es sich immer um Schläge bzw. Gewalt, in einem Fall zusätzlich um sexuellen Missbrauch. Neun TäterInnen wuchsen laut Akten ohne Misshandlungserfahrungen auf. Bei 11 TäterInnen (45,8 %) befanden sich zu diesem Thema keine Informationen in den Akten[501]. Bei einem Täter bzw. einer Täterin ist unklar, ob er oder sie in der Kindheit Misshandlungserfahrungen gemacht hat[502].

Einschlägige strafrechtliche Vorbelastungen des Täters zum Tatzeitpunkt

Die TäterInnen weisen ausnahmslos keine einschlägigen strafrechtlichen Vorbelastungen auf, d.h. sie sind nicht bereits in der Vergangenheit wegen eines vorsätzlichen Körperverletzungs- oder Tötungsdelikts zum Nachteil eines Kindes verurteilt worden.

Nicht einschlägige strafrechtliche Vorbelastungen des Täters zum Tatzeitpunkt

Fünf TäterInnen (20,8 %) waren bereits anderweitig strafrechtlich in Erscheinung getreten. Drei TäterInnen waren im Bereich von Körperverletzungsdelikten auffällig geworden, zwei davon zusätzlich in anderen Bereichen (Eigentums- und Vermögensdelikte und/oder sonstige Delikte). Jeweils ein Täter bzw. eine Täterin war zuvor ausschließlich wegen eines Eigentums- bzw. Vermögensdelikts oder wegen eines sonstigen Delikts[503] strafrechtlich in Erscheinung getreten.

Schulabschluss

Bei den TäterInnen dieser Fallgruppe handelt es sich um eine vergleichsweise kleine Gruppe, so dass eine Arbeit mit Prozent- und Vergleichszahlen nicht unproblematisch ist. Dennoch ist ein teilweiser Rückgriff auf Prozentzahlen auch in dieser Fallgruppe unumgänglich, um Tendenzen feststellen zu können. In etwa

[501] Aus der Abwesenheit von Informationen kann aber gerade bei zeitlich recht weit zurückliegenden Aspekten wie kindlichen Missbrauchserfahrungen nicht geschlossen werden, dass solche Taten nicht vorhanden waren. Vielmehr ist auch in Betracht zu ziehen, dass sie von den Ermittlungsbehörden als unerheblich für die Beurteilung der verwirklichten Tat angesehen und entweder gar nicht abgefragt oder nicht in die Akte aufgenommen worden sind.

[502] Es handelt sich in diesen Fällen um mehr oder weniger substantiierte Behauptungen von Gewalt/ sexuellem Missbrauch in der Kindheit, die sich nicht verifizieren ließen.

[503] Verletzung der Vertraulichkeit des Wortes.

gleich viele TäterInnen hatten einen niedrigen[504] (33,3 %, n = 8) bzw. mittleren[505] Bildungsabschluss (25 %, n = 6). Keinen allgemeinen Schulabschluss[506] erreichten 20,8 % (n = 5) der TäterInnen, einen hohen[507] Bildungsabschluss 8,3 % (n = 2). 12,5 % der TäterInnen (n = 3) hatte einen ausländischen Schulabschluss.

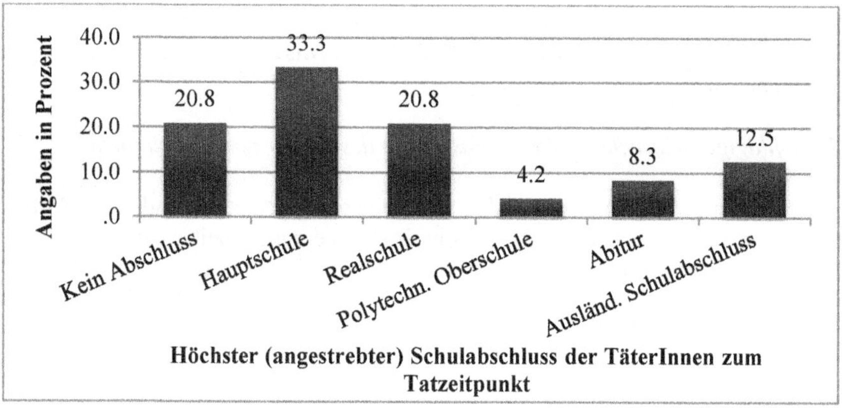

Abbildung 139: Höchster (angestrebter) Schulabschluss der TäterInnen zum Tatzeitpunkt. Alle TäterInnen psychischer Erkrankungen (n = 24).

Diese Zahlen mit denen der Bevölkerung zu vergleichen ist vor allem aufgrund der kleinen Fallgruppe schwierig, zum anderen, weil die Schulabschlüsse der TäterInnen oft Jahre zurückliegen, genaue Bezugswerte nur mit sehr hohem Aufwand zu ermitteln wären und sich die Verteilung der Schulabschlüsse in der Bevölkerung in Deutschland in den letzten Jahrzehnten stark insbesondere zu Lasten der Hauptschulabschlüsse verändert hat. Ein tendenzieller Unterschied zur Gesamtbevölkerung lässt sich dennoch aus einem Abgleich mit einem Vergleichsjahr, ausgewählt wurde 1999, ersehen. Die Vergleichsdaten beziehen sich einerseits auf die Absolventen des Jahres 1999[508], andererseits auf den Durchschnitt der über 15-jährigen Bevölkerung aus dem Datenreport 1999[509]. Dabei zeigt sich, dass die TäterInnen mit niedrigem und mittlerem Schulabschluss in

[504] Hauptschulabschluss.

[505] Realschulabschluss, Abschluss der Polytechnischen Oberschule.

[506] Sofern sich die TäterInnen zum Tatzeitpunkt noch in der schulischen Ausbildung befanden, wurde vom höchsten auf der besuchten Schule erreichbaren Abschluss ausgegangen.

[507] Abitur, Fachhochschulreife, Abschluss der erweiterten Oberschule.

[508] *Sekreteriat der Ständigen Konferenz der Kultusminister der Länder* 2007, S. 56.

[509] Vergleichszahlen aus: *Statistisches Bundesamt/WZB/ZUMA* 2000, S. 77. Dabei ist anzumerken, dass es sich hierbei um Zahlen für alle Frauen und Männer ab 15 Jahren handelt.

etwa den Vergleichswerten entsprechen. Vergleichsweise wenige TäterInnen erreichten einen hohen Bildungsabschluss. Überrepräsentiert sind demgegenüber TäterInnen ohne allgemeinen Schulabschluss.

	TäterInnen (n = 24)	**Absolventen 1999**	**Bevölkerung 1999**
Ohne (Haupt-) Schulabschluss	20,8 %[510]	8,9 %	7,5 %[511]
Niedriger Bildungsabschluss	33,3 %	25,7 %	48,7 %
Mittlerer Bildungsabschluss	25 %	40,2 %	25,7 %
Hoher Bildungsabschluss	8,3 %	25,2 %	18,1 %
Ausl. Schulabschluss	12,5 %	-	-

Abbildung 140: Schulabschlüsse der TäterInnen psychischer Erkrankungen (n = 24) im Vergleich mit den Absolventen des Jahres 1999 und der Bevölkerung im Jahr 1999.

Beruflicher Bildungsabschluss

Beim beruflichen Bildungsabschluss zeigt sich, dass der Anteil der TäterInnen ohne berufliche Ausbildung und derer mit abgeschlossener Berufsausbildung mit jeweils 45,8 % (jeweils n = 11) gleich hoch ist. 8,3 % (n = 2) waren in Form eines Hochschulabschlusses beruflich qualifiziert.

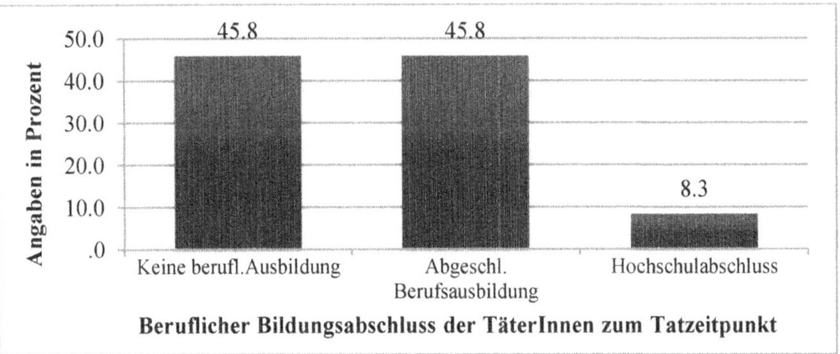

Abbildung 141: Beruflicher Bildungsabschluss der TäterInnen zum Tatzeitpunkt. Alle TäterInnen psychischer Erkrankungen (n = 24).

[510] Zur besseren Vergleichbarkeit inbegriffen sind auch TäterInnen mit Förderschulabschluss, da diese bei den Absolventen 1999 als „ohne Hauptschulabschluss" erfasst sind. Zudem handelte es sich bei den von den TäterInnen besuchten Förderschulen insbesondere um solche für lernschwache Schüler.

[511] Einschließlich der noch in Ausbildung befindlichen Personen.

Vergleiche mit der durchschnittlichen Bevölkerung sind wiederum schwierig, da genaue Bezugswerte fehlen und es sich zudem um eine sehr kleine Fallgruppe handelt. Aus Vergleichswerten, hier aus dem Datenreport des Jahres 1999 für die Bevölkerung[512], lässt sich dennoch eine Tendenz ableiten. Sowohl der Anteil der TäterInnen mit abgeschlossener beruflicher Ausbildung (45,8 %) als auch derer mit (Fach-) Hochschulabschluss (8,3 %) entpricht in etwa den Vergleichswerten von 52,7 % bzw. 10,9 %.

Beschäftigungsstatus

Die meisten TäterInnen (54,2 %, n = 13) waren zum Tatzeitpunkt ohne Beschäftigung. Zweitgrößte Gruppe sind mit 29,2 % (n = 7) diejenigen, die sich zu dieser Zeit noch im Mutterschutz/Erziehungsurlaub/Elternzeit befanden. 16,7 % (n = 4) gingen einer Erwerbstätigkeit in einer abhängigen Beschäftigung nach.

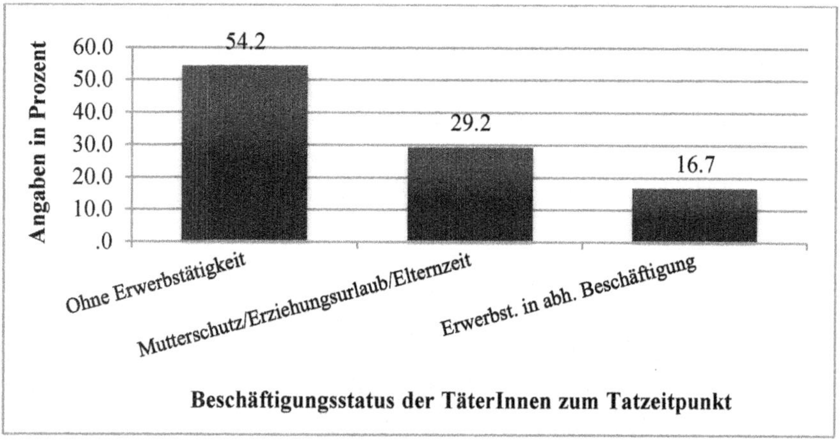

Abbildung 142: Beschäftigungsstatus der TäterInnen zum Tatzeitpunkt. Alle TäterInnen psychischer Erkrankungen (n = 24).

Trotz der recht kleinen Täterzahl und der damit verbundenen problematischeren Vergleichbarkeit lässt sich erkennen, dass der Anteil der TäterInnen ohne Erwerbstätigkeit mit 54,2 % über dem hier herangezogenen Vergleichswert, den Erwerbslosenzahlen in Deutschland aus dem Jahr 1999 – dort lag die Zahl der Erwerbslosen bei 10,1 %[513] -, liegt. Ob es sich eher um eine freiwillige (z.B. bei

[512] *Statistisches Bundesamt/WZB/ZUMA* 2000, S. 78.
[513] *Statistisches Bundesamt/WZB/ZUMA* 2000, S. 84.

„klassischer“ Rollenverteilung wegen Kinderbetreuung) oder unfreiwillige Erwerbslosigkeit handelt, lässt sich tendenziell daran ablesen, ob es bei den Täterinnen in der Vergangenheit Schwierigkeiten im Bereich der Erwerbstätigkeit gab. Dies wurde im Projekt für den Zeitraum bis zu fünf Jahren vor der Tat erhoben, wobei darunter nicht nur dauernde unfreiwillige Arbeitslosigkeit sondern auch ständige Arbeitsplatzwechsel oder Arbeit unter dem Qualifikationsniveau gefasst sind[514]. Danach hatten etwa die Hälfte der TäterInnen dieser Fallgruppe in der Vergangenheit Schwierigkeiten in diesem Bereich. Daher ist eher von einer unfreiwilligen Arbeitslosigkeit auszugehen.

Einkommenssituation

Die Aussagekraft bezüglich der Einkommenssituation der TäterInnen ist, wie bereits dargelegt[515], begrenzt. Von etwa einem Fünftel der TäterInnen dieser Fallgruppe ist bekannt, dass sie Sozialleistungen bezogen.

Gesundheitszustand

Gesundheitliche Auffälligkeiten, d.h. akute oder chronische Erkrankungen, waren bei den TäterInnen nicht festzustellen. Psychische Erkrankungen werden hierbei nicht berücksichtigt, da diese gesondert aufgeführt werden.

---

[514] Es sind dort also auch TäterInnen erfasst, die zum Tatzeitpunkt erwerbstätig waren, aber in der Vergangenheit Probleme in diesem Bereich hatten.

[515] Vielfach waren die Angaben über die tatsächliche Einkommenssituation der TäterInnen in den Ermittlungsakten lückenhaft oder nicht vorhanden. Der Grund hierfür liegt auf der Hand. Bei Ermittlungen wegen des Verdachts eines vorsätzlichen Tötungsdelikts an einem Kind ist grundsätzlich nicht mit einer Geldstrafe als Sanktion zu rechnen. Auch für die Ermittlung des Tatmotivs ist die finanzielle Lage in den hier vorliegenden Fällen in der Regel wenig interessant. Es besteht daher kaum Anlass, die genaue finanzielle Lage zu ermitteln. Aber auch die Angaben, die vorlagen, sind oft wenig aussagekräftig, da sich diese Werte in der Regel allein auf die TäterInnen beziehen. Die tatsächliche wirtschaftliche Situation lässt sich jedoch nur realistisch abbilden, wenn man das gesamte Haushaltseinkommen betrachtet. Allein der Fall von Sozialleistungsbezug lässt den Schluss auf ein niedriges/nicht vorhandenes Haushaltseinkommen zu, da die Berechnung finanzieller staatlicher Unterstützung auf dem Einkommen der Bedarfsgemeinschaft und mithin des gesamten Haushalts basiert.

Lebenssituation zum Tatzeitpunkt

Familienstand des Täters zum Tatzeitpunkt

Die meisten TäterInnen waren zum Tatzeitpunkt verheiratet (50 %, n = 12). 33,4 % (n = 7) waren ledig. Gelegentlich lebten die TäterInnen in der Ehe in Trennung (n = 3) oder waren bereits geschieden (n = 1).

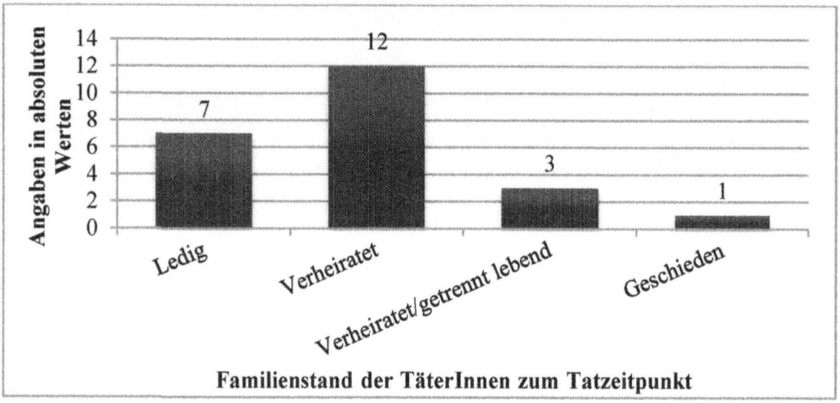

Abbildung 143: Familienstand der TäterInnen zum Tatzeitpunkt. Alle TäterInnen psychischer Erkrankungen (n = 24).

Weitere Kinder

13 der 24 TäterInnen (54,2 %) hatten neben dem Opfer weitere biologische Kinder, wobei es sich fast ausnahmslos um ein- oder zwei weitere Kinder handelte.

Rauschmittelkonsum

Erhoben wurde der Rauschmittelkonsum der TäterInnen für einen Zeitraum von bis zu einem Jahr vor der Tat[516]. Bei den meisten TäterInnen dieser Fallgruppe lag kein problematischer Substanzkonsum vor. In Einzelfällen wurde Alkohol

[516] Dabei wurde in der Aktenanalyse zwischen „keinem“, „gelegentlichem“, „episodenhaft starkem“ Konsum und „langzeitig regelmäßigem Missbrauch/Abhängigkeit“ unterschieden. Die Einteilung in diese Kategorien erwies sich zum Teil als schwierig, oft waren die Angaben in den Akten nicht eindeutig oder es ging aus ihnen nicht klar hervor, in welchem Umfang der Konsum erfolgte. Allerdings ist davon auszugehen, dass Substanzmissbrauch im Rahmen von Ermittlungen und Strafverfahren in der Regel thematisiert wird, so dass die Abwesenheit von Informationen dazu relativ sicher so gedeutet werden kann, dass in diesen Fällen auch kein problematischer Substanzkonsum vorlag.

oder Cannabis in missbräuchlicher oder abhängiger Form konsumiert. In einem Fall konsumierte ein Täter „harte“ Drogen wie Heroin und Kokain.

Psychologisch/Psychiatrische Gutachten

Von allen TäterInnen, die ihre Kinder im Rahmen einer psychischen Erkrankung getötet haben (n = 24), wurden im Rahmen des Strafverfahrens psychologisch/psychiatrische Gutachten erstellt.

Psychische Auffälligkeiten/Störungen des Täters in der Vorgeschichte

Insbesondere durch das Vorliegen der Sachverständigengutachten konnte auch die psychische Vorgeschichte der TäterInnen erhoben werden, soweit dazu Angaben vorhanden waren. Danach ist von fast allen TäterInnen (95,8 %, n = 23) bekannt, dass sie bereits vor Tatbegehung psychisch erkrankt waren[517]. Dabei müssen diese Erkrankungen nicht zwangsläufig als solche von der Umwelt erkannt oder wahrgenommen worden sein. Deutlich am häufigsten handelte es sich um Psychosen, Schizophrenie bzw. Wahn (50 %, n = 12), seltener um unterschiedliche Formen der Depression (n = 4), Persönlichkeitsstörungen (n = 2) bzw. –akzentuierungen (n = 1)[518] oder um kombinierte psychische Störungen (n = 3). In einem Fall lag ein problematischer Drogenkonsum[519] vor.

[517] Nur in einem Fall lagen hierzu keine Angaben vor.

[518] Persönlichkeitsstörungen gelten generell als nicht unproblematisch hinsichtlich ihrer Diagnostizierbarkeit und ihres Krankheitswertes. Bei den meisten Persönlichkeitsstörungen sind die Übergänge zur Normalpersönlichkeit sicherlich fließend. Zudem wurde auch eine „organische Persönlichkeitsstörung aufgrund einer Schädigung oder Funktionsstörung des Gehirns“ mit berücksichtigt, die nach ICD-10 *nicht* zu den Persönlichkeitsstörungen im Sinne der Kategorie F6 zählen.

[519] Anzumerken ist, dass wahrscheinlich nicht alle der Aussagen im Instrument über Abhängigkeit und Missbrauch zwangsläufig den klinischen Kriterien dieser Kategorie entsprechen werden.

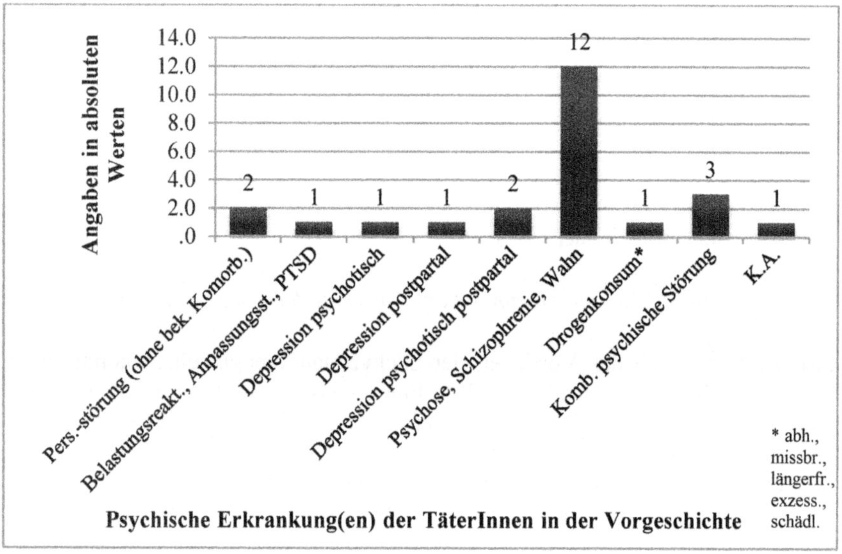

Abbildung 144: Psychische Erkrankung(en) der TäterInnen in der Vorgeschichte. Alle TäterInnen psychischer Erkrankungen (n = 24).

Psychische Auffälligkeiten/Störungen zum Tatzeitpunkt

Der Fallgruppe entsprechend begingen alle TäterInnen die Tat unter dem Einfluss einer psychischen Erkrankung. Deutlich häufigste Erkrankung war dabei, wie auch bei den Auffälligkeiten in der Vorgeschichte, eine psychotische Störung (Psychose/Schizophrenie/Wahn), in einem Fall postpartal (70,9 %, n = 17). Seltener lagen verschiedene Formen der Depression (20,9 %, n = 5), in Einzelfällen Belastungsreaktionen/Anpassungsstörungen/PTSD oder sonstige psychische Störungen[520] vor. Bei sechs TäterInnen (25 %) lag zudem komorbid zu einer der eben genannten Erkrankungen eine Persönlichkeitsstörung vor. Bei zwei TäterInnen stammte diese aus dem ängstlich-vermeidenden[521], in einem Fall aus dem dramatisch-emotionalen[522] Bereich. Bei drei TäterInnen war eine genaue Zuordnung zu einem bestimmten Cluster nicht möglich, z.B. da Eigenschaften aus mehreren Clustern beschrieben wurden.

---

[520] Schwere kombinierte Persönlichkeitsstörung.
[521] Ängstlich (vermeidend), selbstunsicher, abhängig (asthenisch), dependend, anankastisch.
[522] Emotional instabil impulsiv/Borderline, dissozial, histrionisch, narzisstisch.

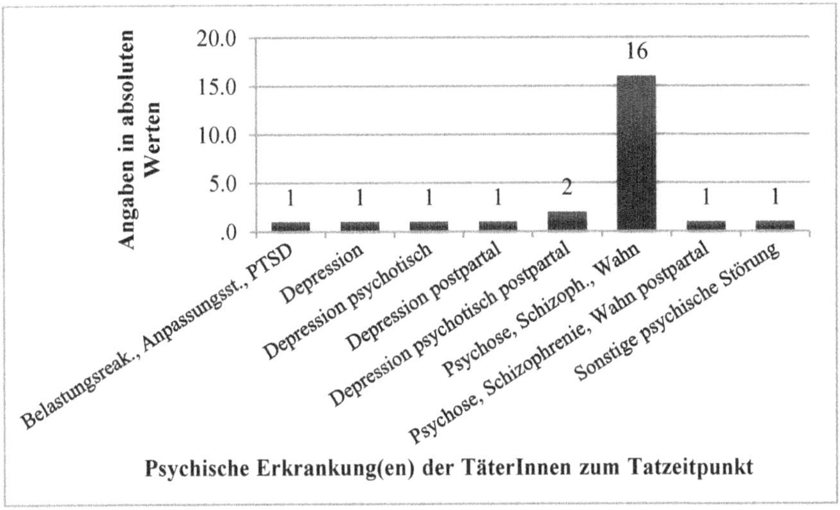

Abbildung 145: Psychische Erkrankung(en) der TäterInnen zum Tatzeitpunkt. Alle TäterInnen psychischer Erkrankungen (n = 24).

Kognitive Leistungsfähigkeit

Bei drei TäterInnen (12,5 %) wurden zudem Tests zur kognitiven Leistungsfähigkeit durchgeführt. Dabei zeigte sich bei jeweils einer Person eine durchschnittliche[523] bzw. unterdurchschnittliche[524] Intelligenz, in einem Fall wurde eine Intelligenzminderung vermutet.

5.3.4.3 Tathintergrund/Tatanlass

Tatauslöser

Tatauslöser war gemäß der Fallgruppendefinition in allen Fällen eine psychische Erkrankung der TäterInnen. Bei der Erkrankung handelte es sich meist, wie eben dargestellt, um Wahnvorstellungen, Psychosen oder Schizophrenie. Z.B. litten die TäterInnen unter Verfolgungswahn oder glaubten, nur durch den Tod das Kind vor anderen (z.B. dem Teufel) schützen zu können. Auch schwere Depressionen, die z.T. ein Gefühl der Überforderung mit dem Kind mit sich brachten,

[523] IQ = 85 – 115.
[524] IQ = 70 – 84.

waren tatauslösende Erkrankungen. Selten schwangen neben der psychischen Erkrankung weitere tatbegünstigende Faktoren wie akute Trennungskonflikte und/oder Alkohol- bzw. Drogeneinfluss mit.

Tat stand im Kontext längerfristiger Misshandlung

In einem Einzelfall wurde bei der Täterin das „Münchhausen by proxy"-Syndrom festgestellt, eine Störung, bei der eine physisch gesunde Person bei einem anderen Menschen, hier dem eigenen Kind, Krankheiten vortäuscht oder bewusst herbeiführt, um anschließend eine medizinische Handlung zu verlangen.

Tat stand im Kontext längerfristiger Vernachlässigung

Keiner der Taten war eine längerfristige Vernachlässigung vorausgegangen.

5.3.4.4 Tat und Tatumstände

Tatörtlichkeit

Sehr häufig (75,8 %, n = 25) wurden die Opfer in der eigenen Wohnung getötet. Zwei Opfer starben in der Wohnung ihres leiblichen Vaters, der sich nach der Trennung eine eigene Wohnung gesucht hatte. Vier Kinder (12,1 %) wurden in einer Klinik oder ähnlichen Einrichtung, in der sie sich zu dem Zeitpunkt zusammen mit ihrer Mutter befanden, getötet. Nur in Einzelfällen wurde die Tat im Freien oder an einem für das Opfer fremden Ort begangen[525].

Wochentag der Tatbegehung

Eine leichte Risikoerhöhung bestand in dieser Deliktsgruppe an Wochenenden. In dieser Zeit wurden 13 Opfer getötet, was 39,4 % entspricht. Demgegenüber wurden nur zwei Opfer an einem Freitag getötet. Im Übrigen ist keine klare Tendenz erkennbar, dass das Risiko, Opfer eines Tötungsdelikts dieser Fallgruppe zu werden, an einem bestimmten Wochentag erhöht ist.

---

[525] In einem Fall wurde das Opfer in einen Fluss geworden. In einem anderen Fall warf die Täterin das Opfer aus dem Fenster eines für sie fremden Hauses. Sie hatte dort zuvor geklingelt, da sie glaubte in diesem Haus den Propheten zu treffen.

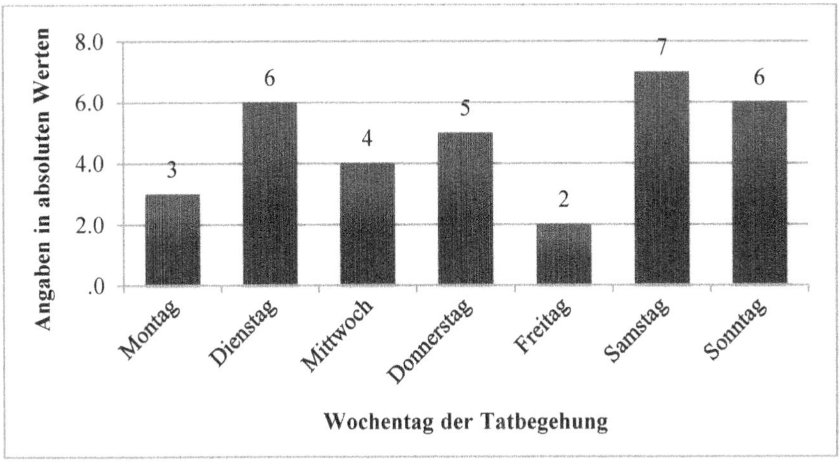

Abbildung 146. Wochentag der Tatbegehung. Alle Opfer psychischer Erkrankungen (n = 33).

Uhrzeit der Tatbegehung

Bei der Uhrzeit der Tatbegehung zeigte sich ein sehr heterogenes Bild ohne sichtbare Risikoerhöhung/-verringerung in einem bestimmten Zeitabschnitt.

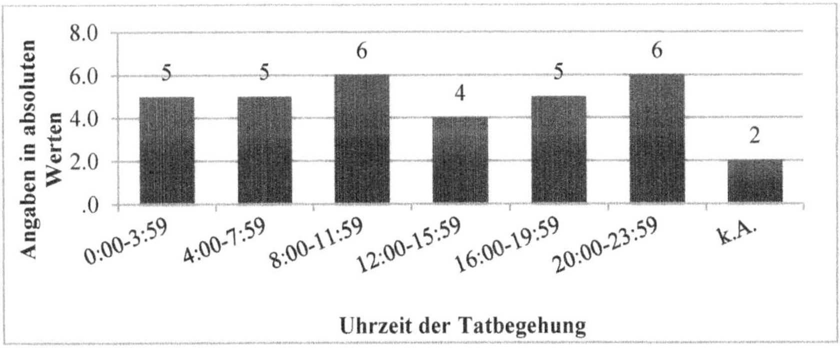

Abbildung 147. Uhrzeit der Tatbegehung. Alle Opfer psychischer Erkrankungen (n = 33).

Tötungsart

Im Rahmen dieser Fallgruppe dominiert die Tötung durch Ersticken (36,4 %, n = 12). Seltener, aber in etwa gleich häufig, wurden die Opfer erstochen (18,2 %, n = 6), ertränkt (12,1 %, n = 4) oder starben durch äußere stumpfe Gewalt (12,1 %, n = 4). In den wenigen anderen Fällen warfen die Täter die Opfer aus dem Fenster, erdrosselten oder vergifteten sie.

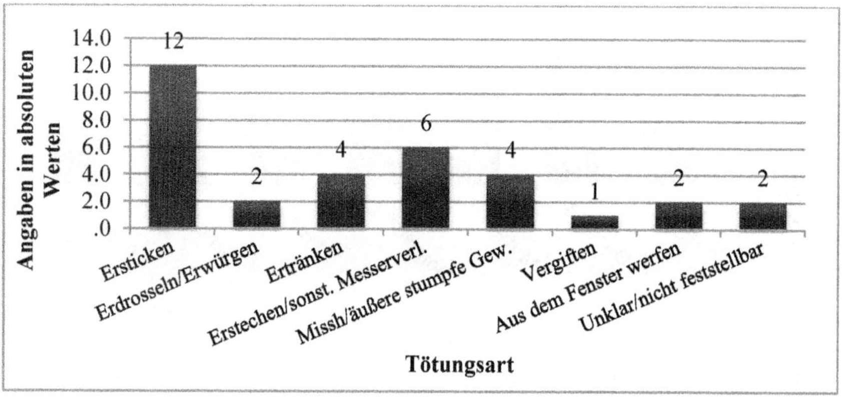

Abbildung 148: Tötungsart. Alle Opfer psychischer Erkrankungen (n = 33).

5.3.4.5 Eventuelle Interventionsmöglichkeiten

Tatankündigung

In sechs Fällen hatten die TäterInnen Tage oder auch Monate vor der Tat meist gegenüber Verwandten konkret geäußert, dass sie Tötungsgedanken gegenüber dem Opfer haben. Diese Äußerungen wurden meist nicht ernst genommen und/oder es wurde bei gutem Zureden belassen. Seltener wurde –erfolglos– reagiert. Z.B. wurde in einem Fall die Mutter nach ihrer Tatankündigung zusammen mit dem Kind in eine psychiatrische Klinik eingewiesen, wo es dennoch zur Kindstötung kam. In einem anderen Fall nahm die Patentante, der gegenüber sich die Mutter offenbart hatte, das Kind immer bei sich auf, wenn der Vater des Opfers längere Zeit nicht zu Hause war, damit die Mutter nicht mit dem Kind allein war.

Kontakt des Jugendamts/anderer Hilfeeinrichtungen zur Familie des Opfers

In wenigen Fällen (n = 4) lässt sich nach den Akten mindestens vermuten, dass das Jugendamt oder andere Hilfeeinrichtungen zum Tatzeitpunkt bereits intensiveren Kontakt zu der Familie des Opfers gehabt hatten. Diesen Fällen ist gemein, dass das Jugendamt bzw. die anderen Hilfeeinrichtungen von den psychischen

Problemen der Täterinnen wussten und in allen Fällen gehandelt wurde, die Hilfe aber, weil sie nicht angenommen wurde und/oder zu spät kam oder nicht weiter bewilligt wurde, letztlich keinen Erfolg hatte.

Sonstige Hinweise auf Interventionsmöglichkeiten

Sehr häufig wurden bereits vor der Tat von Angehörigen und/oder dem persönlichen Umfeld psychische Auffälligkeiten bemerkt oder die psychische Erkrankung der Täterin oder des Täters war bereits bekannt. Fast immer wurde der kritische psychische Zustand vom persönlichen Umfeld unterschätzt, ignoriert und/oder es bei aufmunternden Worten belassen. In Einzelfällen wurde reagiert und die Täterin oder der Täter psychiatrisch untersucht, dann aber der Zustand wiederum falsch eingeschätzt oder auf eine erfolglose Therapie hin nichts weiter unternommen.

5.3.4.6 Kenntniserlangung der Tat und Ermittlungsaktivitäten

Kenntnisnahme von der Tat durch die Strafverfolgungsbehörden

In vier Fällen informierte die Täterin bzw. der Täter selbst die Polizei, in der Regel war sie bzw. er hierfür selbst auf dem Polizeirevier erschienen[526]. Meist erfolgte die Anzeige allerdings durch einen Arzt oder ein Krankenhaus. Hierbei gab es im Wesentlichen zwei Konstellationen: Entweder befand sich die Mutter mit dem Kind bereits in einem Krankenhaus, z.B. weil nach der Geburt psychische Probleme bei der Mutter festgestellt worden waren, oder der Notarzt wurde nach Auffinden des Kindes z.B. von Angehörigen verständigt, der wiederum wegen des Verdachts auf einen unnatürlichen Tod die Polizei informierte. In anderen Fällen fanden Verwandte wie der andere Elternteil oder Großeltern das tote Kind und informierten, da eine Rettung des Kindes offensichtlich nicht mehr möglich war, gleich die Ermittlungsbehörden. Da die TäterInnen dieser Fallgruppe ihre Kinder unter dem Einfluss einer psychischen Erkrankung töteten und sie sich daher oft nicht um eine Verdeckung der Tat kümmerten, waren auch einige Fälle dabei, in denen außenstehende Personen wie Hausbewohner oder Busfahrer die Polizei benachrichtigte, weil sie den Täter oder die Täterin mit dem toten Kind oder der Tatwaffe z.B. im Hausflur oder auf offener Straße gesehen hatten.

---

[526] In einem dieser Fälle erschien der verwirrte Täter im Schlafanzug und blutverschmiert auf einer Polizeidienststelle, äußerte sich dort jedoch nicht zur Tat. Da aufgrund seines Auftretens die Ermittlungen aufgenommen wurden, haben wir diesen Fall ebenfalls als Selbstanzeige gewertet.

Kenntnis Tat-Unbeteiligter vom Tötungsdelikt vor den Strafverfolgungsbehörden

In Einzelfällen hatten an der Tat Unbeteiligte, wie ein Freund der Täterin bzw. die Ehemänner, jeweils nach einem Geständnis über die Tötung bereits längere Zeit vor den Strafverfolgungsbehörden Kenntnis von der Tat. Die Zeiträume der Kenntnis und der letztendliche Umgang mit dem Wissen von der Tötung waren dabei unterschiedlich. Während eine Person z.B. nur bis zum nächsten Morgen über ihr Wissen geschwiegen hat und dann doch eine öffentliche Stelle informierte, wurde in einem anderen Fall nur mehr oder weniger zufällig am Tag nach dem Geständnis die Tat entdeckt[527]. In zwei anderen Fällen war der Zeitraum des Schweigens deutlich länger: Dort behielt in einem Fall der Ehemann acht Monate lang sein Wissen für sich und informierte erst nachdem die Eheleute sich getrennt hatten die Polizei. Im anderen Fall benachrichtigte ein Freund vier Wochen später das Jugendamt, nachdem er zunächst nur den Kontakt zur Mutter abgebrochen hatte.

Ermittlungsaktivitäten

In den Fällen, in denen die Eltern ihre Kinder unter einer psychischen Erkrankung töteten, wurden grundsätzlich die allgemein üblichen Ermittlungsmethoden wie z.B. Beschuldigten- oder Zeugenvernehmungen, eine fotografische Dokumentation von Tatort und Tatfolgen und Beschlagnahme bzw. Sicherstellung von Beweismitteln angewandt. Grund hierfür dürfte die in diesen Fällen regelmäßig vorliegende klare Beweislage bzw. Tat und Täterschaft sein. Nur in Einzelfällen erfolgte zudem eine Auswertung von Telefonverbindungen, der Einsatz von Spürhunden[528] oder die Auswertung eines ärztlichen Überwachungsmonitors, an den das Opfer wegen der Gefahr eines plötzlichen Kindstods angeschlossen worden war[529].

Rechtsmedizinische Gutachten

31 der 33 Opfer (93,9 %) wurden obduziert und ein rechtsmedizinisches Gutachten erstellt. In den beiden anderen Fällen wurde die Leiche nicht gefunden bzw. es wurde wegen des unwahrscheinlichen Beweisgewinns auf eine Exhumierung der vor Monaten beerdigten Leiche verzichtet.

[527] Im Rahmen eines Autounfalls, wobei sich im Kofferraum das tote Kind befand, auf das der Vater die Polizisten dann hinwies.
[528] Der verletzte Säugling wurde von einem Passanten auf der Straße gefunden. Die Spürhunde führten die Ermittler zum neben dem Fundort befindlichen Haus der Täterin.
[529] Die Täterin litt, wie sich später herausstellte, unter Münchhausen by proxy.

5.3.4.7 Beurteilung durch Staatsanwaltschaften und Gerichte

Haft- und Unterbringungsbefehl

Bei 22 der 24 TäterInnen wurde mit Unterbringungsbefehl nach § 126a StPO die einstweilige Unterbringung in einem psychiatrischen Krankenhaus angeordnet. Zwar wurde bei neun dieser TäterInnen zunächst Untersuchungshaft angeordnet. Diese Haftbefehle wurden aber später, nach Tagen, Wochen oder Monaten, durch Unterbringungsbefehle ersetzt[530]. In einem Ausnahmefall wurde der Unterbringungsbefehl nach etwa viereinhalb Monaten außer Vollzug gesetzt, da ein psychologisches Gutachten die geringe Wahrscheinlichkeit einer Unterbringung nach § 63 StGB ergeben hatte[531].

Strafverteidigung

Alle TäterInnen wurden vor Gericht verteidigt[532].

Aussageverhalten / Geständnis

16 der 24 TäterInnen dieser Fallgruppe, mithin zwei Drittel, legten bereits während ihrer polizeilichen Vernehmung ein Geständnis, eine/r ein Teilgeständnis ab. Nur vier (16,7 %) bestritten die Tat, bei drei hatte keine polizeiliche Vernehmung stattgefunden. Ein ähnliches Aussageverhalten zeigte sich auch in der Hauptverhandlung. Dort legten 15 TäterInnen ein Geständnis und wiederum eine/r ein Teilgeständnis ab. Drei Personen bestritten die Tat, zwei ließen sich nicht zur Sache ein. Der konkrete Aussageverlauf zeigt, dass alle TäterInnen, die die Tat bei der Polizei bestritten, dies auch vor Gericht taten[533]. Zwei TäterInnen, die bei der Polizei noch ein Geständnis abgelegt hatten, machten vor Gericht keine Angaben mehr zur Sache. Allerdings wurde auch keines der polizeilichen Geständnisse später vor Gericht in ein Bestreiten abgeändert.

---

[530] Nur in einem Fall war die Täterin nur kurzzeitig nach § 126a StPO untergebracht. Dann wurde sie in Untersuchungshaft genommen, wobei der Haftbefehl gegen Kaution außer Vollzug gesetzt wurde.

[531] In diesem Fall wurde etwa drei Monate nach der Außervollzugsetzung des Unterbringungsbefehls die Eröffnung des Hauptverfahrens mangels Vorliegens der Voraussetzungen des § 63 StGB abgelehnt.

[532] Eine anwaltliche Vertretung ist Pflicht u.a. bei Prozessen vor dem Landgericht, bei Verbrechen (Strafandrohung mindestens 1 Jahr Freiheitsstrafe), bei einer möglichen Unterbringung in einem psychiatrischen Krankenhaus oder schlicht wegen der Schwere der Tat.

[533] Nur bei einer Person, die bei der Polizei die Tat bestritt, ist unklar, welche Angaben sie später vor Gericht machte.

Anklageerhebung/Antrag im Sicherungsverfahren

Wie bei dieser Fallgruppe zu erwarten, wurden häufig Anträge im Sicherungsverfahren wegen Schuldunfähigkeit gestellt. Dieser Antrag erfolgte bei 15 der 24 TäterInnen (62,5 %). In den anderen neun Fällen wurden Anklagen erhoben. Alle Sicherungsanträge bzw. Anklagen gingen zum Landgericht[534].

Verfahrenseinstellungen

Bei sechs Opfern wurden die ausschließlich gegen die leiblichen Mütter gerichteten Ermittlungsverfahren nach § 170 Abs. 2 StPO eingestellt. Bei allen Frauen wurde von einer Schuldunfähigkeit zum Tatzeitpunkt (bei Nichtvorliegen der Voraussetzungen einer psychiatrischen Unterbringung nach § 63 StGB) ausgegangen. Fast alle litten zum Tatzeitpunkt unter einer Wochenbettdepression oder Schwangerschaftspsychose[535]. Bei einem weiteren Opfer wurde das Verfahren gegen die Mutter nach § 206a StPO eingestellt, da diese verstorben war.

Hauptverhandlung

Die Hauptverhandlungen waren bei dieser Fallgruppe vergleichsweise kurz, fast alle Verfahren dauerten nur ein bis fünf Tage. In sieben Fällen (31,8 %) war das Verfahren sogar nach einem Sitzungstag bereits beendet, nur in zwei Fällen kam es zu längeren Hauptverhandlungen mit sechs bis zehn Sitzungstagen. Sehr lange Prozesse mit über zehn oder gar über 20 Sitzungstagen gab es nicht. In allen Gerichtsverfahren stand jeweils nur ein Angeklagter bzw. eine Angeklagte vor Gericht.

---

[534] Anklagen wegen Mordes, Totschlags und Körperverletzung mit Todesfolge sind bei Erwachsenen nach § 74 Abs. 2 GVG immer vor dem Landgericht als Schwurgericht zu erheben. Das Landgericht ist nach § 74 Abs. 1 GVG zudem bei allen Straftaten (also auch bei fahrlässigen Tötungsdelikten) zuständig, bei denen eine höhere Strafe als vier Jahre Freiheitsstrafe oder die Unterbringung in einem psychiatrischen Krankenhaus, allein oder neben einer Strafe, oder in der Sicherungsverwahrung zu erwarten ist.

[535] Nur eine Frau litt unter einer schizophrenen Störung, die sich ausschließlich auf das eigene Kind bezog.

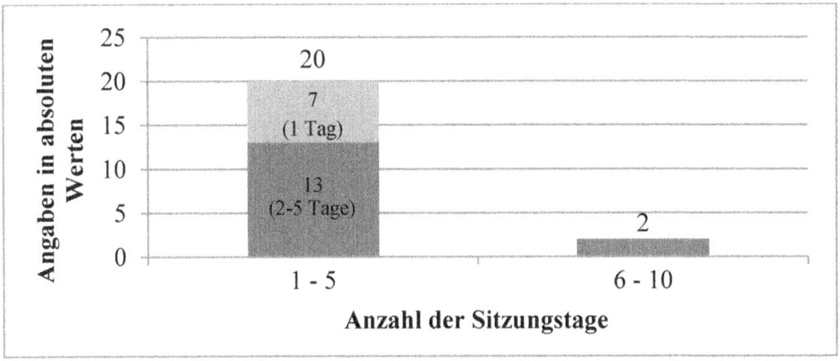

Abbildung 149: Anzahl der Sitzungstage. Psychische Erkrankungen ohne Ausfallwerte (n = 22).

Im Rahmen der Beweisaufnahme wurde tendenziell eine größere Anzahl von Zeugen vernommen, am häufigsten zwischen sechs und zehn Personen (45,5 %, n = 10). In einzelnen Verfahren betrug die Zeugenanzahl auch zwischen 21 und 30 bzw. über 30 (konkret 40). Keines der Gerichte verzichtete auf eine Zeugenvernehmung.

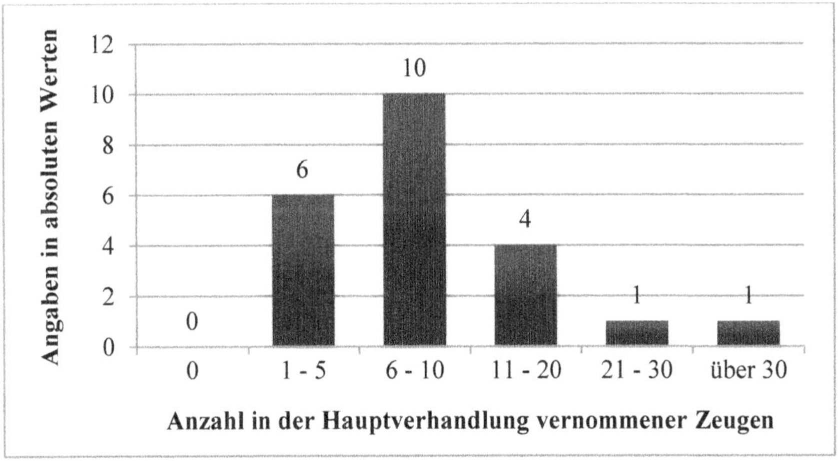

Abbildung 150: Anzahl in der Hauptverhandlung vernommener Zeugen. Psychische Erkrankungen ohne Ausfallwerte (n = 22).

Es wurden in allen Gerichtsverfahren dieser Fallgruppe Sachverständige vernommen, meist zwei (52,2 %) oder mehr.

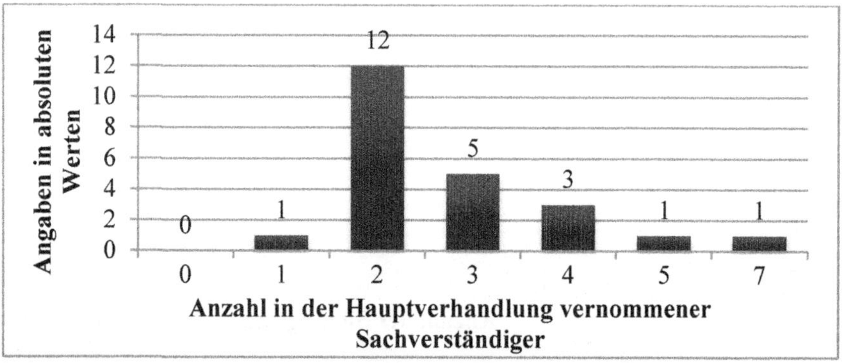

Abbildung 151: Anzahl in der Hauptverhandlung vernommener Sachverständiger. Psychische Erkrankungen ohne Ausfallwerte (n = 22).

Schuldfähigkeit

Fallgruppenspezifisch wurde bei allen TäterInnen im Rahmen des Strafverfahrens die Anwendbarkeit des § 20 StGB, d.h. die Frage der Schuldunfähigkeit des Täters bzw. der Täterin bei Begehung der Tat, thematisiert. Bei 19 der 24 TäterInnen (79,2 %) wurde letztlich eine Schuldunfähigkeit rechtskräftig festgestellt. Die Frage der verminderten Schuldfähigkeit nach § 21 StGB wurde bei 18 TäterInnen angesprochen und bei sechs (25 %) rechtskräftig festgestellt[536].

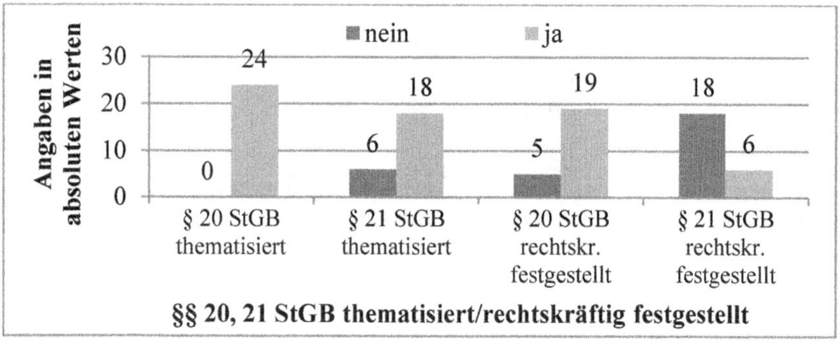

Abbildung 152: §§ 20, 21 StGB thematisiert / rechtskräftig festgestellt. Alle TäterInnen psychischer Erkrankungen (n = 24).

[536] Ein Gericht führte im Urteil bei den angewendeten Vorschriften sowohl den § 20 StGB als auch den § 21 StGB an.

Strafrechtlicher Vorwurf - Anklage[537]

Die meisten Verfahren wurden im Sicherungsverfahren geführt, so dass es auf den strafrechtlichen Vorwurf in diesen Fällen regelmäßig nicht ankam[538]. Klagte die Staatsanwaltschaft an, so tat sie dies meist wegen Totschlags. In zwei Fällen ging sie von Mord, in einem von Körperverletzung mit Todesfolge aus.

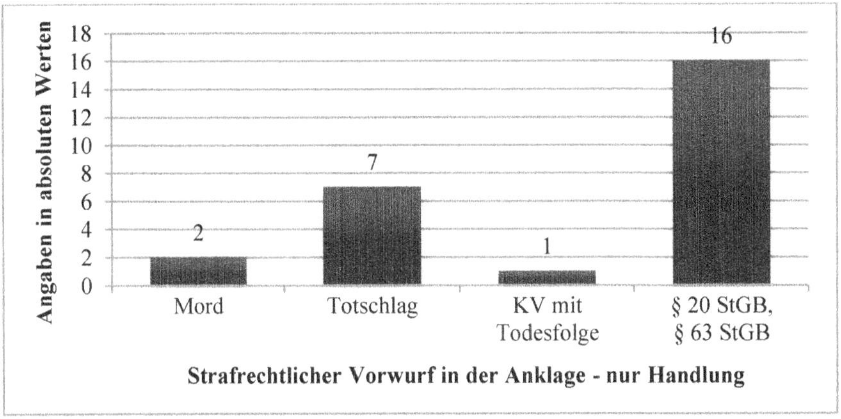

Abbildung 153: Strafrechtlicher Vorwurf in der Anklage. Alle TäterInnen psychischer Erkrankungen. Bei TäterInnen, die mehrere Kinder getötet haben, wurden alle Anklagen erfasst (n = 26).

Strafrechtlicher Vorwurf - Rechtskräftige Verurteilung[539]

Sehr viele TäterInnen, die ihre Tat unter dem Einfluss einer psychischen Erkrankung begangen haben, wurden aufgrund von Schuldunfähigkeit gemäß § 20 StGB nicht bestraft, sondern es wurde bei Vorliegen der Voraussetzungen des § 63 StGB die Unterbringung in einem psychiatrischen Krankenhaus angeordnet (76,9 %, n = 20)[540]. Bei fünf TäterInnen wurde nur eine verminderte Schuldfähigkeit gemäß § 21 StGB festgestellt und daher (auch) eine Strafe ver-

537 Bei TäterInnen, die mehrere Kinder getötet haben, wurden alle Anklagen erfasst, z.B. wenn wegen der Tötung des ersten Kindes eine Anklage wegen Totschlags, wegen des zweiten Kindes wegen Mordes ergangen ist. Daher ist n = 26 statt n = 24.

538 Es wurde regelmäßig etwas formelhaft der § 212 StGB verwendet.

539 Bei TäterInnen, die mehrere Kinder getötet haben, wurden alle Verurteilungen erfasst, z.B. wenn wegen der Tötung des ersten Kindes eine Verurteilung wegen Totschlags, wegen des zweiten Kindes wegen Mordes ergangen ist. Daher ist n = 26 statt n = 24.

540 In einem Ausnahmefall lehnte das Gericht bereits die Eröffnung des Hauptverfahrens ab. Das Gericht sah in diesem Fall die für die Anordnung des § 63 StGB erforderliche Gefährlichkeit der psychisch erkrankten und schuldunfähigen Mutter für die Allgemeinheit nicht als gegeben an.

hängt. Diese TäterInnen wurden uneinheitlich wegen (zweifachen) Mordes[541], minder schweren Fall des Totschlags oder Körperverletzung mit Todesfolge verurteilt (jeweils n = 2). Alle diese Taten wurden durch eine Handlung, nicht durch eine Unterlassung begangen.

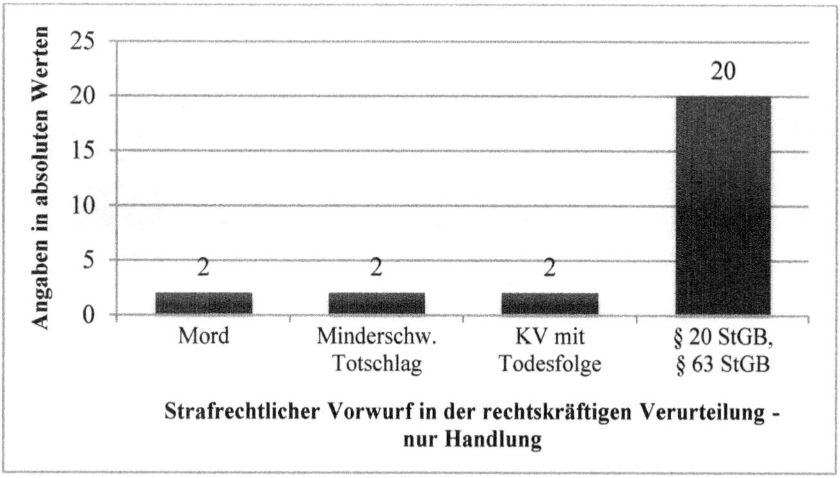

Abbildung 154: Strafrechtlicher Vorwurf in der rechtskräftigen Verurteilung – nur Handlung. Alle TäterInnen psychischer Erkrankungen (n = 26)[542].

Straf- und Maßregelausspruch - Anträge

Die Staatsanwaltschaft forderte in dieser Kategorie deutlich am häufigsten die Maßregel der Unterbringung in einem psychiatrischen Krankenhaus (58,3 %, n = 14). In zwei weiteren Fällen kam die Anklagebehörde zu dem Schluss, dass diese Maßregel zur Bewährung ausgesetzt werden konnte. Nur vereinzelt plädierte sie auf Freiheitsstrafen mit (n = 2) oder ohne (n = 1) Bewährung bzw. auf eine Freiheitsstrafe kombiniert mit einer psychiatrischen Unterbringung (n = 2). In einem Fall forderte die Staatsanwaltschaft auch einen Freispruch. Die Verteidigung plädierte bei drei TäterInnen auf Freispruch. Auch von ihr wurde am häufigsten die Unterbringung nach § 63 StGB gefordert (37,5 %, n = 9) Etwas häufiger als die Staatsanwaltschaft forderte sie eine Aussetzung der Unterbrin-

[541] Mord aus niedrigen Beweggründen, da der Täter bzw. die Täterin sich nach der Trennung am Partner rächen und die Kinder nicht mehr mit dem Partner teilen wollte. Dass die Motivation insbesondere auf die Erkrankung des Täters bzw. der Täterin zurück zu führen ist, steht laut Gericht der Annahme des Mordmerkmals nicht entgegen.

[542] Bei TäterInnen, die mehrere Kinder getötet haben, wurden alle Verurteilungen erfasst.

gung zur Bewährung (n = 4). Bei drei TäterInnen plädierte die Verteidigung auf eine Freiheitsstrafe zur Bewährung, nur in einem auf Strafe ohne Bewährung, dann in Kombination mit der Unterbringung nach § 63 StGB. In den Fällen ohne Angaben lagen keine Hauptverhandlungsprotokolle vor (n = 2) bzw. die Verteidiger stellten keine konkreten Anträge (n = 2).

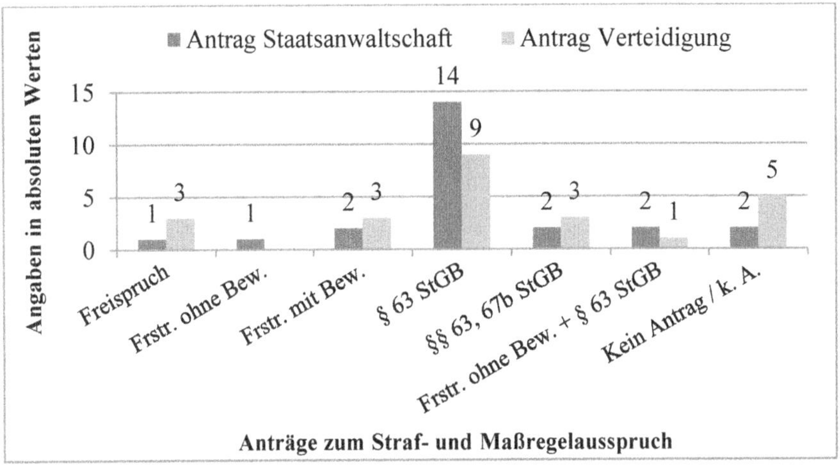

Abbildung 155: Anträge zum Straf- und Maßregelausspruch. Alle TäterInnen psychischer Erkrankungen (n = 24).

Straf- und Maßregelausspruch - Erstinstanzliche und rechtskräftige Verurteilungen

Bei 70,8 % aller TäterInnen (n = 17), die die Tat unter dem Einfluss einer psychischen Erkrankung begangen hatten, wurde ausschließlich eine Maßregel –die Unterbringung in einem psychiatrischen Krankenhaus– angeordnet. Bei drei dieser TäterInnen wurde die Unterbringung nach § 67b StGB zur Bewährung ausgesetzt. Deutlich seltener wurden Strafen verhängt. Zwei TäterInnen (8,3 %) wurden zu Freiheitsstrafen mit Bewährung verurteilt. Bei den drei TäterInnen (12,5 %), bei denen auf Freiheitsstrafen ohne Bewährung erkannt wurde, wurde gleichzeitig die Unterbringung nach § 63 StGB angeordnet. Keine Täterin bzw. kein Täter wurde zu einer Jugendstrafe verurteilt. Bei dem einzigen Freispruch handelte es sich um einen, der aufgrund von Schuldunfähigkeit erfolgte[543]. In

[543] Bei zwei weiteren TäterInnen, bei denen Anklage erhoben wurde, erfolgten im Strafverfahren zwar Freisprüche. Es wurde aber gleichzeitig im Urteil eine Maßregel, die Unterbringung nach § 63 StGB, angeordnet. Daher sind diese Freisprüche hier nicht ersichtlich.

einem Ausnahmefall lehnte das Gericht bereits die Eröffnung des Hauptverfahrens ab. Das Gericht sah in diesem Fall die für die Anordnung des § 63 StGB erforderliche Gefährlichkeit der psychisch erkrankten und schuldunfähigen Mutter für die Allgemeinheit nicht als gegeben an.

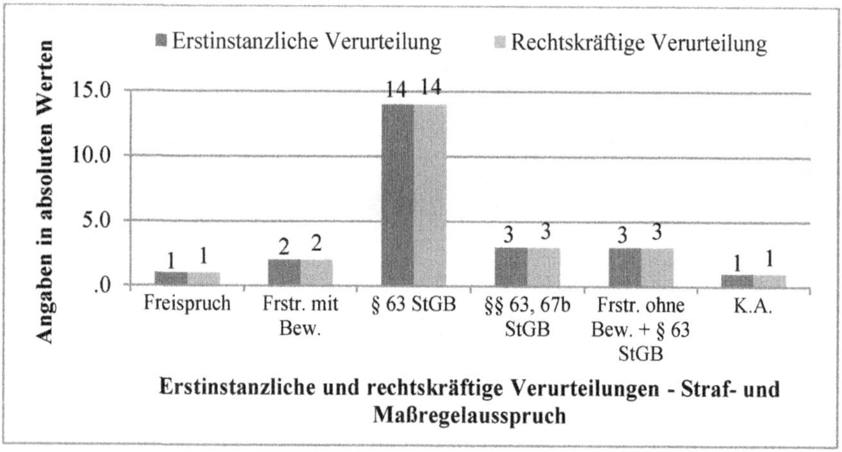

Abbildung 156: Erstinstanzliche und rechtskräftige Verurteilung – Straf- und Maßregelausspruch. Alle TäterInnen psychischer Erkrankungen (n = 24).

Strafhöhe - Anträge bei Freiheitsstrafen ohne Bewährung

In den drei Fällen, in denen die Staatsanwaltschaft Freiheitsstrafen ohne Bewährung forderte, wurden seitens der Anklagebehörde auch sehr hohe Strafen beantragt. Bei zwei TäterInnen wurden sechs bis zehn Jahre, bei einem Täter bzw. einer Täterin auch eine lebenslange Freiheitsstrafe gefordert. In dem Fall, in dem auch die Verteidigung auf eine Strafe (zusammen mit einer Unterbringung nach § 63 StGB) plädierte, forderte auch diese eine lebenslange Freiheitsstrafe.

Strafhöhe - Anträge bei Jugendstrafen ohne Bewährung[544]

Bei der Person, bei der die Anklagebehörde auf eine Jugendstrafe plädierte, forderte diese eine hohe Strafe von sechs bis zehn Jahren. Da keine Verteidigung

[544] Jugendstrafrecht ist bei Jugendlichen (zur Tatzeit 14 Jahre bis unter 18 Jahre) zwingend, bei Heranwachsenden (zur Tatzeit 18 Jahre bis unter 21 Jahre) bei Vorliegen von Reifeverzögerungen oder jugendtypischen Taten anzuwenden. Das Höchstmaß der Jugendstrafe beträgt 10 Jahre, §§ 18 Abs. 1, 105 Abs. 3 JGG.

eine Jugendstrafe ohne Bewährung gefordert hatte, gibt es auch keine entsprechende Strafmaßforderung.

Strafhöhe - Erstinstanzliche und rechtskräftige Verurteilung bei Freiheitsstrafen

Die drei TäterInnen, die zu Freiheitsstrafen verurteilt wurden, erhielten sehr unterschiedliche Strafhöhen. Während jeweils eine Täterin bzw. ein Täter zu einer niedrigen bzw. mittleren Freiheitsstrafe verurteilt wurde, erfolgte einmal eine Verurteilung zu einer Gesamtfreiheitsstrafe[545] von 15 Jahren.

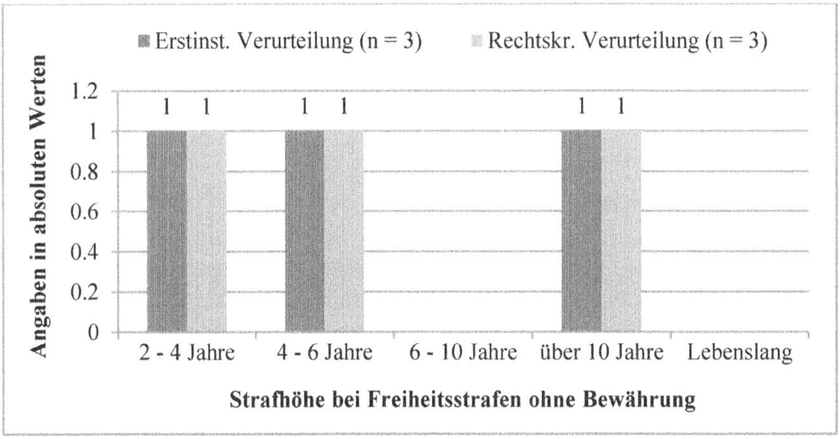

Abbildung 157: Strafhöhe bei Freiheitsstrafen ohne Bewährung. TäterInnen psychischer Erkrankungen ohne Ausfallwerte.

Strafhöhe - Erstinstanzliche und rechtskräftige Verurteilung bei Jugendstrafen

In dieser Deliktsgruppe wurde keine Täterin bzw. kein Täter zu einer Jugendstrafe ohne Bewährung verurteilt.

Rechtsmittel

Im Unterschied zu den anderen Fallgruppen wurden die erstinstanzlichen Urteile hier vergleichsweise selten mit einem Rechtsmittel angegriffen. Nur bei einem Drittel der Urteile (n = 8) ging eine Seite in Revision[546] Fünf Rechtsmitteleinle-

545 Der Täter hatte seine beiden Kinder getötet, was vom Gericht als zweifacher Mord gewertet wurde. Er erhielt für die Tötung der Tochter 12 Jahre, für die Tötung des Sohnes 10 Jahre.

546 Fünfmal der bzw. die Angeklagte, drei Mal die Staatsanwaltschaft.

gungen wurden bereits vor einer Entscheidung wieder zurückgenommen. Nur in einem Fall wurde auf die Revision der Angeklagten das erstinstanzliche Urteil mit seinen Feststellungen vom BGH aufgehoben[547]. Bereits in neun der 24 Fälle (37,5 %) verzichteten alle Seiten in der Hauptverhandlung auf die Einlegung eines Rechtsmittels.

Freisprüche

In einem Fall wurde die psychisch kranke leibliche Mutter aufgrund erwiesener Schuldunfähigkeit freigesprochen. Die Anordnung der Unterbringung in einem psychiatrischen Krankenhaus erfolgte nicht, da die Voraussetzungen des § 63 StGB nicht vorlagen[548]. In drei weiteren Fällen wurden die TäterInnen zwar im Strafverfahren freigesprochen. Das Gericht ordnete aber zeitglich im Urteil die Unterbringung nach § 63 StGB an.

5.3.4.8 Leben nach der Tat

Die Angaben zu dem Leben nach der Tat haben auch in dieser Fallgruppe eher illustrativen Charakter, ohne dass man daraus allgemeingültige Aussagen ableiten könnte, da zum Leben nach der Tat meist wenige Informationen in den Akten enthalten waren. Von 24 TäterInnen ist bekannt, dass sie in der Zeit zwischen Tatbegehung und rechtskräftiger Verurteilung psychiatrisch untergebracht worden sind. Zwei Täterinnen bekamen nach der Tat ein weiteres Kind. In einem dieser Fälle ist bekannt, dass es auch im Nachhinein keine Probleme mit dem Kind gab und das Leben der Mutter, die zum Tatzeitpunkt unter dem Münchhausen by proxy Syndrom gelitten hatte, insgesamt eine sehr gute Entwicklung nahm. In zwei Fällen kam es zur Trennung der Eltern bzw. zum Auszug aus der ehelichen Wohnung.

[547] Die Rolle des Kindsvaters war nach Ansicht des BGH im ersten Prozess zu wenig beleuchtet worden. Die Mutter wurde nach der Zurückverweisung, wie bereits in erster Instanz, im Strafverfahren freigesprochen und wiederum die Unterbringung in einem psychiatrischen Krankenhaus angeordnet.

[548] Der die Schuldunfähigkeit ausschließende Zustand müsste hierfür ein länger andauernder sein. Dies traf auf die Erkrankung der Angeklagten laut Gericht nicht zu.

5.3.4.9 Zusammenfassung

In diese Gruppe wurden Fälle aufgenommen (n = 33, 6,2 %), bei denen eine schwere psychische Erkrankung, wie z.B. eine Wochenbettdepression, Psychose oder ein akuter Schub einer Schizophrenie, direkter Auslöser der Tat war, unabhängig von allen anderen Fallmerkmalen[549]. Innerhalb der Fallgruppe gibt es auf zahlreichen Ebenen wesentliche Unterschiede: So variiert die Dauer der Erkrankung von wenigen Wochen bis hin zu vielen Jahren, manche Erkrankungen wurden behandelt, andere waren dem Umfeld des/der Täter/in nicht einmal bekannt. In einigen Fällen war eine potentielle Fremdgefährdung von der Familie oder behandelnden Ärzten für möglich gehalten worden, in anderen hatte man eine solche Tat dem/der Täter/in hingegen nicht zugetraut. Die 24 TäterInnen waren ausschließlich biologische Eltern der Opfer. Auffällig ist an dieser Stelle, dass deutlich mehr Mütter als Väter TäterInnen waren (18 vs. 6), wobei dies teilweise durch den hohen Anteil an im Rahmen einer Wochenbettdepression getöteten Kindern zu erklären ist, bei denen stets die biologischen Mütter die Täterinnen waren. Es gab keine sehr jungen oder sehr alten TäterInnen, vielmehr gehörten alle TäterInnen zur Altersgruppe der 21-40jährigen. Auch in dieser Fallgruppe gab es hinsichtlich des Bildungsniveaus und des Anteils an Personen, die unter schwierigen wirtschaftlichen Bedingungen lebten, keine nennenswerten Auffälligkeiten.

Alle TäterInnen dieser Deliktsgruppe wurden im Rahmen des Strafverfahrens psychologisch/ psychiatrisch begutachtet. Bei 23 der 24 TäterInnen ist bekannt, dass sie bereits vor der Tat psychisch erkrankt waren, wobei es sich mit Abstand am häufigsten um Psychosen, Schizophrenie oder andere Wahnerkrankungen handelte, nur vier TäterInnen waren im Vorfeld der Tat depressiv gewesen. Zum Tatzeitpunkt lag, entsprechend der Fallgruppen-Definition, bei allen TäterInnen eine psychische Erkrankung vor, unter deren Einfluss die Tat begangen worden war. Dabei lag der Schwerpunkt der Erkrankungen bei den psychotischen Störungen, einmal postpartal. Fünf TäterInnen litten an Depressionen, vereinzelt lagen Anpassungsstörungen, Belastungsreaktion, PTSD oder andere Erkrankungen vor. Tatauslösend war bei den unter einer Psychose/Schizophrenie/Wahnvorstellung leidenden TäterInnen z.B. ein Verfolgungswahn, oder die TäterInnen glaubten, das Kind nur durch die Tötung vor anderen Personen oder dem Teufel schützen zu können. Die an Depressionen leidenden TäterInnen töteten die Kinder zumeist aus einem Gefühl der Überforderung. Nur selten kamen tatbegünstigend andere Aspekte, wie eine akute Trennungssituation oder Alkohol-/Drogeneinfluss, hinzu. Tötungsart war bei der Fallgruppe der psychi-

549 Fälle mit suizidaler Komponente wurden hingegen unabhängig von einer psychischen Erkrankung immer in die Kategorie „Erweiterter Suizid" aufgenommen.

schen Erkrankung am häufigsten Ersticken (n=12). Sechs Kinder wurden erstochen, vier ertränkt, vier weitere Opfer starben an den Folgen äußerer stumpfer Gewalt. Lediglich vereinzelt wurden die Kinder erdrosselt, vergiftet oder aus dem Fenster geworfen. Eine deutliche Auffälligkeit ist in dieser Fallgruppe beim Opferalter zu beobachten, 14 der 33 Opfer wurden im Alter zwischen einem Tag und drei Monaten getötet, über die übrigen Alters-abschnitte sind die Opferzahlen recht gleichmäßig verteilt. Bei den Kindern, die in den ersten drei Lebensmonaten getötet wurden, sind die TäterInnen fast ausschließlich die biologischen Mütter, bei der Hälfte dieser Frauen wurde eine Wochenbettdepression festgestellt.

Die Daten sind in Bezug auf die Strafverfolgung und Sanktionierung davon gekennzeichnet, dass die Tataufklärung typischerweise einfach ist, da der Tatverlauf gut nachvollziehbar ist und an der Täterschaft kein Zweifel besteht. Die Fallgruppe besteht aus Fällen, bei denen die Tat im engen Kontext mit einer akuten Phase einer schweren psychischen Erkrankung steht. Entsprechend konzentrieren sich die Ermittlungen auf die Frage der Schuldfähigkeit bzw. auf den Maßregelausspruch, konkret die psychiatrische Unterbringung. Schuldunfähigkeit nach § 20 StGB wurde in der weit überwiegenden Anzahl der Fälle, die strafrechtlich zur Beurteilung kamen, festgestellt (19 von 24). Bei 17 (71 %) der Täterinnen und Täter wurde ausschließlich die Unterbringung in einem psychiatrischen Krankenhaus angeordnet, die in wenigen Fällen ausschließlich bzw. daneben angeordneten Freiheitsstrafen variieren erheblich in der Höhe.

5.3.5 Zielgerichtete Tötung

5.3.5.1 Zentrale Merkmale der Opfer

Anzahl der Opfer

Diese Fallgruppe umfasst 32 von insgesamt 535 Opfern (6,0 %).

Mehrere Opfer der Untersuchungsgruppe

In dieser eher kleinen Fallgruppe gab es vermehrt Fälle mit mehreren Opfern: In vier Fällen wurden zwei Kinder getötet, in einem Fall waren es drei. Bezogen auf diese 11 Opfer bedeutet dies einen Prozentanteil von 34,4 %.

Alter des Opfers

Bei dieser Fallgruppe ist eine Risikoerhöhung im Altersbereich von einem Tag bis 3 Monaten erkennbar. Ein Viertel der Opfer (n = 8) wurden in diesem Alter getötet. In den anderen Altersklassen ist das Risiko niedriger und uneinheitlich (zwischen n = 1 und n = 3).

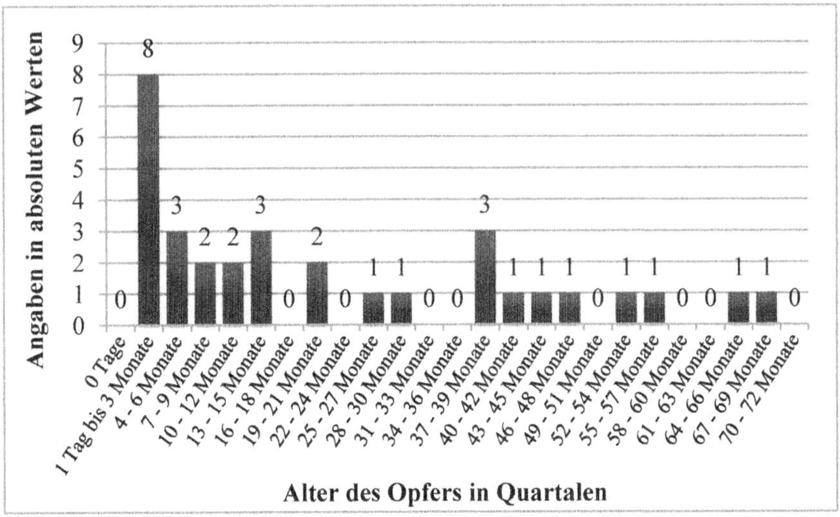

Abbildung 158: Alter des Opfers in Quartalen. Alle Opfer zielgerichteter Tötungen (n = 32).

Geschlecht des Opfers

Es besteht eine leichte, angesichts der geringen Fallzahl aber möglicherweise zufällig erhöhter Anteil männlicher (56,3 %, n = 18) gegenüber den weiblichen Opfern (43,8 %, n = 14).

Wunschkind

Bei der Hälfte der Opfer steht nach den Akten fest, dass sie nicht gewollt waren (n = 16). Nur sechs der getöteten Kinder (18,8 %) waren Wunschkinder, bei den anderen Opfern blieb unklar, ob es sich um ein Wunschkind handelte (12,5 %)[550], oder es fanden sich dazu keine Angaben in den Akten (18,8 %).

Staatsangehörigkeit des Opfers

Drei Opfer hatten eine ausländische Staatsangehörigkeit[551]. Damit entspricht der Anteil von 9,4 % der Opfer mit ausländischer Staatsangehörigkeit etwa dem Ausländeranteil in Deutschland, der im Untersuchungszeitraum bei ebenfalls etwa 9 %[552] lag. Zu beachten ist hierbei, dass aufgrund der kleinen Fallgruppe vergleichende Aussagen nur geringe Aussagekraft besitzen.

Lebensmittelpunkt des Opfers zum Tatzeitpunkt

Im Gegensatz zum Trend in allen anderen Fallgruppen, in denen die Opfer am häufigsten bei beiden leiblichen Eltern lebten, lebten über die Hälfte der Opfer zielgerichteter Tötungen bei ihrer alleinerziehenden leiblichen Mutter (n = 18). Nur acht Kinder (25 %) hatten ihren Lebensmittelpunkt zur Tatzeit bei beiden leiblichen Eltern. Fünf Opfer (15,6 %) lebten bei ihrer Mutter und deren neuem Partner. In einem Einzelfall lebte das Kind bei seinem alleinerziehenden Vater.

---

[550] Diese Unklarheiten ergeben sich z. B. daraus, dass ein Elternteil das Kind wollte, der andere nicht.

[551] Bei der Bewertung der Befunde zur Staatsangehörigkeit ist zu beachten: Die Staatsangehörigkeit sagt über die soziale Lage, einen möglichen Migrationshintergrund und dessen biographische Bedeutung sowie mögliche kulturelle Besonderheiten nichts aus. Ob und ggf. welche Bedeutung dieses Merkmal im konkreten Fall hat, kann mit den hier erhobenen Daten nur ansatzweise festgestellt werden. Dieser Fragestellung soll an anderer Stelle ausführlich nachgegangen werden.

[552] *Statistisches Bundesamt* 2010.

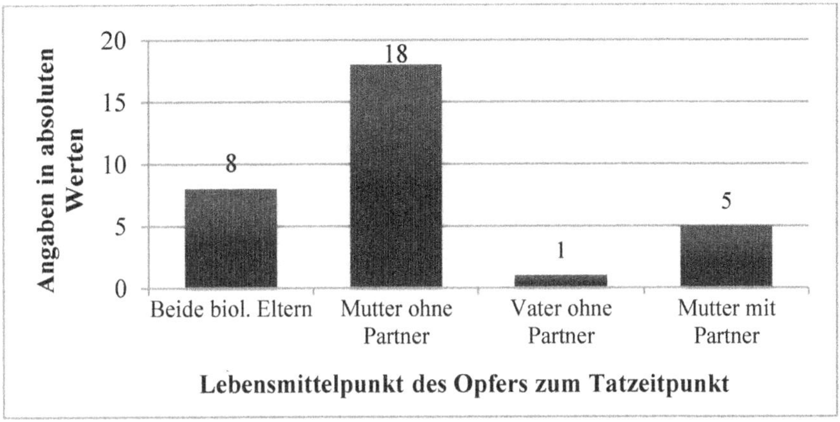

Abbildung 159: Lebensmittelpunkt des Opfers zum Tatzeitpunkt. Alle Opfer zielgerichteter Tötungen (n = 32).

Im Haushalt lebende Geschwister

12 der getöteten Kinder (37,5 %) lebten mit -jeweils nur einem- Geschwisterkind zusammen in einem Haushalt[553].

Geschwister insgesamt

Unabhängig vom Zusammenleben in einem Haushalt lag die Zahl der Opfer mit Geschwistern (Halb- und/oder Vollgeschwister) mit 75 % (n = 24) deutlich höher. Dabei hatten 14 Opfer ein, sechs Opfer zwei, jeweils zwei Opfer drei bzw. fünf, und ein Opfer sechs Halb- und/oder Vollgeschwister.

Weitere Haushaltsmitglieder

Ein Opfer lebte zusammen mit seiner Mutter bei deren Eltern.

[553] Dies erklärt sich für den Fall, in dem drei Opfer aus der Untersuchungsgruppe vorliegen, damit, dass das dritte Opfer erst nach dem Tod seiner anderen Geschwister geboren wurde.

Weitere Opfer von Körperverletzungs- und Tötungsdelikten außerhalb der Untersuchungsgruppe[554]

Neben dem Opfer der Untersuchungsgruppe wurden in dieser Kategorie häufig - bei knapp der Hälfte der Opfer (46,9 %, n = 15)- auch andere Personen Opfer von Körperverletzungs- und insbesondere Tötungsdelikten. Dabei handelte es sich meist um die Mutter des getöteten Kindes (33,3 %, n = 11) bzw. um die Mutter und ein weiteres Geschwisterkind (n = 2)[555], nur in Einzelfällen allein um Geschwister des Opfers (6,3 %, n = 2). Die Konstellationen, die zur Tötung des Opfers der Untersuchungsgruppe führten, waren dabei uneinheitlich: In sechs Fällen tötete der Täter zunächst die Mutter, meist im Streit. Erst im Anschluss rückte das Opfer in den Fokus, in der Regel zur Verdeckung der vorangegangenen Tat. Seltener war die gleichzeitige Tötung von Mutter und Opfer von Anfang an geplant (n = 3). In den anderen Fällen (n = 4), in denen die Mutter betroffen war, wurde diese entweder in der Vergangenheit vom Täter massiv geschlagen oder beim Versuch, die Tötung des Opfers zu verhindern, verletzt. Die Fälle, in denen auch Geschwister des Opfers betroffen waren, sind uneinheitlich[556].

Wechselnde Lebensmittelpunkte des Opfers

In den meisten Fällen, in denen die Opfer bereits unterschiedliche Lebensmittelpunkte hatten, lebten die Opfer zunächst bei beiden Eltern, nach der Trennung dann bei einem Elternteil. In einem Fall, in dem es drei Opfer gab, lebten diese immer wieder längere Zeit bei den Großeltern. In einem Einzelfall wurde das Opfer über einen längeren Zeitraum von einer Betreuungsperson im Ausland versorgt.

Regelmäßige Betreuung des Opfers durch andere Personen

Etwa ein Viertel der Opfer (28,1 %, n = 9) wurde regelmäßig durch andere Personen betreut. Dabei handelte es sich eher um Verwandte (n = 3) oder um mehre-

[554] Z.B. andere Familienmitglieder, Geschwister unter 6 Jahren, die nicht oder außerhalb des Untersuchungszeitraums getötet wurden, Geschwister über 6 Jahren.

[555] In einem Fall wurde auch eine weitere, außenstehende Person bei dem Gewaltexzess des Täters verletzt.

[556] Eine Täterin tötete bereits eine Halbschwester der beiden Opfer Jahre vor deren Geburt (in allen Fällen wurde zunächst von plötzlichem Kindstod ausgegangen); in dem anderen Fall schlug der Täter nach einem tödlichen Messerangriff auf das Opfer massiv auf dessen Bruder (2 Jahre) ein.

re Betreuungspersonen (n = 3)[557]. In Einzelfällen wurden die Opfer im Kindergarten, der Krippe oder durch eine Tagesmutter betreut.

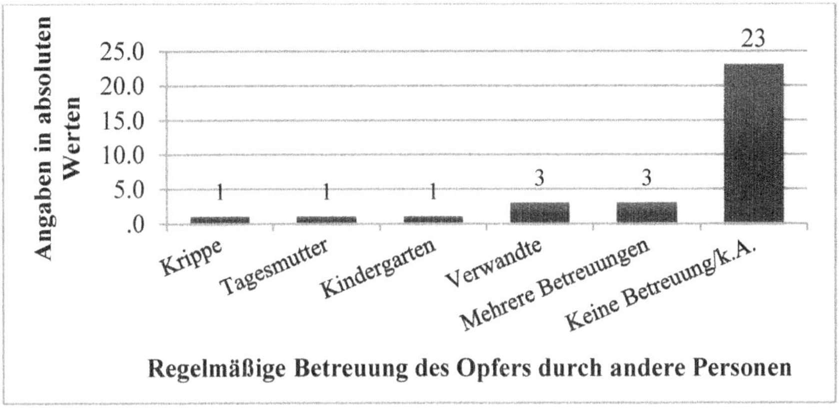

Abbildung 160: Regelmäßige Betreuung des Opfers durch andere Personen. Alle Opfer zielgerichteter Tötungen (n = 32).

Gesundheitszustand des Opfers vor seinem Tod

Fast ausnahmslos alle Opfer dieser Fallgruppe waren vor ihrem Tod gesund gewesen. Nur einzelne Kinder hatten vor ihrem Tod akute Erkrankungen gehabt, in der Regel ohne Tatbezug. In einem Ausnahmefall wurde das Opfer vor der aktiven Tötung zwei Tage lang nicht mit Flüssigkeit und Nahrung versorgt und wies daher einen deutlich geschwächten Gesundheitszustand auf. Zwei Opfer hatten bis zu ihrem Tod bereits längerfristige Krankenhausaufenthalte hinter sich, deren Krankheitsbild auf eine Misshandlung hindeutete. Nur in einem Fall besteht aber ein möglicher Tatbezug.

Frühgeburt

In einem Einzelfall kam das Opfer als Frühgeburt zur Welt und verbrachte die ersten vier Wochen seines Lebens im Krankenhaus. Nach etwa zwei Wochen besuchten es beide Elternteile dort kaum noch.

[557] Hier handelte es sich um die Betreuung durch Großeltern und Nachbarn oder durch den Kindergarten und Nachbarn bzw. Freunde.

5.3.5.2 Merkmale der TäterInnen

Anzahl der TäterInnen

In der Fallgruppe der zielgerichteten Tötungen gibt es 27 Personen, die gemäß der im Projekt verwendeten Täterdefinition als TäterInnen zu qualifizieren sind.

Biographisches

Verhältnis der TäterInnen zum Opfer

In über der Hälfte der Fälle waren es die leiblichen Väter, die ihr Kind töteten (59,3 %, n = 16), in gut einem Viertel waren es die leiblichen Mütter (n = 8). Nur in Einzelfällen waren andere Personen als die leiblichen Eltern die TäterInnen (sozialer Vater und Freunde der Mutter).

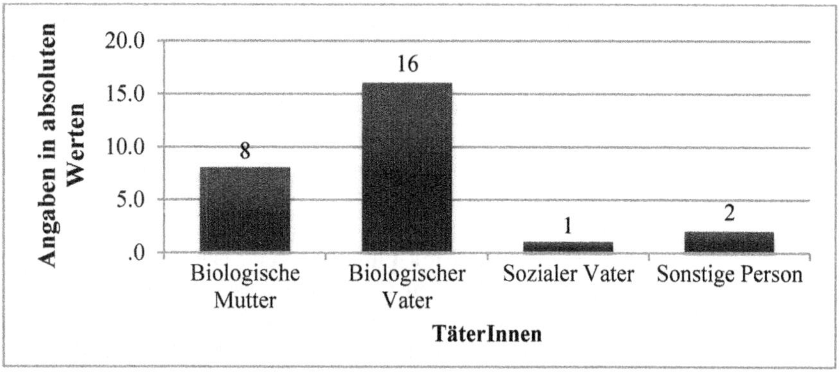

Abbildung 161: TäterInnen. Alle TäterInnen zielgerichteter Tötungen (n = 27).

Mehrere TäterInnen

In einem Fall wurden zwei Personen wegen der Tötung eines Opfers verurteilt[558].

[558] Die Täter töteten zunächst die mit ihnen befreundete Mutter und später zur Verdeckung dieser Tat auch das Opfer.

Alter der TäterInnen zum Tatzeitpunkt

Beim Alter der TäterInnen zielgerichteter Tötungen dominieren klar die mittleren Altersklassen von 21 - 29 Jahren (33,3 %, n = 10) bzw. der 30 – 40 Jahren (40,7 %, n = 11). Deutlich seltener waren die TäterInnen heranwachsend (n = 2) oder älter als 40 Jahre (n = 4) alt. Keine/r der Täterinnen/Täter war jugendlich.

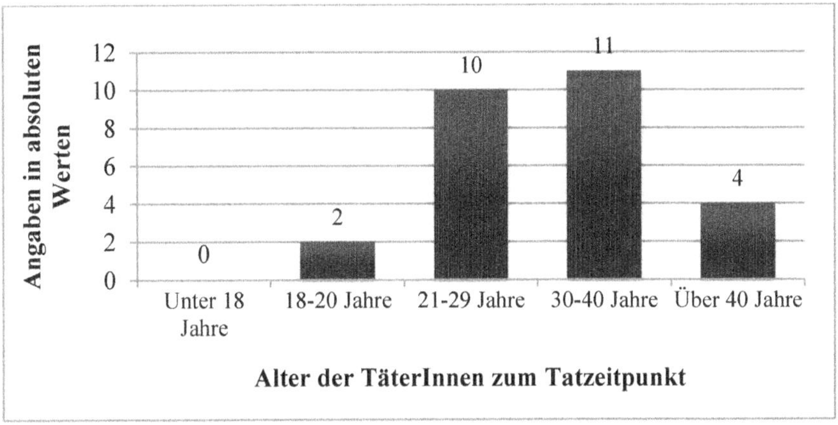

Abbildung 162: Alter der TäterInnen zum Tatzeitpunkt. Alle TäterInnen zielgerichteter Tötungen (n = 27).

Staatsangehörigkeit

Sechs der 27 TäterInnen besaßen eine ausländische Staatsangehörigkeit[559], was einem Anteil von 22,2 % entspricht. Der Ausländeranteil liegt damit deutlich über dem Ausländeranteil in Deutschland während des Untersuchungszeitraums, der konstant bei etwa 9 % lag[560]. Zu bedenken ist in diesem Zusammenhang, dass es sich um eine sehr kleine Vergleichsgruppe handelt und daher Unterschiede nur sehr beschränkte Aussagekraft haben.

---

[559] Bei der Bewertung der Befunde zur Staatsangehörigkeit ist zu beachten: Die Staatsangehörigkeit sagt über die soziale Lage, einen möglichen Migrationshintergrund und dessen biographische Bedeutung sowie mögliche kulturelle Besonderheiten nichts aus. Ob und ggf. welche Bedeutung dieses Merkmal im konkreten Fall hat, kann mit den hier erhobenen Daten nur ansatzweise festgestellt werden. Dieser Fragestellung soll an anderer Stelle ausführlich nachgegangen werden.

[560] *Statistisches Bundesamt* 2010.

Eigene Kindheit der TäterInnen

Die meisten TäterInnen wuchsen bei ihren beiden leiblichen Eltern auf (37 %, n = 11). In etwa gleich häufig wuchsen sie bei in wechselnden Konstellationen (n = 6)[561] oder bei ihrer alleinerziehenden Mutter auf (n = 5). Jeweils zwei TäterInnen wurden bei ihrer Mutter mit neuem Partner oder im Heim groß.

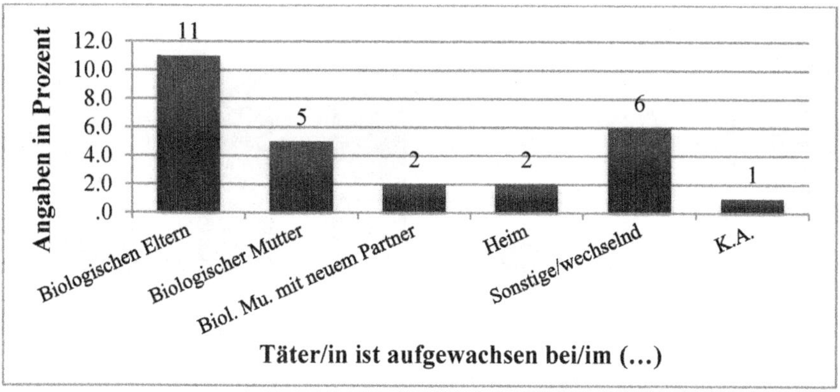

Abbildung 163: Täter/in ist aufgewachsen bei/im (...). Alle TäterInnen zielgerichteter Tötungen (n = 27).

Misshandlungserfahrungen

Bei 15 TäterInnen zielgerichteter Tötungen (55,6 %) gab es Angaben darüber, ob diese bereits in ihrer eigenen Kindheit misshandelt wurden. Von vier TäterInnen (14,8 %) ist bekannt, dass sie als Kinder Schläge bzw. Gewalt erfahren haben. In einem Fall blieb unklar, ob es in der Kindheit Gewalterfahrungen gab[562]. Zehn TäterInnen wuchsen gewaltfrei auf (37 %). Bei 12 TäterInnen (44,4 %) befanden sich zu diesem Thema keine Informationen in den Akten[563].

[561] Drei wuchsen bei unterschiedlichen Familienangehörigen auf, z.B. nach Trennung oder Tod. Zwei lebten über Jahre im Heim, eine(r) im Internat.

[562] Dabei handelt es sich um mehr oder weniger substantiierte Behauptungen von Gewalt/sexuellem Missbrauch in der Kindheit, die sich nicht verifizieren ließen.

[563] Aus der Abwesenheit von Informationen kann aber gerade bei zeitlich recht weit zurückliegenden Aspekten wie kindlichen Missbrauchserfahrungen nicht geschlossen werden, dass solche Taten nicht vorhanden waren. Vielmehr ist auch in Betracht zu ziehen, dass sie von den Ermittlungsbehörden als unerheblich für die Beurteilung der verwirklichten Tat angesehen und entweder gar nicht abgefragt oder nicht in die Akte aufgenommen worden sind.

Einschlägige strafrechtliche Vorbelastungen zum Tatzeitpunkt

Die TäterInnen weisen fast ausnahmslos keine einschlägigen strafrechtlichen Vorbelastungen auf, d.h. sie waren nicht bereits in der Vergangenheit wegen eines vorsätzlichen Körperverletzungs- oder Tötungsdelikts zum Nachteil eines Kindes verurteilt worden. In einem Einzelfall wurde die Täterin Jahre vor der Tat wegen der Misshandlung ihrer ältesten Tochter zu einer Bewährungsstrafe verurteilt.

Nicht einschlägige strafrechtliche Vorbelastungen zum Tatzeitpunkt

Acht TäterInnen (29,6 %) waren vor den Taten bereits anderweitig strafrechtlich in Erscheinung getreten. Dabei handelt es sich fast ausnahmslos um die biologischen Väter[564]. Vier dieser Täter waren wegen Körperverletzungsdelikten auffällig geworden, drei davon zusätzlich wegen anderer Delikte, z.B. wegen Eigentums- und Vermögensdelikten, Fahren ohne Fahrerlaubnis oder dem illegalen Erwerb einer Schusswaffe. Die anderen Täter (n = 3) waren ausschließlich wegen Straßenverkehrsdelikten, nur in einem Fall kombiniert mit Bedrohung, vorbelastet.

Schulabschluss

Bei den TäterInnen dieser Fallgruppe handelt es sich um eine vergleichsweise kleine Gruppe, so dass eine Arbeit mit Prozent- und Vergleichszahlen nicht unproblematisch ist. Dennoch ist ein teilweiser Rückgriff auf Prozentzahlen auch in dieser Fallgruppe unumgänglich, um Tendenzen feststellen zu können. Zudem wurden zur besseren Vergleichbarkeit die fehlenden Werte (3,7 % bei n = 27) nicht berücksichtigt. In etwa gleich viele TäterInnen erreichten einen niedrigen[565] (26,9 %, n = 7) bzw. einen mittleren[566] Schulabschluss[567] (19,2 %, n = 5). 23,1 % der TäterInnen (n = 6) hatten keinen allgemeinen Schulabschluss, 7,7 % (n = 2) erreichten das Abitur. In einigen Fällen hatten sie einen ausländischen Schulab-

[564] Nur eine Mutter war wegen Eigentums- und Vermögensdelikten strafrechtlich in Erscheinung getreten.

[565] Hauptschulabschluss.

[566] Realschulabschluss, Abschluss der Polytechnischen Oberschule.

[567] Sofern sich die TäterInnen zum Tatzeitpunkt noch in der schulischen Ausbildung befanden, wurde vom höchsten auf der besuchten Schule erreichbaren Abschluss ausgegangen.

schluss (15,4 %, n = 4) oder einen Abschluss der Lernbehinderten-, Sonder- oder Förderschule[568] (7,7 %, n = 2).

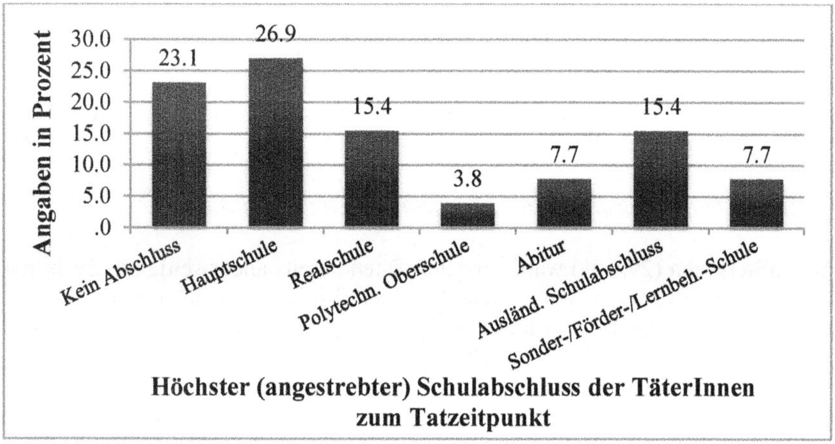

Abbildung 164: Höchster (angestrebter) Schulabschluss der TäterInnen zum Tatzeitpunkt. TäterInnen zielgerichteter Tötungen ohne Ausfallwerte (n = 26).

Diese Zahlen mit denen der Bevölkerung zu vergleichen ist zum einen wegen der kleinen Fallgruppe schwierig, zum anderen, weil die Schulabschlüsse der TäterInnen oft Jahre zurückliegen, genaue Bezugswerte nur mit sehr hohem Aufwand zu ermitteln wären und sich die Verteilung der Schulabschlüsse in der Bevölkerung in Deutschland in den letzten Jahrzehnten stark insbesondere zu Lasten der Hauptschulabschlüsse verändert hat. Ein tendenzieller Unterschied zur Gesamtbevölkerung lässt sich dennoch aus einem Abgleich mit einem Vergleichsjahr, ausgewählt wurde 1999, ersehen. Die Vergleichsdaten beziehen sich einerseits auf die Absolventen des Jahres 1999[569], andererseits auf den Durchschnitt der über 15-jährigen Bevölkerung aus dem Datenreport 1999[570]. Es zeigt sich dabei, dass die TäterInnen mit niedrigem Bildungsabschluss in etwa den Vergleichszahlen entsprechen. Deutlich unterrepräsentiert sind TäterInnen mit hohem Schulabschluss, wohingegen TäterInnen ohne allgemeinen Schulabschluss deutlich überrepräsentiert sind. Zu berücksichtigen ist bei dieser Betrachtung allerdings, dass

[568] Zu berücksichtigen ist, dass man an diesen Schulen zwar grundsätzlich alle Schulabschlüsse erreichen kann, insbesondere wenn es sich um Schulen für rein körperlich behinderte Kinder handelt. In unserer Studie waren es jedoch vornehmlich Sonder-/Förderschulen für lernschwache Schüler.

[569] *Sekreteriat der Ständigen Konferenz der Kultusminister der Länder* 2007, S. 56.

[570] *Statistisches Bundesamt/WZB/ZUMA* 2000, S. 77. Dabei ist anzumerken, dass es sich hierbei um Zahlen für alle Frauen und Männer ab 15 Jahren handelt.

einige der TäterInnen einen ausländischen Schulabschluss besaßen und diese mangels Vergleichswerten nicht mit einbezogen werden konnten. Die TäterInnen mit mittlerem Schulabschluss liegen ebenfalls unter den Vergleichswerten.

	TäterInnen (n = 26)	**Absolventen 1999**	**Bevölkerung 1999**
Ohne (Haupt-) Schulabschluss	30,8 %[571]	8,9 %	7,5 %[572]
Niedriger Bildungsabschluss	26,9 %	25,7 %	48,7 %
Mittlerer Bildungsabschluss	19,2 %	40,2 %	25,7 %
Hoher Bildungsabschluss	7,7 %	25,2 %	18,1 %
Ausl. Schulabschluss/Sonstiges	15,4 %	-	-

Abbildung 165: Schulabschlüsse der TäterInnen zielgerichteter Tötungen ohne Ausfallwerte (n = 26) im Vergleich mit den Absolventen des Jahres 1999 und der Bevölkerung im Jahr 1999.

Beruflicher Bildungsabschluss

Knapp die Hälfte der TäterInnen zielgerichteter Tötungen (46,2 %, n = 12) hatte keine berufliche Ausbildung[573]. 34,6 % (n = 9) besaßen zum Tatzeitpunkt eine abgeschlossene Berufsausbildung, 11,5 % (n = 3) hatten einen Hochschulabschluss. In Einzelfällen bestand ein sonstiger beruflicher Bildungsabschluss[574] oder das Vorhandensein seines Abschlusses war unklar[575].

[571] Zur besseren Vergleichbarkeit inbegriffen sind auch TäterInnen mit Förderschulabschluss, da diese bei den Absolventen 1999 als „ohne Hauptschulabschluss" erfasst sind. Zudem handelte es sich bei den von den TäterInnen besuchten Förderschulen insbesondere um solche für lernschwache Schüler.

[572] Einschließlich der noch in Ausbildung befindlichen Personen.

[573] Zur besseren Vergleichbarkeit wurden die fehlenden Werte (3,7 % von n = 27) nicht berücksichtigt.

[574] Besuch mehrerer Lehrgänge.

[575] Der ausgeübte Beruf legt eine abgeschlossene Berufsausbildung nahe. Dies konnte in den Akten aber nicht verifiziert werden.

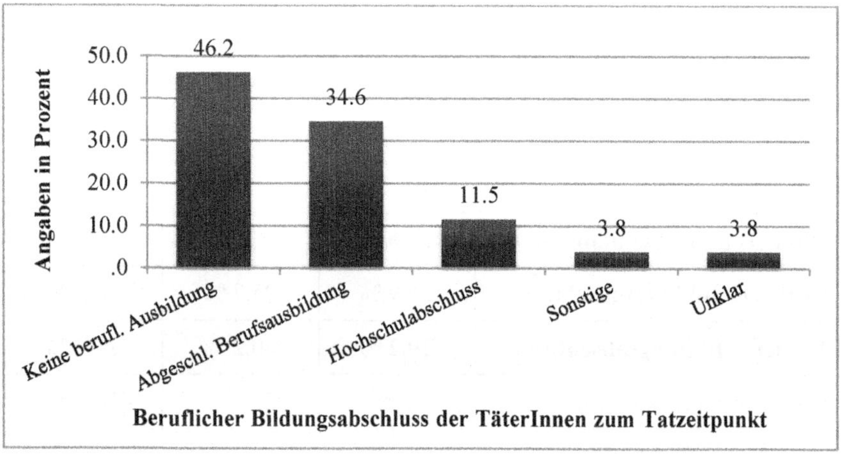

Abbildung 166: Beruflicher Bildungsabschluss der TäterInnen zum Tatzeitpunkt. TäterInnen zielgerichteter Tötungen ohne Ausfallwerte (n = 26).

Vergleiche mit der durchschnittlichen Bevölkerung sind auch hier nicht unproblematisch, da genaue Bezugswerte fehlen und es sich um eine sehr kleine Fallgruppe handelt. Aus Vergleichswerten, hier aus dem Datenreport des Jahres 1999 für die Bevölkerung[576], lässt sich dennoch eine Tendenz ableiten: Der Anteil der TäterInnen mit abgeschlossener beruflicher Ausbildung lag dabei mit 34,6 % unter dem Vergleichswert von 52,7 %. Der Anteil mit (Fach-) Hochschulabschluss entspricht dagegen mit 11,5 % in etwa dem Vergleichswert von 10,9 %.

Beschäftigungsstatus

Betrachtet man den Beschäftigungsstatus der TäterInnen zum Zeitpunkt der Tatbegehung, so zeigt sich, dass die meisten (55,6 %, n = 15) keiner Arbeit nachgingen. 25,9 % (n = 7) waren abhängig beschäftigt, vereinzelt waren sie in Mutterschutz/Erziehungsurlaub/Elternzeit (3,7 %, n = 1), selbstständig tätig (11,1 %, n = 3) oder der Beschäftigungsstatus blieb unklar[577].

[576] Vergleichszahlen aus: *Statistisches Bundesamt/WZB/ZUMA* 2000, S. 78.
[577] In diesem Fall blieb unklar, ob der Täter seine Arbeit kurz vor oder nach Tat verlor.

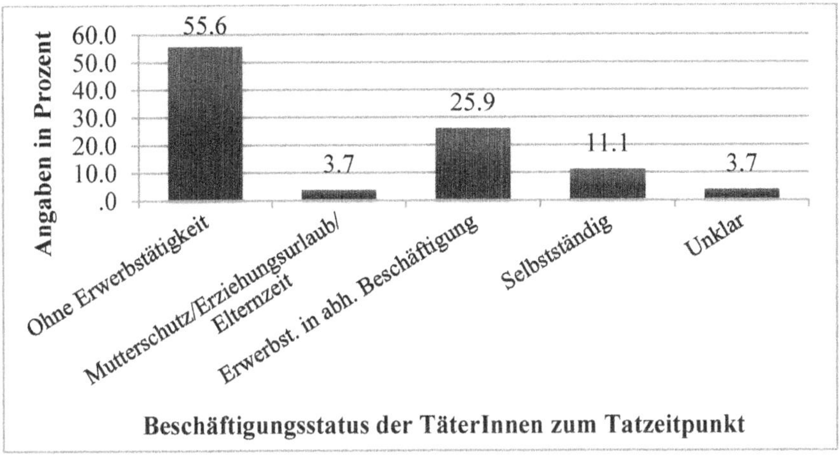

Abbildung 167. Beschäftigungsstatus der TäterInnen zum Tatzeitpunkt. Alle TäterInnen zielgerichteter Tötungen (n = 27).

Die Täterzahl ist in dieser Fallgruppe recht klein, so dass die Heranziehung von Vergleichszahlen nicht unproblematisch ist. Dennoch zeigt ein Vergleich mit den Erwerbslosenzahlen in Deutschland aus dem Jahr 1999 – dort lag die Zahl der Erwerbslosen bei 10,1 %[578] -, dass die TäterInnen ohne Erwerbstätigkeit mit 55,6 % überrepräsentiert sind. Ob es sich eher um eine freiwillige (z.B. bei „klassischer" Rollenverteilung wegen Kinderbetreuung) oder unfreiwillige Erwerbslosigkeit handelt, lässt sich tendenziell daran ablesen, ob es bei den Täterinnen in der Vergangenheit Schwierigkeiten im Bereich der Erwerbstätigkeit gab. Dies wurde für den Zeitraum bis zu fünf Jahren vor der Tat erhoben, wobei darunter nicht nur dauernde unfreiwillige Arbeitslosigkeit sondern auch ständige Arbeitsplatzwechsel oder Arbeit unter dem Qualifikationsniveau gefasst sind[579]. Gut die Hälfte der TäterInnen hatte danach in der Vergangenheit Probleme im Bereich der Erwerbstätigkeit. Es ist daher tendenziell eher von einer unfreiwilligen Arbeitslosigkeit auszugehen.

Einkommenssituation

Ein Drittel der TäterInnen bezog Sozialleistungen.

---

[578] Vergleichszahlen aus: *Statistisches Bundesamt/WZB/ZUMA* 2000, S. 84.

[579] Es sind dort also auch TäterInnen erfasst, die zum Tatzeitpunkt erwerbstätig waren, aber in der Vergangenheit Probleme in diesem Bereich hatten.

Gesundheitszustand der TäterInnen zum Tatzeitpunkt

Die meisten TäterInnen wiesen keine Auffälligkeiten des Gesundheitszustandes auf. Auf die vier mit psychischen Auffälligkeiten wird später eingegangen.

Lebenssituation zum Tatzeitpunkt

Familienstand der TäterInnen zum Tatzeitpunkt

Die meisten TäterInnen waren zum Tatzeitpunkt ledig (48,1 %, n = 13) oder verheiratet (33,3 %, n = 9). Seltener waren sie bereits geschieden (18,5 %, n = 5).

Weitere Kinder

Etwa die Hälfte der TäterInnen dieser Fallgruppe hatte (weitere)[580] biologische Kinder (51,9 %, n = 14).

Rauschmittelkonsum

Erhoben wurde der Rauschmittelkonsum für einen Zeitraum von bis zu einem Jahr vor der Tat[581]. Fünf TäterInnen zielgerichteter Tötungen (18,5 %) konsumierten Alkohol in missbräuchlicher Weise, zwei waren alkoholabhängig (7,4 %). Cannabismissbrauch betrieben zwei TäterInnen (7,4 %). Beim Medikamentenkonsum wurden Missbrauch und Abhängigkeit zusammen erhoben. Dort zeigte sich ein Missbrauch bzw. eine Medikamentenabhängigkeit bei einer Person. Wenn ein problematisches Konsumverhalten vorlag, handelte es sich meist um eine Substanz, nur in einem Fall konsumierte ein Täter zwei Substanzen[582]. Bei einem Täter blieb unklar, ob er Medikamenten- und Alkoholabhängig war, da sich die Angaben hierzu nicht ausreichend verifizieren ließen. „Harte" Drogen

---

[580] Um „weitere" biologische Kinder handelt es sich, wenn die TäterInnen auch die biologischen Eltern des Opfers waren, nicht dagegen, wenn es sich bei den TäterInnen um die sozialen Eltern oder Dritte handelte.

[581] Dabei wurde in der Aktenanalyse zwischen „keinem", „gelegentlichem", „episodenhaft starkem" Konsum und „langzeitig regelmäßigem Missbrauch/Abhängigkeit" unterschieden. Die Einteilung in diese Kategorien erwies sich zum Teil als schwierig, oft waren die Angaben in den Akten nicht eindeutig oder es ging aus ihnen nicht klar hervor, in welchem Umfang der Konsum erfolgte. Allerdings ist davon auszugehen, dass Substanzmissbrauch im Rahmen von Ermittlungen und Strafverfahren in der Regel thematisiert wird, so dass die Abwesenheit von Informationen dazu relativ sicher so gedeutet werden kann, dass in diesen Fällen auch kein problematischer Substanzkonsum vorlag.

[582] Alkohol und Cannabis in missbräuchlicher Form.

wie Heroin, Kokain oder sonstige Rauschmittel nahm keine(r) der TäterInnen zu sich.

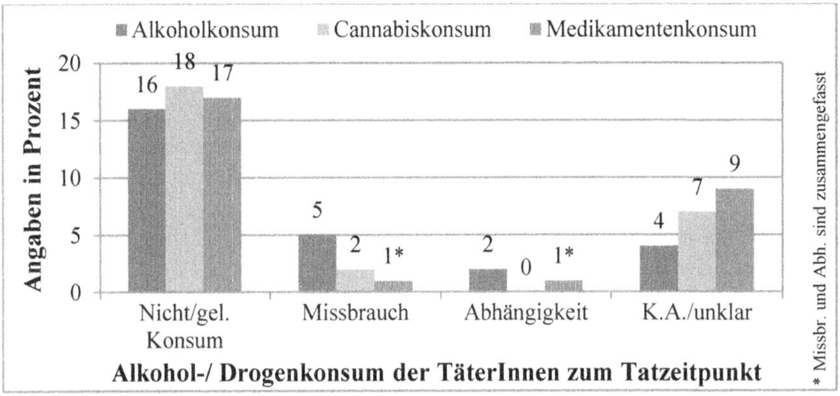

Abbildung 168: Alkohol-/Drogenkonsum der TäterInnen zum Tatzeitpunkt. Alle TäterInnen zielgerichteter Tötungen (n = 27).

Ein Vergleich des Rauschmittelkonsums dieser kleinen Gruppe von TäterInnen mit dem der durchschnittlichen Bevölkerung ist wiederum schwierig und kann leicht zu Verzerrungen führen. Lediglich im Bereich des Alkoholkonsums kann man vorsichtig von einer leichten Überrepräsentierung sprechen[583].

Psychologische/Psychiatrische Gutachten

Bei 23 TäterInnen (85,2 %)[584] wurde im Rahmen des Strafverfahrens ein psychologisches/psychiatrisches Sachverständigengutachten erstellt[585]. In den anderen Fällen (n = 4) lehnten die TäterInnen entweder eine Begutachtung ab (n = 2), das

[583] Ein Vergleich ist auch mangels genauer Bezugswerte schwierig. Nach dem Drogen- und Suchtbericht der Drogenbeauftragten der Bundesregierung von Mai 2009 konsumieren 9,5 Mio. Menschen in Deutschland Alkohol in gesundheitlich riskanter Form. Etwa 1,3 Mio. Menschen gelten als alkoholabhängig. Bei Zugrundelegung einer Bevölkerungszahl von 82 Mio. Menschen ergibt sich daraus bei ca. 11,6 % ein riskanter, bei ca. 1,6 % ein abhängiger Alkoholkonsum.

[584] In den anderen Fällen (n = 4) lehnten die TäterInnen entweder eine Begutachtung ab und machten zugleich in der Hauptverhandlung von ihrem Schweigerecht Gebrauch (n = 2), sie wurden nicht von einem deutschen Strafgericht verurteilt (n = 1) oder das Gericht verzichtete wegen eigener Sachkunde auf ein Gutachten (n = 1).

[585] Die Gutachten waren insgesamt von sehr unterschiedlichem Zuschnitt und Umfang. In einigen Fällen fehlten die Gutachten, deren wesentliche Ergebnisse wurden aber häufig in den entsprechenden Urteilen wiedergegeben. Soweit keine ICD-10-Kategorien angegeben waren, wurden die in den Gutachten genannten Merkmale ICD-10-Codes zugeordnet.

Strafverfahren fand vor einem ausländischen Gericht statt (n = 1) oder das Gericht verzichtete wegen eigener Sachkunde auf ein Gutachten (n = 1).

Psychische Erkrankungen und Auffälligkeiten in der Vorgeschichte

Von knapp der Hälfte der TäterInnen ist bekannt, dass sie (bereits) in der Zeit vor der Tat psychische Erkrankungen oder Auffälligkeiten aufwiesen (48,1 %, n = 13). Dabei müssen diese Erkrankungen nicht zwangsläufig als solche von der Umwelt erkannt oder wahrgenommen worden sein. Die Erkrankungen betrafen Drogenmissbrauch/-abhängigkeit (18,5 %, n = 5) [586], Persönlichkeitsstörungen (n = 4) [587], kombinierte psychische Störungen (7,4 %, n = 2)[588] oder Fälle, in denen eine psychische Erkrankung vermutet wurde (7,4 %, n = 2) [589].

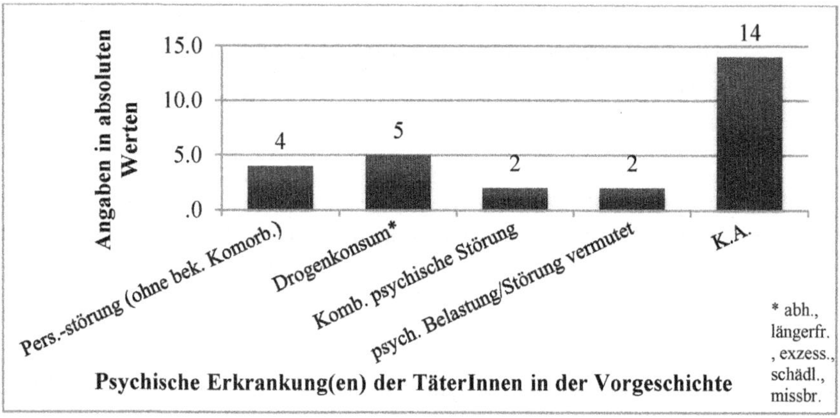

Abbildung 169: Psychische Erkrankung(en) der TäterInnen in der Vorgeschichte. Alle TäterInnen zielgerichteter Tötungen (n = 27).

586 Anzumerken ist, dass wahrscheinlich nicht alle der Aussagen im Instrument über Abhängigkeit und Missbrauch zwangsläufig den klinischen Kriterien dieser Kategorie entsprechen werden.

587 Persönlichkeitsstörungen gelten generell als nicht unproblematisch hinsichtlich ihrer Diagnostizierbarkeit und ihres Krankheitswertes. Bei den meisten Persönlichkeitsstörungen sind die Übergänge zur Normalpersönlichkeit sicherlich fließend. Zudem wurde auch eine „organische Persönlichkeitsstörung aufgrund einer Schädigung oder Funktionsstörung des Gehirns“ mit berücksichtigt, die nach ICD-10 *nicht* zu den Persönlichkeitsstörungen im Sinne der Kategorie F6 zählen.

588 Dies bedeutet, dass min. zwei Störungen vorliegen, die sich nicht *einer* Kategorie zuordnen lassen.

589 Diese Kategorie bedeutet, dass von qualifizierter Seite (z.B. behandelnder Arzt, Gutachter nach Aktenlage) die Vermutung geäußerte worden ist, dass eine psychische Störung besteht und/oder dass bestimmte Anzeichen das nahelegen (Suizidversuche, Symptombeschreibungen, Hinweise auf Therapieaufenthalte etc.). Eine genaue Einordnung ist aber mangels Informationen nicht möglich.

Psychische Erkrankungen und Auffälligkeiten zum Tatzeitpunkt

Bei etwa der Hälfte der TäterInnen (48,1 %, n = 13) wurde eine psychische Erkrankung oder Auffälligkeit zum Tatzeitpunkt festgestellt. Häufig handelte es sich dabei, meist allein und nicht komorbid, um eine Auffälligkeit der Persönlichkeit (40,7 %, n = 11), meist in Form einer Persönlichkeitsstörung (25,9 %, n = 7)[590], seltener in Form einer Persönlichkeitsakzentuierung (14,8 %, n = 4)[591]. Diese Auffälligkeiten entstammten hauptsächlich dem dramatisch-emotionalen Bereich[592] (33,3 %, n = 9). In den anderen Fällen (n = 2) war eine genaue Zuordnung zu einem bestimmten Cluster nicht möglich, z.B. da Eigenschaften aus mehreren Clustern beschrieben wurden. In Einzelfällen litt der Täter oder die Täterin zum Tatzeitpunkt, ggf. neben einer Persönlichkeitsstörung593, unter einer Anpassungsstörung/Belastungsreaktion/ PTSD (11,1 %, n = 2) oder unter einer psychotischen Störung (3,7 %, n = 1).

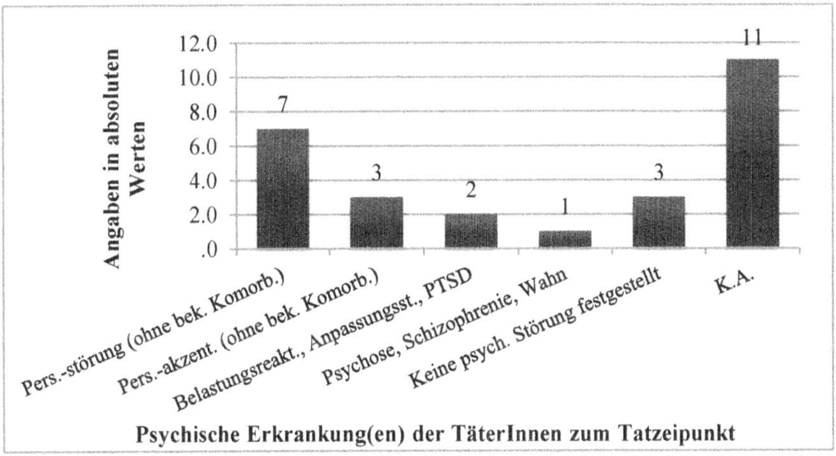

Abbildung 170: Psychische Erkrankung(en) der TäterInnen zum Tatzeitpunkt. Alle TäterInnen zielgerichteter Tötungen (n = 27).

590 Alle nicht komorbid.
591 Davon 11,1 % (n = 3) nicht komorbid.
592 Emotional instabil impulsiv/Borderline, dissozial, histrionisch, narzisstisch.
593 Werden zwei oder mehr Diagnosen/Störungsbeschreibungen genannt, welche sich nicht *einer* Variablenkategorie zuordnen lassen, wird die Kategorie „kombinierte psychische Störung" vergeben. Dies gilt jedoch nicht für den Fall, dass Persönlichkeitsstörungen/-akzentuierungen und eine oder mehrere andere Störungen zusammen auftreten, da Persönlichkeitsstörungen/-akzentuierungen bereits gesondert erfasst wurden. Beispiel: Borderline Persönlichkeitsstörung und Depression fällt nicht unter „kombinierte psychische Störung", sondern wird unter „Depression" erfasst.

Kognitive Leistungsfähigkeit

Bei vier TäterInnen (14,8 %) wurden Tests zur kognitiven Leistungsfähigkeit durchgeführt. Eine dieser getesteten Personen wies eine mittelgradige Intelligenzminderung[594] auf. Bei den übrigen wurde eine durchschnittliche Intelligenz[595] festgestellt. Bei den zu ihren kognitiven Fähigkeiten untersuchten TäterInnen dürfte grundsätzlich die Vermutung bestanden haben, dass eine Auffälligkeit in die eine oder in die andere Richtung vorliegt. Es kann daher davon ausgegangen werden, dass bei den nicht hierauf untersuchten TäterInnen kein Anlass zur Vermutung bestand, dass diese hoch- oder minderbegabt sein könnten.

5.3.5.3 Tathintergrund/Tatanlass

Tatauslöser

Bei dieser Fallgruppe lassen sich - in unterschiedlichen Ausprägungen und Zusammensetzungen - im Wesentlichen zwei Tatauslöser erkennen: Häufig bestand akut oder im Hintergrund ein Trennungskonflikt mit dem Partner. Das Kind wurde dann oft getötet, um sich für das zerstörte Leben an dem Partner zu rächen. In der anderen Konstellation war das Kind für die TäterInnen schlicht ein „Störfaktor" bzw. eine „Last". Das empfundene Stören war vielfältig und ging von der Störung bei der allgemeinen Lebensführung über eine finanzielle aufgrund von Unterhaltszahlungen bis zu Schreien in der aktuellen Situation. In Einzelfällen diente die Tötung des Opfers zur Verdeckung der Tötung der Mutter des Opfers. Nur in einem Fall begünstigte Alkohol die Tatbegehung.

Tat im Kontext längerfristiger Misshandlung

Keine der Taten stand mit einer längerfristigen Misshandlung des Opfers in Zusammenhang.

[594] IQ = 35–49, ICD-10 F 71. Die Prävalenz schwerer Formen von Intelligenzminderung, d.h. mit einem IQ < 50, wird in der Literatur und im internationalen Vergleich weitgehend konstant mit 0,4 % angegeben (vgl.: http://www.dgspj.de/index.php?option=com_content&view=article&id=67&Itemid=112).

[595] IQ = 85–115.

Tat im Kontext längerfristiger Vernachlässigung

In einem Einzelfall vernachlässigte eine Mutter alle von ihr zu unterschiedlichen Zeiten getöteten Kinder (n = 3) emotional sehr stark.

5.3.5.4 Tat und Tatumstände

Tatörtlichkeit

Fast alle Opfer wurden in der eigenen Wohnung getötet (84,4 %, n = 27). In den wenigen anderen Fällen wurde das Opfer unter freiem Himmel getötet (n = 4), z.B. in einem Waldstück oder durch Ertränken in einem Fluss. In einem Ausnahmefall erfolgte die Tötung während eines Behördenbesuchs.

Wochentag der Tatbegehung

In dieser Fallgruppe ist eine leichte Risikoerhöhung an Samstagen erkennbar. Ein Viertel der Opfer (n = 8) wurde an diesem Wochentag getötet. An den anderen Wochentagen ist das Risiko eher ausgeglichen.

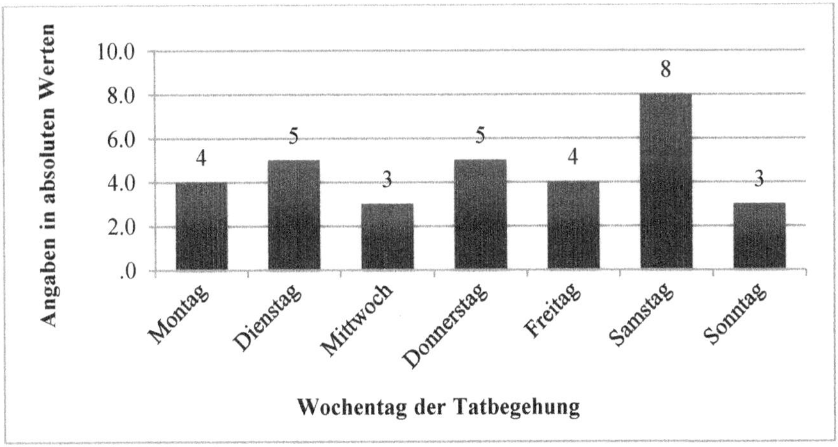

Abbildung 171: Wochentag der Tatbegehung. Alle Opfer zielgerichteter Tötungen (n = 32).

Uhrzeit der Tatbegehung

Gut drei Viertel der Opfer wurden in der Zeit von 16:00 Uhr bis 03:59 Uhr getötet (78,2 %, n = 25). In dieser Zeit, ab dem Nachmittag bis in den frühen Morgen, besteht demnach ein wesentlich höheres Tötungsrisiko als in den Vormittags- und Mittagsstunden zwischen 04:00 Uhr und 15:59 Uhr. In diesem Zeitabschnitt wurden nur sechs der 32 Opfer getötet (18,8 %).

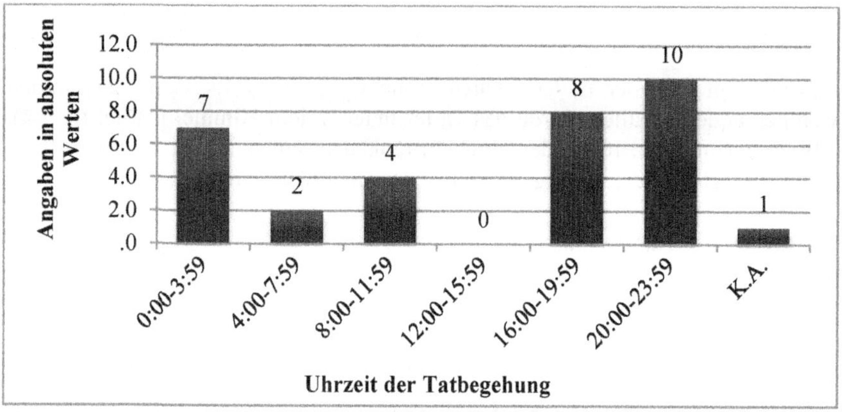

Abbildung 172. Uhrzeit der Tatbegehung. Alle Opfer zielgerichteter Tötungen (n = 32).

Tötungsart

Bei dieser Fallgruppe dominierte die Tötung durch Ersticken, 13 Opfer (40,6 %) wurden auf diese Weise getötet. Seltener wurden die Opfer erstochen (18,8 %, n = 6) bzw. ertränkt (18,8 %, n = 6). Vereinzelt starben sie auch durch Erwürgen o.ä., äußere stumpfe Gewalt, den Sturz aus dem Fenster oder Brandlegung. In den Fällen mit unklarer Tötungsart (n = 2) wurde das Opfer nicht gefunden bzw. ließ sich die Tötungsart aufgrund der langen Liegezeit nicht mehr bestimmen. Beide Täter schwiegen zu dem Tatgeschehen.

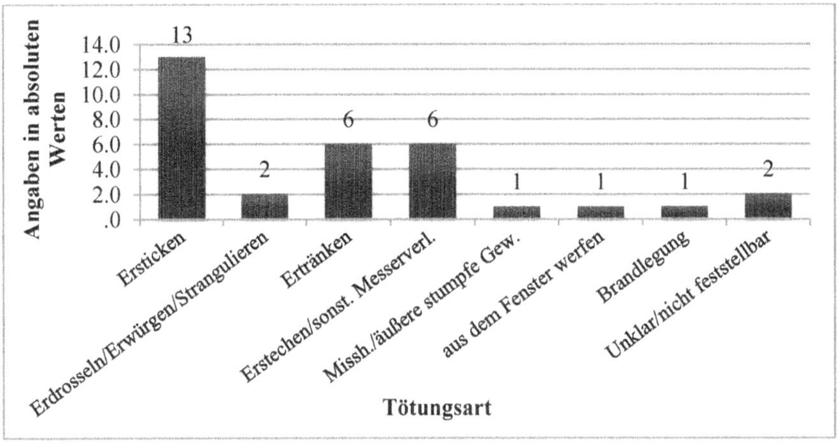

Abbildung 173: Tötungsart. Alle Opfer zielgerichteter Tötungen (n = 32).

5.3.5.5 Eventuelle Interventionsmöglichkeiten

Tatankündigung

Drei TäterInnen kündigten ihre Taten sehr konkret und in zeitlich nahem Zusammenhang an, z.B. durch die Androhung gegenüber dem anderen Elternteil, die Kinder zu töten. In einem weiteren Fall handelte es sich zwar nicht um eine Tatankündigung. Dem Vater des Opfers und Behörden war ein vorangegangener Tötungsversuch aufgrund eines Geständnisses der Mutter allerdings bekannt, ohne dass nennenswerte Konsequenzen daraus gezogen wurden.

Kontakt des Jugendamts zur Familie des Opfers

In sechs Fällen lässt sich nach den Akten mindestens vermuten, dass das Jugendamt zum Tatzeitpunkt bereits intensiveren Kontakt zu der Familie des Opfers hatte. Die Gründe für den Erstkontakt waren sehr unterschiedlich. Unter Anderem bestand bereits eine langjährige Betreuung der Mutter des Opfers oder das Jugendamt wurde konkret wegen des Verdachts auf Erstickungsversuche zum Nachteil des Opfers kontaktiert. Meist erfolgten daraufhin Hausbesuche.

Sonstige Hinweise auf Interventionsmöglichkeiten

Bei knapp der Hälfte der Opfer gab es Hinweise auf weitere Interventionsmöglichkeiten. Meist beschränkte es sich jedoch darauf, dass problematische familiäre Zustände bekannt waren oder die TäterInnen vage Hinweise auf die Tat gaben.

5.3.5.6 Kenntniserlangung der Tat und Ermittlungsaktivitäten

Kenntnisnahme von der Tat durch die Strafverfolgungsbehörden

Häufig wurde die Polizei von Familienmitgliedern, z.T. auch Freunden, informiert. Grund für das Herantreten waren Vermisstenmeldungen, Tötungsankündigungen oder das Auffinden des toten Opfers. Etwa ebenso häufig informierten Ärzte oder Krankenhäuser die Strafverfolgungsbehörden über den unnatürlichen Todesfall eines Kindes, wobei meist die Eltern vorher den Notarzt alarmiert hatten. Deutlich seltener meldeten sich Dritte bei der Polizei, z.B. weil sie die Leiche gefunden hatten oder weil es in der Nachbarwohnung brannte. Vier TäterInnen (12,5 %) meldeten ihre Tat selbst bei den zuständigen Strafverfolgungsbehörden.

Kenntnis Tat-Unbeteiligter vom Tötungsdelikt lange vor den Strafverfolgungsbehörden

In drei Fällen wussten tat-unbeteiligte Personen schon Monate oder auch Jahre vor den Strafverfolgungsbehörden von der Tat. In allen diesen Fällen hatte der Täter oder die Täterin diesen (meist den Lebensgefährten) die Tat selbst gestanden. Diese unternahmen nichts, entweder aus Angst vor dem Partner oder weil sie das Geständnis nicht glaubten bzw. aus anderen, unbekannten Gründen. In zwei anderen Fällen hatten Personen kürzere bzw. unklar lange Kenntnis von der Tat. Dabei teilte in einem Fall der Täter bzw. die Täterin allen Besuchern einer Lokalität die Tötung des Kindes mit, worauf aber niemand reagierte und der Täter bzw. die Täterin schließlich selbst die Polizei rief. Im zweiten Fall gestand der Täter bzw. die Täterin einer Person, die an der Tötung der Mutter des Opfers beteiligt war, ebenfalls das Opfer getötet zu haben.

Ermittlungsaktivitäten

Neben den allgemein üblichen Ermittlungsaktivitäten wie z.B. Beschuldigten- oder Zeugenvernehmungen, der fotografischen Dokumentation von Tatort und

Tatfolgen und Beschlagnahme bzw. Sicherstellung von Beweismitteln wurden gelegentlich auch andere, in Einzelfällen sehr umfangreiche Maßnahmen ergriffen. Daher erfolgen hier zur Veranschaulichung nur einige Beispiele ohne Anspruch auf Vollständigkeit. In fünf Fällen wurde aufwändig, z.B. auch durch den Einsatz von Hunden und/oder Tauchern, nach der Leiche gesucht. Diese Bemühungen blieben sämtlich erfolglos bzw. Dritte fanden schließlich die Leiche[596]. Einmal wurde mittels Tauchern nach der Tatwaffe gesucht. In zwei Fällen wurde wegen des Verschwindens eine Suchmeldung im Fernsehen ausgestrahlt. Vereinzelt wurden auch unterschiedliche Gutachten eingeholt, wie z.B. KFZ-Gutachten, Gutachten über eine Terrassentür oder biologische Gutachten, um die vom Täter bzw. der Täterin dargestellte Version (Bestreiten der Täterschaft, Unfallgeschehen) zu überprüfen. In einem Fall wurde ein ethnologisches Gutachten eingeholt. Besonderen Aufwand betrieben die Ermittlungsbehörden in einem Fall, in dem drei Kinder angeblich an plötzlichem Kindstod gestorben waren, die Ermittler diese Version nach dem dritten toten Kind aber nicht mehr glaubten, obwohl medizinisch keine Tötung nachzuweisen war. Dort wurden zunächst über mehrere Monate ergebnislos Telefonüberwachungen durchgeführt. Erst durch den mehrmonatigen Einsatz eines verdeckten Ermittlers, dem gegenüber die Täterin die Tötungen schließlich gestand, war der Tatnachweis schließlich möglich.

Rechtsmedizinische Gutachten

30 der 32 Opfer zielgerichteter Tötungen wurden obduziert und ein rechtsmedizinisches Gutachten erstellt (93,8 %). Die Leichen der beiden anderen Opfer wurden nicht gefunden.

5.3.5.7 Beurteilung durch Staatsanwaltschaften und Gerichte

Haft- und Unterbringungsbefehl

Alle 27 TäterInnen zielgerichteter Tötungen wurden in Untersuchungshaft genommen. Nur in einem Fall wurde der Haftbefehl zeitgleich mit seinem Erlass gegen Auflagen außer Vollzug gesetzt. Als Haftgrund wurde regelmäßig die Schwere der Tat (§ 112 Abs. 3 StPO), meist in Verbindung mit Fluchtgefahr,

---

[596] Nur in einem Fall verriet der Täter im Laufe der Suchmaßnahmen das Versteck der Leichen.

angegeben[597]. Bei jeweils zwei TäterInnen war der Haftgrund Flucht (§ 112 Abs. 2 Nr. 1 StPO) bzw. Fluchtgefahr (§ 112 Abs. 2 Nr. 2 StPO).

Strafverteidigung

Auch in dieser Fallgruppe wurden alle TäterInnen vor Gericht verteidigt[598]. Nur in einem Fall blieb die Strafverteidigung unklar, da das Verfahren von einem ausländischen Gericht geführt wurde.

Aussageverhalten / Geständnis

Etwa die Hälfte der TäterInnen (n = 14) legte bei der Polizei ein Geständnis, weitere zwei ein Teilgeständnis ab. Neun bestritten die Tat, zwei ließen sich bei der polizeilichen Vernehmung nicht zur Sache ein. Im Rahmen der Hauptverhandlung gestanden noch 11 TäterInnen (40,7 %) die Tat vollständig, fünf legten ein Teilgeständnis ab. Nur noch vier TäterInnen bestritten die Vorwürfe. Fünf TäterInnen ließen sich vor Gericht nicht zur Sache ein. Bei zwei TäterInnen ist die Aussage vor Gericht unklar. Der konkrete Aussageverlauf zeigt, dass die TäterInnen im Wesentlichen bei ihren Aussagen blieben. Zwei TäterInnen, die die Tat zunächst bei der Polizei bestritten hatten, legten in der Hauptverhandlung ein Geständnis ab. Keine/r revidierte vor Gericht ein vorher bei der Polizei abgelegtes Geständnis[599]. Drei TäterInnen die die Tat bei der Polizei bestritten hatten, machten in der Hauptverhandlung allerdings keine Angaben mehr zur Sache. Auch einer Person, die ein polizeiliches Geständnis abgegeben hatte, äußerte sich vor Gericht nicht mehr zu den Vorwürfen.

Anklageerhebung/Antrag im Sicherungsverfahren

Bei allen TäterInnen wurde Anklage erhoben. Anträge im Sicherungsverfahren wegen Schuldunfähigkeit wurden somit nicht gestellt. Die Anklagen erfolgten

---

[597] Eine verfassungskonforme Auslegung des § 112 Abs. 3 StPO gebietet das Vorliegen eines weiteren Haftgrunds. An diesen weiteren Haftgrund werden aber hinsichtlich der Gefahrprognose geringere Anforderungen gestellt. Dennoch wurde in einigen Haftbefehlen allein der § 112 Abs. 3 StPO als Haftgrund genannt.

[598] Eine anwaltliche Vertretung ist Pflicht u.a. bei Prozessen vor dem Landgericht, bei Verbrechen (Strafandrohung mindestens 1 Jahr Freiheitsstrafe), bei einer möglichen Unterbringung in einem psychiatrischen Krankenhaus oder schlicht wegen der Schwere der Tat.

[599] Bei zwei TäterInnen, die die Tat bei der Polizei gestanden hatte, ist das konkrete Aussageverhalten in der Hauptverhandlung unklar.

fast ausschließlich zum Landgericht[600]. Nur in einem Fall wurde Anklage zur Jugendkammer[601] erhoben.

Verfahrenseinstellungen

Eine Einstellung nach § 170 Abs. 2 StPO oder 153 ff. StPO gegen alle Beschuldigten erfolgte in keinem der Fälle. Nur bei zwei Opfern wurde das Verfahren jeweils gegen einen Beschuldigten, den sozialen/biologischen Vater nach § 170 Abs. 2 StPO mangels hinreichenden Tatverdachts eingestellt[602].

Hauptverhandlung

Bei den zielgerichteten Tötungen gab es vergleichsweise wenig Sitzungstage, in 40 % (n = 10), war die Hauptverhandlung bereits nach ein bis fünf Verhandlungstagen beendet. Ebenso häufig gab es Hauptverhandlungen mit sechs bis zehn Sitzungstagen. Gelegentlich kam es auch zu langen Verfahren mit 11 bis 20, in einem Fall sogar mit 23 Sitzungstagen. In einem Gerichtsverfahren standen zwei Angeklagte vor Gericht. In den übrigen Fällen handelte es sich um jeweils einen Angeklagten bzw. eine Angeklagte.

---

[600] Anklagen wegen Mordes, Totschlags und Körperverletzung mit Todesfolge sind bei Erwachsenen nach § 74 Abs. 2 GVG immer vor dem Landgericht als Schwurgericht zu erheben. Das Landgericht ist nach § 74 Abs. 1 GVG zudem bei allen Straftaten (also auch bei fahrlässigen Tötungsdelikten) zuständig, bei denen eine höhere Strafe als vier Jahre Freiheitsstrafe oder die Unterbringung in einem psychiatrischen Krankenhaus, allein oder neben einer Strafe, oder in der Sicherungsverwahrung zu erwarten ist.

[601] Die Jugendgerichte an sich sind zuständig bei Jugendlichen (14 bis unter 18 Jahre) und Heranwachsenden (18 bis unter 21 Jahre). Die Jugendkammer beim Landgericht ist nach § 41 JGG bei Mord, Totschlag und Körperverletzung mit Todesfolge sowie bei erwarteter Unterbringung in einem psychiatrischen Krankenhaus zuständig.

[602] Gegen einen bestand nur ein geringer Anfangsverdacht. Gegen den anderen wurde zwar über Monate ermittelt, er erwies sich aber als unschuldig. Täter war in beiden Fällen die Mutter.

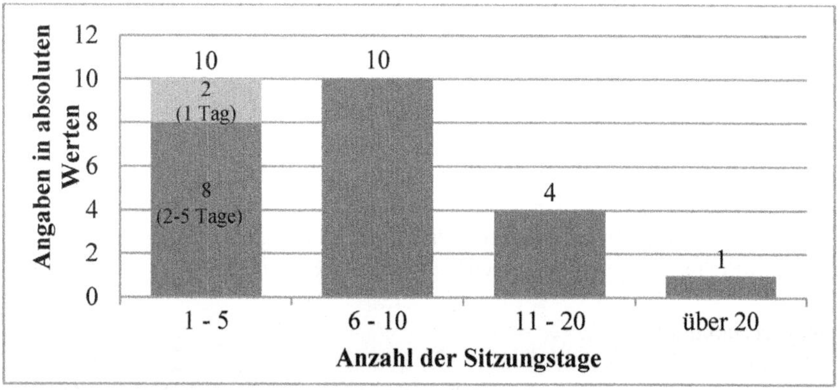

Abbildung 174: Anzahl der Sitzungstage. Zielgerichtete Tötungen ohne Ausfallwerte (n = 25).

Bei der Fallgruppe der zielgerichteten Tötung wurden insgesamt betrachtet im Rahmen der Beweisaufnahme sehr viele Zeugen vernommen: Bei 72 % der Gerichtsverfahren (n = 18) gab es mehr als 11 (bis zu 51) Zeugen. In keinem Verfahren wurden weniger als sechs Personen vernommen. Dies weist auf besonders schwierig zu führende Tatnachweise, bzw. um sehr komplexe Taten hin.

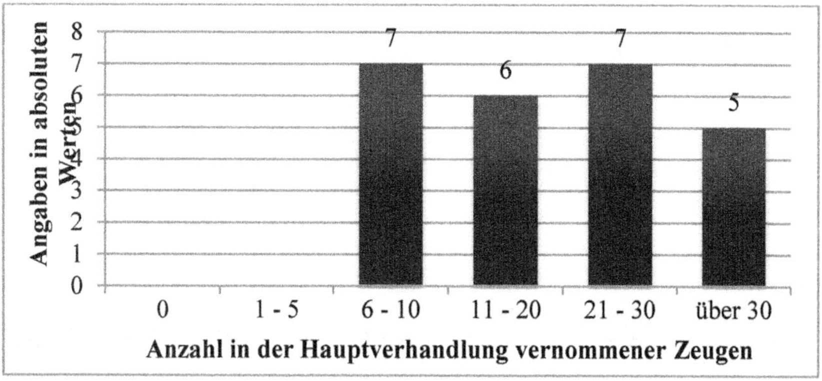

Abbildung 175: Anzahl in der Hauptverhandlung vernommener Zeugen. Zielgerichtete Tötungen ohne Ausfallwerte (n = 25).

Auf die Vernehmung von Sachverständigen wurde ebenfalls in keinem Gerichtsverfahren verzichtet. Es erstatteten immer mindestens zwei (40 %), aber auch bis zu sechs Sachverständige ihr Gutachten, was wiederum auf die Komplexität dieser Verfahren hindeutet.

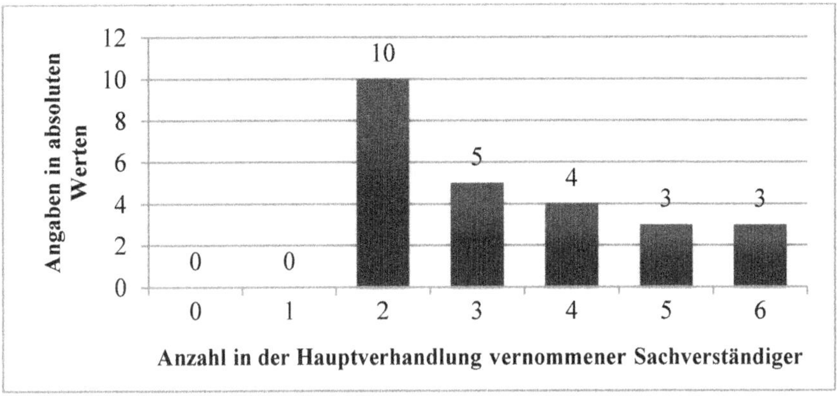

Abbildung 176: Anzahl in der Hauptverhandlung vernommener Sachverständiger. Zielgerichtete Tötungen ohne Ausfallwerte (n = 25).

Schuldfähigkeit

Bei 22 der 27 TäterInnen zielgerichteter Tötungen wurde die Frage der Schuldunfähigkeit nach § 20 StGB während des Verfahrens thematisiert, jedoch bei keinem/r rechtskräftig festgestellt. Die Frage der verminderten Schuldfähigkeit nach § 21 StGB wurde bei fast allen TäterInnen (bei 26 der 27 TäterInnen) vom Gericht angesprochen. Rechtskräftig festgestellt wurde sie später bei einem Drittel der TäterInnen (n = 9).

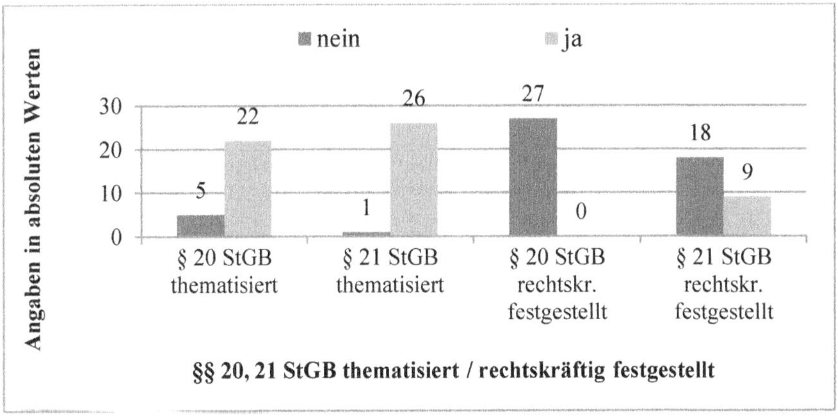

Abbildung 177: §§ 20, 21 StGB thematisiert / rechtskräftig festgestellt. Alle TäterInnen zielgerichteter Tötungen (n = 27).

Strafrechtlicher Vorwurf – Anklage[603]

Drei Viertel der TäterInnen wurden wegen Mordes angeklagt. Im Übrigen ging die Staatsanwaltschaft von Totschlag aus[604].

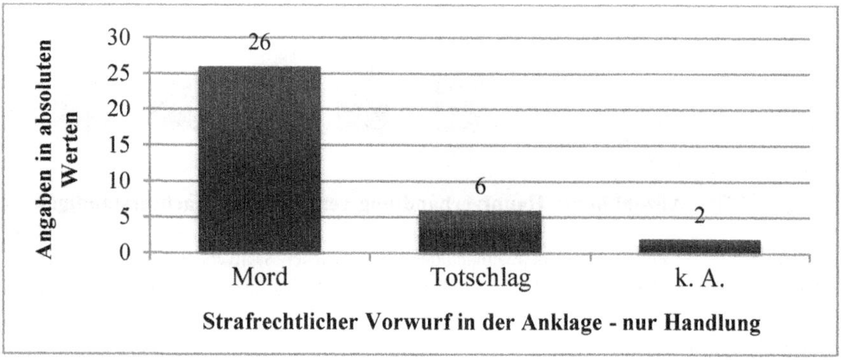

Abbildung 178: Strafrechtlicher Vorwurf in der Anklage – nur Handlung. Alle TäterInnen zielgerichteter Tötungen, bei TäterInnen, die mehrere Kinder getötet haben, wurden alle Verurteilungen erfasst (n = 34).

Strafrechtlicher Vorwurf – Rechtskräftige Verurteilung[605]

Auch bei den Verurteilungen dominieren klar die Verurteilungen wegen Mordes (n = 23, 67,6 %[606]). Die verwirklichten Mordmerkmale weisen eine recht große Bandbreite auf[607]. Sechs Mal wurde Verdeckungsabsicht angenommen, jeweils um die vorangegangene Tötung der Kindsmutter zu verdecken. Acht Mal nahmen die Gerichte niedrige Beweggründe[608] für die Tötung an, davon in drei Fällen kombiniert mit Heimtücke. Jeweils bei einer Täterin bzw. einem Täter wurde

[603] Bei TäterInnen, die mehrere Kinder getötet haben, wurden alle Anklagen erfasst, z.B. wenn wegen der Tötung des ersten Kindes eine Anklage wegen Totschlags, wegen des zweiten Kindes wegen Mordes ergangen ist. Daher ist n = 34 statt n = 27.

[604] In einem Fall mit zwei Opfern wurde die Täterin vor einem ausländischen Gericht angeklagt, so dass diesbezüglich keine Angaben vorliegen.

[605] Bei TäterInnen, die mehrere Kinder getötet haben, wurden alle Verurteilungen erfasst, z.B. wenn wegen der Tötung des ersten Kindes eine Verurteilung wegen Totschlags, wegen des zweiten Kindes wegen Mordes ergangen ist. Daher ist n = 34 statt n = 27.

[606] Zwei TäterInnen wurden wegen zweifachen, eine/r wegen dreifachen Mordes verurteilt.

[607] In einem Fall, in dem zwei Kinder getötet wurden, erfolgte die Verurteilung wegen zweifachen Mordes nach ausländischem Recht, so dass eine Zuordnung zu einem Mordmerkmal nicht erfolgen konnte.

[608] Meist Tötung aus Rache am Partner wegen einer vorangegangenen Trennung, seltener stand das Kind auch einfach der Lebensplanung der TäterInnen im Weg.

(allein) das Mordmerkmal der Habgier (Befreiung von Unterhaltsleistungen), Grausamkeit oder Heimtücke angenommen. In den anderen Fällen erfolgten Verurteilungen wegen Totschlags (n = 10, 29,4 %) bzw. minder schweren Fall des Totschlags (n = 1) verurteilt.

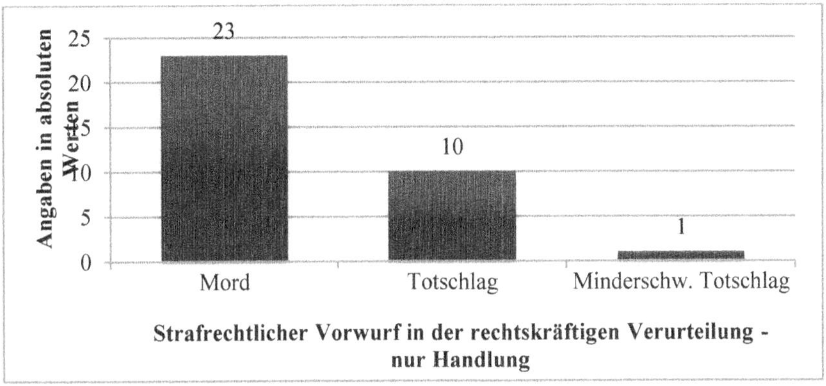

Abbildung 179: Strafrechtlicher Vorwurf in der rechtskräftigen Verurteilung – nur Handlung. Alle TäterInnen zielgerichteter Tötungen (n = 34)[609].

Straf- und Maßregelausspruch – Anträge

Die Staatsanwaltschaft forderte in dieser Fallgruppe ausschließlich Strafen ohne Bewährung, nur in einem Fall kombiniert mit der Unterbringung in einem psychiatrischen Krankenhaus. Anders plädierte die Verteidigung. Bei sieben TäterInnen (25,9 %) forderte sie einen Freispruch, bei zweien kam sie zu dem Schluss, dass die Strafe zur Bewährung ausgesetzt werden kann. Bei immerhin 13 TäterInnen plädierte auch die Verteidigung auf eine Strafe ohne Bewährung (48,4 %). Bei vier TäterInnen stellte die Verteidigung keinen konkreten Antrag bzw. die Strafe in das Ermessen des Gerichts.

[609] Bei TäterInnen, die mehrere Kinder getötet haben, wurden alle Verurteilungen erfasst.

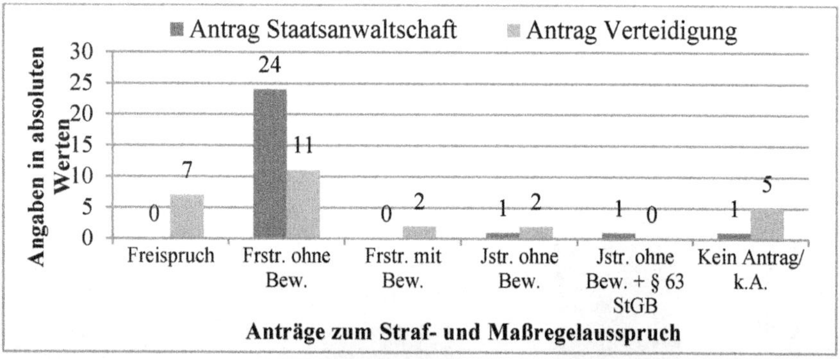

Abbildung 180: Anträge zum Straf- und Maßregelausspruch. Alle TäterInnen zielgerichteter Tötungen (n = 27).

Erstinstanzliche und rechtskräftige Verurteilungen – Straf- und Maßregelausspruch

Alle erstinstanzlichen Entscheidungen sind im Straf- und Maßregelausspruch auch rechtskräftig geworden[610]. Fast ausnahmslos alle TäterInnen zielgerichteter Tötungen wurden zu Freiheits- oder Jugendstrafen ohne Bewährung verurteilt, in einem Fall kombiniert mit einer Unterbringung in einem psychiatrischen Krankenhaus gemäß § 63 StGB. Nur bei einer Person wurde die Freiheitsstrafe zur Bewährung ausgesetzt.

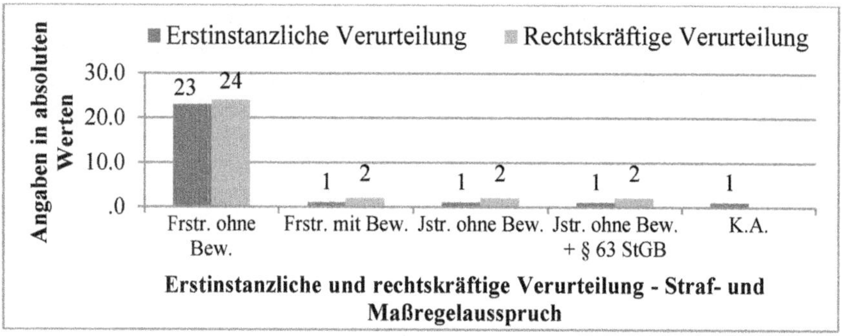

Abbildung 181: Erstinstanzliche und rechtskräftige Verurteilung – Straf- und Maßregelausspruch. Alle TäterInnen zielgerichteter Tötungen (n = 27).

---

610 Ein Täter bzw. eine Täterin wurde von einem ausländischen Gericht verurteilt. Die erstinstanzliche Entscheidung dieses Gerichts war in den Akten nicht enthalten.

Strafhöhe – Anträge bei Freiheitsstrafen ohne Bewährung

Die Staatsanwaltschaft forderte fast ausnahmslos sehr hohe Freiheitsstrafen von über zehn Jahren (n = 5) bzw. lebenslange Freiheitsstrafe (n = 17). Von der Verteidigung wurden ebenfalls hohe Freiheitsstrafen von sechs bis zehn (n = 2) bzw. über zehn Jahren (n = 3) gefordert. Weitere sechs Verteidiger/innen hatten zwar eine Freiheitsstrafe ohne Bewährung beantragt, zur Strafhöhe selbst aber keine konkreten Angaben gemacht bzw. diese in das Ermessen des Gerichts gestellt.

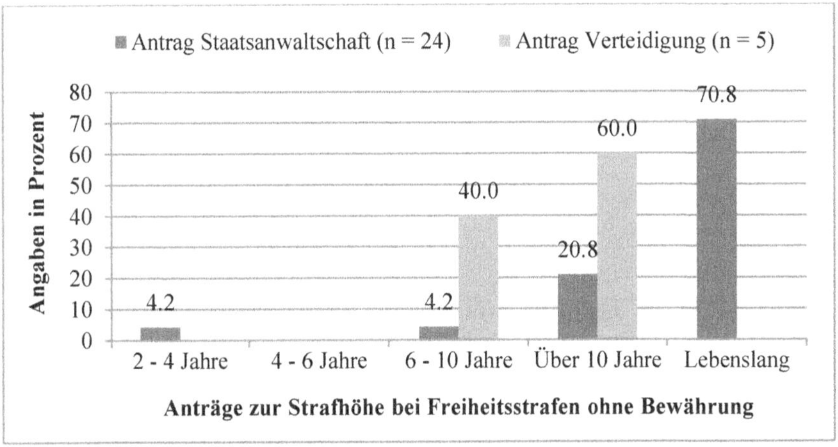

Abbildung 182: Anträge zur Strafhöhe bei Freiheitsstrafen ohne Bewährung. TäterInnen zielgerichteter Tötungen.

Strafhöhe – Anträge bei Jugendstrafen ohne Bewährung[611]

In einem Fall forderte die Staatsanwaltschaft eine hohe Jugendstrafe im Bereich von sechs bis zehn Jahren[612]. In einem anderen beantragte auch die Verteidigung eine hohe Jugendstrafe von sechs bis zehn Jahren[613].

[611] Jugendstrafrecht ist bei Jugendlichen (zur Tatzeit 14 Jahre bis unter 18 Jahre) zwingend, bei Heranwachsenden (zur Tatzeit 18 Jahre bis unter 21 Jahre) bei Vorliegen von Reifeverzögerungen oder jugendtypischen Taten anzuwenden. Das Höchstmaß der Jugendstrafe beträgt 10 Jahre, §§ 18 Abs. 1, 105 Abs. 3 JGG.

[612] In dem anderen Fall, in dem die Anklagebehörde eine Jugendstrafe ohne Bewährung forderte, lagen zur geforderten Strafhöhe keine Angaben vor.

[613] Die Staatsanwaltschaft hatte in diesem Fall eine noch höhere Freiheitsstrafe beantragt.

Strafhöhe – Erstinstanzliche und rechtskräftige Freiheitsstrafen ohne Bewährung

Alle TäterInnen zielgerichteter Tötungen, die Freiheitsstrafen ohne Bewährung erhielten, wurden zu hohen Freiheitsstrafen von mindestens sechs Jahren verurteilt. Dabei dominierten klar die lebenslangen Haftstrafen, knapp zwei Drittel aller TäterInnen dieser Fallgruppe (n = 17) wurde rechtskräftig zur Höchststrafe verurteilt[614]. Zwar handelte es sich bei dabei auch um in der Abbildung nicht sichtbare Gesamtfreiheitsstrafen[615]. Allerdings erhielten in allen diesen Fällen die TäterInnen bereits für die Tötung des Opfers der Untersuchungsgruppe als Einzelstrafe eine lebenslange Freiheitsstrafe. In drei weiteren Fällen mit Gesamtstrafenbildung wurden die TäterInnen wegen der Tötung mehrerer Kinder bzw. der Tötung des Opfers und dessen Mutter zu Gesamtstrafen von 13 bis 15 Jahren verurteilt[616].

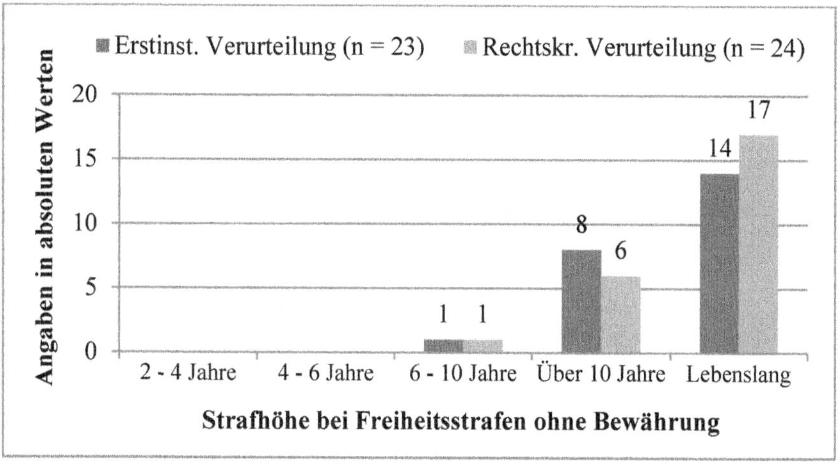

Abbildung 183: Strafhöhe bei Freiheitsstrafen ohne Bewährung, TäterInnen zielgerichteter Tötungen ohne Ausfallwerte, erstinst. Verurteilung (n = 23), rechtskr. Verurteilung (n = 24).

[614] Eine Person wurde von einem ausländischen Gericht zu lebenslanger Haft verurteilt. Die erstinstanzliche Entscheidung dieses Gerichts war in den Akten nicht enthalten.

[615] Oft, weil der Täter nicht nur das Opfer, sondern auch dessen Mutter tötete.

[616] Die Einzelstrafen für die Tötung der Opfer der Untersuchungsgruppe lagen zwischen vier und elf Jahren.

Strafhöhe – Erstinstanzliche und rechtskräftige Verurteilung bei Jugendstrafen

Die beiden zu Jugendstrafen ohne Bewährung verurteilten TäterInnen wurden ebenfalls zu hohen Strafen von sechs bis zehn Jahren verurteilt.

Rechtsmittel

Sehr häufig wurden gegen die erstinstanzlichen Urteile Rechtsmittel eingelegt. 19 der 27 Angeklagten TäterInnen (70,4 %) legten (allein) Revision ein, nur bei einem Täter war sie jedoch auch erfolgreich.[617] Die erstinstanzlichen Urteile wurden somit fast immer vom BGH gehalten. Ein Täter nahm die Revision vorzeitig wieder zurück. In einem Fall ging die Staatsanwaltschaft, dann erfolgreich[618], in Revision. Allseitiger Rechtsmittelverzicht wurde nur in einem Fall erklärt.

Freisprüche

Bei der Fallgruppe der zielgerichteten Tötungen gab es keine Freisprüche.

5.3.5.8 Leben nach der Tat

Die Angaben zu dem Leben nach der Tat haben aus den bereits in der Fallgruppe der Neonatizide geschilderten Gründen eher illustrativen Charakter, ohne dass man daraus allgemeingültige Aussagen ableiten könnte. Bei drei TäterInnen kam es nach der Tat zur Trennung vom Partner. Einer minderintelligenten Täterin wurde nach der Tatentdeckung ein Betreuer beigeordnet. In dem Fall, in dem Bekannte zunächst die Mutter und dann deren Kind töteten, beteuerte einer der Täter auch nach dem rechtskräftigen Abschluss des Verfahrens jahrelang seine Unschuld bezüglich der Kindstötung und erstrebte – bis dahin vergeblich – eine Wiederaufnahme des Verfahrens. Von dem anderen Täter ist bekannt, dass er auch Jahre nach dem Urteil noch auf unbestimmte Zeit in einem psychiatrischen Krankenhaus untergebracht war.

[617] Die in erster Instanz festgestellte Schwere der Schuld wurde nicht bestätigt.

[618] Der Schuldausspruch wurde von Totschlag in Totschlag in einem besonders schweren Fall und die Strafhöhe von 12 Jahre in lebenslang abgeändert (Gesamtstrafenbildung wegen der Tötung der Mutter, dort Abänderung von Gesamtfreiheitsstrafe von 15 Jahren in lebenslange Freiheitsstrafe).

5.3.5.9 Zusammenfassung

Diese Gruppe umfasst alle Fälle (n = 32, 6,2 %), bei denen die TäterInnen die Tötung zielgerichtet in klarer Tötungsabsicht mittels einer relativ sicher zum Tode führenden Tötungshandlung/Tötungsart vornahmen, ohne dass eine der anderen Kategorien[619] vorlag. Es gab in dieser Deliktsgruppe vier Fälle mit zwei Opfern sowie ein Fall, bei dem drei Kinder getötet wurden. Hinsichtlich des Alters zeigt sich eine Höherbelastung in der Altersgruppe 1 Tag - 3 Monate (n = 8). Von den 27 TäterInnen waren 16 die biologischen Väter, acht die biologischen Mütter der Kinder. Bei den übrigen TäterInnen handelte es sich um einen sozialen Vater sowie Freunde der Mutter. Besonderheiten beim Grad der schulischen oder beruflichen Bildung gab es auch hier gegenüber der vergleichbaren durchschnittlichen Bevölkerung keine. Etwas erhöht war der Anteil der Personen, die Sozialleistungen bezogen. Die TäterInnen waren zumeist 21-40 Jahre alt (n = 21), 23 von ihnen wurden im Rahmen des Strafverfahrens psychologisch/psychiatrisch untersucht, dabei zeigte sich, dass 13 Täterinnen zum Tatzeitpunkt eine psychische Erkrankung/Auffälligkeit aufwiesen, zumeist handelte es sich dabei um Persönlichkeitsstörungen oder -akzentuierungen. In dieser Fallgruppe dominierte als Tötungsart das Ersticken (n = 13). In jeweils sechs Fällen wurden die Opfer erstochen bzw. ertränkt, nur vereinzelt wurden sie erwürgt oder verstarben an den Folgen äußerer stumpfer Gewalt, bzw. in Folge eines Sturzes aus dem Fenster oder Brandlegung. In zwei Fällen blieb die Tötungsart unklar, einmal wurde die Leiche nicht gefunden, im zweiten Fall ließ sich die Tötungsart aufgrund der langen Liegezeit nicht mehr bestimmen.

Hinsichtlich der Tatauslöser gab es in dieser Fallgruppe im Wesentlichen zwei besonders häufige Punkte: Zum einen war dies ein akuter oder auch im Hintergrund schwelender Trennungskonflikt/ Sorgerechtsstreitigkeiten, dabei vermischten sich zumeist verschiedene Aspekte wie das „nicht-abgeben-wollen" oder „dem-Partner-nicht-gönnen" des Kindes mit altruistischen Komponenten (z.B. dem Kind eine vermeintlich schwere oder traurige Zukunft zu ersparen). In anderen Fällen wurden die Kinder als „Last" oder „störend" für die allgemeine Lebensführung oder auch als spezielle Belastung empfunden, z.B. wenn die TäterInnen ihnen zu Unterhaltszahlungen verpflichtet waren. In Einzelfällen wurde das Kind im Kontext der Tötung der Partnerin zum Opfer, entweder aus Verdeckungsgründen, oder weil es während der Tat an der Mutter hinzukam und sich der Täter dann eher spontan entschloss, nun auch das Kind zu töten.

Die Daten zeigen in Bezug auf die Strafverfolgung unterschiedliche Verfahrensverläufe und ein im Vergleich zu den anderen Fallgruppen sehr hohes Sank-

[619] Insbesondere erweiterter Suizid oder psychische Erkrankung.

tionsniveau. Teilweise war der Tatnachweis überaus aufwändig und erforderte umfangreiche rechtsmedizinische Untersuchungen, Tatrekonstruktionen und Zeugenvernehmungen. Nur in einem Fall erfolgte eine Verurteilung zu einer Bewährungsstrafe, von insgesamt 27 Täterinnen und Tätern wurden 23 zu Freiheitsstrafen von mehr als 10 Jahren verurteilt. Die hohen Sanktionen lassen sich in einem größeren Teil der Fälle dadurch erklären, dass die Tat mehrere Opfer gefordert hat (Geschwister bzw. neben dem Kind auch die Mutter des Opfers).

5.3.6 *Vernachlässigung*

5.3.6.1 Zentrale Merkmale der Opfer

Anzahl der Opfer

Diese Fallgruppe ist mit 20 von 535 Opfern (3,7 %) zahlenmäßig die kleinste[620].

Mehrere Opfer der Untersuchungsgruppe

In der Gruppe der Tötung durch Vernachlässigung gab es einen Fall mit zwei Opfern aus der Untersuchungsgruppe[621].

Alter des Opfers zum Tatzeitpunkt

Im Unterschied zu den meisten anderen Fallgruppen ist hier keine massive Risikoerhöhung nur in den ersten 6 Lebensmonaten erkennbar, es ergibt sich vielmehr eine breitere Streuung. Sichtbar ist eine leichte Tendenz zu einer Höherbelastung im Alter von einem Tag bis 15 Monaten. In diesem Altersabschnitt starben neun Kinder (45 %).

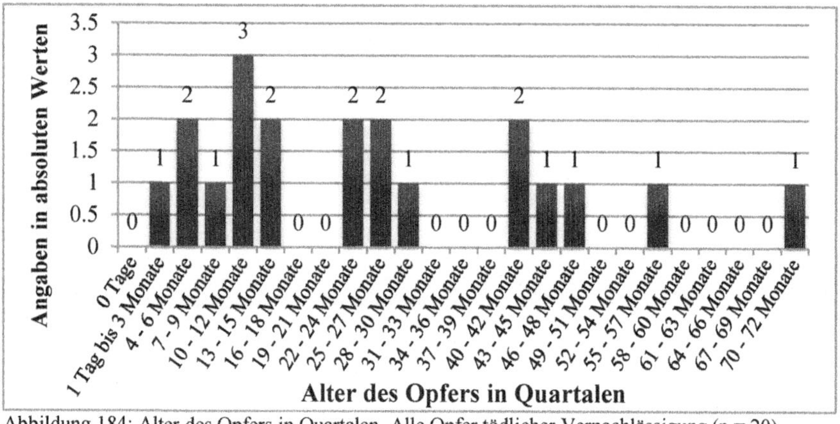

Abbildung 184: Alter des Opfers in Quartalen. Alle Opfer tödlicher Vernachlässigung (n = 20).

[620] Ausgenommen der Gruppen „Plötzlicher Kindstod unklar", „Natürlicher Tod/Unfall" und „Sonstiges", die nicht oder nicht zwingend vorsätzliche Tötungsdelikte darstellen.
[621] Bei den Opfern handelt es sich um Brüder, zwei und drei Jahre alt, die über etwa 2 Wochen allein in der Wohnung zurückgelassen wurden.

Geschlecht des Opfers

Das Geschlechterverhältnis ist bei den Opfern tödlicher Vernachlässigung ausgeglichen. Es gab elf männliche und neun weibliche Opfer.

Wunschkind

Es dominieren die Fälle, in denen die Schwangerschaft mit den Opfern nicht geplant war, nur fünf Opfer waren Wunschkinder. Von 12 Kindern ist bekannt, dass sie nicht geplant bzw. erwünscht waren; bei drei Opfern fanden sich keine Angaben hierzu in den Akten.

Staatsangehörigkeit des Opfers

Bei dieser zahlenmäßig kleinen Fallgruppe gab es ein Opfer mit ausländischer Staatsangehörigkeit (ost-/südeuropäisch)[622].

Lebensmittelpunkt des Opfers zum Tatzeitpunkt

Auffällig ist, dass es bei den Opfern tödlicher Vernachlässigung nur zwei Familienkonstellationen gab: Entweder lebten die Kinder bei ihren leiblichen Eltern (n = 12) oder bei ihrer alleinerziehenden Mutter (n = 8).

Im Haushalt lebende Geschwister

15 der 20 Opfer lebten zum Tatzeitpunkt mit Geschwistern zusammen in einem Haushalt[623]. Dabei handelte es sich meist um ein Geschwisterkind (9 Opfer). Es gab aber auch Opfer, die mit zwei (2 Opfer), drei (3 Opfer) oder fünf Geschwistern (1 Opfer) zusammen lebten.

Geschwister insgesamt

16 der 20 Opfer hatten Geschwister (Halb- oder Vollgeschwister).

---

[622] Bei der Bewertung der Befunde zur Staatsangehörigkeit ist zu beachten: Die Staatsangehörigkeit sagt über die soziale Lage, einen möglichen Migrationshintergrund und dessen biographische Bedeutung sowie mögliche kulturelle Besonderheiten nichts aus. Ob und ggf. welche Bedeutung dieses Merkmal im konkreten Fall hat, kann mit den hier erhobenen Daten nur ansatzweise festgestellt werden. Dieser Fragestellung soll an anderer Stelle ausführlich nachgegangen werden.

[623] Die Angaben bzgl. der im Haushalt lebenden Geschwister beziehen sich auf maximal jeweils 3 Voll-/Halbgeschwister.

Weitere Haushaltsmitglieder zum Tatzeitpunkt

In zwei Fällen lebten weitere Personen mit im Haushalt. Dabei handelte es sich in einem Fall um den Großvater und die Urgroßmutter des Opfers. Diese lebten in einem separaten Teil des Hauses, wobei die Familie fast täglich zusammen aß. In dem anderen Fall lebten mindestens noch die Großmutter und die Tante des Opfers mit im Haus[624].

Wechselnde Lebensmittelpunkte des Opfers

In drei Fällen hatten die Opfer – mehr oder weniger lang – vor ihrem Tod bereits wechselnde Lebensmittelpunkte gehabt[625].

Regelmäßige Betreuung des Opfers durch andere Personen

5 Opfer wurden regelmäßig auch von anderen Personen betreut. In einem Fall besuchte das Opfer den Kindergarten. In den anderen Fällen wurden die Opfer zeitweise von Verwandten, in der Regel ihren Großmüttern, betreut.

Weitere Opfer von Körperverletzungsdelikten außerhalb der Untersuchungsgruppe[626]

Es ist festzustellen, dass es in dieser Deliktsgruppe keinen Fall gab, in dem gezielt nur das Opfer vernachlässigt wurde. Entweder betraf die Vernachlässigung alle Geschwister oder das Opfer hatte rein krankheitsbedingt eine Sonderstellung. Wurden alle im Haushalt lebenden Geschwister vernachlässigt, so betraf dies sowohl die Versorgung mit Lebensmitteln und Getränken als auch die Hygiene. Die mangelnde Fürsorge erfolgte zwar grundsätzlich gegenüber allen Kindern[627], hatte aber je nach Alter der Geschwister unterschiedlich schwere gesundheitliche Folgen. Während sich ältere Geschwister (etwa 4 Jahre bis ma-

[624] Es gab in den Akten Anzeichen dafür, dass es noch weitere mit im Haushalt lebende Personen gab, jedoch ohne weitere bzw. genaue Angaben.

[625] Ein aufgrund Vernachlässigung verstorbenes Geschwisterpaar lebte zunächst zusammen mit seiner Mutter bei den Großeltern, zum Tatzeitpunkt lebte die Mutter allein mit den Opfern in einer eigenen Wohnung. Ein anderes Opfer lebte vor der Trennung zunächst mit beiden Elternteilen zusammen, zum Tatzeitpunkt dann bei seiner alleinerziehenden Mutter. Im dritten Fall wurde das Opfer wenige Monate vor seinem Tod für zwei Wochen von Bekannten der Eltern aufgenommen.

[626] Z.B. andere Familienmitglieder, Geschwister unter 6 Jahren, die nicht oder außerhalb des Untersuchungszeitraums getötet wurden, Geschwister über 6 Jahren.

[627] Nur in einem Fall war ausschließlich das jüngste der fünf Geschwister des Opfers gut ernährt. Dies jedoch nur, weil es noch gestillt wurde.

ximal 7 Jahre) im Rahmen ihrer Möglichkeiten selbst versorgen konnten, waren die jüngeren Geschwister i.d.R. stärker, bis zur ebenfalls fast tödlichen Vernachlässigung, betroffen. In den anderen Fällen hatte das Opfer grundsätzlich rein krankheitsbedingt eine Sonderstellung. Es starb, da die Eltern bei einem akuten oder chronischen Krankheitsgeschehen auf ärztliche Versorgung und/oder Medikamentengabe verzichteten[628].

Gesundheitszustand des Opfers vor seinem Tod

Vier Opfer hatten -meist ab Geburt- chronische Erkrankungen, die jeweils aufgrund der mangelnden Versorgung bzw. Ablehnung erforderlicher ärztlicher Behandlung durch die Eltern zum Tod der Opfer führten. Acht Opfer waren vor ihrem Tod akut erkrankt, wobei diese Erkrankungen teilweise todes(mit)ursächlich oder, wie z.B. Ateminfekte, durch die mangelnde Versorgung mit Nahrung und Flüssigkeit begünstigt hervorgerufen waren.

Frühgeburt

Bei drei der zwanzig Opfer (15 %) handelte es sich um Frühgeburten. Davon kamen zwei Opfer vor der 36. Schwangerschaftswoche zur Welt. Bei dem dritten Opfer wurde in den Akten ohne genaue Angabe der Schwangerschaftswoche von einer Frühgeburt gesprochen. Von zwei dieser Opfer ist bekannt, dass sie nach der Frühgeburt zunächst für einige Wochen im Krankenhaus waren. Die Mütter (Täterinnen) gaben an, zu diesem Kind keine richtige Bindung aufgebaut zu haben und dies mit der längeren Trennung unmittelbar nach der Geburt begründet. In dem anderen Fall war das Opfer immer wieder mehrere Monate aufgrund frühgeburtlicher Fehlbildungen und Krankheiten im Krankenhaus. Dass in diesem Fall die Mutter keine enge Bindung zu dem Kind aufbauen konnte, steht zu vermuten. Ob aber, und wenn inwieweit diese von den Müttern z.T. nur selbst geschilderten Bindungsstörungen tatsächlich die Tat mitbegünstigt haben, ist nicht nachprüfbar.

---

628 In einem weiteren Fall war das Kind ebenfalls ungezielt und mehr oder weniger zufällig Opfer geworden, einen besonderen Grund, dass gerade dieses Kind, und nicht ein Geschwister Opfer wurde, gab es ebenfalls nicht.

5.3.6.2 Merkmale der TäterInnen

In dieser Fallgruppe gab es 24 TäterInnen[629].

Biographisches

Verhältnis der TäterInnen zum Opfer

TäterInnen waren ausschließlich die leiblichen Eltern. Deutlich häufiger handelte es sich dabei um die leibliche Mutter (66,7 %, n = 16) als um den leiblichen Vater des Opfers (29,2 %, n = 7). In einem Fall wurde auch der Großvater des verstorbenen Kindes verurteilt.

Mehrere TäterInnen

In sieben Fällen wurden die beiden leiblichen Eltern verurteilt[630]. In allen anderen Fällen vernachlässigte ausschließlich die mit dem Opfer allein lebende Mutter das Opfer in tödlicher Form.

Alter der TäterInnen zum Tatzeitpunkt

Die Altersgruppe der 21–29jährigen stellte mit gut der Hälfte die meisten TäterInnen (54,2 %, n = 13) dieser Fallgruppe. Seltener waren die Täter Heranwachsende oder kamen aus der Gruppe der 30–40jährigen. In Einzelfällen waren die Täter älter als 40 Jahre.

---

[629] Als „Täter" bzw. „Täterin" bezeichnen wir nur verurteilte TäterInnen, sowie Personen, die allein aufgrund von Schuldunfähigkeit freigesprochen wurden, und Personen, die die Tötung des Kindes im Rahmen eines vollendeten erweiterten Suizids begangen, sich selbst also gleichzeitig mit dem Kind getötet haben.

[630] In einem dieser Fälle wurde neben den leiblichen Eltern der mit im Haushalt lebende Großvater des Opfers wegen Tötung durch Unterlassen verurteilt.

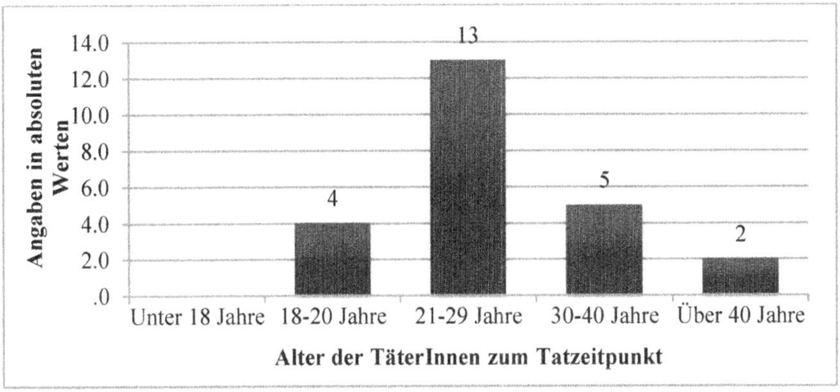

Abbildung 185: Alter der TäterInnen zum Tatzeitpunkt. Alle TäterInnen tödlicher Vernachlässigung (n = 24).

Staatsangehörigkeit

Die TäterInnen waren fast ausnahmslos deutsche Staatsangehörige, lediglich zwei Täterinnen kamen aus Osteuropa/ehem. Jugoslawien[631].

Eigene Kindheit der TäterInnen

Der größte Teil der TäterInnen wuchs bei seinen leiblichen Eltern auf (41,7 %, n = 10). Bei acht TäterInnen (33,3 %) war die Kindheit von z.T. ständig wechselnden Familienkonstellationen geprägt[632], zeitweise auch verbunden mit einer Unterbringung im Heim oder einer Pflegefamilie. Zwei dieser TäterInnen wuchsen auch wegen schwieriger familiärer Verhältnisse zeitweise oder ganz bei den Großeltern auf. Vier TäterInnen (16,7 %) wuchsen bei ihrer leiblichen Mutter mit neuem Partner, in Einzelfällen nur bei der leiblichen Mutter oder im Heim auf.

[631] Bei der Bewertung der Befunde zur Staatsangehörigkeit ist zu beachten: Die Staatsangehörigkeit sagt über die soziale Lage, einen möglichen Migrationshintergrund und dessen biographische Bedeutung sowie mögliche kulturelle Besonderheiten nichts aus. Ob und ggf. welche Bedeutung dieses Merkmal im konkreten Fall hat, kann mit den hier erhobenen Daten nur ansatzweise festgestellt werden. Dieser Fragestellung soll an anderer Stelle ausführlich nachgegangen werden.

[632] Z.B. lebten drei TäterInnen jeweils nach der Trennung der Eltern zunächst bei dem einen, dann bei dem anderen Elternteil.

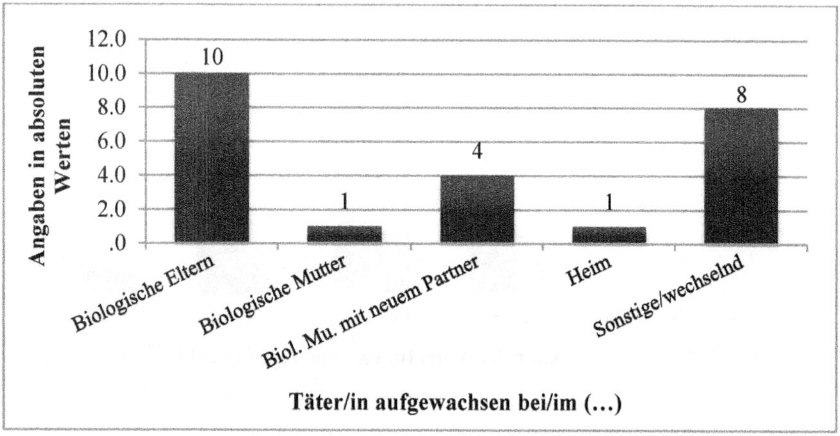

Abbildung 186: Täter/in aufgewachsen bei/im (...). Alle TäterInnen tödlicher Vernachlässigung (n = 24).

Misshandlungserfahrungen

Von den 24 TäterInnen tödlicher Vernachlässigungen hatten neun (37,5 %) in ihrer eigenen Kindheit Misshandlungserfahrungen gemacht. Dabei handelte es sich immer um Schläge und Gewalterfahrungen, in drei Fällen zusätzlich um sexuellen Missbrauch. Sechs TäterInnen wuchsen laut Akten ohne Misshandlungserfahrungen auf, bei neun (37,5 %) befanden sich zu diesem Thema keine Informationen in den Akten[633].

Einschlägige strafrechtliche Vorbelastungen zum Tatzeitpunkt

Die TäterInnen weisen ausnahmslos keine einschlägigen strafrechtlichen Vorbelastungen auf, d.h. sie waren nicht bereits in der Vergangenheit wegen eines vorsätzlichen Körperverletzungs- oder Tötungsdelikts zum Nachteil eines Kindes verurteilt worden.

[633] Aus der Abwesenheit von Informationen kann aber gerade bei zeitlich recht weit zurückliegenden Aspekten wie kindlichen Missbrauchserfahrungen nicht geschlossen werden, dass solche Taten nicht vorhanden waren. Vielmehr ist auch in Betracht zu ziehen, dass sie von den Ermittlungsbehörden als unerheblich für die Beurteilung der verwirklichten Tat angesehen und entweder gar nicht abgefragt oder nicht in die Akte aufgenommen worden sind.

Nicht einschlägige strafrechtliche Vorbelastungen zum Tatzeitpunkt

Etwa die Hälfte der TäterInnen (45,8 %, n = 11) war hingegen bereits anderweitig strafrechtlich in Erscheinung getreten. Dabei handelte es sich ausschließlich um Eigentums- und Vermögensdelikte, nur in zwei Fällen zusätzlich um Drogen- und Straßenverkehrsstraftaten bzw. Hausfriedensbruch. Keiner von ihnen war wegen eines Körperverletzungsdelikts auffällig geworden.

Schulabschluss[634]

Insgesamt hatten die meisten Täterinnen einen niedrigen Schulabschluss in Form eines Hauptschulabschlusses (54,5 %, n = 12). Zweitgrößte Gruppe bilden die TäterInnen ohne allgemeinen Schulabschluss (22,7 %, n = 5). 18,1 % (n = 4) erreichten einen mittleren[635] Bildungsabschluss. In einem Fall wurde ein Abschluss der Lernbehinderten-, Sonder- oder Förderschule[636] erreicht. Keiner der TäterInnen erlangte einen hohen[637] Schulabschluss. Um diese Zahlen vergleichbar zu machen wurden die fehlenden Werte (8,3 % bei n = 24) nicht berücksichtigt. Da es sich bei den TäterInnen von Vernachlässigungen um eine vergleichsweise kleine Gruppe handelt ist eine Arbeit mit Prozent- und Vergleichszahlen nicht unproblematisch. Dennoch ist ein teilweiser Rückgriff auf Prozentzahlen auch in dieser kleinen Fallgruppe unumgänglich, um Tendenzen feststellen zu können.

634 Sofern sich die TäterInnen zum Tatzeitpunkt noch in der schulischen Ausbildung befanden, wurde vom höchsten auf der besuchten Schule erreichbaren Abschluss ausgegangen.

635 Realschulabschluss, Abschluss der Polytechnischen Oberschule.

636 Zu berücksichtigen ist, dass man an diesen Schulen zwar grundsätzlich alle Schulabschlüsse erreichen kann, insbesondere wenn es sich um Schulen für rein körperlich behinderte Kinder handelt. In unserer Studie waren es jedoch vornehmlich Sonder-/Förderschulen für lernschwache Schüler.

637 Abitur, Fachhochschulreife, Abschluss der erweiterten Oberschule.

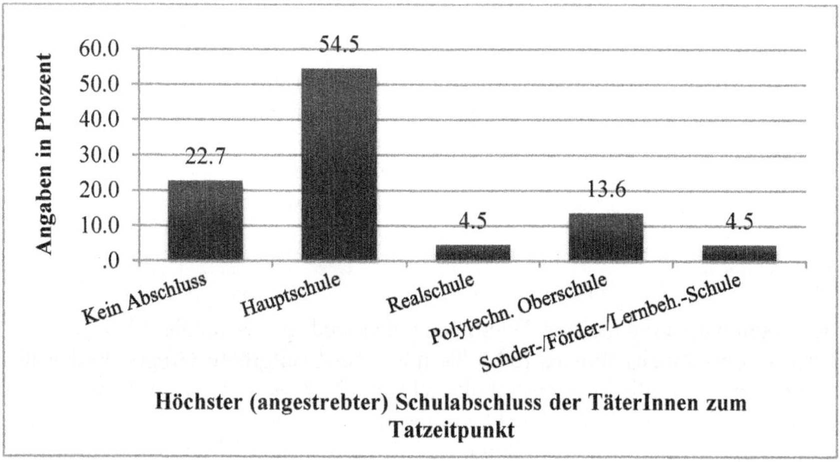

Abbildung 187: Höchster (angestrebter) Schulabschluss der TäterInnen zum Tatzeitpunkt. TäterInnen tödlicher Vernachlässigungen ohne Ausfallwerte (n = 22).

Diese Zahlen mit denen der Bevölkerung zu vergleichen ist zum einen wegen der kleinen Fallgruppe schwierig, zum anderen, weil die Schulabschlüsse der TäterInnen oft Jahre zurückliegen, genaue Bezugswerte nur mit sehr hohem Aufwand zu ermitteln wären und sich die Verteilung der Schulabschlüsse in der Bevölkerung in Deutschland in den letzten Jahrzehnten stark insbesondere zu Lasten der Hauptschulabschlüsse verändert hat. Ein tendenzieller Unterschied zur Gesamtbevölkerung lässt sich dennoch aus einem Abgleich mit einem Vergleichsjahr, ausgewählt wurde 1999, ersehen. Die Vergleichsdaten beziehen sich einerseits auf die Absolventen des Jahres 1999[638], andererseits auf den Durchschnitt der über 15-jährigen Bevölkerung aus dem Datenreport 1999[639]. Dabei zeigt sich, dass der Anteil der TäterInnen ohne Schulabschluss deutlich, der Anteil mit niedrigem Bildungsabschluss leicht über beiden Vergleichswerten liegt. Vergleichsweise wenige TäterInnen erreichten einen mittleren Bildungsabschluss. Keiner der 22 TäterInnen erreichte einen hohen Schulabschluss, so dass der Anteil der TäterInnen in diesem Bereich folglich deutlich unter den Vergleichswerten liegt.

638 *Sekreteriat der Ständigen Konferenz der Kultusminister der Länder* 2007, S. 56.

639 Vergleichszahlen aus: *Statistisches Bundesamt/WZB/ZUMA* 2000, S. 77. Dabei ist anzumerken, dass es sich hierbei um Zahlen für alle Frauen und Männer ab 15 Jahren handelt.

	TäterInnen (n = 22)	**Absolventen 1999**	**Bevölkerung 1999**
Ohne (Haupt-) Schulabschluss	27,2 %[640]	8,9 %	7,5 %[641]
Niedriger Bildungsabschluss	54,5 %	25,7 %	48,7 %
Mittlerer Bildungsabschluss	18,1 %	40,2 %	25,7 %
Hoher Bildungsabschluss	-	25,2 %	18,1 %

Abbildung 188: Schulabschlüsse der TäterInnen tödlicher Vernachlässigungen ohne Ausfallwerte (n = 22) im Vergleich mit den Absolventen des Jahres 1999 und der Bevölkerung im Jahr 1999.

Beruflicher Bildungsabschluss

Zwei Drittel der TäterInnen von tödlichen Vernachlässigungen (66,7 %, n = 16) hatten keine berufliche Ausbildung. Im Gegensatz zu den vorangegangen Fallgruppen kommt hier der Umstand, dass in dieser Kategorie grundsätzlich auch Schüler mit aufgenommen sind, nicht zum Tragen, da sich keiner der TäterInnen mehr in schulischer Ausbildung befand. Alle anderen Personen (33,3 %, n = 8) waren durch eine abgeschlossene berufliche Ausbildung qualifiziert. Einen akademischen Bildungsgrad hatte keiner.

Ein Vergleich mit der durchschnittlichen Bevölkerung ist auch in diesem Bereich schwierig, da genaue Bezugswerte fehlen und es sich zudem um eine sehr kleine Fallgruppe handelt. Aus Vergleichswerten, hier aus dem Datenreport des Jahres 1999 für die Bevölkerung[642], lässt sich dennoch eine Tendenz ableiten. Der Anteil der TäterInnen mit abgeschlossener beruflicher Ausbildung (33,3 %) liegt dabei klar unter dem Vergleichswert von 52,7 %. Da keiner der TäterInnen einen (Fach-) Hochschulabschluss hatte sind diese demgegenüber im Vergleich deutlich unterrepräsentiert (Vergleichswert 10,9 %).

Beschäftigungsstatus

Dieses Bild setzt sich beim Beschäftigungsstatus fort. Drei Viertel der TäterInnen (n = 18) waren zum Tatzeitpunkt ohne Beschäftigung. Nur 16,7 % (n = 4)

[640] Inbegriffen sind auch TäterInnen mit Förderschulabschluss, da diese bei den Absolventen 1999 ebenfalls als „ohne Hauptschulabschluss" erfasst sind. Zudem handelte es sich bei den von den TäterInnen besuchten Förderschulen insbesondere um solche für lernschwache Schüler.

[641] Einschließlich der noch in Ausbildung befindlichen Personen.

[642] *Statistisches Bundesamt/WZB/ZUMA* 2000, S. 78.

gingen einer Erwerbstätigkeit in abhängiger Beschäftigung nach. In Einzelfällen waren die Täter selbstständig oder bereits in Rente. Ein Vergleich mit den Erwerbslosenzahlen in Deutschland aus dem Jahr 1999 - dort lag die Zahl der Erwerbslosen bei 10,1 %[643] - zeigt, dass der Anteil der TäterInnen ohne Erwerbstätigkeit mit 51,9 % deutlich über diesem Vergleichswert liegt.

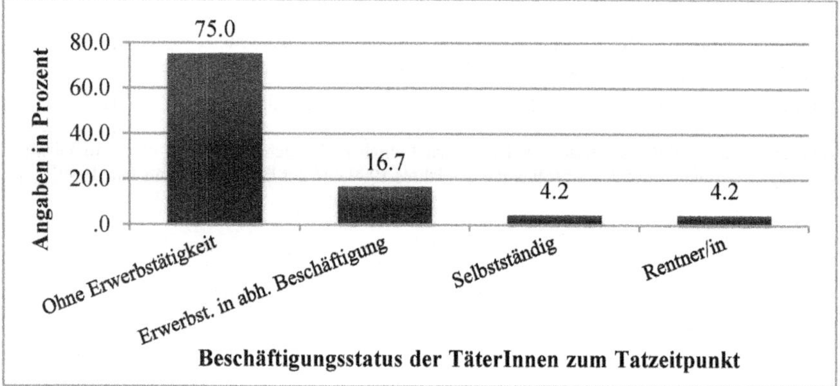

Abbildung 189: Beschäftigungsstatus der TäterInnen zum Tatzeitpunkt. Alle TäterInnen tödlicher Vernachlässigungen (n = 24).

Zwar handelt es sich bei den TäterInnen tödlicher Vernachlässigung um eine kleine Fallgruppe, so dass die Arbeit mit Vergleichszahlen nicht unproblematisch ist. Allerdings liegt die Zahl der TäterInnen ohne Beschäftigung so klar über den hier zum Vergleich herangezogenen Erwerbslosenzahlen in Deutschland aus dem Jahr 1999 – dort lag die Zahl der Erwerbslosen bei 10,1 %[644], dass man dennoch von einer klaren Überrepräsentierung in diesem Bereich sprechen kann. Ob es sich eher um eine freiwillige (z.B. bei „klassischer" Rollenverteilung wegen Kinderbetreuung) oder unfreiwillige Erwerbslosigkeit handelt, lässt sich tendenziell daran ablesen, ob es bei den TäterInnen in der Vergangenheit Schwierigkeiten im Bereich der Erwerbstätigkeit gab. Dies wurde von uns für den Zeitraum bis zu fünf Jahren vor der Tat erhoben, wobei darunter nicht nur dauernde unfreiwillige Arbeitslosigkeit sondern auch ständige Arbeitsplatzwechsel oder Arbeit unter dem Qualifikationsniveau gefasst sind[645]. Danach hatten etwa drei Viertel der TäterInnen in der Vergangenheit Schwierigkeiten im Be-

[643] *Statistisches Bundesamt/WZB/ZUMA* 2000, S. 84.
[644] *Statistisches Bundesamt/WZB/ZUMA* 2000, S. 84.
[645] Es sind dort also auch TäterInnen erfasst, die zum Tatzeitpunkt erwerbstätig waren, aber in der Vergangenheit Probleme in diesem Bereich hatten.

reich der Erwerbstätigkeit. Es ist daher tendenziell davon auszugehen, dass die TäterInnen eher unfreiwillig erwerbslos waren.

Einkommenssituation

Von gut einem Drittel der TäterInnen von Vernachlässigungstötungen ist bekannt, dass sie Sozialleistungen bezogen.

Gesundheitszustand der TäterInnen zum Tatzeitpunkt

Drei TäterInnen hatten chronische Erkrankungen. In zwei Fällen handelte es sich um Erkrankungen, die die körperliche Bewegungsfähigkeit betrafen (chronische Rückenschmerzen und Bandscheibenprobleme). In einem anderen Fall war ein Elternteil mehrfach wegen Nesselsucht in Behandlung. Akute Erkrankungen lagen bei den TäterInnen nicht vor, wobei in dieser Fallgruppe auch zu berücksichtigen ist, dass sich die Taten typischerweise über einen längeren Zeitraum erstreckten.

Lebenssituation zum Tatzeitpunkt

Familienstand der TäterInnen zum Tatzeitpunkt

Die meisten TäterInnen waren zum Tatzeitpunkt entweder ledig (50 %, n = 12) oder verheiratet (37,5 %, n = 9). Nur in Einzelfällen lebten sie in Trennung (n = 2) oder waren bereits geschieden (n = 1).

Weitere Kinder

Sehr viele TäterInnen dieser Fallgruppe (79,2 %, n = 19) hatte neben dem Opfer weitere Kinder. Meist handelte es sich um ein oder zwei (50 %, n = 12), aber auch um drei oder vier (16,7 %, n = 4) oder fünf oder mehr Kinder (12,5 %, n = 3)

Rauschmittelkonsum

Erhoben wurde der Rauschmittelkonsum für einen Zeitraum von bis zu einem Jahr vor der Tat[646]. Zwei der TäterInnen (8,3 %) konsumierten Alkohol in missbräuchlicher Weise. Ein Täter bzw. eine Täterin war abhängig von Alkohol (4,2 %), drei von Cannabis (12,5 %). Ein missbräuchliches bzw. abhängiges Konsumverhalten von Medikamenten zeigte eine(r) der TäterInnen (4,2 %)[647].

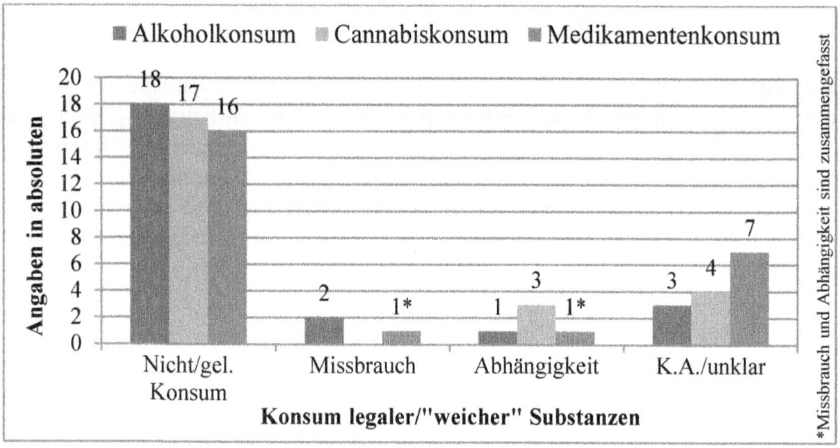

Abbildung 190: Konsum legaler/"weicher" Substanzen. Alle TäterInnen tödlicher Vernachlässigungen (n = 24).

Beim Konsum „harter" Substanzen[648] zeigt sich, dass in einem Fall eine Abhängigkeit von Heroin bestand. Jeweils drei TäterInnen (je 12,5 %) konsumierten gelegentlich Kokain oder sonstige Rauschmittel[649]. Bestand missbräuchliches bzw. abhängiges Konsumverhalten, so betraf dies immer nur eine Substanz. Da

[646] Dabei wurde in der Aktenanalyse zwischen „keinem", „gelegentlichem", „episodenhaft starkem" Konsum und „langzeitig regelmäßigem Missbrauch/Abhängigkeit" unterschieden. Die Einteilung in diese Kategorien erwies sich zum Teil als schwierig, oft waren die Angaben in den Akten nicht eindeutig oder es ging aus ihnen nicht klar hervor, in welchem Umfang der Konsum erfolgte. Allerdings ist davon auszugehen, dass Substanzmissbrauch im Rahmen von Ermittlungen und Strafverfahren in der Regel thematisiert wird, so dass die Abwesenheit von Informationen dazu relativ sicher so gedeutet werden kann, dass in diesen Fällen auch kein problematischer Substanzkonsum vorlag.

[647] Beim Medikamentenkonsum wurden Missbrauch und Abhängigkeit zusammen erhoben.

[648] Kokain, Heroin und sonstige Rauschmittel.

[649] Unter „sonstige Rauschmittel" fallen grundsätzlich alle Arten von Rauschmitteln. In den von uns untersuchten Fällen handelte es sich aber ausschließlich um synthetische Drogen, meist Ecstasy, aber auch Methadon, LSD u.a..

die Gruppe der TäterInnen von Vernachlässigungstötungen mit 24 sehr klein ist, ist ein Vergleich mit der durchschnittlichen Bevölkerung schwierig und führt leicht zu Verzerrungen. Eine massive Überbelastung von problematischem Konsumverhalten ist allerdings nicht zu erkennen, gleichwohl wird deutlich, dass Substanzmissbrauch in dieser Fallgruppe durchaus eine Rolle spielt.

Psychologische/Psychiatrische Gutachten

Im Rahmen des Strafverfahrens wurden bei 20 TäterInnen (83,3 %)[650] psychologische/psychiatrische Gutachten erstellt.[651]. Bei vier TäterInnen holte das Gericht keine Sachverständigengutachten zur Frage der Schuldfähigkeit ein. Allen diesen Fällen ohne Gutachten ist gemein, dass die TäterInnen *nur* wegen fahrlässiger Tötung verurteilt wurden. Wahrscheinlich ist der Grund für die fehlende Begutachtung daher, dass das Gericht wegen der Aussicht auf eine Verurteilung wegen eines Fahrlässigkeitsdelikts ein psychologisch/psychiatrisches Gutachten zur Frage der Schuldfähigkeit nicht für erforderlich hielt bzw. nicht benötigte.

Psychische Auffälligkeiten/Störungen in der Vorgeschichte

Insbesondere durch die Sachverständigengutachten konnte auch die psychische Vorgeschichte der TäterInnen erhoben werden, soweit dazu Angaben vorhanden waren. Von neun TäterInnen (37,5 %) ist bekannt, dass sie (bereits) vor der Tat psychisch erkrankt oder auffällig waren. Dabei müssen diese Erkrankungen oder Auffälligkeiten nicht zwangsläufig als solche von der Umwelt erkannt oder wahrgenommen worden sein. Meist war der Grund hierfür eine Drogenproblematik[652] (20,8 %, n = 5). Einzelne TäterInnen hatten auch eine Persönlichkeitsstörung[653], Depressionen, sonstige psychische Störungen[654] oder es wurde eine psychische Störung vermutet[655] (jeweils 4,2 %, jeweils n = 1).

---

[650] Bei den anderen TäterInnen (n = 4) sah das Gericht keine Veranlassung, Gutachten einzuholen. Bei drei mag der Grund hierfür sein, dass das Gericht von Anfang an eine Verurteilung wegen fahrlässiger Tötung beabsichtigte. Bei dem vierten Täter (Vater des Opfers) bleibt unklar, warum er im Gegensatz zur Mutter nicht begutachtet wurde.

[651] In einigen Fällen fehlten die Gutachten, deren wesentliche Ergebnisse wurden aber häufig in den entsprechenden Urteilen wiedergegeben. Soweit keine ICD-10-Kategorien angegeben waren, wurden die in den Gutachten genannten Merkmale ICD-10-Codes zugeordnet.

[652] Anzumerken ist, dass wahrscheinlich nicht alle der Aussagen im Instrument über Abhängigkeit und Missbrauch zwangsläufig den klinischen Kriterien dieser Kategorie entsprechen werden.

[653] Persönlichkeitsstörungen gelten generell als nicht unproblematisch hinsichtlich ihrer Diagnostizierbarkeit und ihres Krankheitswertes. Bei den meisten Persönlichkeitsstörungen sind die Übergänge zur Normalpersönlichkeit sicherlich fließend. Zudem wurde auch eine „organische Persönlichkeitsstörung aufgrund einer Schädigung oder Funktionsstörung des Gehirns“ mit berücksichtigt, die nach ICD-10 *nicht* zu den Persönlichkeitsstörungen im Sinne der Kategorie F6 zählen.

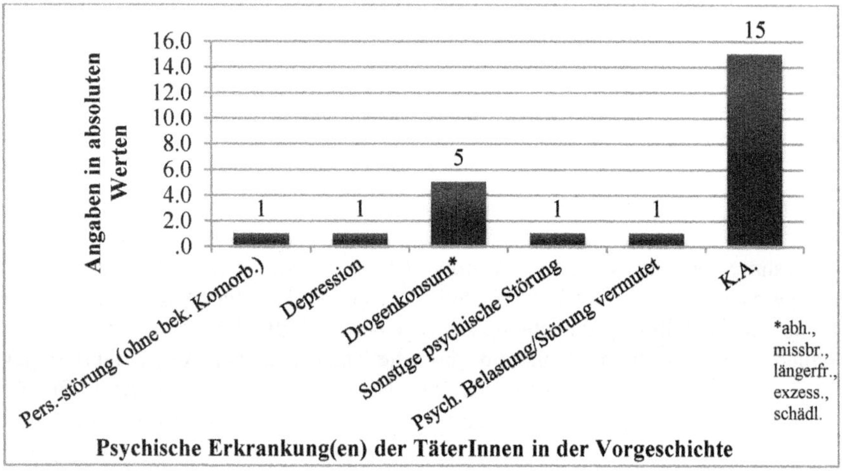

Abbildung 191: Psychische Erkrankung(en) der TäterInnen in der Vorgeschichte. Alle TäterInnen von Vernachlässigungstötungen (n = 24).

Psychische Auffälligkeiten/Störungen zum Tatzeitpunkt

Ebenfalls bei neun TäterInnen (37,5 %) wurde für den Zeitpunkt der Tatbegehung eine psychische Erkrankung oder Auffälligkeit festgestellt. Meist handelte es sich dabei, allein oder komorbid, um eine Auffälligkeit der Persönlichkeit (25,2 %, n = 6), eher in Form von Persönlichkeitsstörungen (20,8 %, n = 5)[656], nur in einem Fall in Form einer nicht komorbiden Persönlichkeitsakzentuierung. Bei zwei TäterInnen war eine genauere Zuordnung, die zum dramatisch-emotionalen Bereich[657], möglich. Im Übrigen lagen vereinzelt zum Zeitpunkt der Tatbegehung auch andere psychische Auffälligkeiten bzw. Erkrankungen vor. Dabei handelte es sich, ggf. neben einer Persönlichkeitsstörung[658], um Depressionen, Drogenkonsum oder um eine Kombination psychischer Störungen.

---

[654] Störung des Sozialverhaltens bei vorhandenen sozialen Bindungen.

[655] Diese Kategorie bedeutet, dass von qualifizierter Seite (z.B. behandelnder Arzt, Gutachter nach Aktenlage) die Vermutung geäußerte worden ist, dass eine psychische Störung besteht und/oder dass bestimmte Anzeichen das nahelegen (Suizidversuche, Symptombeschreibungen, Hinweise auf Therapieaufenthalte etc.). Eine genaue Einordnung ist aber mangels Informationen nicht möglich.

[656] Davon 8,3 % (n = 2) nicht komorbid.

[657] Emotional instabil impulsiv/Borderline, dissozial, histrionisch, narzisstisch.

[658] Werden zwei oder mehr Diagnosen/Störungsbeschreibungen genannt, welche sich nicht *einer* Variablenkategorie zuordnen lassen, wird die Kategorie „kombinierte psychische Störung" vergeben. Dies gilt jedoch nicht für den Fall, dass Persönlichkeitsstörungen/-akzentuierungen und eine oder mehrere andere Störungen zusammen auftreten, da Persönlichkeitsstörungen/-akzentuierungen be-

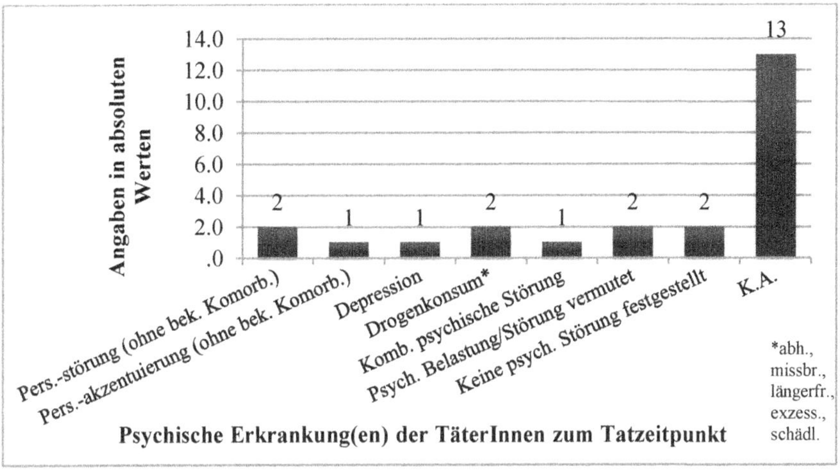

Abbildung 192: Psychische Erkrankung(en) der TäterInnen zum Tatzeitpunkt. Alle TäterInnen von Vernachlässigungstötungen (n = 24).

Kognitive Leistungsfähigkeit

Bei vier TäterInnen (16,7 %) wurden Tests zur kognitiven Leistungsfähigkeit durchgeführt. Dabei wurde bei jeweils zwei TäterInnen (jeweils 8,3 %) eine leichte Intelligenzminderung[659] bzw. eine unterdurchschnittliche Intelligenz[660] festgestellt. Bei den zu ihren kognitiven Fähigkeiten untersuchten TäterInnen dürfte grundsätzlich bereits die Vermutung bestanden haben, dass eine Auffälligkeit in die eine oder in die andere Richtung vorliegt. Es kann daher davon ausgegangen werden, dass bei den nicht hierauf untersuchten TäterInnen kein Anlass zur Vermutung bestand, dass diese hoch- oder minderbegabt sein könnten.

---

reits gesondert erfasst wurden. Beispiel: Borderline Persönlichkeitsstörung und Depression fällt nicht unter „kombinierte psychische Störung", sondern wird unter „Depression" erfasst.

[659] IQ = 50–69, ICD-10 F70. Bei diesem IQ ist nach Metaanalysen (3) von einer Prävalenz um 3 % auszugehen (vgl.: http://www.dgspj.de/index.php?option=com_content&view=article&id=67&Itemid=112).

[660] IQ = 70–84.

5.3.6.3 Tathintergrund/Tatanlass

Tatauslöser

Es gab bei dieser Subkategorie im Wesentlichen ebenfalls zwei Gruppen, die sich bei den Hintergründen unterscheiden lassen: Zum einen gab es die Fälle (n = 4), in denen die Eltern eine beim Opfer bekannte, meist chronische Erkrankung falsch einschätzten und/oder ärztliche Hilfe aus Angst vor den Ärzten oder aus Überzeugung von Alternativmedizin ablehnten. Dabei handelte es sich z.B. um chronische Darmerkrankungen oder Hormonstörungen, aber auch um von den Eltern erkannte, aber dennoch nicht ärztlich behandelte akute Infektionen. In den anderen Fällen handelt es sich um Fälle gänzlicher, nicht nur medizinischer Vernachlässigung. Dort zeigt sich, dass in den Fällen, in denen sich die Mutter allein um das Opfer kümmerte, die Vernachlässigung oft mit der Trennung begann (n = 8) und/oder mit dem Wunsch, ein neues Leben zu beginnen. Meist kümmerten sich die Mütter zunächst vermehrt und zuletzt ausschließlich um ihre eigenen Belange, hielten sich bei Freunden oder ihren neuen Lebenspartnern auf und ließen schließlich die Kinder einfach allein in der Wohnung zurück, wo sie aufgrund mangelnder Versorgung mit Essen und Trinken allein verstarben. In diesen Fällen erhält man den Eindruck, dass die Mütter ihr altes Leben, in dem sie z.T. von ihren Partnern geschlagen wurden oder das sie selbst als belastend empfanden, samt Kindern einfach hinter sich lassen wollten. Seltener zogen sich die Mütter nach der Trennung gänzlich zurück, isolierten sich und kümmerten sich quasi um nichts mehr, auch nicht um die Versorgung des Kindes, so dass dieses entweder allein zu Hause oder in einer Klinik verstarb.
Daneben gab es noch die Fälle, in denen die Eltern[661] mit der Gesamtsituation überfordert waren[662], sich z.T. von der Außenwelt isolierten und Hilfe ablehnten, auch aus Angst ihre Kinder zu verlieren, wenn dieser Zustand bekannt würde. Nur vereinzelt hat in den Fällen, in denen die Kinder gänzlich, also nicht nur rein medizinisch, vernachlässigt wurden, eine Alkohol- oder Drogenabhängigkeit der Eltern die Tat begünstigt. In wenigen Fällen ließ sich ein genauer Grund, warum vernachlässigt wurde, nicht aufklären[663].

---

[661] In einem Fall die alleinerziehende Mutter.

[662] Z.B. wegen vieler Kinder, z.T. noch mit etliche Haustieren.

[663] Z.B. war ein Opfer ein Frühchen mit vielen gesundheitlichen Problemen. Es gab allerdings in der Akte auch deutliche Hinweise auf Vernachlässigung (verwahrloste Wohnung, Ablehnung ärztlicher Behandlung, Opfer verdreckt). In einem anderen Fall wurde das Opfer erst zwei Jahre nach der Tat gefunden. Die Beweggründe, warum die Mutter damals mit dem Kind, das ihrer Angabe zufolge nicht richtig essen wollte, nicht zum Arzt ging und das Kind einfach auf dem Balkon entsorgte und ihrem mit ihr zusammen lebenden Mann erst zwei Jahre später vom Tod der Tochter erzählte, bleibt unklar.

Im Kontext längerfristiger Misshandlung

Um reine Vernachlässigungen darstellen zu können, haben wir die Fälle, in denen es neben der Vernachlässigung auch zu einer Misshandlung des Opfers gekommen ist, bei der Fallgruppe der Misshandlungstötungen dargestellt.

Im Kontext längerfristiger Vernachlässigung

Der Fallgruppe entsprechend handelte es sich immer um Fälle mit längerfristiger Vernachlässigung. Diese reichte von allein Zurücklassen in der Wohnung für mehrere Tage über Wochen ohne ausreichende Medikamentengabe bis Wochen oder Monate ohne ausreichende Ernährung.

5.3.6.4 Tat und Tatumstände

Tatörtlichkeit

Alle Opfer wurden in ihrer eigenen Wohnung vernachlässigt.

Wochentag/Uhrzeit der Tatbegehung

In dieser Fallgruppe können typischerweise keine genauen Aussagen über ein Tatdatum getroffen werden, da sich die tödliche Vernachlässigung in der Regel über einen längeren Zeitraum erstreckte.

Tötungsart

Die Opfer starben typischerweise aufgrund mangelnder Versorgung mit Flüssigkeit- und/oder Nahrung oder aufgrund einer Mangelversorgung mit Medikamenten bzw. Ablehnung ärztlicher Hilfe.

5.3.6.5 Eventuelle Interventionsmöglichkeiten

Kontakt des Jugendamts zur Familie des Opfers

In zehn Fällen lässt sich nach dem Akten mindestens vermuten, dass das Jugendamt zum Tatzeitpunkt bereits intensiveren Kontakt zu der Familie des Opfers hatte. Grund für den Erstkontakt waren meist Hinweise Dritter auf Auffälligkeiten, z.B. durch Ärzte oder Nachbarn. In Einzelfällen wurde das Jugendamt von Familienmitglieder der TäterInnen oder aufgrund verwaltungs-/rechtlicher Routineabläufe informiert. Der Kontakt zur Familie der Opfer weist eine große Bandbreite auf und reicht von Gesprächen über unterschiedlich häufige Hausbesuche bis zur fest installierten sozialpädagogischer Familienhilfe.

Ein Sorgerechtsentzug wurde in Bezug auf das Opfer in drei Fällen thematisiert. Dabei war in einem Fall der Sorgerechtsentzug bereits gerichtlich durchgesetzt und bei der Vollstreckung das Opfer tot gefunden worden. In zwei Fällen lagen vermutlich Sorgerechtsentzugsanträge für das Opfer vor. In einem anderen Fall waren Geschwister des Opfers bereits in Pflegefamilien untergebracht bzw. derentwegen Sorgerechtsentzugsanträge gestellt. In Einzelfällen wurden andere Institutionen, wie z.B. das Gesundheitsamt, aktiv. Deren Besuchsversuche scheiterten oft daran, dass sie niemanden antrafen oder nicht in die Wohnung gelassen wurden.

5.3.6.6 Kenntniserlangung der Tat und Ermittlungsaktivitäten

Kenntnisnahme von der Tat durch die Strafverfolgungsbehörden

Überwiegend informierten Ärzte hier die Polizei. Meist hatten zuvor die Eltern/ein Elternteil den Notarzt alarmiert, da sie ihr Kind leblos vorgefunden hatten. Teilweise informierten auch andere Personen die Polizei, z.B. weil sie unangenehmen Geruch bemerkten oder die Familie lange nicht gesehen hatten und sich Sorgen machten. In Einzelfällen fanden andere Familienangehörige die Opfer oder der Täter bzw. die Täterin erstattete Selbstanzeige.

Kenntnis Tat-Unbeteiligter vom Tötungsdelikt lange vor den Strafverfolgungsbehörden

Bei keinem der Fälle ist bekannt, dass ein Tatunbeteiligter bereits längere Zeit vor den Strafverfolgungsbehörden Kenntnis von dem Tötungsdelikt hatte.

Ermittlungsaktivitäten

Die Ermittlungsaktivitäten in den Fällen der Tötung durch Vernachlässigung beschränken sich auf die allgemein üblichen Methoden wie z.B. Beschuldigten- oder Zeugenvernehmungen, die fotografische Dokumentation von Tatort und Tatfolgen und Beschlagnahme bzw. Sicherstellung von Beweismitteln. Grund hierfür dürfte die in diesen Fällen meist vorliegende klare Beweislage bzgl. Tat und Täterschaft sein. In Einzelfällen wurde eine Telefonverbindungsabfrage oder eine Telefonüberwachung angeordnet oder die Übermittlung von Sozialdaten nach § 73 SGB X veranlasst.

Rechtsmedizinische Gutachten

Fast alle Opfer (95 %) wurden obduziert und ein rechtsmedizinisches Gutachten erstellt. Nur in einem Fall wurde die Leiche des Opfers nicht gefunden.

5.3.6.7 Beurteilung durch Staatsanwaltschaften und Gerichte

Haft- und Unterbringungsbefehl

Bei 17 der 24 TäterInnen tödlicher Vernachlässigung (70,8 %) wurde ein Haftbefehl erlassen. Im Gegensatz zu den Fallgruppen der Neonatizide oder Misshandlungen wurde keiner der Haftbefehle außer Vollzug gesetzt. Fast immer wurde als Haftgrund die Schwere der Tat nach § 112 Abs. 3 StPO angegeben, zum Teil kombiniert mit Fluchtgefahr[664]. Zwei Mal sah das Gericht Fluchtgefahr als alleinigen Haftgrund an.

Strafverteidigung

Alle TäterInnen wurden vor Gericht verteidigt[665].

Anklageerhebung

Bei allen TäterInnen wurde Anklage erhoben. Anträge im Sicherungsverfahren wegen Schuldunfähigkeit wurden somit nicht gestellt. 20 der 24 TäterInnen (83,3 %) wurden vor dem Landgericht[666] angeklagt. Bei vier TäterInnen (16,7 %) wurde Anklage zur Jugendkammer[667] erhoben.

---

[664] Eine verfassungskonforme Auslegung des § 112 Abs. 3 StPO gebietet das Vorliegen eines weiteren Haftgrunds. An diesen weiteren Haftgrund werden aber hinsichtlich der Gefahrprognose geringere Anforderungen gestellt. Dennoch wurde in einigen Haftbefehlen allein der § 112 Abs. 3 StPO als Haftgrund genannt.

[665] Eine anwaltliche Vertretung ist Pflicht u.a. bei Prozessen vor dem Landgericht, bei Verbrechen (Strafandrohung mindestens 1 Jahr Freiheitsstrafe), bei einer möglichen Unterbringung in einem psychiatrischen Krankenhaus oder schlicht wegen der Schwere der Tat.

[666] Anklagen wegen Mordes, Totschlags und Körperverletzung mit Todesfolge sind bei Erwachsenen nach § 74 Abs. 2 GVG immer vor dem Landgericht als Schwurgericht zu erheben. Das Landgericht ist nach § 74 Abs. 1 GVG zudem bei allen Straftaten (also auch bei fahrlässigen Tötungsdelikten)

Verfahrenseinstellungen

In zwei Fällen wurden die Ermittlungsverfahren von der Staatsanwaltschaft gegen alle Beschuldigten nach § 170 Abs. 2 StPO eingestellt. Eines der Opfer hatte an einer angeborenen Erkrankung gelitten, die aufgrund der dauerhaften Weigerung der Eltern, dem Kind die erforderliche ärztliche Hilfe zukommen zu lassen, tödlich verlief. Das Verfahren gegen die Eltern wegen Totschlags wurde mangels Tatnachweises eingestellt. Die Ermittlungen wegen fahrlässiger Tötung wurden hier –nachdem sich die Eltern jahrelang ins Ausland abgesetzt hatten– wegen Strafverfolgungsverjährung eingestellt. Auch in dem anderen Fall litt das Opfer, ein Frühchen, seit der Geburt an zahlreichen krankhaften Auffälligkeiten und starb letztlich zu Hause an Unterernährung. Ermittelt wurde auf Betreiben der Mutter gegen zahlreiche Ärzte[668]. Bei einem weiteren Opfer wurde das Verfahren gegen die Eltern nach § 153a StPO eingestellt. Die Eltern hatten ihrem Sohn die Gabe eines wichtigen Medikaments verweigert und auch bei massiver Verschlechterung des Gesundheitszustands keinen Arzt aufgesucht. In zwei weiteren Fällen tödlicher Vernachlässigung wurde zunächst gegen beide Elternteile ermittelt, das Verfahren jeweils gegen den Vater aber später nach § 170 Abs. 2 StPO eingestellt[669].

Aussageverhalten / Geständnis

Acht der 24 TäterInnen legten bereits bei der polizeilichen Vernehmung ein Geständnis ab, weitere vier ein Teilgeständnis. Sechs bestritten die Tat. Zwei TäterInnen ließen sich bei der Polizei nicht zur Sache ein[670]. Vor Gericht legten neun TäterInnen ein Geständnis und sechs ein Teilgeständnis ab, nur noch drei

zuständig, bei denen eine höhere Strafe als vier Jahre Freiheitsstrafe oder die Unterbringung in einem psychiatrischen Krankenhaus, allein oder neben einer Strafe, oder in der Sicherungsverwahrung zu erwarten ist.

[667] Die Jugendgerichte an sich sind zuständig bei Jugendlichen (14 bis unter 18 Jahre) und Heranwachsenden (18 bis unter 21 Jahre). Die Jugendkammer beim Landgericht ist nach § 41 JGG bei Mord, Totschlag und Körperverletzung mit Todesfolge sowie bei erwarteter Unterbringung in einem psychiatrischen Krankenhaus zuständig.

[668] Gegen die Mutter, bei von Seiten der Ärzte der Verdacht auf Münchhausen by proxy geäußert wurde und bei der zudem Hinweise auf Vernachlässigung des Opfers bestanden (verdreckte, unaufgeräumte Wohnung, Opfer war kotbeschmiert, Verweigerung ärztlicher Behandlung), wurde nicht ermittelt.

[669] Einer der Väter saß zum Zeitpunkt der tödlichen Vernachlässigung (unversorgte Brandwunden) in Haft. In dem anderen Fall hatte der Vater des Opfers, welches unversorgt über Tage allein in der Wohnung zurückgelassen wurde, bereits seit längerem keinen Kontakt mehr zu Mutter und Kind.

[670] Bei den anderen TäterInnen hatte entweder keine polizeiliche Vernehmung stattgefunden oder die genaue Aussage bei der Polizei blieb unklar.

(12,5 %) bestritten hier die Tat, vier ließen sich nicht zur Sache ein. Im konkreten Aussageverlauf zeigt sich, dass die TäterInnen im Wesentlichen bei ihren Aussagen blieben. Drei TäterInnen, die die Tat zunächst bei der Polizei bestritten hatten, legten in der Hauptverhandlung ein Geständnis bzw. Teilgeständnis ab. Nur eine Person bestritt umgekehrt nach einem anfänglichen Geständnis vor Gericht die Tat. Drei TäterInnen, die sich in der Hauptverhandlung nicht zur Sache einließen, hatten vorher die Tat gestanden (n = 2) bzw. bestritten (n = 1).

Hauptverhandlung

Nur in knapp der Hälfte der Fälle (43,7 %, n = 7) handelte es sich um kurze Hauptverfahren mit einem bis fünf Sitzungstagen. Häufiger handelte es sich um längere Verfahren. In fünf Fällen benötigten die Gerichte sechs bis zehn, in vier Fällen sogar 11 bis 20 Sitzungstage.

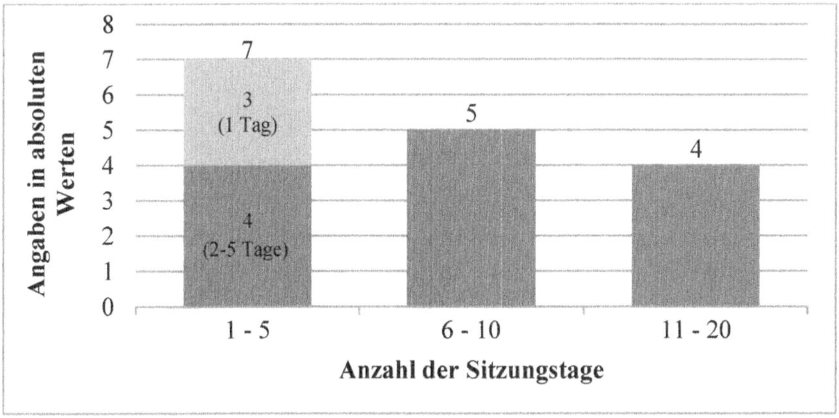

Abbildung 193: Anzahl der Sitzungstage. Vernachlässigungstötungen ohne Ausfallwerte (n = 16).

Häufiger als in anderen Fallgruppen mussten sich mehrere Angeklagte vor Gericht verantworten. In fünf der 15 Fälle standen zwei Personen, in einem Fall auch drei Personen vor Gericht. Tendenziell wurden im Rahmen der Beweisaufnahme viele Zeugen vernommen. Meist handelte es sich um sechs bis zehn (n = 5) bzw. 11 bis 20 Zeugen (n = 6) In einem Fall hörte das Gericht auch 23 Personen an, während in einem anderen Verfahren auf Zeugen gänzlich verzichtet wurde.

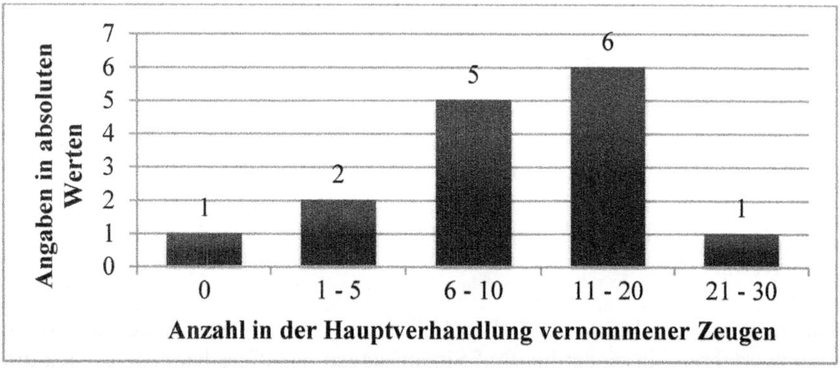

Abbildung 194: Anzahl in der Hauptverhandlung vernommener Zeugen. Vernachlässigungstötungen ohne Ausfallwerte (n = 15).

In allen Gerichtsverfahren wurden Sachverständige, fast immer zwei (46,7 %) oder auch mehr, hinzugezogen.

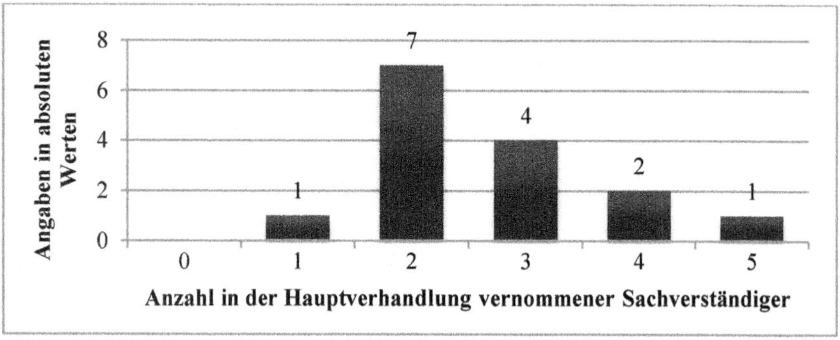

Abbildung 195: Anzahl in der Hauptverhandlung vernommener Sachverständiger. Vernachlässigungstötungen ohne Ausfallwerte (n = 15).

Schuldfähigkeit

Im Rahmen des Strafverfahrens wurde die Frage der Anwendbarkeit der §§ 20, 21 StGB, d.h. die Frage der Schuldunfähigkeit bzw. der verminderten Schuldfähigkeit des Täters bzw. der Täterin, häufig thematisiert (79 % bzw. 83 %). Rechtskräftig festgestellt wurde eine Schuldunfähigkeit bei keinem/r des/der Täter/innen. Eine verminderte Schulfähigkeit stellten die Gerichte bei einem Viertel der TäterInnen fest.

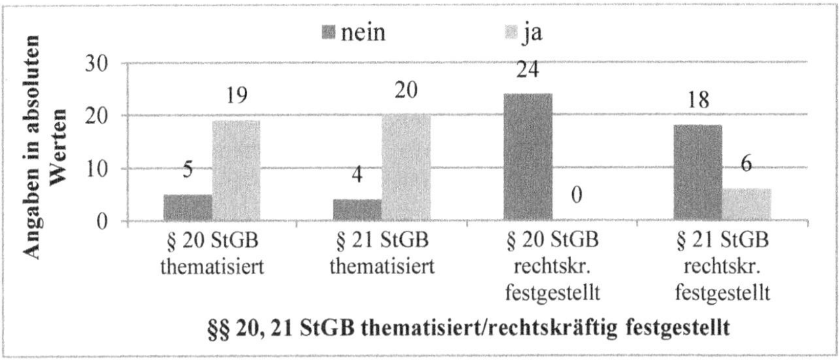

Abbildung 196: §§ 20, 21 StGB thematisiert/rechtskräftig festgestellt. Alle TäterInnen von Vernachlässigungstötungen (n = 24).

Strafrechtlicher Vorwurf - Anklage[671]

Die meisten Anklagen erfolgten wegen Totschlags (n = 11, 44 %), fast immer durch Unterlassen. Bei fünf Opfern (20 %) wurde Mord, ausschließlich durch Unterlassen, angeklagt. Teilweise sah die Staatsanwaltschaft auch Körperverletzung mit Todesfolge, fahrlässige Tötung oder Verletzung der Fürsorgepflicht als gegeben an.

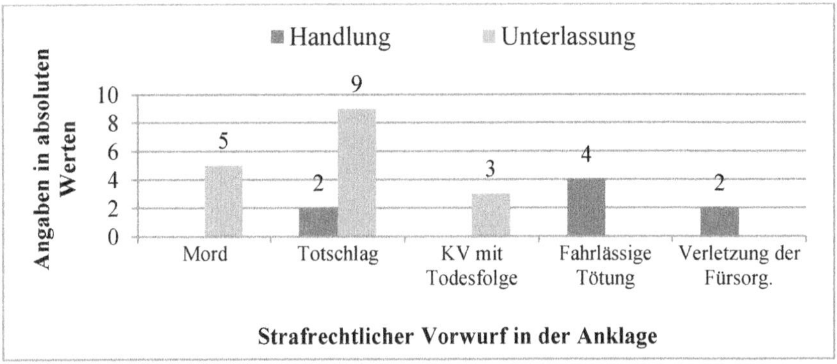

Abbildung 197: Strafrechtlicher Vorwurf in der Anklage. Alle TäterInnen tödlicher Vernachlässigungen. Bei TäterInnen, die mehrere Kinder getötet haben, wurden alle Anklagen erfasst (n = 25).

---

[671] Bei TäterInnen, die mehrere Kinder getötet haben, wurden alle Anklagen erfasst, z.B. wenn wegen der Tötung des ersten Kindes eine Anklage wegen Totschlags, wegen des zweiten Kindes wegen Mordes ergangen ist. Daher ist n = 25 statt n = 24.

Strafrechtlicher Vorwurf - Rechtskräftige Verurteilung[672]

Bei der Tötung durch Vernachlässigung gibt es bei der rechtskräftigen Verurteilung keine klare Dominanz eines Delikts. Sieben TäterInnen wurden wegen Körperverletzung mit Todesfolge, sechs wegen Totschlags und vier wegen (in einem Fall wegen zweifachen) Mordes verurteilt, wobei den Eltern jeweils ausschließlich ein Unterlassen zum Vorwurf gemacht wurde. Bei allen Verurteilungen wegen Mordes wurde das Mordmerkmal der Grausamkeit angenommen, in zwei Fällen kombiniert mit dem Merkmal der niedrigen Beweggründe. Allen Morden ist gemein, dass es sich um Mütter handelte, die ihre Kinder über Tage oder Wochen unversorgt in der Wohnung zurückließen. Fünf TäterInnen wurden wegen fahrlässiger Tötung, zwei wegen Misshandlung von Schutzbefohlenen zur Verantwortung gezogen. Im Fall der Misshandlung von Schutzbefohlenen wurde der Schwerpunkt der Vorwerfbarkeit ausnahmsweise nicht in der mangelnden Versorgung, sondern in der aktiven Vereitelung von Bemühungen Dritter um das Wohl des Opfers gesehen.

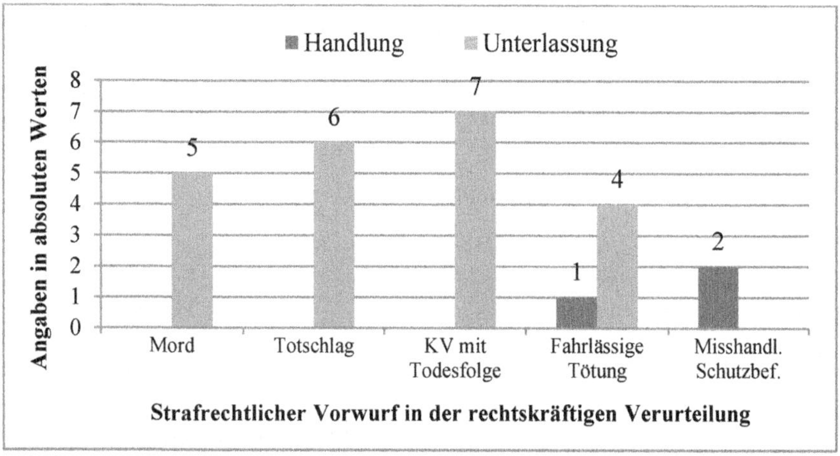

Abbildung 198. Strafrechtlicher Vorwurf in der rechtskräftigen Verurteilung. Alle TäterInnen tödlicher Vernachlässigungen (n = 25)[673].

[672] Bei TäterInnen, die mehrere Kinder getötet haben, wurden alle Verurteilungen erfasst, z.B. wenn wegen der Tötung des ersten Kindes eine Verurteilung wegen Totschlags, wegen des zweiten Kindes wegen Mordes ergangen ist. Daher ist n = 25 statt n = 24.

[673] Bei TäterInnen, die mehrere Kinder getötet haben, wurden alle Verurteilungen erfasst.

Straf- und Maßregelausspruch – Anträge

Bei 14 der 24 TäterInnen ist bekannt, dass die Staatsanwaltschaft Strafen ohne Bewährung forderte, in einem Fall kombiniert mit der Maßregel der Unterbringung in einer Entziehungsanstalt. Bei vier TäterInnen kam die Anklagevertretung zu dem Schluss, dass die Strafe zur Bewährung ausgesetzt werden kann. Von der Verteidigung wurde bei fünf TäterInnen eine Bewährungsaussetzung gefordert, von zwei sogar ein Freispruch. Immerhin 11 plädierten auf Strafen ohne Bewährung. In den Fällen, in denen keine Angaben vorhanden waren (n = 6), fehlte jeweils das Hauptverhandlungsprotokoll in den Akten.

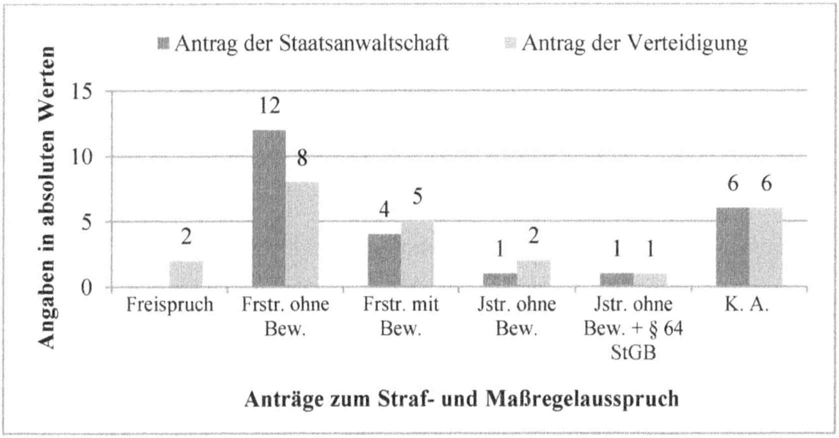

Abbildung 199: Anträge zum Straf- und Maßregelausspruch. Alle TäterInnen tödlicher Vernachlässigung (n = 24).

Straf- und Maßregelausspruch - Erstinstanzliche und rechtskräftige Verurteilungen

Alle erstinstanzlichen Urteile sind hinsichtlich Straf- und Maßregelausspruch rechtskräftig geworden. Die TäterInnen tödlicher Vernachlässigungen wurden überwiegend zu Gefängnisstrafen ohne Bewährung verurteilt (Freiheitsstrafe 66,7 %, n = 16, Jugendstrafe 8,3 %, n = 2). Eine Aussetzung zur Bewährung erfolgte deutlich seltener (20,8 %, n = 5) und nur im Bereich der Freiheits- nicht jedoch der Jugendstrafe. In einem Einzelfall wurde neben der Jugendstrafe die

Unterbringung in einer Entziehungsanstalt als freiheitsentziehende Maßregel[674] angeordnet.

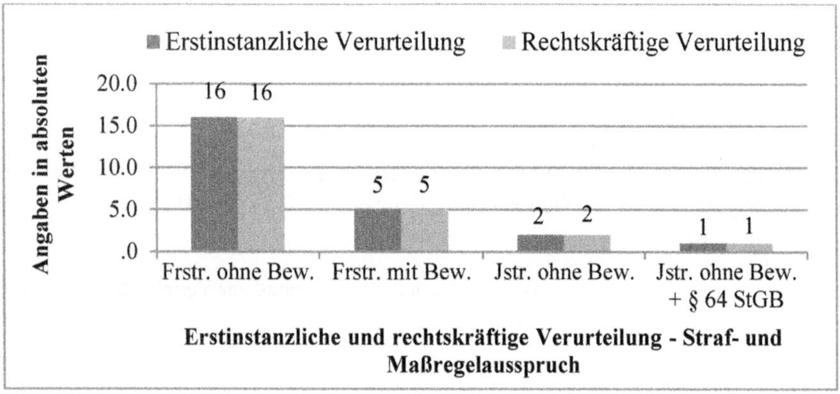

Abbildung 200: Erstinstanzliche und rechtskräftige Verurteilung – Straf- und Maßregelausspruch. Alle TäterInnen tödlicher Vernachlässigungen (n = 24).

Strafhöhe – Anträge bei Freiheitsstrafen ohne Bewährung

Die Staatsanwaltschaft forderte am häufigsten Freiheitsstrafen im hohen Bereich von über sechs Jahren (66,7 %, n = 8). Beantragten die Verteidiger eine Freiheitsstrafe ohne Bewährung, so plädierten sie eher auf eine niedrige[675] (n = 4) oder mittlere[676] Strafhöhe (n = 3).

[674] Freiheitsentziehende Maßregeln sind z.B. die Unterbringung in einem psychiatrischen Krankenhaus nach § 63 StGB, die Unterbringung in einer Entziehungsanstalt nach § 64 StGB oder die Unterbringung in der Sicherungsverwahrung nach § 66 StGB.
[675] 0 – 4 Jahre.
[676] 4 – 6 Jahre.

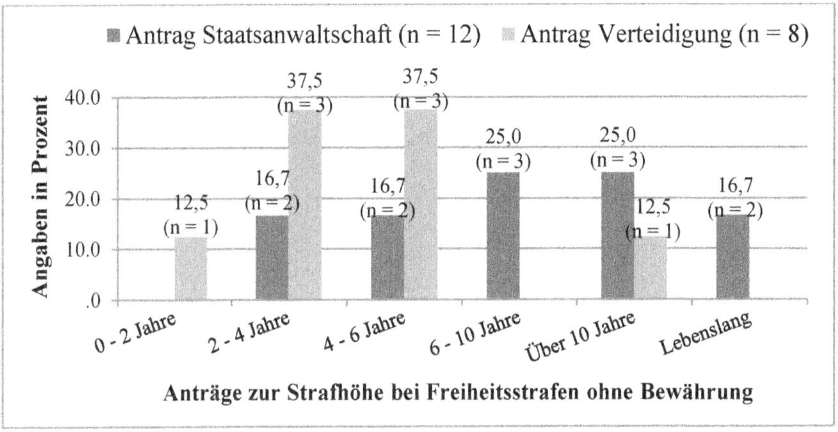

Abbildung 201: Anträge zur Strafhöhe bei Freiheitsstrafen ohne Bewährung. TäterInnen tödlicher Vernachlässigung. Staatsanwaltschaft (n = 12), Verteidigung (n = 8).

Strafhöhe - Anträge bei Jugendstrafen ohne Bewährung[677]

In den beiden Fällen, in denen die Staatsanwaltschaft auf eine Jugendstrafe ohne Bewährung plädierte, forderte sie Strafhöhen im mittleren (4–6 Jahre) und oberen (6–10 Jahre) Bereich. Von den drei Verteidigern, die eine Jugendstrafe ohne Bewährung beantragten, ließen zwei das konkrete Strafmaß offen. Nur ein Verteidiger beantrage eine mittlere Strafhöhe.

Strafhöhe – Erstinstanzliche und rechtskräftige Verurteilung bei Freiheitsstrafen

Die TäterInnen tödlicher Vernachlässigung wurden recht häufig zu hohen Freiheitsstrafen ohne Bewährung verurteilt, zwei Drittel (n = 9) erhielten Freiheitsstrafen von mindestens sechs Jahren. Bei zwei TäterInnen wurden in der Grafik nicht sichtbare Gesamtstrafen gebildet. Dabei handelte es sich um Gesamtfrei-

[677] Jugendstrafrecht ist bei Jugendlichen (zur Tatzeit 14 Jahre bis unter 18 Jahre) zwingend, bei Heranwachsenden (zur Tatzeit 18 Jahre bis unter 21 Jahre) bei Vorliegen von Reifeverzögerungen oder jugendtypischen Taten anzuwenden. Das Höchstmaß der Jugendstrafe beträgt 10 Jahre, §§ 18 Abs. 1, 105 Abs. 3 JGG.

heitsstrafen in Höhe von 4 Jahren und 3 Monaten[678] bzw. 6 Jahren und 4 Monaten[679].

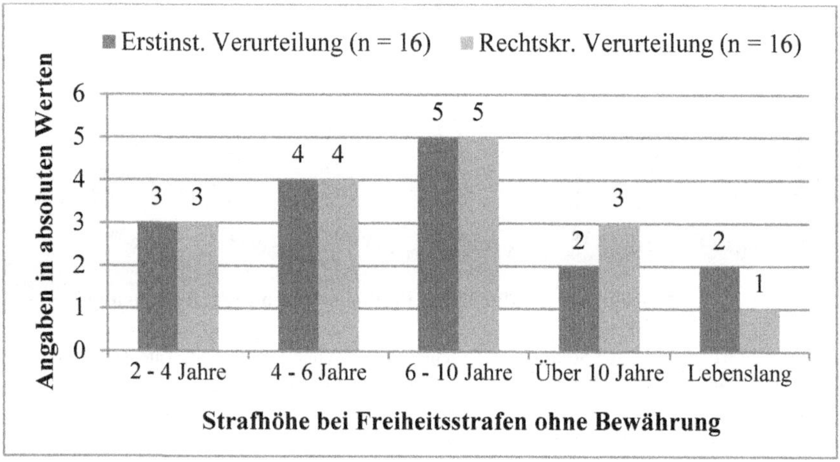

Abbildung 202: Strafhöhe bei Freiheitsstrafen ohne Bewährung. TäterInnen tödlicher Vernachlässigung ohne Ausfallwerte. Erstinst. Verurteilung (n = 16), rechtskr. Verurteilung (n = 16).

Strafhöhe – Erstinstanzliche und rechtskräftige Verurteilung bei Jugendstrafen

Die drei TäterInnen, die zu Jugendstrafen ohne Bewährung verurteilt wurden, erhielten jeweils Strafen im mittleren Bereich von vier bis sechs Jahren.

[678] Zum Nachteil des Opfers wegen Körperverletzung mit Todesfolge 3 Jahre 6 Monate; zum Nachteil eines Geschwisterkindes wegen Misshandlung von Schutzbefohlenen durch Unterlassen 1 Jahr 6 Monate.

[679] Zum Nachteil des Opfers wegen Körperverletzung mit Todesfolge u.a. 5 Jahre, zum Nachteil der Exfreundin wegen Vergewaltigung 2 Jahre 9 Monate.

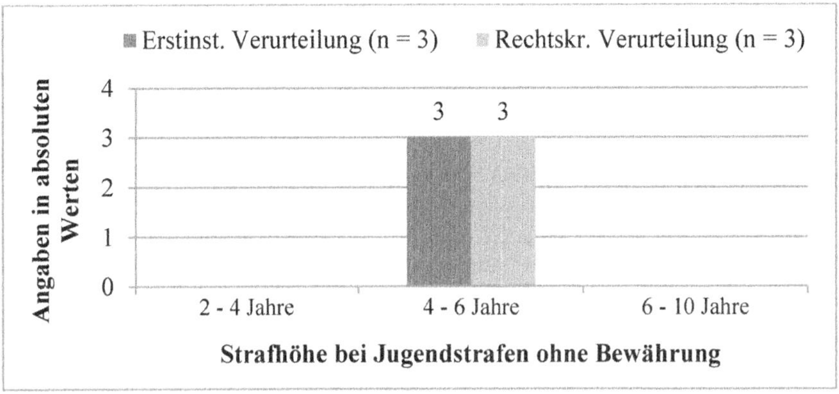

Abbildung 203: Strafhöhe bei Jugendstrafen ohne Bewährung. TäterInnen tödlicher Vernachlässigung ohne Ausfallwerte. Erstinst. Verurteilung (n = 3), rechtskr. Verurteilung (n = 3).

Rechtsmittel

12 der 24 Angeklagten legten Rechtsmittel gegen die erstinstanzliche Verurteilung ein. In einem Fall tat dies allein die Staatsanwaltschaft. Keines der Rechtsmittel wurde im Nachhinein zurückgenommen. Zwei Mal war die Revision der Täterinnen, zweier Mütter die jeweils ihre Kinder allein und unversorgt über einen längeren Zeitraum zu Hause ließen, zumindest teilweise erfolgreich[680]. Allseitiger Rechtsmittelverzicht erfolgte in zwei Fällen.

Freisprüche

Bei der Fallgruppe der tödlichen Vernachlässigungen gab es keine Freisprüche

.

[680] Bei einer Frau wurde die zunächst in erster Instanz festgestellte besondere Schwere der Schuld später rechtskräftig verneint. Im anderen Fall war die Frau erstinstanzlich wegen Mordes zu einer lebenslangen Freiheitsstrafe verurteilt worden. Nach teilweise erfolgreicher Revision wurde nach Einholung eines weiteren psychologischen Gutachtens § 21 StGB bejaht und die Strafhöhe auf 13 Jahre gesenkt.

5.3.6.8 Leben nach der Tat

Die Angaben zu dem Leben nach der Tat haben auch in dieser Fallgruppe eher illustrativen Charakter, ohne dass man daraus allgemeingültige Aussagen ableiten könnte, da zum Leben nach der Tat meist wenige Informationen in den Akten enthalten waren. In sechs Fällen wurde den TäterInnen das Sorgerecht für die übrigen Kinder entzogen bzw. die Kinder in Pflegefamilien untergebracht. In einem dieser Fälle erfolgte auch eine Freigabe zur Adoption. In zwei Fällen blieben die Kinder bei den Eltern, es wurde aber eine Ergänzungspflegschaft eingerichtet oder es erfolgte eine Betreuung durch das Jugendamt. Drei Täterinnen bekamen während des Prozesses oder danach noch ein bzw. zwei Kinder. In einem dieser Fälle ist den Akten zu entnehmen, dass in Bezug auf das neugeborene Kind bereits ein familiengerichtliches Verfahren lief.

5.3.6.9 Zusammenfassung

Unter diese zahlenmäßig kleinste Deliktsgruppe (n = 20, 3,7 %) wurden Fälle subsumiert, bei denen die Kinder starben, weil sie nicht oder nicht ausreichend mit Nahrung und/oder Flüssigkeit versorgt wurden, oder weil eine notwendige medizinische Behandlung unterblieb. Im Unterschied zu den meisten anderen Fallgruppen gab es hier keine deutliche Erhöhung des Opferrisikos in den ersten sechs Lebensmonaten, leicht höher belastet sind Kinder in den ersten 15 Monaten. Unter den 24 TäterInnen waren 16 biologische Mütter und 7 biologische Väter, einmal wurde auch der Großvater (mit)verurteilt. Insgesamt siebenmal wurden beide biologischen Eltern verurteilt, in allen anderen Fällen wurden die Opfer von ihren allein erziehenden Müttern tödlich vernachlässigt. Die TäterInnen waren meisten zwischen 21 und 29 Jahre alt, vier TäterInnen waren 18-20 Jahre alt, sieben älter als 30 Jahre, es gab keinen Täter/in, der/die jünger als 18 Jahre alt war. Für 20 TäterInnen wurden im Rahmen des Strafverfahrens psychologische/psychiatrische Gutachten erstellt, für neun von ihnen wurde für den Tatzeitpunkt eine psychische Auffälligkeit/Erkrankung festgestellt, fünfmal wurden Persönlichkeitsstörungen, einmal eine Persönlichkeitsakzentuierung diagnostiziert, nur vereinzelt lagen Depressionen, Drogenkonsum oder eine Kombination verschiedener Störungen vor. Bildungsniveau und ökonomische Bedingungen der Täter und Täterinnen sind in dieser Fallgruppe eindeutig gekennzeichnet durch ein niedriges schulisches und berufliches Bildungsniveau sowie schwierige wirtschaftliche Bedingungen.

Die Tatauslöser lassen sich für diese Fallgruppe im Wesentlichen in zwei Gruppen unterteilen: Bei der einen handelte es sich um Fälle, bei denen die Kinder mehr oder weniger komplett sich selbst überlassen wurden. Sofern die Taten von allein erziehenden Müttern begangen wurden, begann diese Vernachlässigung oft nach der Trennung vom Partner, zum Teil verbunden mit dem Wunsch, ein neues Leben zu beginnen. In diesen Fällen kümmerten sich die Frauen dann oft zunächst nur noch unzureichend, später gar nicht mehr um die Kinder, hielten sich vermehrt, später vereinzelt auch ausschließlich bei Freunden oder einem neuen Partner auf und ließen die Kinder allein zurück, wo sie dann aufgrund mangelnder Nahrungs- und Flüssigkeitszufuhr verstarben. Die andere Gruppe machten Fälle medizinischer Vernachlässigungen aus, z.B. schätzten Eltern eine bekannte Erkrankung des Kindes falsch ein und/oder unterließen eine korrekte medizinische Behandlung. Es handelte sich dabei entweder um chronische Erkrankungen, bei denen die Eltern die nötigen Medikamente nicht oder nicht in ausreichender Dosis gaben, oder die Krankheit gegen ärztlichen Rat alternativmedizinisch selbst behandelten. Diese Kinder verstarben an den Folgen der unterbliebenen bzw. falschen medizinischen Versorgung. Sofern die Kinder an den Folgen einer akuten Erkrankung, beispielsweise eines Infekts verstarben, hatten es die Eltern aufgrund allgemeiner Überforderung, wie z.B. durch eine schwierige familiäre Situation, viele Kinder und/oder Tiere, unterlassen, die Kinder rechtzeitig behandeln zu lassen. Zum Teil entschieden sich diese Eltern aber auch bewusst dagegen, Hilfe zu holen, weil sie fürchteten, dass ihnen bei Bekanntwerden der Zustände die Kinder von staatlicher Seite weggenommen werden würden.

Die Daten sind in Bezug auf die Strafverfolgung davon gekennzeichnet, dass die Tataufklärung typischerweise einfach ist, da der Tatverlauf gut nachvollziehbar war und an der Täterschaft in der Regel kein Zweifel bestand. Bezogen auf und Sanktionierung zeigte sich eine große Bandbreite an Verfahrensergebnissen. Überwiegend wurden Freiheits- oder Jugendstrafen ohne Bewährung ausgesprochen (67 bzw. 8 % aller Sanktionen), aber in etwa einem Fünftel der Verurteilungen auch Bewährungsstrafen. Die Sanktionsunterschiede beruhen u.a. darauf, dass teilweise letztlich kein Tötungsvorsatz angenommen wurde, bei anderen Fällen aber von einem die lebenslange Freiheitsstrafe begründenden Mord ausgegangen wurde.

5.3.7 Sonstige

Diese Fallgruppe enthält sieben Fälle mit insgesamt acht Opfern, die sich keiner der bisher genannten Kategorien zuordnen lassen und keine eigene sinnvolle Fallgruppe bilden. Folgende Fallgestaltungen gehören dieser Gruppe an: Zwei Kinder starben bei einem Brand, bei dem die mittelgradig geistig behinderte

Mutter einen offensichtlichen noch möglichen Fluchtweg nicht genutzt hatte. In anderen Fällen tötete ein Geisterfahrer mit Selbstmordabsicht fast eine gesamte Familie bzw. ein ehemaliger Nachbar sprengte wegen Mietstreitigkeiten ein Mehrfamilienhaus in die Luft. In zwei Fällen erfolgten Verurteilungen wegen Schwangerschaftsabbrüchen. Ein Kind wurde im Rahmen eines –zunächst– spielerischen Schubsens vom sozialen Vater in einen See gestoßen. Dieser ließ das Kind dann trotz Rettungsmöglichkeit ertrinken. Ein anderes Opfer verschwand spurlos. Obwohl gegen eine Vielzahl von Personen ermittelt und einige auch angeklagt wurden, ließ sich der Fall nicht aufklären, letztlich wurden hier alle Angeklagten freigesprochen.

Insgesamt wurden in dieser Fallgruppe vier Personen wegen der Tötung des Opfers verurteilt, z.B. wegen Schwangerschaftsabbruchs oder wegen Totschlags durch Unterlassen. Diese Personen wurden im Projekt ebenfalls als TäterInnen erfasst. Auf weitere Auswertungen dieser Fälle wird jedoch verzichtet, da es sich um sehr atypische Konstellationen handelt, die jedenfalls für die hier verfolgten Fragestellungen keinen Erkenntnisgewinn versprechen.

5.3.8 Plötzlicher Kindstod unklar

Acht Fälle lassen sich der Gruppe des unklaren plötzlichen Kindstods zuordnen. Bei den verstorbenen Kindern handelte es sich um sechs Jungen und zwei Mädchen im Altern von sechs Wochen bis zu 16 Monaten. In all diesen Fällen hatte ein Elternteil angegeben, das Kind leblos im Kinderbett bzw. Kinderwagen vorgefunden zu haben. In der Regel wurden die Kinder kurz nach ihrem Tod obduziert, eine eindeutige Todesursache ließ sich aber nicht feststellen. Dabei kamen sowohl ein plötzlicher Kindstod als auch Tod infolge weicher Bedeckung des Gesichts in Betracht. Fast alle Verfahren wurden nach § 170 Abs. 2 StPO eingestellt[681], da eine vorsätzliche oder fahrlässige Tötung nicht mit einer zur Anklageerhebung ausreichenden Sicherheit nachgewiesen werden konnte. Nur in einem Fall erfolgte eine Anklage mit anschließendem Freispruch.
Die Ermittlungen wurden in sechs Fällen gegen die biologische Mutter, in zwei Fällen gegen beide leiblichen Eltern geführt. In zwei Fällen war bereits kurz nach dem Tod des Kindes ein strafrechtliches Ermittlungsverfahren eingeleitet, dann aber wegen eines ebenfalls möglichen plötzlichen Kindstods eingestellt worden. In beiden Fälle kam es nach Monaten bzw. Jahren zur Wiederaufnahme, nachdem Personen aus dem Umfeld mitgeteilt hatten, dass die Mutter ihnen gegenüber die Tat gestanden habe. Die Beweise reichten aber auch im zweiten

[681] In einem Fall mit fünfseitiger Einstellungsbegründung.

Anlauf nicht für eine Anklageerhebung bzw. Verurteilung aus. In zwei anderen Fällen wurde Jahre nach Einstellung des Todesermittlungsverfahrens erstmals ein strafrechtliches Ermittlungsverfahren eingeleitet. Während die Ermittlungen in dem einen Verfahren nach Hinweisen des leiblichen Vaters auf eine mögliche Täterschaft der Mutter in Gang kamen, die dieser gegenüber Dritten geäußert hatte, wurden die Ermittlungen in dem anderen Verfahren nach einem zufälligen Hinweis im Rahmen eines anderen Ermittlungsverfahrens (mit Telefonüberwachung) aufgenommen. Beiden ließ sich die Tat trotz im Raume stehenden Restverdachts nicht nachweisen.

5.3.9 Natürlicher Tod/Unfall

Diese Fallgruppe umfasst 29 der 535 Opfer (5,4 %). Diese Kinder starben entweder eines Todes aufgrund klar feststellbarer natürlicher Ursache, wie z.B. einer Herzmuskelentzündung, Epilepsie oder Fruchtwassereinatmung im Mutterleib, oder infolge eines Unfalls, wie z.B. einem durch Zündeln des Opfers entstandenen Wohnungsbrand. Da zuvor wegen eines Tötungsdelikts zum Nachteil dieser Kinder ermittelt wurde, wurden sie auch im Projekt als Opfer mit erfasst.

Beschuldigte waren in diesen Verfahren sehr häufig die leiblichen Mütter, teilweise auch die leiblichen Väter, in Einzelfällen auch der soziale Vater oder sonstige Personen. Fast alle Verfahren wurden nach § 170 Abs. 2 StPO, wenige auch nach §§ 153 ff. StPO[682] eingestellt. Ein Beschuldigter wurde freigesprochen[683]. In einem anderen Fall erfolgte aufgrund eines Sturzgeschehens mit dem Opfer eine Verurteilung wegen fahrlässiger Tötung. Gegen den Vater war zunächst wegen vorsätzlicher Tötung ermittelt worden[684]. Aufgrund seiner anschließenden Verurteilung ist er von uns auch als Täter erfasst.

Knapp die Hälfte dieser Kinder (n = 13) war zwischen 0 Tage und 3 Monate alt[685]. Im Übrigen sind alle Altersgruppen in etwa gleich häufig vertreten. 15 Kinder (51,7 %) waren männlichen, 13 weiblichen Geschlechts[686].

---

[682] Z.B. Einstellung nach § 153 Abs. 2 StPO bei einem Vater, der aus Versehen auf das Kind gestützt war.

[683] Erst nach einer erfolgreichen Beschwerde der Staatsanwaltschaft gegen die Ablehnung der Hauptverfahrenseröffnung war das Hauptverfahren überhaupt eröffnet worden.

[684] Der Mann hatte zuvor ein anderes, nachweislich falsches Sturzgeschehen angegeben.

[685] Bei sieben dieser Opfer handelte es sich um Neugeborene, die meist aufgrund von Fruchtwassereinatmung starben.

[686] Bei einem Opfer blieb das Geschlecht unklar.

6 Zusammenfassende Würdigung

Generell ist zu Tötungsdelikten an Kinder der Altersgruppe 0-5 Jahre in Deutschland festzustellen, dass sie sich als sehr heterogenes Phänomen darstellen, wobei sich auch innerhalb der einzelnen Fallgruppen zum Teil noch deutliche Unterschiede hinsichtlich Tatmotivation und Tatbegehung finden lassen. Die größte Fallgruppe machen die Neonatizide mit über einem Drittel aus, gefolgt von den Misshandlungstötungen mit gut einem Viertel und den erweiterten Suiziden mit rund einem Achtel der Fälle.

Die eingangs aufgeworfenen Fragen lassen sich sehr grob zusammenfassend wie folgt beantworten:

Zur Empirie des Phänomens und zu möglichen Präventionsansätzen:

1. Wie viele Kinder –differenziert nach Alter, Geschlecht, Staatsangehörigkeit sowie familiären und sozialen Merkmalen– wurden in Deutschland in den 10 Jahren des Untersuchungszeitraums (1997-2006) Opfer von (als solchen erkannten) Tötungsdelikten?
2. Gibt es in Bezug auf diese Daten regionale Unterschiede bzw. Veränderungen über die Zeit, und wie lassen sich diese gegebenenfalls erklären?

Letztlich bleibt unklar, wie viele Kinder genau im Untersuchungszeitraum Opfer eines als solchen erkannten Tötungsdeliktes wurden. Die verfügbaren Daten der Polizeilichen Kriminalstatistik und der Todesursachenstatistik sind mit zahlreichen Fehlerquellen behaftet. Die in der vorliegenden Studie angestrebte Vollerhebung aller in der PKS erfassten Fälle gelang nicht, der Ausfall von insgesamt 41 % lässt keine klare Systematik erkennen, ist aber in den verschiedenen Jahren unterschiedlich groß. Daher lässt sich nicht ermitteln, oder auch nur sinnvoll vermuten, wie genau sich die tatsächliche Fallzahl im Untersuchungszeitraum entwickelt hat. Unter den polizeilich als einschlägig geführten Delikten fand sich überdies ein gewisser Anteil (6,9 %), bei dem letztlich von einem Tötungsdelikt eindeutig nicht ausgegangen werden kann. Insgesamt stellen die Zahlen der PKS daher eine Überschätzung der Fallzahl im Hellfeld dar.

Differenziert man nach den in der Untersuchung gebildeten Fallgruppen, bietet sich ein angesichts der unterschiedlichen Rücklaufquoten und der kleinen Fallzahlen innerhalb der einzelnen Fallgruppen ein nur schwer zu interpretierendes Bild. Einerseits zeigt sich insgesamt recht klar und konstant, welches die eher großen und die deutlich kleineren Fallgruppen sind. Im Detail gibt es allerdings durchaus große Schwankungen bei den relativen Anteilen der verschiedenen Gruppen in den verschiedenen Jahren. Deutlich wird dies etwa beim Vergleich der beiden großen Fallgruppen der Neonatizide und Misshandlungstötungen, die in manchen Jahren in annähernd gleicher Anzahl vertreten sind, in anderen gravierend unterschiedlich oft in den von uns untersuchten Akten zu finden waren. Ob mit dem für die Jahre 2004-2006 zu beobachtenden Befund, dass die Zahlen von Neonatiziden und Misshandlungstötungen in ähnlichen Größenordnungen vertreten waren, ein Trend ausgemacht werden kann, müsste eine Untersuchung der seitdem vorgekommenen Fälle zeigen. Die insgesamt zu verzeichnende tendenzielle Stabilität bei gewichtigen Schwankungen im Einzelnen passt zu dem über alle Fallgruppen zu beobachtenden Befund, dass die Taten in aller Regel auf sehr persönliche Konfliktlagen und Krisen zurückzuführen sind, die nur begrenzt und jedenfalls nicht kurzfristig in größerem Umfang von äußeren möglichen Belastungsfaktoren (z.B. steigende Trennungsraten, ökonomischer Druck) oder Unterstützungsmöglichkeiten (z.B. Schwangerschaftskonfliktberatung, Jugendhilfe) zu beeinflussen sind.

	Tatdatum: Jahr										
	1997	1998	1999	2000	2001	2002	2003	2004	2005	2006	Gesamt
Neonatizid	11	27	16	17	19	23	30	22	17	17	**199**
Misshandlung	6	7	15	15	14	11	16	17	20	16	**137**
Vernachlässigung	0	1	4	2	2	3	1	3	2	2	**20**
Psych. Erkrankung	2	1	5	5	4	7	2	1	4	2	**33**
Erweiterter Suizid	2	9	3	9	10	6	11	6	6	7	**69**
Zielgerichtete Tötung	2	7	0	6	6	3	1	5	0	2	**32**
Plötzl. Kindstod unklar	0	2	0	2	1	1	0	1	1	0	**8**
Nat. Tod/Unfall	3	2	2	5	1	3	4	1	4	4	**29**
Sonstiges	1	2	1	0	2	0	1	1	0	0	**8**
Gesamt	**27**	**58**	**46**	**61**	**59**	**57**	**66**	**57**	**54**	**50**	**535**
Anteil der in dem jeweiligen Jahr anhand der erhaltenen Akten ermittelten Opfer von den in der PKS enthaltenen Opfern	**30 %**	**59 %**	**49 %**	**58 %**	**63 %**	**56 %**	**79 %**	**67 %**	**72 %**	**61 %**	**59 %**

Abbildung 204: Opferzahl nach Fallgruppen und Jahren sowie Anteil der Opferzahl im jeweiligen Jahr gegenüber der Opferzahl der PKS.

Ein Punkt, der das Interesse an der Entwicklung des hier vorgestellten Forschungsprojekts ausgelöst hat, war die ausweislich der Polizeilichen Kriminalstatistik nicht unwesentlich höhere Rate von Tötungsdelikten an Kindern in den neuen Bundesländern verglichen mit den alten Bundesländern. Deutlich war aber auch, dass die Frage nach möglichen Ursachen für diesen Befund auf ganz verschiedenen Ebenen liegen können und dass selbst wenn klar wäre, dass es sich nicht z.B. um unterschiedliche Hellfeldraten handelt, sondern um ein tatsächlich höheres Fallaufkommen, ohne Wissen um die jeweiligen Fallgruppenanteile nicht sinnvoll nach möglichen Ursachen gefragt werden kann. Dies bedeutet aber gleichzeitig, dass die Fallzahlen, die für eine Analyse zur Verfügung stehen, nur bei optimalem Rücklauf Rückschlüsse erlauben. Angesichts des unerwartet schwierigen und zudem regional etwas unterschiedlichen Rücklaufes, der dazu führt, dass pro Jahr und Fallgruppe pro Bundesland oft einstellige Fallzahlen zu verzeichnen sind, ist eine regional vergleichende Darstellung der Belastungszahlen mit den einzelnen Fallgruppen irreführend. Die Opferziffern weisen erwartbar große Unterschiede auf, zeigen aber kein klares Schema.

Der einzige Befund, der deutlich wird und aufgrund der verhältnismäßig hohen Fallzahl eine gewisse Belastbarkeit hat, ist, dass vier Bundesländer auffällig hohe Opferziffern bei den Neonatiziden aufweisen. Die durchschnittliche Opferziffer (Opfer pro 100.000 Geburten im selben Jahr) beträgt in dieser Fallgruppe 2,7, die Länderwerte liegen zwischen 0,39 und 11,22. Die vier Länder, die mit Abstand die höchsten Werte aufweisen (7,91 - 11,22), sind Brandenburg, Mecklenburg-Vorpommern, Sachsen-Anhalt und Thüringen. Der höchste Wert unter den übrigen Ländern liegt bei 3,47. Die kleinste Opferziffer von 0,39 zeigt Schleswig-Holstein. Die Höherbelastung der genannten vier Länder findet keinen zeitlichen Schwerpunkt im Untersuchungszeitraum, sondern streut über die Jahre. Bei allen genannten Werten, dies sei erneut ausdrücklich betont, können Verzerrungen durch den Aktenrücklauf entstanden sein und angesichts insgesamt geringer Zahlen würden sich die Opferziffern schon bei wenigen Fällen Unterschied nennenswert ändern. Geht man davon aus, dass der Rücklauf nicht systematisch verzerrt ist, stellen die genannten Zahlen jedenfalls Unterschätzungen dar. Aufgrund der Ausfalls von 41 % gegenüber den Zahlen der PKS kann auch nicht mit Sicherheit geschlossen werden, dass die Höherbelastung der neuen Länder mit Tötungsdelikten an Kindern unter 6 Jahren, die eben aufgrund den Daten der PKS (mit) einen Anlass für die vorliegende Untersuchung darstellte, auf einer Höherbelastung mit Neonatiziden beruht. Die Daten sprechen allerdings durchaus für diese Annahme. Über die Gründe hierfür kann nur spekuliert werden. Überprüft wurde, ob in den neuen Ländern überproportional viele Fälle mit mehreren Opfern stattgefunden haben, eine deutliche Häufung zeigte sich jedoch nicht. Überprüft wurde ebenfalls, ob sich das Alter der Täterinnen unterscheidet, was ebenfalls nicht der Fall war. Die Höherbelastung der neuen Länder nach der PKS hat sich in den letzten Jahren deutlich verringert. In einer wünschenswerten Fortführung der hier vorgelegten Untersuchung für die Folgejahre wäre die Frage zu prüfen, ob dies möglicherweise auf einen Rückgang der Neonatizide zurückgeführt werden kann.

Was das Alter der Opfer angeht, so zeigt auch die vorliegende Untersuchung, dass das Opferrisiko für Kinder in den ersten sechs Monaten und vor allem am ersten Lebenstag deutlich am höchsten ist, insgesamt wurden 38,5 % der Kinder der Untersuchungsgruppe in den ersten 24 Stunden nach der Geburt getötet. Ein nicht dem Bevölkerungsanteil entsprechender Anteil an nichtdeutschen Opfern[687] fand sich in keiner Fallgruppe.

Das Geschlecht der Opfer zeigt eine leichte Höherbelastung der Jungen (54,6 %) gegenüber den Mädchen (44,5 %), der über die Altersgruppen und Jahre in etwa stabil ist und auf die deutliche Höherbelastung der Jungen in der Fallgruppe der Misshandlungstötungen zurückzuführen ist. Dies ist insofern besonders interessant, als dass die Misshandlungstötungen die einzige Fallgruppe sind, in der häufig eine Interaktion mit dem Opfer (auch) tatauslösend war[688]. Auch in anderen Untersuchungen findet sich eine Höherbelastung von Jungen mit elterlicher Gewalt im Hell- und Dunkelfeld[689]. Diesem Punkt soll daher an anderer Stelle weiter nachgegangen werden unter Einbeziehung von Daten einer Untersuchung, im Rahmen derer derzeit Körperverletzungsdelikte an Kindern in Hessen ebenfalls auf der Grundlage von Strafverfahrensakten analysiert werden[690].

Familiäre und soziale Risikofaktoren können angesichts des jungen Alters der getöteten Kinder nicht isoliert auf diese bezogen werden, sondern sind für die Opfer und ihre (biologischen oder sozialen) Eltern gemeinsam zu betrachten. Insgesamt zeigen sich hier gravierende Unterschiede zwischen den Fallgruppen. Während etwa bei den Fallgruppen der Misshandlungstötungen und tödlichen Vernachlässigungen typischerweise hoch belastete Familiensituationen bzw. biographische Belastungen der TäterInnen vorliegen ist dies für die anderen Fallgruppen nicht charakteristisch.

---

[687] Erhoben wurde aufgrund der Verfügbarkeit entsprechender Angaben in den Akten nur die Staatsangehörigkeit von Opfern und TäterInnen.

[688] Zu dieser Frage auch *Höynck* 2014.

[689] *Brookman/Nolan* 2006.

[690] Untersuchung von *Höynck/Haug*, Universität Kassel.

3. Lassen sich bei den Opfern spezifische wiederkehrende Merkmale und Merkmalscluster identifizieren?

Die Kinder, die Opfer der Tötungsdelikte geworden sind, wiesen, soweit sich das den untersuchten Akten entnehmen lässt, insgesamt betrachtet keine Besonderheiten auf. Das Geschlechterverhältnis war zumeist in etwa ausgeglichen, dies galt allerdings nicht für die Fallgruppe der Misshandlungstötungen, bei der Jungen ein höheres Viktimisierungsrisiko hatten. Auffällig ist darüber hinaus, dass es sich nicht nur bei den Opfern von Neonatiziden, sondern vor allem auch bei den Opfern von Misshandlungen und Vernachlässigungen, anders als bei den anderen Fallgruppen, häufig um ungewollte Kinder handelte.

Die getöteten Kinder waren in aller Regel gesund bevor sie getötet wurden. Unter den Kindern, die durch Misshandlung starben, wiesen einige ältere Verletzungen auf, mehr als in den anderen Fallgruppen waren sie zum Tatzeitpunkt an normalen Infekten o.ä. erkrankt. Von den durch Vernachlässigung getöteten Kindern hatten einige chronische Erkrankungen, an deren unzureichender Versorgung sie verstarben. Nicht ganz selten waren Fälle, wiederum in den Fallgruppen Misshandlungstötungen oder Vernachlässigungen, in denen Kinder, teilweise aufgrund von Frühgeburt, längere Zeit im Krankenhaus waren und dort offenbar nicht oder sehr wenig Kontakt mit den Eltern hatten. Hier liegt die Vermutung nahe, dass eine Bindungsproblematik die Tat begünstigt haben könnte. Für die Annahme, dass zwar nicht konkrete, klar benennbare Eigenschaften des Kindes, wohl aber die konkrete Eltern-Kind-Beziehung (bzw. deren Fehlen) zumindest bei einigen Fallgruppen eine wichtige Rolle spielte, spricht auch der Befund, dass in den Fallgruppen der Neonatizide, der Misshandlungstötungen und der Vernachlässigungen häufig Geschwisterkinder im selben Haushalt lebten, die nicht Opfer wurden, sondern zumeist gut versorgt wurden.

4. Welche Merkmale und Merkmalskombinationen kennzeichnen die TäterInnen? Welche Opfer-Täter-Konstellationen sind charakteristisch für diesen Deliktsbereich?

Das zentrale gemeinsame Merkmal fast aller TäterInnen ist, dass es sich um die biologischen oder sozialen Eltern der Opfer handelte. Bis auf absolute Einzelfälle waren auch die sonstigen als Täter oder Täterin in Erscheinung tretenden Personen dem Opfer nahe stehende und für seine Versorgung (mit)zuständige Menschen. Die biologischen Mütter waren dabei unter den TäterInnen überrepräsentiert. Diese Feststellung verschleiert, dass sich das Verhältnis der verschiedenen Täter-Opfer-Konstellationen je nach Fallgruppe wesentlich von einander unterscheidet. Ohne Neonatizide liegt der Anteil der biologischen Mütter nur noch bei etwas mehr als 40 %, gefolgt von den biologischen Vätern mit gut 38 % und den sozialen Vätern mit etwas mehr als 12 %, wobei der letztgenannte Befund sich hauptsächlich durch die Höherbelastung sozialer Väter als Täter in der Fallgruppe der Misshandlungstötungen ergibt. Zu beachten ist außerdem, dass sich unter den Fällen der Fallgruppe psychische Erkrankungen eine größere Zahl von Fällen von Wochenbettdepressionen als Tathintergrund befanden, die nur bei Frauen auftritt.

	Biologische Mütter	**Biologische Väter**	**Soziale Mütter**	**Soziale Väter**	**Sonstige Personen**
Neonatizid (n=96)	95,8 %	1,0 %			3,1 %
Misshandlung (n=125)	34,4 %	35,2 %	4,8 %	21,6 %	4,0 %
Erweiterter Suizid (n=53)	43,4 %	50,9 %		3,8 %	1,9 %
Psych. Erkrankung (n=24)	75,0 %	25,0 %			
Zielgerichtete Tötung (n=27)	29,6 %	59,3 %		3,7 %	7,4 %
Vernachlässigung (n=24)	66,7 %	29,2 %			4,2 %
Gesamt	**55,9 %**	**28,8 %**	**1,7 %**	**9,0 %**	**4,5 %**

Abbildung 205: Anteil der Tätergruppen innerhalb der jeweiligen Fallgruppen. Alle TäterInnen ohne Fallgruppe "Sonstige" (n=349).

Die meisten Tötungsdelikte an Kindern unter 6 Jahren werden nach unseren Daten allein verübt, nur in 32 Fällen wurden zwei oder mehr Personen für die Tötung des Kindes zur Verantwortung gezogen. Hierbei handelte es sich mit wenigen Ausnahmen, bei denen die weiteren Täter auch eher Randbeteiligte waren, um jeweils einige Fälle aus den Gruppen der Misshandlungs- oder Vernachlässigungstötungen. Die Konstellationen waren hierbei überaus unterschiedlich. Während es bei den Vernachlässigungstötungen in der Regel die beiden biologischen Eltern waren, die wegen ähnlicher Tatanteile strafrechtlich zur Verantwortung gezogen wurden, waren es bei den Misshandlungstötungen zu etwa gleichen Teile die Mutter gemeinsam mit dem biologischen sozialen Vater. Hierbei war es regelmäßig so, dass die Väter die aktiv Handelnden waren.

Die TäterInnen waren, als Eltern kleiner Kinder erwartungsgemäß, am häufigsten 21-29 Jahre alt (42,7 %), gefolgt von der Altersgruppe der 30-40jährigen (30,8 %). Die älteren TäterInnen entstammten dabei zumeist den Fallgruppen der erweiterten Suizide sowie den psychischen Erkrankungen.

Lediglich in den Fallgruppen der Misshandlungen und Vernachlässigungen unterschieden sich die TäterInnen hinsichtlich ihres Bildungsniveaus und sozioökonomischen Status klar vom Durchschnitt der Bevölkerung. Substanzmissbrauch durch TäterInnen spielte bei den untersuchten Fällen keine herausragende Rolle. Nur die Fallgruppen der Neonatizide und Misshandlungstötungen sind hinreichend groß, um konstatieren zu können, dass von einer gewissen Höherbelastung mit problematischem Konsum von, in aller Regel legalen bzw. weichen, Drogen ausgegangen werden kann. Hinsichtlich der Staatsangehörigkeit ist der Anteil nicht-deutscher TäterInnen gegenüber dem Bevölkerungsanteil insgesamt etwas überrepräsentiert (15 % vs. 9 %). Dies geht insbesondere zurück auf die Fallgruppen der psychischen Erkrankungen, zielgerichteten Tötungen und Misshandlungstötungen. Nicht-deutsche TäterInnen fanden sich in allen Tätergruppen, wobei die biologischen und sozialen Väter etwas dominierten. Der Frage der möglichen Bedeutung der Staatsbürgerschaft für die Tat soll an anderer Stelle ausführlicher nachgegangen werden.

Außerhalb der Fallgruppe der Tötungen im Kontext einer schweren, akuten psychischen Erkrankung (n=33) waren die Fälle nicht durch schwere psychische Erkrankungen geprägt. Es handelte sich, um eine in der öffentlichen Debatte häufig gestellte Frage aufzugreifen, bei den TäterInnen also typischerweise nicht um eindeutig „kranke" Menschen. Hier ist wichtig zu betonen, dass die Grenzen zwischen dem Vorliegen und Nichtvorliegen einer psychiatrischen Diagnose fließend sind und eine psychische Erkrankung vorliegen kann, ohne dass dies dem Umfeld auffällt, also in vielen Fällen sich ohne die Tat die Frage nach einer solchen Erkrankung keinesfalls aufgedrängt hätte. Gleichwohl spielte die Frage nach möglichen psychischen Erkrankungen eine große Rolle in den Akten, da sie für die strafrechtlichen Folgen wichtig war. Daher wurden sehr häufig entsprechende Gutachten eingeholt. Neben dem genannten Substanzmissbrauch spielten vor allem Persönlichkeitsstörungen bzw. Persönlichkeitsakzentuierungen eine relevante Rolle, mit Raten von insgesamt aber unter 10 %.

5. Gibt es typische Muster für Konflikte und Handlungsabläufe im Vorfeld solcher Taten sowie im Tatgeschehen?

Obwohl es sich bei Tötungsdelikten an Kindern offenbar um cin eng mit der Eltern-Kind-Konstellation verknüpftes Delikt handelt, spielte die unmittelbare

Interaktion mit dem Kind in den meisten Fallgruppen keine zentrale Rolle. Nur die Fallgruppe der Misshandlungstötungen hatte in vielen Fällen eine Komponente der tatauslösenden Interaktion mit dem Opfer. Die Tat stand hier nicht selten in Zusammenhang mit einer konkreten Überforderungssituation mit einem schreienden Kind. Die spezifische Beziehung zum getöteten Kind hatte in diesen Fällen offenbar eine Bedeutung: Häufig gab es auch bei längeren Misshandlungen andere Kinder im Haushalt, die nicht misshandelt wurden. In den anderen Fallgruppen spielte die Interaktion mit dem Opfer allenfalls eine nachgeordnete Rolle: Die den Hintergrund der Tat bildenden oder auch tatauslösenden Konflikte waren hier häufig Trennungskonflikte. Dies gilt in besonderer Weise für erweiterte Suizide sowie zielgerichtete Tötungen. Diese beiden Fallgruppen sind auch diejenigen, bei denen manchmal nicht nur ein Kind bzw. mehrere Kinder, sondern auch die Mutter des Opfers (durch den Vater) getötet wurde. Völlig anders gelagert sind insoweit Neonatizide, deren kennzeichnende Gemeinsamkeit die verleugnete/verdrängte Schwangerschaft ist. Eine Beziehung zum Opfer bestand hier zum Tatzeitpunkt in aller Regel nicht, das Kind wurde oft gar nicht als solches wahrgenommen. Auch offene Konflikte mit dem Partner bzw. Kindsvater oder Trennungen im Vorfeld waren nicht prägend, sie spielten allenfalls im Hintergrund eine Rolle für die Verheimlichung der Schwangerschaft.

6. Hat es vor der Tat Warnsignale wie z.B. psychische Auffälligkeiten, Selbstmordankündigungen der Täter/Täterinnen oder frühere Misshandlungen des Opfers bzw. seiner Geschwister gegeben? Wem sind diese gegebenenfalls bekannt geworden? Wie wurde darauf reagiert? Sind Eingriffsmöglichkeiten nicht oder nicht ausreichend genutzt worden?

Ob Eingriffsmöglichkeiten nicht oder nicht ausreichend genutzt worden sind, lässt sich retrospektiv nur schwer beurteilen bzw. es fragt sich, nach welchem Maßstab dies überhaupt beurteilt werden kann. Einerseits ist es durchaus häufig, dass sich – jedenfalls im Nachhinein – Punkte identifizieren bzw. vermuten lassen, bei denen das Geschehen auch hätte aufgehalten werden können oder bei denen es die Chance gegeben hätte, dass Risiken erkannt werden. „Ausreichend" genutzt wurden Eingriffsmöglichkeiten nie, sonst wäre es nicht zum Tod des Kindes gekommen. Ob und wem aber hier ggf. welcher Vorwurf zu machen ist, ist eine ganz andere Frage. Unterscheiden kann man danach, ob es sich bei den Personen, die möglicherweise hätten eingreifen können, um Professionelle handelte, deren Aufgabe (auch) der Schutz des Kindes war oder aber um solche aus dem privaten Umfeld.

Was Professionelle angeht, die zum Schutz von Kindern berufen sind, steht an wichtiger Stelle die Jugendhilfe. Die Jugendhilfe – soweit das den Akten zu entnehmen war – war nicht ganz selten in Kontakt mit den Familien gewesen, ohne dass Anzeichen einer möglichen Gefährdung des Kindes zur Debatte standen, z.B. im Kontext von Sorgerechtsklärungen, Trennungsvereinbarungen o.ä.. Interessanter sind die die Fälle, in denen sie involviert war, genau weil das Wohl des Kindes nicht ausreichend gewährleistet war. Diesbezügliche Angaben waren in den Akten jedoch sehr uneinheitlich bzw. nicht verlässlich vorhanden, da sie für die spätere strafrechtliche Verantwortlichkeit der Eltern keine Rolle spielten. Die Fälle, in denen ausweislich der Akten *irgendeine* Form von Kontakt zur Jugendhilfe bestanden hatte, wurden daher in einem separaten qualitativen Projektteil untersucht[691]. Zwei wichtige Befunde seien hier bereits erwähnt: Erstens scheint es, dass bei einer nicht geringen Zahl von Fällen es sich nach der Wahrnehmung der Fachkräfte im Vergleich zu ihren sonstigen Fällen (die auch nicht tödlich ausgingen) keineswegs um Hochrisikofälle handelte, zweitens, dass bekannte Probleme der Kinder- und Jugendhilfe, wie Zuständigkeits-/Betreuerwechsel eine relevante Rolle spielten.

Die zweite Personengruppe, die in einigen Fällen beruflich mit Opfern befasst war und auch eine Verantwortlichkeit für deren Schutz hat, sind (Kinder)Ärzte, die bei den Misshandlungsfällen im Kontext von früheren Verletzung bzw. bei Vernachlässigungsfällen Kontakt mit den Familien hatten. Auch diesbezüglich waren den Akten, da es sich um spätere Strafverfahren gegen die Eltern handelt, und dafür die Frage früherer Arztbesuche meist nicht entscheidungsrelevant ist, ebenfalls nur sehr rudimentäre Informationen zu entnehmen. Aktenkundig war in immerhin 12 Misshandlungsfällen ein früherer Krankenhausaufenthalt aufgrund von Misshandlungen bzw. Vernachlässigungen. Nicht genau dokumentiert war allerdings, ob die Herkunft der Verletzung auch damals schon bekannt war und vor allem was in diesem Fall unternommen wurde. Offenbar wurde das Kind nicht dauerhaft aus der Familie genommen, dies kann aber ohne weitere Informationen nicht bewertet werden.

Die dritte Gruppe professionell Befasster kann in den Personen gesehen werden, bei denen Elternteile, die ihre Kinder töteten, vor den Taten in psychiatrischer/psychologischer Behandlung waren. Der Fokus der Ärzte/Therapeuten lag dabei in erster Linie auf dem behandelten Elternteil und möglicherweise dessen Selbstgefährdung. Ob bzw. in wie weit die Frage der Gefährdung des Kindes im Blickfeld der Behandelnden war, wenn keine entsprechenden Bemerkungen gemacht wurden, kann den Akten nicht entnommen werden. Nicht selten gingen Äußerungen des privaten Umfeldes nach der Tat dahin, dass man zwar

[691] *Zähringer* 2013.

selbstschädigendes Verhalten für vorstellbar gehalten hätte, auf die Idee einer Fremdgefährdung allerdings niemals gekommen wäre. Ob daraus, dass mit der Familie offenbar nicht über diese Möglichkeit gesprochen wurde, geschlossen werden kann, dass die Behandelnden sich die Frage nicht gestellt haben, ist eine auf der Grundlage der verfügbaren Daten nicht zu beantwortende Frage.

Da Tötungsdelikte an Kindern in aller Regel im engsten Familienumfeld verübt werden, spielen die nahen Bezugspersonen der TäterInnen eine wichtige Rolle bei der Frage nach möglichen Warnsignalen. Was das private Umfeld angeht, so ist zu bedenken, dass die Möglichkeiten, den Grad einer Gefährdung zu erkennen, ohnehin begrenzt sind, etwa durch die Ernsthaftigkeit von möglichen Tatankündigungen. Zugleich ist jedenfalls das engere Umfeld typischerweise auch stark persönlich in die konflikthafte Situation eingebunden und von daher vermutlich in seinen Wahrnehmungsfähigkeiten eingeschränkt. Selbst wenn die Schwelle der Wahrnehmung einer möglichen Gefährdung des Kindes überschritten sein sollte, ist die Frage nach Handlungsoptionen eine überaus komplexe. Während die zuvor genannten Berufsgruppen zumindest über gewisse professionelle Standards und Routinen verfügen (die im Einzelnen auch sehr schwierige Einschätzungen verlangen), ist dies im Privaten nicht der Fall. Wann die Schwelle der Einbeziehung professioneller Hilfe (nahe liegend z.B. eine Meldung an das Jugendamt) erreicht ist, kann generalisierend nicht festgelegt werden. In allen Fallgruppen gab es nicht selten Menschen im Umfeld, die wussten oder ahnten, dass es in der Familie, in der es zu der Tötung kam, Probleme oder auch gravierende Probleme gab. Manchmal ist dokumentiert, dass nachgefragt oder Hilfe angeboten wurde. Aus der Abwesenheit solcher Information kann allerdings nicht zuverlässig geschlossen werden, dass insoweit nichts geschah, da dies allenfalls am Rande Thema des Strafverfahrens sein kann.

7. Welche Folgerungen ergeben sich aus den Antworten zu Frage 1 bis 6 für Präventionsstrategien? In wie weit und in welcher Weise lassen sich diese staatlich steuern? Welche rechtlichen Regelungsmöglichen bestehen in diesem Zusammenhang?

Die dargestellten Befunde führen bezogen auf Präventionsperspektiven zu einer zurückhaltenden Einschätzung. Obwohl in vielen Fällen ex post der - möglicherweise durchaus zutreffende - Eindruck entsteht, es hätte viele Möglichkeiten gegeben, die Tat zu verhindern, sind Bedingungen dafür, dass solche Möglichkeiten verstärkt genutzt werden, schwer herzustellen. An dieser Stelle ist auch zu beachten, dass die hier untersuchten Fälle diejenigen sind, in denen sich Risiken realisiert haben. Sie erlauben keine Rückschlüsse darauf, wie viele Fälle vergleichbare Fälle es gibt, in denen es nicht zu einer Tötung des Kindes gekommen ist, weil die in den untersuchten Fällen verpassten Eingriffsmöglichkeiten genutzt wurden oder die Täter/Täterinnen letztlich doch anders handelten. Die nahe liegenden Interventionsmöglichkeiten, wie ein erfolgreicher Versuch, die Schwangere zur Aufgabe der Verheimlichung zu bringen, die stärkere Unterstützung bekanntermaßen überforderter Eltern, ein Hinterfragen von Erklärungen für Verletzungen sind solche, die bereits vielfach genutzt und durch entsprechende Infrastrukturen unterstützt werden. Beratungsangebote für Schwangere, die Jugendhilfe oder eine Kooperation von Personen, die Kontakt mit möglichen Opfern haben, lagen im Untersuchungszeitraum in umfangreichem Maß vor. Sie sind im Kontext der Kinderschutzdebatte in den letzten Jahren allerdings nochmals deutlich verstärkt und bekannt gemacht worden. Hier wäre eine Fortsetzung der vorliegenden Untersuchung für die Folgejahre überaus wichtig für eine Einschätzung von deren Erfolg. Wichtig wäre auch eine systematische Untersuchung der Fälle, die erst spät in die Unterstützungssysteme gelangen unter der Fragestellung, welche Bedingungen dazu geführt haben, dass sie zuvor nicht, aber später dann eben doch als Gefährdungsfälle aufgefallen sind.

Insgesamt erscheinen die Möglichkeiten staatlicher Steuerung jenseits bekannter und weiter zu stärkender Strategien überschaubar: Die begrenzte Erkennbarkeit von Problemen aufgrund der geringen öffentlichen Sichtbarkeit ist dabei ein wichtiger Faktor, ebenso wie die trotz aller Bemühungen um die Verbesserung von entsprechenden Risikoeinschätzungsinstrumenten sehr große Schwierigkeit der Prognose von Fallverläufen. Interventionsoptimismus wird auch gebremst, wenn man sich die staatlichen Handlungsoptionen jenseits freiwilliger Hilfsangebote vor Augen hält. Die Herausnahme von Kindern aus den Familien, in denen sie getötet wurden, die retrospektiv immer als Königsweg erscheint und in medienöffentlichen Debatten gern als zu Unrecht nicht genutzt dargestellt wird, unterliegt zu Recht engen verfassungsrechtlichen Beschränkungen und ist daher stets ultima ratio. Übersehen wird bei Forderungen nach mehr Herausnahmen auch oft, dass damit eine langfristige Perspektive für das betroffene Kind noch nicht hergestellt ist und besonders schwer herzustellen ist, wenn die Eltern aufgrund der Herausnahme nicht (mehr) kooperationsbereit sind. Rechtliche Lücken im Kontext von konkreten Interventionen erscheinen damit nicht als vordringliches Problem, insbesondere SGB VIII und FamFG bieten ein breites uns ausgefeiltes Spektrum an Möglichkeiten. Dass die finanzielle und personelle Ausstattung von Jugendhilfe und Familiengerichten nicht immer auf dem wünschenswerten Niveau vorhanden ist, erscheint das deutlich dringlichere Problem.

Zur Todesursachenfeststellung und strafrechtlichen Aufarbeitung:

1. Wie gestaltet sich die Todesursachenfeststellung bei Kindern und Jugendlichen?

Die Untersuchung gibt nur Aufschluss über die Fälle, bei denen es den Verdacht eines nicht natürlichen Todes gab und dieser sich soweit erhärtete, dass ein strafrechtlicher Tatverdacht entstand. Die wesentliche Weichenstellung bezogen auf möglicherweise unerkannte Tötungsdelikte an Kindern liegt im Vorfeld, nämlich bei der Ausstellung des Totenscheines. Über die an dieser Stelle wirkenden Mechanismen, die die Angabe eines nicht natürlichen Todes befördern oder verhindern, geben die Akten keine Auskunft.

In fast allen untersuchten Fällen wurde im Rahmen des Strafverfahrens eine rechtsmedizinische Untersuchung durchgeführt. Die Todesursachenfeststellung durch ein rechtsmedizinisches Gutachten spielt eine große Rolle bei Tötungsdelikten an Kindern, sie ist oft entscheidend für den Tatnachweis und bezogen auf die Frage früherer Verletzungen. Nicht immer konnte aus medizinischer Sicht die Todesursache bzw. der Tathergang eindeutig nachgewiesen werden. In einigen Fällen kam es daher zu Freisprüchen nach dem Grundsatz in dubio pro reo, wenn das Gericht aufgrund des Fehlens anderer Beweismittel bzw. eines Geständnisses nicht hinreichend von der Täterschaft überzeugt war.

2. Unter welchen Bedingungen gelangen Todesfälle von Kindern zur Kenntnis der Ermittlungsbehörden?

Die Wege, auf denen die Ermittlungsbehörden auf mögliche Tötungsdelikte an Kindern Kenntnis erlangten, unterschieden sich zwischen, aber auch innerhalb der Fallgruppen: Bei Neonatiziden erfolgte das das Auffinden des toten Kindes zumeist durch Haushaltsangehörige der Täterin oder, bei Verstecken im öffentlichen Raum, durch zufällige Passanten oder andere Personen, wie z.B. Angestellte von Müllentsorgungsunternehmen. Seltener entstand der Verdacht durch Ärzte, die bei der Behandlung von Geburtsfolgen Verdacht schöpften. Ärzte bzw. Notärzte waren hingegen bei Misshandlungen und Vernachlässigungen die weitaus häufigsten Verdachtsmelder – meist riefen die Eltern bei einem extrem schlechten Zustand des Kindes oder nach dessen Tod den Notarzt, der in dann sogleich die Ermittlungsbehörden verständigte. Bei erweiterten Suiziden oder Tötungen aufgrund psychischer Erkrankungen waren es in aller Regel Angehörige, die nach Auffinden der Leichen oder bei beginnenden Vermutungen, dass etwas passiert sein könnte, die Polizei verständigten.

3. Wie erfolgen die Ermittlungen und die strafrechtliche Aufarbeitung bei Tötungsdelikten an Kindern?

Die Ermittlungen verliefen in den untersuchten Fällen sehr unterschiedlich, zum Teil waren sie überaus aufwändig. Das Spektrum reichte von nur kurzen Feststellungen bei einem eindeutigen Mitnahmesuizid, da es in solchen Fällen keinen strafrechtlichen Klärungsbedarf gibt, bis hin zu Monate langen Ermittlungen unter Einschluss von öffentlichen Aufrufen, Massen-DNA-Tests und komplizierten Gutachtenaufträgen z.B. bei dem Versuch, den Tod eines unbekannt aufgefundenen toten Neugeborenen zu klären.

Bei der Frage der strafrechtlichen Verarbeitung von Tötungsdelikten an Kindern ist zu bedenken, dass sich hier nicht selten höchstes Erfolgsunrecht – die Tötung eines Menschen – mit konflikthaften Tatsituationen, die auch eine Strafmilderung nahe legen, verbindet. Je nach angenommenen Erschwerungs- bzw. Milderungsgründen reichte das Spektrum von Bewährungsstrafen bis hin zu lebenslangen Freiheitsstrafen[692]. Rund 70 % der Verurteilungen lauteten auf zu vollstreckende Freiheitsstrafen bzw. Jugendstrafen, immerhin etwa 20 % aber auch auf zur Bewährung ausgesetzte Freiheits- oder Jugendstrafen. Unterbringungen aufgrund von Schuldunfähigkeit waren bei ca. 6 % das Ergebnis des Verfahrens. Besonders hoch war der Anteil an Bewährungsstrafen bei den Neonatiziden.

4. Welche Ansatzpunkte ergeben sich für eine verstärkte Aufhellung des Dunkelfeldes von Tötungsdelikten an Kindern?

Ansatzpunkte für eine Aufhellung des Dunkelfeldes können sich auf der Grundlage der untersuchten Fälle aus bestehenden Entdeckungswegen ergeben. Hier fielen allerdings keine Lücken auf. Ausschlaggebend für die Einleitung einer rechtsmedizinischen Untersuchung ist, sofern nicht sogleich die Polizei verständigt wird und damit die Ermittlungen in Gang kommen, die Feststellung einer unklaren Todesursache durch den mit dem Fall befassten Arzt. Die Mechanismen, nach denen ein unklarer Todesfall angenommen oder abgelehnt wird, waren aber in den hier vorliegenden Daten nicht erkennbar. Um diesbezügliche Kenntnisse zu gewinnen, müssten Todesfälle bei einer nicht ausgewählten Gruppe von Kindern systematisch daraufhin untersucht werden, ob hier zu Unrecht ein natürlicher Tod bescheinigt wurde.

---

[692] Vertiefend dazu *Höynck/Behnsen/Haug* 2014.

7 Ausblick und offene Fragen

Die hier vorgestellten Ergebnisse schöpfen die erhobenen Daten nur teilweise aus, an vielen Stellen sind weitere Auswertungen möglich und sinnvoll. Zahlreichen Aspekten, von denen einige im Laufe der Ergebnisdarstellung bereits genannt wurden, wird an anderer Stelle vertiefend nachgegangen[693]. Die Untersuchung vermag gleichwohl für den Zeitraum 1997-2006 ein differenziertes Bild von vollendeten, vorsätzlichen Tötungsdelikten an Kindern im Alter von 0-5 Jahren zu zeichnen. Obwohl die beabsichtigte Vollerhebung nicht gelang, liegt hier dennoch ein auch im internationalen Vergleich sehr großer und umfassender Datensatz vor, dessen statistische Repräsentativität zwar nicht sicher ermittelt werden kann, der aber die vorkommenden Fallgestaltungen, Merkmale und deren Größenordnungen mit hinreichender Sicherheit gut abbildet.

Viele interessante Fragen können auf der Grundlage der verfügbaren Daten nicht beantwortet werden, es wären also auch zusätzliche Untersuchungen wünschenswert. Dies betrifft einerseits die Fälle derselben Gruppe ab 2007, um untersuchen zu können, ob die für 1997-2006 beobachteten Befunde stabil bleiben. Seit 2007 hat es umfangreiche Bemühungen gegeben, den Kinderschutz gerade von kleinen Kindern zu verbessern – hier stellt sich die Frage nach möglichen Effekten dieser Anstrengungen. Andererseits erscheint die Einbeziehung von zwei Vergleichsgruppen ertragreich: Erstens die Tötungsdelikte an älteren Kindern, über die bisher ebenfalls wenig bekannt ist, zweitens die der nicht tödlich verlaufenden Körperverletzungsdelikte an Kindern. Bezogen auf letztere stellt sich z.B. die Frage, wie hoch der Anteil ist, der angesichts der Schwere der Verletzungen auch hätte zum Tod führen können und ob sich die Risikofaktoren mit den bei den Tötungsdelikten sichtbaren ähneln. Eine hessenweite Untersuchung hierzu wird derzeit durchgeführt[694]. Eine spätere regionale Ausweitung unter Berücksichtigung der dort gewonnen Erkenntnisse könnte sich als sinnvoll erweisen.

---

[693] Zur Bedeutung des Geschlechts *Höynck* 2014, zu Fragen der Sanktionspraxis *Höynck/Behnsen/ Haug* 2014. Weitere Einzelauswertungen sind in Vorbereitung.

[694] *Höynck/Haug* Universität Kassel.

Einen weiteren wichtigen Bereich stellt das Eingangstor in die strafrechtlichen Ermittlungen dar: die ärztliche Todesursachenfeststellung. Für den Zeitraum 1998-2001 konnten Bajanowski et al.[695] bei der Untersuchung von 339 Fällen, die in der ersten Leichenschau als plötzliche Kindstode eingestuft worden waren, einen Anteil von 5 % (n = 17) nicht natürlicher Todesfälle feststellen. Darunter waren 12 Fälle, bei denen es sich um zuvor unerkannte Tötungsdelikte an Kindern gehandelt hatte, in drei weiteren Fällen war ein Tötungsdelikt zumindest möglich, zwei Fällen lag ein Unfallgeschehen zu Grunde. Diese Fragestellung gälte es in Zusammenarbeit mit der Rechtsmedizin erneut aufzugreifen.

695 *Bajanowski/Vennemann/Bohnert [u.a.]* 2005.

Literaturverzeichnis

Alder, Christine M./Polk, Kenneth: Masculinity and child homicide. British journal of criminology 36 (1996), S. 396-411.

Alder, Christine/Polk, Ken: Child Victims of Homicide. Cambridge 2001.

Baeesa, Saleh S./Jan, Mohammed M.: The shaken baby syndrome. Saudi Medical Journal 21 (2000), S. 815-820.

Bajanowski, Thomas/Vennemann, Mechtild M. T./Bohnert, Michael [u.a.]: Unnatural causes of sudden unexpected death initially thought to be sudden infant death syndrome. International Journal of Legal Medicine 119 (2005), S. 213-216.

Bätje, B./Schläfke, D./Nedopil, N./Häßler, F.: Kindstötungen - Soziale und gutachterliche Aspekte. Der Nervenarzt 7 (2011), S. 873-879.

Bauermeister, Matthias: Die Tötung Neugeborener unter der Geburt. (Kindstötung § 217 StGB) - Eine bundesweite Verbundstudie für die Jahre 1980-1989. Dissertation Universität Kiel 1994.

Beyer, K./McAuliffe Mack, S./Shelton, J. L.: Investigative analysis of neonaticide - An exploratory study. Criminal Justice And Behavior 35 (2008), S. 522-535.

Blackman, Julie: Maternal violence: The social psychology of mothers who kill. In: Cling, B. J. (Hrsg.): Sexualized violence against women and children - A psychology and law perspective. New York 2004, S. 261-291.

Bohnert, M./Große Perdekamp, M./Pollak, S.: Three subquent infanticides covered up as SIDS. International Journal of Legal Medicine 119 (2004), S. 31-34.

Bourget, Dominique/Bradford, John M. W.: Homicidal parents. Canadian Journal of Psychiatry 35 (1990), S. 233-238.

Bourget, Dominique/Gagné, Pierre: Paternal Filicide in Quebec. Journal of the American Academy of Psychiatry and the Law 33 (2005), S. 354-360.

Bourget, Dominique/Grace, Jennifer/Whitehurst, Laurie: A Review of Maternal and Paternal Filicide. Bulletin of the Academy of Psychiatry and the Law 35 (2007), S. 74-82.

Bozankaya, Nadine: Neonatizid - Die rechtliche Reaktion auf die Tötung Neugeborener - Eine strafrechtliche Untersuchung anhand von Aktenanalysen. Berlin 2010.

Brinkmann, Bernd/Du Chesne, Alfred/Vennemann, Mechtild M. T.: Aktuelle Daten zur Obduktionsfrequenz in Deutschland. Deutsche Medizinische Wochenschrift (2002), S. 791-795.

Brookman, Fiona: Understanding Homicide. London [u.a.] 2005.

Brookman, Fiona/Nolan, Jane: The dark figure of infanticide in England and Wales - Complexities of diagnosis. Journal of interpersonal violence 7 (2006), S. 869-889.

Byard, R./Krous, H.: Suffocation, shaking or sudden infant death syndrome - Can we tell the difference? Journal of Paediatrics and Child Health 35 (1999), S. 432-433.

Craig, Michael: Perinatal risk factors for neonaticide and infant homicide. Journal of the Royal Society of Medicine 97 (2004), S. 57-61.

d'Orbán, P. T.: Women who Kill their Children. The British journal of psychiatry 134 (1979), S. 560-571.

Daly, Martin/Wilson, Margo: Evolutionary Social Psychology and Family Homicide. Science 242 (1988), S. 519-524.

Daly, Martin/Wilson, Margo: An assessment of some proposed exceptions to the phenomenon of nepotistic discrimination against stepchildren. Annales Zoologici Fennici 38 (2001), S. 287-296.

Daly, Martin/Wilson, Margo: The "Cinderella Effect" is no fairy tale. Trends in Cognitive Science 9 (2005a), S. 507-508.

Daly, Martin/Wilson, Margo: The "Cinderella effect" - Elevated mistreatment of stepchildren in comparison to those living with genetic parents. Hamilton 2005b.

Doering-Striening, Gudrun: Schütteltrauma eine unbekannte Form der Kindesmisshandlung!? Oder "Vorsicht - bitte nicht schütteln". In: Kerner, Hans-Jürgen/Marks, Erich (Hrsg.): Dokument aus der Internetdokumentation Deutscher Präventionstag (www.praeventionstag.de). Deutscher Präventionstag. Hannover 2004.

Dölling, Dieter: Die Kindestötung unter strafrechtlichen Aspekten. Forensische Psychiatrie, Psychologie, Kriminologie (2009), S. 32-36.

Dörmann, Uwe: Vollendete Tötungsdelikte an Kindern - Polizeiliche Sonderstatistik für die Zeit von 1968-1982. In: Bundeskriminalamt Kriminalistisches Institut (Hrsg.): Zahlen sprechen nicht für sich - Aufsätze zu Kriminalstatisktik, Dunkelfeld und Sicherheitsgefühl aus drei Jahrzehnten 2004, S. 143-149.

European Foundation for the care of newborn infants: EU Benchmarking report 2009/2010: Country Highlights (2010).

Flynn, Sandra/Windfuhr, Kirsten/Shaw, Jenny: Filicide - A Literature Review. Manchester 2009.

Friedman, Susan Hatters/Cavney, James/Resnick, Phillip J.: Mothers Who Kill: Evolutionary Underpinnings and Infanticide Law. Behavioral Sciences and the Law 30 (2012), S. 585-597.

Friedman, Susan Hatters/Heneghan, Amy/Rosenthal, Miriam: Characteristics of Women Who Deny or Conceal Pregnancy. Psychosomatics 48 (2007), S. 117-122.

Friedman, Susan Hatters/Resnick, Phillip J.: Neonaticide - Phenomenology and considerations for prevention. International Journal of Law and Psychiatry 32 (2009), S. 43-47.

Friedman, Susan/Resnick, Phillip J.: Child murder by mothers - patterns and prevention. World Psychiatry 6 (2007), S. 137-141.

Gloor, Daniela /Meier, Hanna: "Von der Harmonie zur Trübung" - Polizeiliche (Re)Konstruktionen von Tötungsdelikten im sozialen Nahraum - Eine qualitativ-soziologische Aktenuntersuchung. Bern 2009.

Guileyardo, Joseph M./Prahlow, Joseph A./Barnard, Jeffrey J.: Familial filicide and filicide classification. American Journal of Forensic Medicine and Pathology 20 (1999), S. 286-292.

Hargrave, D. R./Warner, D. P.: A Study of Child Homicide over Two Decades. Medicine, science and the law - official journal of the British Academy of Forensic 32 (1992), S. 247-250.

Harris, G. T./Hilton, N. Z./Rice, M. E./Eke, A. W.: Children killed by genetic parents versus step-parents. Evolution and Human Behavior 28 (2007), S. 85-95.

Häßler, Frank/Bomke, Anne-Kathrin/Schläfke, Detlef: Begutachtungspraxis von Tötungsdelikten - Eine retrospektive Gutachtenanalyse. In: Häßler, F. [u.a.] (Hrsg.). Forensische Kinder-, Jugend- und Erwachsenenpsychiatrie - Aspekte forensischer Begutachtung. Stuttgart 2003, S. 61-80.

Häßler, Frank/Schepker, Renate/Schläfke, Detlef: Kindstod und Kindstötung. Berlin 2008.

Hatters Friedman, Susan/McCue Horwitz, Sarah/Resnick, Phillip J.: Child murder by mothers - a critical analysis of the current state of knowledge and a research agenda. The American journal of psychiatry 162 (2005), S. 1578-1587.

Hempel, Dorothea: Tötungsdelikte an Neugeborenen 1997 bis 2007 in vier deutschen Regionen - Eine Analyse der Risikofaktoren der Kindsmütter. Dissertation Universität Jena, 2013.

Herman-Giddens, Marcia E./Smith, Jamie B./Mittal, Manjoo [u.a.]: Newborns Killed or Left to Die by a Parent - A Population-Based Study. Journal of the American Medical Association 289 (2003), S. 1425-1429.

Herrmann, B./Sperhake, J.: Das Shaken Baby Syndrom – Konzepte und forensische Kontroversen. Zeitschrift der Deutschen Gesellschaft gegen Kindesmisshandlung und -vernachlässigung 8 (2005), S. 4-17.

Hömberg, Sophia Marie: Die Tötung von Kindern durch die eigenen Eltern (Infantizid) – Retrospektive Untersuchung für den Zeitraum 1994-2007. Dissertation Universität Bonn 2011.

Höynck, Theresia: Monstermütter, Horrorväter, schwierige Jungen? Geschlechtsrollenstereotype bei Tötungsdelikten an Kindern. In: Baier, Dirk/Mössle, Thomas (Hrsg.): Festschrift zum 70. Geburtstag von Christian Pfeiffer. Baden-Baden 2014, S. 291-312.

Höynck, Theresia/Behnsen, Mira/Haug, Monika: Der Alternativ-Entwurf Leben (AE-Leben): Überlegungen zur Frage der Folgen des Entwurfs für Nahraumtötungen am Beispiel von Tötungsdelikten an Kindern. ZIS - Zeitschrift für Internationale Strafrechtsdogmatik 3 (2014), S. 102-122.

Höynck, Theresia/Zähringer, Ulrike/Behnsen, Mira: Neonatizid - Expertise erstellt im Rahmen des Projekts „Anonyme Geburt und Babyklappen in Deutschland". München 2012.

Kinzig, Jörg: Die rechtliche Bewältigung von Erscheinungsformen organisierter Kriminalität. Berlin 2004.

Kleemann, W. J./Vock, R./Bajanowski, T. [u.a.]: Obduktionsfreuquenz bei plötzlichen Kindstodfällen in der Bundesrepublik Deutschland in den Jahren von 1985 bis 1989. Rechtsmedizin 7 (1997), S. 72-75.

Kreuzer, Arthur: Kriminologische Aspekte der Tötungskriminalität. In: Egg, Rudolf (Hrsg.): Tötungsdelikte - mediale Wahrnehmung, kriminologische Erkenntnisse, juristische Aufarbeitung. Wiesbaden 2002, S. 45-70.

Kroetsch, Marlies: Tötungsdelikte an Kindern unter 6 Jahren - Modul "Interviews mit TäterInnen" - Forschungsbericht Nr. 111. Kriminologisches Forschungsinstitut Niedersachsen e.V., Hannover 2011.

Kukull, W. A./Peterson, D. R.: Sudden infant death and infanticide. American Journal of Epidemiology (1977), S. 485–486.

Lammel, Matthias: Die forensisch-psychiatrische Beurteilung des Neonatizids unter besonderer Berücksichtigung des Eingangsmerkmals der tiefgreifenden Bewusstseinsstörung. Forensische Psychiatrie, Psychologie, Kriminologie 3 (2009), S. 22-31.

Large, M./Nielssen, O./Lackersteen, S./Smith, G.: The Associations Between Infant Homicide, Homicide, and Suicide Rates - An Analysis of World Health Organization and Centers for Disease Control Statistics. Suicide and Life-Threatening Behavior 40 (2010), S. 87-97.

Liem, Marieke/Koenraadt, Frans: Filicide - A comparative study of maternal versus paternal child homicide. Criminal Behaviour and Mental Health 18 (2008), S. 166-176.

Makhlouf, F./Rambaud, C.: Child homicide and neglect in France: 1991–2008. Child Abuse & Neglect 38 (2014), S. 37-41.

Mariano, Timothy Y./Chan, Heng Choon (Oliver)/Myers, Wade C.: Toward a more holistic understanding of filicide: A multidisciplinary analysis of 32 years of U.S. arrest data. Forensic Science International (2014).

Marneros, Andreas: Schlaf gut, mein Schatz - Eltern, die ihre Kinder töten. Bern 2003.

Matschke, Jakob/Herrmann, Bernd/Sperhake, Jan [u.a.]: Das Schütteltrauma-Syndrom - Die häufige Form des nicht akzidentellen Schädel-Hirn-Traumas im Säuglings- und Kleinkindesalter. Deutsches Ärzteblatt 103 (2009), S. 211-217.

McKee, Geoffrey: Why mothers kill - A forensic psychologist's casebook. New York 2006.

Meinel, Ulrike: Tötungsdelikte an Kindern unter 18 Jahren in der DDR im Zeitraum vom 01.01.1985 bis 31.12.1989 - Schwerpunkt Kindesmisshandlung und Kindesvernachlässigung mit Todesfolge. Medizinische Fakultät der Universität Leipzig 2005.

Oberman, Michelle: Mothers who Kill - Coming to Terms with Modern American Infanticide. American Criminal Law Review 34 (1996), S. 1-110.

Oberman, Michelle: Understanding infanticide in context - mothers who kill, 1870-1930 and today. The Journal of Criminal Law and Criminology 92 (2003), S. 707-738.
Porter, Theresa/Gavin, Helen: Infanticide and Neonaticide - A Review of 40 Years of Research Literature on Incidence and Causes. Trauma Violence and Abuse 11 (2010), S. 99-112.
Püschel, K./Hasselblatt, G./Labes, H.: Kindesmörderinnen - Meist geistig unreif. Kriminalistik 10 (1988), S. 525-528.
Putkonen, H./Amon, S./Almiron, M. P. [u.a.]: Filicide in Austria and Finland - A register-based study on all filicide cases in Austria and Finland 1995-2005. BMC Psychiatry 9 (2009).
Raic, Diana: Die Tötung von Kindern durch die eigenen Eltern - Soziobiographische, motivationale und strafrechtliche Aspekte. Bonn 1997.
Resnick, Philip J.: Child murder by parents - a psychiatric review of filicide. The American Journal of Psychiatry 126 (1969), S. 325-334.
Resnick, Philip J.: Murder of a newborn - A psychiatric review of neonaticide. The American Journal of Psychiatry 126 (1970), S. 1414-1420.
Rohde, Anke: Welche Mütter töten ihre Kinder? Manuskript zum Vortrag auf der Veranstaltung "Babyklappe und anonyme Geburt - ohne Alternative?" 27/28.05.2003 in Bonn. Bonn 2003.
Rohde, Anke/Raic, Diana/Varchim-Schultheiß, Karin/Marneros, Andreas: Infanticide – socio-biographical background and motivational aspects. Archive of Women's Mental Health 1 (1998), S. 125-136.
Scheib, Klaus: Die Dunkelziffer bei Tötungsdelikten aus kriminologischer und rechtsmedizinischer Sicht. Berlin 2002.
Schläfke, Detlef/Galleck, Kristin F./Höppner, Jacqueline/Häßler, Frank: Zur Problematik von Neonatiziden und Filiziden. In: Häßler, Frank [u.a.] (Hrsg.): Forensische Kinder-, Jugend- und Erwachsenenpsychiatrie - Aspekte der forensischen Begutachtung. Stuttgart 2003, S. 81-102.
Schläfke, Detlef/Häßler, Frank: Infantizide - Erfahrungen aus gutachterlicher Sicht. In: Häßler, Frank [u.a.] (Hrsg.): Kindstod und Kindstötung 2008, S. 185-224.
Schlang, Christiane: Tödlich verlaufende elterliche Gewalt. Bonn 2006.
Schmidt, Peter/Graß, Hildegard/Madea, Burkhard: Child homicide in Cologne (1985-94). Forensic Science International 79 (1996), S. 131-144.
Schnitzer, Patricia/Ewigman, Bernard G.: Child deaths resulting from inflicted injuries - household risk factors and perpetrator characteristics. Pediatrics 116 (2005), S. 687-693.
Schwartz, Lita Linzer/Isser, Natalie K.: Neonaticide - An Appropriate Application for Therapeutic Jurisprudence? Behavioral Sciences and the Law 19 (2001), S. 703-718.
Scott, P. D.: Parents who kill their Children. Medicine, science and the law - official journal of the British Academy of Forensic 13 (1973), S. 120-126.
Shelton, Joy Lynn E./Muirhead, Yvonne E./Canning, Kathleen E.: Ambivalence toward mothers who kill - An examination of 45 U.S. cases of maternal neonaticide. Behavioral Sciences and the Law 28 (2010), S. 812–831.
Sorenson, S. B./Shen, H./Kraus, J. F.: Coroner-reviewed infant and toddler deaths - Many "undetermineds" resemble homicides. Evaluation Review 21 (1997), S. 58-76.
Spinelli, Margaret G.: A systematic investigation of 16 cases of neonaticide. American Journal of Psychiatry 158 (2001), S. 811-813.
Stanton, J./Simpson, A.: Murder misdiagnosed as SIDS - a perpetrator's perspective. Archives of Disease in Childhood (2001), S. 454-459.
Statistisches Bundesamt: Bevölkerung und Erwerbstätigkeit - Bevölkerungsfortschreibung 2008. Wiesbaden 2010.
Stenger, Rolf- Dieter/Weinke, H./Phillipp, K.-B. [u.a.]: Das Schütteltrauma - Eine verdeckte Form der Kindesmisshandlung. Pädiatrische Praxis (2005), S. 441-451.
Stiffman, Michael N./Schnitzer, Patricia G./Adam, Patricia [u.a.]: Household Composition and Risk of Fatal Child Maltreatment. Pediatrics 109 (2002), S. 615-621.

Strang, Heather: Children as Victims of Homicide. Trends and issus in crime and criminal justice (1996).

Sturup, Joakim/Granath, Sven: Child Homicide in Sweden: A Descriptive Study Comparing the 1990s and the 2000s. Homicide Studies (2014), S. 1-13.

Temrin, Hans/Buchmayer, Susanne/Enquist, Magnus: Stepparents and infanticide - new data contradict evolutionary predictions. Proceedings of the Royal Society 267 (2000), S. 943-945.

Temrin, Hans/Nordlund, Johanna/Sterner, Helena: Are stepchildren overrepresented as victims of lethal parental violence in Sweden? Proceedings of the Royal Society 271 (2004), S. 124-126.

Trube-Becker, Elisabeth: Zur Kindstötung nach § 217 StGB. Ärztin 10 (1975), S. 3-14.

Trube-Becker, Elisabeth: Gewalt gegen das Kind Vernachlässigung, Misshandlung, sexueller Missbrauch und Tötung von Kindern. Heidelberg 1982.

UNICEF: A league table of child maltreatment deaths in rich nations. Florenz 2003.

Vanamo, Tuija/Kauppi, Anne/Karkola, Kari [u.a.]: Intra-familial child homicide in Finland 1970-1994 - Incidence, causes of death and demographic characteristic. Forensic Science International 117 (2001), S. 199-204.

Vock, Reinhard: Tödliche Kindesmisshandlung (durch physische Gewalteinwirkung) in der DDR im Zeitraum 1.1.1985 bis 2.10.1990. Archiv für Kriminologie 204 (1999), S. 75-87.

Vock, Reinhard/Meinel, Ulrike: Tödliche Kindesvernachlässigung in der DDR im Zeitraum 1.1.1985 bis 2.10.1990 - Ergebnisse einer multizentrischen Studie. Archiv für Kriminologie 205 (2000), S. 44-52.

Vock, Reinhard/Trauth, Wolfgang: Tödliche Kindesmisshandlung (durch physische Gewalteinwirkung) in der Bundesrepublik Deutschland im Zeitraum 1.1.1985 bis 2.10.1990 - Ergebnisse einer multizentrischen Studie. Archiv für Kriminologie 204 (1999), S. 73-85.

Vogt, Kimberly/Block, Carolyn Rebecca: Children's risk of homicide - Victimization from birth to age 14, 1965 to 1995. Research Bulletin 4 (2005), S. 1-16.

Wegener, R.: Zur Rechtslage und Praxis der Obduktionen in der früheren DDR. Medizinrecht 9 (1991), S. 231-233.

Wessel, J./Platz, W. E./Schneider, V.: Rechtsmedizinische, psychiatrische und geburtsmedizinische Aspekte bei der Kindstötung nach Schwangerschaftsverdrängung - eine Übersicht anhand einer Kasuistik. Rechtsmedizin 9 (1998), S. 1-8.

Yardley, Elizabeth/Wilson, David/Lynes, Adam: A taxonomy of male british family annihilators, 1980-2012. The Howard Journal of Criminal Justice (2013), DOI: 10.1111/hojo.12033.

Zabel, Benno: Der Neonatizid in forensischer Psychiatrie und höchstrichterlicher Rechtsprechung. Die Forensische Psychiatrie, Psychologie, Kriminologie 5 (2011), S. 261-270.

Zähringer, Ulrike: Die Arbeit der Jugendhilfe im Kontext innerfamiliärer Tötungsdelikte an Kindern. In: Dölling, Dieter/Jehle, Jörg-Martin (Hrsg.): Täter-Taten-Opfer. Grundlagenfragen und aktuelle Probleme der Kriminalität und ihrer Kontrolle. Mönchengladbach 2013, S. 151-168.

Printed by Printforce, the Netherlands